资　助

国家海洋局政策法规和规划司

中国海洋大学"985工程"海洋发展人文社会科学研究基地建设经费

教育部人文社会科学重点研究基地中国海洋大学海洋发展研究院

渤海管理立法研究

徐祥民　申进忠⊙总主编

STUDY OF THE CURRENT LEGAL
DOCUMENT MANAGEMENT IN BOHAI

渤海管理
现行法律文献研究

徐祥民　时军　凌欣　著

人民出版社

目　录

中篇　渤海管理滨海地方立法文献研究

下篇　渤海管理非滨海地方立法文献研究

前　言

　　渤海是中华民族的母亲海,20 世纪末中华民族就已经开始实施保护母亲海的行动,包括制定涉及渤海保护的法律、政策,实施专门的国家级的渤海保护行动计划等。我们的任务是为保护母亲海设计一个新的专门的法律。我们的"设计"是要在以往保护母亲海的立法、规划、行动计划等基础上建立新的法律,因而它一定是在充分了解以往保护母亲海的立法、规划、行动计划等基础上的设计。本卷就是为充分了解以往保护母亲海的立法、规划、行动计划等而实施的专门研究。

　　(一) 本书的研究范围

　　1. 按照法律文献的权力渊源,包括全国人民代表大会及其常务委员会的立法,国务院及其有关部委制定的行政法规和部门规章(包括与渤海管理有关的黄河水利委员会、淮河水利委员会发布的规范性文件),省、自治区、直辖市立法机关和人民政府,省、自治区、直辖市人民政府所在市和"较大的市"立法机关和人民政府制定的地方法规、政府规章。

　　2. 按照法律文件发布机关所在地与渤海管理的关系,包括(1)全国人民代表大会及其常务委员会的立法,国务院及其有关部委制定的规范性法律文件(包括与渤海管理有关的黄河水利委员会、淮河水利委员会发布的规范性文件);(2)濒临渤海的省、自治区、直辖市立法机关和人民政府及这些省、自治区、直辖市人民政府所在市和"较大的市"立法机关和人民政府制定的地方法规和政府规章;(3)渤海全流域非濒临渤海的省、自治区、直辖市立法机关和人民政府及这些省、自治区、直辖市人民政府所在市和"较大的市"立法机关、人民政府制定的地方法规、政府规章。

　　3. 按照法律文件规范的领域,包括与渤海管理事务有关的以及与渤海管理手段有关的法律法规规章等。渤海管理事务包括:(1)污染防治;(2)资源保护;(3)生态保护;(4)空间管理和自然形态保护。渤海管理手段包括:(1)环境影响评价;(2)环境资源税;(3)防灾减灾;(4)渤海管理的公众参与;(5)渤海管理中的争议处理;(6)渤海管理中的许可制度;(7)其他程序性规定。

4. 按照法律文献形成的时间,在研究上述第 2 项的"领域"时以现行有效的法律法规规章等为限,下限到 2011 年 12 月底;同时,在文献梳理时,照顾现行有效的法律文献的历史沿革。

(二) 本书的篇章设计

全书共分三篇。上篇:渤海管理国家立法文献研究;中篇:渤海管理滨海地方立法文献研究;下篇:渤海管理非滨海地方立法文献研究。

1. 上篇"渤海管理国家立法文献研究",共设三章,即《渤海管理国家立法文献研究》、《渤海管理行政法规和部门规章研究》、《渤海管理国家专门委员会规范性文件研究》。

2. 中篇"渤海管理滨海地方立法文献研究",共设四章,即《渤海管理山东省立法文献研究》、《渤海管理河北省立法文献研究》、《渤海管理天津市立法文献研究》和《渤海管理辽宁省立法文献研究》。

3. 下篇"渤海管理非滨海地方立法文献研究",共设八章,即《渤海管理河南省立法文献研究》、《渤海管理山西省立法文献研究》、《渤海管理陕西省立法文献研究》、《渤海管理内蒙古自治区立法文献研究》、《渤海管理宁夏回族自治区立法文献研究》、《渤海管理甘肃省立法文献研究》、《渤海管理青海省立法文献研究》和《渤海管理吉林省立法文献研究》。

(三) 本书的编写体例

1. 本书兼用文字与图表两种形式。

2. 图表排序按所在章节序号加图表所在章节顺序号排列,如"表 7-4"表示该表在第七章,是第七章中的第四个表。

3. 本书的表分"立法文献简表"和"立法内容简表"两类。

4. "立法文献简表"设文献名称、发布机关、通过时间、文献编号、生效时间和当前效力等 6 个栏目。

5."立法文献简表"中的"立法文献"编号不详的,在栏内注明"不详"。

6."立法内容简表"设"基本内容"、"文献名称"和"条款"等3个栏目。

7."立法内容简表"中的"条款"栏:(1)出现篇章节条标题的,标题用圆括号;书为篇章节条序号＋圆括号及括号内的文字。(2)引用篇章节条全文的,引用部分加双引号;书为篇章节条序号＋双引号及引号内的文字。(3)概括法律法规规章内容的,概括部分加圆括号;书为篇章节条序号＋圆括号及括号内的文字。

8.在文字表述和图表说明中,凡名称中有"中华人民共和国"字样的法律法规规章,一律省去"中华人民共和国"这7个字。

9.在文字表述和图表说明中,不管是法律法规规章名称中有或制定机关名称中有"全国人民代表大会"、"全国人民代表大会常务委员会"一律简称"全国人大"、"全国人大常委会";不管是地方法规名称中有或制定机关名称中有某省自治区直辖市"人民代表大会"、"人民代表大会常务委员会"的一律简称"人大"、"人大常委会"。

10.法律法规规章的章节目条款序号一律用汉字。如第一章、第二章;第一节、第二节;第一条、第二条、第三条等。

徐祥民

2013 年 1 月

上　篇
渤海管理国家立法文献研究

第一章　渤海管理国家立法文献研究

法律是渤海管理的重要依据。《环境保护法》对保护海洋环境提出了明确的要求，为渤海管理提供了法律依据。为应对各海域普遍出现的海洋污染等制定的《海洋环境保护法》对实施海洋环境监督管理作出更为全面、系统的规定，尤其是重点海域实行总量控制制度，为渤海环境保护奠定了重要基础。我国还制定实施了其他可以在渤海管理中适用的法律，比如《渔业法》《海域使用管理法》《海岛保护法》等。本章将对这些与渤海管理有关的国家法律进行梳理研究。

第一节　渤海管理国家综合性立法文献

渤海管理国家综合性立法文献主要指规定渤海地位、渤海管理机构和渤海管理权等的国家法律规定。我国有关渤海管理国家综合性立法主要有《环境保护法》《海洋环境保护法》和《海域使用管理法》。具体内容详见表 1-1：

表 1-1　渤海管理国家综合性立法文献简表

序号	文献名称	发布机关	通过时间	文献编号	生效时间	当前效力
1	环境保护法（试行）	第五届全国人大常委会第十一次会议通过	1979 年 9 月 13 日	第五届全国人大常委会令（五届第 2 号）	1979 年 9 月 13 日	废止

序号	文献名称	发布机关	通过时间	文献编号	生效时间	当前效力
2	海洋环境保护法	第五届全国人大常委会第二十四次会议通过	1982年8月23日	第五届全国人大常委会令（五届第9号）	1983年3月1日	1999年12月25日第九届全国人大常委会第十三次会议修订
3	环境保护法	第七届全国人大常委会第十一次会议通过	1989年12月26日	主席令（七届第22号）	1989年12月26日	有效
4	海洋环境保护法	第九届全国人大常委会第十三次会议修订	1999年12月25日	主席令（九届第26号）	2000年4月1日	有效
5	海域使用管理法	第九届全国人大常委会第二十四次会议通过	2001年10月27日	主席令（第61号）	2002年1月1日	有效

渤海管理国家综合性立法明确了各涉海部门在渤海环境监督管理中的职责，以及国务院和沿海地方人民政府加强海洋环境保护的责任等。具体内容详见表1-2：

表1-2　渤海管理国家综合性立法内容简表

基本内容	文献名称	条　　款
管理体制	海洋环境保护法	第五条："国务院环境保护行政主管部门作为对全国环境保护工作统一监督管理的部门，对全国海洋环境保护工作实施指导、协调和监督，并负责全国防治陆源污染物和海岸工程建设项目对海洋污染损害的环境保护工作。国家海洋行政主管部门负责海洋环境的监督管理，组织海洋环境的调查、监测、监视、评价和科学研究，负责全国防治海洋工程建设项目和海洋倾倒废弃物对海洋污染损害的环境保护工作。国家海事行政主管部门

基本内容	文献名称	条　款
管理体制	海洋环境保护法	负责所辖港区水域内非军事船舶和港区水域外非渔业、非军事船舶污染海洋环境的监督管理，并负责污染事故的调查处理；对在中华人民共和国管辖海域航行、停泊和作业的外国籍船舶造成的污染事故登轮检查处理。船舶污染事故给渔业造成损害的，应当吸收渔业行政主管部门参与调查处理。国家渔业行政主管部门负责渔港水域内非军事船舶和渔港水域外渔业船舶污染海洋环境的监督管理，负责保护渔业水域生态环境工作，并调查处理前款规定的污染事故以外的渔业污染事故。军队环境保护部门负责军事船舶污染海洋环境的监督管理及污染事故的调查处理。沿海县级以上地方人民政府行使海洋环境监督管理权的部门的职责，由省、自治区、直辖市人民政府根据本法及国务院有关规定确定。"
涉海部门职责	环境保护法	第七条（国家海洋行政主管部门、港务监督、渔政渔港监督，依照有关法律的规定对环境污染防治实施监督管理。）
	海洋环境保护法	第十四条（国家海洋行政主管部门按照国家环境监测、监视规范和标准，管理全国海洋环境的调查、监测、监视，制定具体的实施办法，会同有关部门组织全国海洋环境监测、监视网络，定期评价海洋环境质量，发布海洋巡航监视通报。行使海洋环境监督管理权的部门分别负责各自所辖水域的监测、监视。） 第十六条（国家海洋行政主管部门负责管理海洋综合信息系统。）
各级政府海洋环境保护责任	环境保护法	第二十一条："国务院和沿海地方人民政府应当加强对海洋环境的保护。"
	海洋环境保护法	第六条（沿海地方各级人民政府根据全国和地方海洋功能区划科学合理地使用海域的责任。） 第九条（沿海地方各级人民政府确定海洋环境保护的目标和任务，并纳入人民政府工作计划，按相应的海洋环境质量标准实施管理。）
海洋环境保护合作	海洋环境保护法	第七条："毗邻重点海域的有关沿海省、自治区、直辖市人民政府及行使海洋环境监督管理权的部门，可以建立海洋环境保护区域合作组织，负责实施重点海域区域性海洋环境保护规划、海洋环境污染的防治和海洋生态保护工作。" 第八条（跨区域、跨部门海洋环境保护工作的处理。）

基本内容	文献名称	条　款
海洋环境保护合作	海域使用管理法	第四十一条："依照法律规定行使海洋监督管理权的有关部门在海上执法时应当密切配合,互相支持,共同维护国家海域所有权和海域使用权人的合法权益。"

第二节　渤海污染防治国家立法文献

有关渤海污染防治的国家立法主要有《环境保护法》《海洋环境保护法》、《水污染防治法》和《放射性污染防治法》。这些国家立法文献为保护和改善渤海海洋环境,防治污染损害提供了法律基础。具体内容详见表1-3:

表 1-3　渤海污染防治国家立法文献简表

序号	文献名称	发布机关	通过时间	文献编号	生效时间	当前效力
1	环境保护法(试行)	第五届全国人大常委会第十一次会议通过	1979 年 9 月 13 日	第五届全国人大常委会令(五届第 2 号)	1979 年 9 月 13 日	废止
2	海洋环境保护法	第五届全国人大常委会第二十四次会议通过	1982 年 8 月 23 日	第五届全国人大常委会令(五届第 9 号)	1983 年 3 月 1 日	1999 年 12 月 25 日第九届全国人大常委会第十三次会议修订
3	水污染防治法	第六届全国人大常委会第五次会议通过	1984 年 5 月 11 日	主席令(六届第 12 号)	1984 年 11 月 1 日	1996 年 5 月 15 日第八届全国人大常委会第十九次会议修正

序号	文献名称	发布机关	通过时间	文献编号	生效时间	当前效力
4	环境保护法	第七届全国人大常委会第十一次会议通过	1989年12月26日	主席令（七届第22号）	1989年12月26日	有效
5	水污染防治法	第八届全国人大常委会第十九次会议修正	1996年5月15日	主席令（八届第66号）	1996年5月15日	2008年2月28日第十届全国人大常委会第三十二次会议修订
6	海洋环境保护法	第九届全国人大常委会第十三次会议修订	1999年12月25日	主席令（九届第26号）	2000年4月1日	有效
7	放射性污染防治法	第十届全国人大常委会第三次会议通过	2003年6月28日	主席令（十届第6号）	2003年10月1日	有效
8	水污染防治法	第十届全国人大常委会第三十二次会议修订	2008年2月28日	主席令（十届第87号）	2008年6月1日	有效

　　以下将从渤海污染防治综合、陆源污染防治、船源污染防治、海洋工程污染防治、海岸工程污染防治、倾废污染防治、放射性物质污染防治和大气污染物质污染防治等方面对渤海污染防治国家立法文献做内容的梳理研究。

一、污染防治综合

　　《环境保护法》第二十一条规定，向海洋排放污染物、倾倒废弃物，进行海岸工程建设和海洋石油勘探开发，必须依照法律的规定，防止对海洋环境的污染损害。《海洋环境保护法》明确了海洋环境污染损害,是指直接或者间接地把物质或者能量引入海洋环境,产生损害海洋生物资源、危害人体健康、妨害渔业和海上其他合法活动、损害海水使用素质和减损环境质量等有害影响。此外,海环法还规定了重点海域污染物排海总量控制制度,还有比较严格的限期治理制度、强制淘汰制度、污染排放行为的现场检查等。具体内容详见表1-4:

表1-4 渤海污染防治综合国家立法内容简表

基本内容	文献名称	条　款
总量控制	海洋环境保护法	第三条（重点海域排污总量控制制度。） 第十条:"在国家建立并实施排污总量控制制度的重点海域,水污染物排放标准的制定,还应当将主要污染物排海总量控制指标作为重要依据。"
限期治理	海洋环境保护法	第十二条:"对超过污染物排放标准的,或者在规定的期限内未完成污染物排放削减任务的,或者造成海洋环境严重污染损害的,应当限期治理。"
强制淘汰	海洋环境保护法	第十三条（严重污染海洋环境的落后生产工艺和落后设备淘汰制度。）
污染事故的防控	海洋环境保护法	第十七条（海洋环境污染事故责任人救治、通报、报告义务。沿海政府对近岸海域严重污染事故的救治义务。） 第十八条:"国家根据防止海洋环境污染的需要,制定国家重大海上污染事故应急计划。国家海洋行政主管部门负责制定全国海洋石油勘探开发重大海上溢油应急计划,报国务院环境保护行政主管部门备案。国家海事行政主管部门负责制定全国船舶重大海上溢油污染事故应急计划,报国务院环境保护行政主管部门备案。沿海可能发生重大海洋环境污染事故的单位,应当依照国家的规定,制定污染事故应急计划,并向当地环境保护行政主管部门、海洋行政主管部门备案。沿海县级以上地方人民政府及其有关部门在发生重大海上污染事故时,必须按照应急计划解除或者减轻危害。"
现场检查	海洋环境保护法	第十九条（海洋环境保护联合执法,制止污染行为。对污染排放行为的现场检查。）

基本内容	文献名称	条　　款
防止海洋环境污染损害	海洋环境保护法	第九十五条:"海洋环境污染损害,是指直接或者间接地把物质或者能量引入海洋环境,产生损害海洋生物资源、危害人体健康、妨害渔业和海上其他合法活动、损害海水使用素质和减损环境质量等有害影响。"
	环境保护法	第二十一条:"向海洋排放污染物、倾倒废弃物,进行海岸工程建设和海洋石油勘探开发,必须依照法律的规定,防止对海洋环境的污染损害。"

二、陆源污染防治

有关渤海陆源污染的防治制度和措施主要体现在《海洋环境保护法》中的专章规定。主要包括达标排放制度、排污口管理制度、排污申报制度和特殊污染物禁排制度。另外,《海洋环境保护法》还对防止沿海农田、牧场使用的化学农药、化肥、植物生长调节剂对海洋的污染,防止固体废物等对海洋环境的污染损害,城市污水的综合整治等做出了明确的规定。《水污染防治法》中有关城镇污水集中处理和入海河流环境保护的规定也为陆源污染防治起到了重要作用。具体内容详见表 1-5:

表 1-5　渤海陆源污染防治国家立法内容简表

基本内容	文献名称	条　　款
达标排放	海洋环境保护法	第二十九条(向海域排放陆源污染物须遵守标准。) 第三十四条(含病原体的医疗污水、生活污水和工业废水达标排海。)
排污口管理	海洋环境保护法	第三十条(入海排污口位置的批准。)
排污申报	海洋环境保护法	第三十二条(陆源污染物排放单位申报排放污染物信息、排放和处理设施,提供防治海洋环境污染方面的有关技术和资料。)

基本内容	文献名称	条　款
特殊污染物禁排	海洋环境保护法	第三十三条（向海域排放油类、酸液、碱液、剧毒废液和高、中水平放射性废水的禁止。向海域排放低水平放射性废水的限制。向海域排放含有不易降解的有机物和重金属的废水的控制。） 第三十五条（严格控制向海湾、半封闭海及其他自净能力较差的海域排放含有机物和营养物质的工业废水、生活污水。） 第三十六条（含热废水排海的规定。）
防治农药化肥、固体废物等污染海洋环境	海洋环境保护法	第三十七条："沿海农田、林场施用化学农药，必须执行国家农药安全使用的规定和标准。沿海农田、林场应当合理使用化肥和植物生长调节剂。" 第三十八条（在岸滩弃置、堆放和处理尾矿、矿渣、煤灰渣、垃圾和其他固体废物的，依照《固体废物污染环境防治法》的有关规定执行。）
城市污水管理	海洋环境保护法	第四十条（城市污水的综合整治。城市污水海洋处置工程建设。）
	水污染防治法	第二十六条（重要江河、湖泊流域的水环境质量监测。） 第四十四条（城镇污水集中处理的有关规定。）

三、船源污染防治

《海洋环境保护法》对防治船舶及有关作业活动对海洋环境的污染做了专门的规定，也确立了一些制度。主要有：禁止排放污染物的规定，船舶防污能力资格证书制度，关于防污设备的规定，船舶申报、评估和核准制度，海上污染报告制度，油污损害民事赔偿责任制度和船舶油污保险、油污损害赔偿基金等制度。《海上交通安全法》则规定了有关危险货物运输的内容。具体内容详见表1-6：

表 1-6 渤海船源污染和交通运输污染防治国家立法内容简表

基本内容	文献名称	条 款
禁止排放污染物的规定	海洋环境保护法	第六十二条（船舶及相关作业不得违反海环法规定向海洋排放污染物、废弃物和压载水、船舶垃圾及其他有害物质。）
船舶防污能力资格证书制度	海洋环境保护法	第六十三条："船舶必须按照有关规定持有防止海洋环境污染的证书与文书，在进行涉及污染物排放及操作时，应当如实记录。"
关于防污设备的规定	海洋环境保护法	第六十四条："船舶必须配置相应的防污设备和器材。载运具有污染危害性货物的船舶，其结构与设备应当能够防止或者减轻所载货物对海洋环境的污染。"
船舶申报、评估和核准制度	海洋环境保护法	第六十七条（载运具有污染危害性货物进出港口的船舶申报制度。）第六十八条："交付船舶装运污染危害性货物的单证、包装、标志、数量限制等，必须符合对所装货物的有关规定。需要船舶装运污染危害性不明的货物，应当按照有关规定事先进行评估。装卸油类有毒有害货物的作业，船岸双方必须遵守安全防污操作规程。"第七十条（船舶在港区水域内使用焚烧炉、洗舱、清舱、驱气、排放压载水、残油、含油污水接收、舷外拷铲及油漆，冲洗沾有污染物、有毒有害物质的甲板、进行散装液体污染危害性货物的过驳等作业，船舶、码头设施使用化学消油剂，从事船舶水上拆解、打捞、修造和其他水上、水下船舶施工作业的，应经批准或核准。）
海上污染报告制度	海洋环境保护法	第七十二条（所有船舶的监视海上污染义务，报告海上污染事故或者违反海环法规定的行为的义务。）
油污损害民事赔偿责任制度和船舶油污保险、油污损害赔偿基金制度	海洋环境保护法	第六十六条（国家完善并实施船舶油污损害民事赔偿责任制度，建立船舶油污保险、油污损害赔偿基金制度。）

基本内容	文献名称	条　　款
防止事故污染海洋环境	海洋环境保护法	第六十五条（船舶应当遵守法律，防止因事故造成海洋环境的污染。） 第七十一条："船舶发生海难事故，造成或者可能造成海洋环境重大污染损害的，国家海事行政主管部门有权强制采取避免或者减少污染损害的措施。"
对港口、码头、装卸站等的相关规定	海洋环境保护法	第六十九条："港口、码头、装卸站和船舶修造厂必须按照有关规定备有足够的用于处理船舶污染物、废弃物的接收设施，并使该设施处于良好状态。装卸油类的港口、码头、装卸站和船舶必须编制溢油污染应急计划，并配备相应的溢油污染应急设备和器材。"
经内水、领海转移危险废物的规定	海洋环境保护法	第三十九条（对经内水、领海转移危险废物的禁止和经国家管辖的其他海域转移危险废物的批准。）
危险货物运输	海上交通安全法	第三十二条："船舶、设施储存、装卸、运输危险货物，必须具备安全可靠的设备和条件，遵守国家关于危险货物管理和运输的规定。" 第三十三条："船舶装运危险货物，必须向主管机关办理申报手续，经批准后，方可进出港口或装卸。"

四、海洋工程污染防治

渤海石油和天然气资源丰富，但海洋油气勘探开发对海洋环境可能造成污染损害。《海洋环境保护法》的相关规定为防止海洋工程建设项目对渤海的污染损害起到了重要的作用，其防治海洋工程污染的制度措施主要有：建设海洋工程实行环境影响评价制度和"三同时"制度，对特殊污染物质和污染行为的专门规定，海洋工程建设废弃物排放的规定和防止海上作业油类污染的规定。具体内容详见表1-7：

表 1-7　渤海海洋工程污染防治国家立法内容简表

基本内容	文献名称	条　款
海洋工程环境影响评价	海洋环境保护法	第四十七条（海洋工程建设项目须符合海洋功能区划、海洋环境保护规划和环境保护标准，在可行性研究阶段，编报海洋环境影响报告书。）
海洋工程"三同时"制度	海洋环境保护法	第四十八条（海洋工程建设项目建设中的"三同时"制度。）
对特殊污染物质和污染行为的专门规定	海洋环境保护法	第四十九条："海洋工程建设项目，不得使用含超标准放射性物质或者易溶出有毒有害物质的材料。" 第五十条："海洋工程建设项目需要爆破作业时，必须采取有效措施，保护海洋资源。海洋石油勘探开发及输油过程中，必须采取有效措施，避免溢油事故的发生。"
海洋工程建设废弃物排放的规定	海洋环境保护法	第五十一条："海洋石油钻井船、钻井平台和采油平台的含油污水和油性混合物，必须经过处理达标后排放；残油、废油必须予以回收，不得排放入海。经回收处理后排放的，其含油量不得超过国家规定的标准。钻井所使用的油基泥浆和其他有毒复合泥浆不得排放入海。水基泥浆和无毒复合泥浆及钻屑的排放，必须符合国家有关规定。" 第五十二条："海洋石油钻井船、钻井平台和采油平台及其有关海上设施，不得向海域处置含油的工业垃圾。"
防止海上作业油类污染的规定	海洋环境保护法	第五十三条："海上试油时，应当确保油气充分燃烧，油和油性混合物不得排放入海。" 第五十四条："勘探开发海洋石油，必须按有关规定编制溢油应急计划，报国家海洋行政主管部门审查批准。"

五、海岸工程污染防治

《海洋环境保护法》设专章对防止海岸工程污染损害做出规定，比如，建设海岸工程实行环境影响评价制度和"三同时"制度；兴建海岸工程建设项目，采取措施保护野生动植物和水产资源；对在沿海陆域内新建不具备有效治理措施的化学制浆造纸、化工、印刷等海岸工程建设项目的禁止。具体内容详见表 1-8：

表 1-8　渤海海岸工程污染防治国家立法内容简表

基本内容	文献名称	条　款
海岸工程建设项目污染防治资金	海洋环境保护法	第四十二条:"新建、改建、扩建海岸工程建设项目,必须遵守国家有关建设项目环境保护管理的规定,并把防治污染所需资金纳入建设项目投资计划。"
采取措施保护野生动植物和水产资源等	海洋环境保护法	第四十二条:"在依法划定的海洋自然保护区、海滨风景名胜区、重要渔业水域及其他需要特别保护的区域,不得从事污染环境、破坏景观的海岸工程项目建设或者其他活动。" 第四十六条:"兴建海岸工程建设项目,必须采取有效措施,保护国家和地方重点保护的野生动植物及其生存环境和海洋水产资源。"
海岸工程环境影响评价和"三同时"制度	海洋环境保护法	第四十三条(海岸工程建设项目的合理选址与环境影响评价。) 第四十四条(海岸工程建设项目建设中的"三同时"制度。)
某些海岸工程建设项目的禁止	海洋环境保护法	第四十五条(禁止在沿海陆域内新建不具备有效治理措施的化学制浆造纸等项目以及其他严重污染海洋环境的工业生产项目。)
防止矿产资源开发污染海洋环境	海洋环境保护法	第四十六:"露天开采海滨砂矿和从岸上打井开采海底矿产资源,必须采取有效措施,防止污染海洋环境。"

六、倾废污染防治

向海洋倾倒废弃物是指通过船舶、航空器、平台或其他运载工具,将废弃物或其他有害物质投入海洋,包括弃置船舶、航空器、平台和其他浮游工具、与海底矿物资源勘探开发相关的海上加工所产生的废弃物、从陆地发运的生产生活废弃物等。《海洋环境保护法》对防治倾倒废弃物对海洋环境污染损害做出了一些规定,比如倾倒许可证制度、海洋倾倒区制度、依法倾倒、倾倒者对不利后果负责的制度。此外,我国法律禁止境外废弃物运至管辖海域倾倒。具体内容详见表 1-9:

表 1-9　渤海倾废污染防治国家立法内容简表

基本内容	文献名称	条　　款
倾废许可	海洋环境保护法	第五十五条（向我国管辖海域倾倒废弃物均须经过批准，取得国家海洋行政主管部门发给的许可证后方可倾倒废弃物。）
倾废分类管理	海洋环境保护法	第五十六条（国家海洋行政主管部门负责制定海洋倾倒废弃物评价程序和标准，向海洋倾倒废弃物，应当按照废弃物的类别和数量实行分级管理。）
海洋倾倒区	海洋环境保护法	第五十七条（海洋倾倒区选划的原则、审核和批准机关，临时性海洋倾倒区的批准和备案，海洋倾倒区选划和临时性海洋倾倒区批准前的征求意见。） 第五十八条（倾倒区的管理、环境监测和对经确认不宜继续使用的倾倒区的封闭。）
依法倾倒	海洋环境保护法	第五十九条："获准倾倒废弃物的单位，必须按照许可证注明的期限及条件，到指定的区域进行倾倒。废弃物装载之后，批准部门应当予以核实。" 第六十条："获准倾倒废弃物的单位，应当详细记录倾倒的情况，并在倾倒后向批准部门作出书面报告。倾倒废弃物的船舶必须向驶出港的海事行政主管部门作出书面报告。"
倾废的禁止性规定	海洋环境保护法	第六十一条："禁止在海上焚烧废弃物。禁止在海上处置放射性废弃物或者其他放射性物质。废弃物中的放射性物质的豁免浓度由国务院制定。"
倾倒费	海洋环境保护法	第十一条："向海洋倾倒废弃物，必须按照国家规定缴纳倾倒费。"
倾倒	海洋环境保护法	第九十五条："倾倒，是指通过船舶、航空器、平台或者其他载运工具，向海洋处置废弃物和其他有害物质的行为，包括弃置船舶、航空器、平台及其辅助设施和其他浮动工具的行为。"
倾废污染管理	海洋环境保护法	第五条（国家海洋行政主管部门负责海洋倾倒废弃物对海洋污染损害的环境保护工作。）

七、放射性物质污染防治

放射性物质污染渤海的防治主要规定于《海洋环境保护法》和《放射性污染防治法》。海环法规定了向海域排放放射性废水的禁限,海洋工程建设项目不得使用含超标准放射性物质等。放射性污染防治法强调向环境排放放射性废气、废液须符合相关标准,禁止在海洋上处置放射性固体废物等。具体内容详见表1-10:

表1-10　放射性物质污染防治国家立法内容简表

基本内容	文献名称	条款
放射性物质污染渤海防治	海洋环境保护法	第三十三条（向海域排放高、中水平放射性废水的禁止,向海域排放低水平放射性废水的限制。）
		第四十九条:"海洋工程建设项目,不得使用含超标准放射性物质或者易溶出有毒有害物质的材料。" 第六十一条:"禁止在海上处置放射性废弃物或者其他放射性物质。"
	放射性污染防治法	第四十条（向环境排放放射性废气、废液,必须符合国家放射性污染防治标准。） 第四十三条（禁止在内河水域和海洋上处置放射性固体废物。）

八、大气污染物质污染防治

《海洋环境保护法》第四十一条规定了,国家采取必要措施,防止、减少和控制来自大气层或者通过大气层造成的海洋环境污染损害。具体内容详见表1-11:

表1-11　大气污染物质污染防治国家立法内容简表

基本内容	文献名称	条款
大气污染物质污染渤海防治	海洋环境保护法	第四十一条（来自大气层或者通过大气层造成的海洋环境污染的防止、减少和控制。）

第三节　渤海资源保护国家立法文献

渤海拥有丰富的海洋资源,为环渤海地区的经济社会发展提供了支撑。目前,有关渤海资源保护的国家立法主要有《环境保护法》《海洋环境保护法》、《海域使用管理法》《渔业法》《矿产资源法》《领海及毗连区法》《海商法》。这些国家立法文献为促进渤海资源的合理开发与可持续利用提供了法律基础。具体内容详见表1-12:

表 1-12　渤海资源保护国家立法文献简表

序号	文献名称	发布机关	通过时间	文献编号	生效时间	当前效力
1	海洋环境保护法	第五届全国人大常委会第二十四次会议通过	1982 年 8 月 23 日	第五届全国人大常委会令（五届第 9 号）	1983 年 3 月 1 日	1999 年 12 月 25 日第九届全国人大常委会第十三次会议修订
2	渔业法	第六届全国人大常委会第十四次会议通过	1986 年 1 月 20 日	主席令（六届第 34 号）	1986 年 7 月 1 日	2000 年 10 月 31 日第九届全国人大常委会第十八次会议第一次修正
3	矿产资源法	第六届全国人大常委会第十五次会议通过	1986 年 3 月 19 日	主席令（六届第 36 号）	1986 年 10 月 1 日	1996 年 8 月 29 日第八届全国人大常委会第二十一次会议修改
4	矿产资源法	第八届全国人大常委会第二十一次会议修改	1996 年 8 月 29 日	主席令（八届第 74 号）	1997 年 1 月 1 日	有效

序号	文献名称	发布机关	通过时间	文献编号	生效时间	当前效力
5	海洋环境保护法	第九届全国人大常委会第十三次会议修订	1999年12月25日	主席令(九届第26号)	2000年4月1日	有效
6	渔业法	第九届全国人大常委会第十八次会议修正	2000年10月31日	主席令(九届第38号)	2000年12月1日	2004年8月28日第十届全国人大常委会第十一次会议第二次修正
7	海域使用管理法	第九届全国人大常委会第二十四次会议通过	2001年10月27日	主席令(第61号)	2002年1月1日	有效
8	渔业法	第十届全国人大常委会第十一次会议修正	2004年8月28日	主席令(第25号)	2004年8月28日	有效

以下将从渤海资源综合管理、渔业资源开发管理、矿产资源开发管理、能源资源开发管理和海域资源开发管理等方面对渤海资源保护国家立法文献做内容的梳理研究。

一、资源综合管理

《环境保护法》规定,开发利用自然资源,必须采取措施保护生态环境。《海洋环境保护法》第一条就表明"保护海洋资源"是海环法的立法目的之一,在海洋生态保护专章中强调了开发利用海洋资源不得造成海洋生态环境破坏。具体内容详见表1-13:

表 1-13　渤海资源管理综合国家立法内容简表

基本内容	文献名称	条　　款
资源管理综合	海洋环境保护法	第一条（立法目的。） 第二十四条："开发利用海洋资源，应当根据海洋功能区划合理布局，不得造成海洋生态环境破坏。" 第五十条（海洋工程建设项目需要爆破作业时，保护海洋资源。）
	环境保护法	第十九条："开发利用自然资源，必须采取措施保护生态环境。"

二、渔业资源开发管理

渔业资源保护开发与管理的法律主要是 1986 年颁布的《渔业法》，该法于 2000 年 10 月 31 日和 2004 年 8 月 28 日进行了修改。此外，《海洋环境保护法》、《野生动物保护法》和《海域使用管理法》等立法中也有渔业资源保护管理的相关规定。

以上渔业资源保护管理的国家立法明确了我国渔业监督管理体制和渔业资源保护的主要法律制度措施。我国的渔业监督管理实行统一领导、分级管理的体制。渔业养殖使用证制度、承包经营制度以及对养殖业的一些管理措施的规定为渔业养殖提供法律保障。为实施合理捕捞，防止破坏渔业资源，对捕捞作业实行捕捞限额制度、捕捞许可证制度，同时明确了从事捕捞作业的单位和个人应遵循的捕捞要求。关于渔业资源的增值和保护的规定主要有渔业资源保护费制度、水产种质自然保护区制度和其他保护渔业资源的规定。具体内容详见表 1-14：

表 1-14　渤海渔业资源开发管理国家立法内容简表

基本内容	文献名称	条　款
渔业资源管理综合	渔业法	第三条（渔业生产的基本方针。） 第六条（渔业监督管理体制。） 第七条："国家对渔业的监督管理，实行统一领导、分级管理。海洋渔业，除国务院划定由国务院渔业行政主管部门及其所属的渔政监督管理机构监督管理的海域和特定渔业资源渔场外，由毗邻海域的省、自治区、直辖市人民政府渔业行政主管部门监督管理。"
	海域使用管理法	第七条（渔业行政主管部门依照《渔业法》，对海洋渔业实施监督管理。）
	海洋环境保护法	第二十八条（国家鼓励发展生态渔业建设，推广多种生态渔业生产方式。）
养殖作业管理	渔业法	第十一条（渔业养殖使用证制度。） 第十九条："从事养殖生产不得使用含有毒有害物质的饵料、饲料。" 第二十条："从事养殖生产应当保护水域生态环境，科学确定养殖密度，合理投饵、施肥、使用药物，不得造成水域的环境污染。"
	海洋环境保护法	第二十八条："海水养殖应当科学确定养殖密度，并应当合理投饵、施肥，正确使用药物。"
捕捞作业管理	渔业法	第二十一条（根据渔业资源的可捕捞量，安排内水和近海捕捞力量。） 第二十二条（捕捞限额制度。） 第二十三条（国家对捕捞业实行捕捞许可证制度。） 第二十五条："从事捕捞作业的单位和个人，必须按照捕捞许可证关于作业类型、场所、时限、渔具数量和捕捞限额的规定进行作业，并遵守国家有关保护渔业资源的规定，大中型渔船应当填写渔捞日志。" 第三十条（捕捞方式、期限、区域的禁止性规定。） 第三十一条（有重要经济价值的水生动物苗种的捕捞限制性规定。）

基本内容	文献名称	条　　款
渔业资源调查	渔业法	第二十二条（国务院渔业行政部门负责组织渔业资源的调查和评估，为实行捕捞限额制度提供科学依据。）
渔业水域保护	海洋环境保护法	第五条（国家渔业行政主管部门负责保护渔业水域生态环境工作。） 第三十条（在重要渔业水域，不得新建排污口。） 第四十二条（在依法划定的重要渔业水域从事污染环境的海岸工程项目建设或者其他活动的禁止。） 第九十五条："渔业水域，指鱼虾类的产卵场、索饵场、越冬场、洄游通道和鱼虾贝藻类的养殖场。"
	渔业法	第二十条（从事养殖生产应当保护水域生态环境，不得造成水域的环境污染。） 第三十六条："各级人民政府应当采取措施，保护和改善渔业水域的生态环境，防治污染。"
水产资源保护	海洋环境保护法	第三十六条（防止含热废水排海危害水产资源。） 第四十六条（兴建海岸工程建设项目须保护海洋水产资源。）
渔业资源的增殖和保护	渔业法	第二十八条（采取措施增殖渔业资源，可以向受益单位和个人征收渔业资源增殖保护费。） 第二十九条（建立水产种质资源保护区，水产种质资源保护区内捕捞的限制性规定。） 第三十五条："进行水下爆破、勘探、施工作业，对渔业资源有严重影响的，作业单位应当事先同有关县级以上人民政府渔业行政主管部门协商，采取措施，防止或者减少对渔业资源的损害。"

三、矿产资源开发管理

渤海矿产资源开发管理主要是对海滨砂矿资源和油气资源开发的管理。《矿产资源法》《海洋环境保护法》和《海域使用管理法》等规范了矿产资源开发的许可审批、落实环境保护责任等措施。而在《海岛保护法》中则对海岛矿产资源开发管理做了相关规定。具体内容详见表1-15：

表 1-15　渤海矿产资源开发管理国家立法内容简表

基本内容	文献名称	条　　款
矿产资源开发的环境保护责任	海洋环境保护法	第四十六条:"严格限制在海岸采挖砂石。露天开采海滨砂矿和从岸上打井开采海底矿产资源,必须采取有效措施,防止污染海洋环境。"
海岛矿产资源开发管理	海岛法	第二十六条:"严格限制在有居民海岛沙滩采挖海砂;确需采挖的,应当依照有关海域使用管理、矿产资源的法律、法规的规定执行。" 第二十八条(未经批准利用的无居民海岛,禁止采石、挖海砂等活动。)
采矿许可	矿产资源法	第二条(在中华人民共和国领域及管辖海域勘查、开采矿产资源,须遵守矿产资源法。) 第十六条(开采领海及中国管辖的其他海域的矿产资源,由国务院地质矿产主管部门审批,并颁发采矿许可证。开采石油、天然气、放射性矿产等特定矿种的,可以由国务院授权的有关主管部门审批,并颁发采矿许可证。) 第二十条(非经国务院授权的有关主管部门同意,不得在港口设施圈定地区以内开采矿产资源。)
矿业用海期限	海域使用管理法	第二十五条(盐业、矿业用海的海域使用权最高期限为三十年。)

四、能源资源开发管理

我国对于海洋新能源的利用尚未形成规模开发,有关能源资源开发管理的国家立法文献较少,主要是在《海域使用管理法》和《海岛保护法》有支持推进能源资源开发的相关规定,具体内容详见表1—16:

表1-16 渤海能源资源开发管理国家立法内容简表

基本内容	文献名称	条　　款
能源资源开发管理	海域使用管理法	第十三条（经国务院批准，因进行大型能源基础设施建设，需要改变海洋功能区划的，根据国务院的批准文件修改海洋功能区划。）
	海岛保护法	第二十条："国家支持在海岛建立可再生能源开发利用、生态建设等实验基地。" 第二十四条："有居民海岛的开发、建设应当优先采用风能、海洋能、太阳能等可再生能源和雨水集蓄、海水淡化、污水再生利用等技术。"

五、海域资源开发管理

我国规范海域资源开发管理的法律文献主要是《海域使用管理法》和《海洋环境保护法》，强调对海域资源开发的监督管理，具体内容详见表1-17：

表1-17 渤海海域资源开发管理国家立法内容简表

基本内容	文献名称	条　　款
海域资源开发管理	海域使用管理法	第四条："国家严格管理填海、围海等改变海域自然属性的用海活动。"
	海洋环境保护法	第二十六条（开发海岛及周围海域的资源，应采取严格的生态保护措施。）

第四节　渤海生态保护国家立法文献

目前，有关渤海生态保护的国家立法主要有《环境保护法》、《海洋环境保护法》、《渔业法》和《海岛保护法》。具体内容详见表1-18：

表 1-18　渤海生态保护国家立法文献简表

序号	文献名称	发布机关	通过时间	文献编号	生效时间	当前效力
1	环境保护法(试行)	第五届全国人大常委会第十一次会议通过	1979 年 9 月 13 日	第五届全国人大常委会令（五届第 2 号）	1979 年 9 月 13 日	废止
2	海洋环境保护法	第五届全国人大常委会第二十四次会议通过	1982 年 8 月 23 日	第五届全国人大常委会令（五届第 9 号）	1983 年 3 月 1 日	1999 年 12 月 25 日第九届全国人大常委会第十三次会议修订
3	渔业法	第六届全国人大常委会第十四次会议通过	1986 年 1 月 20 日	主席令（六届第 34 号）	1986 年 7 月 1 日	2000 年 10 月 31 日第九届全国人大常委会第十八次会议第一次修正
4	环境保护法	第七届全国人大常委会第十一次会议通过	1989 年 12 月 26 日	主席令（七届第 22 号）	1989 年 12 月 26 日	有效
5	海洋环境保护法	第九届全国人大常委会第十三次会议修订	1999 年 12 月 25 日	主席令（九届第 26 号）	2000 年 4 月 1 日	有效
6	渔业法	第九届全国人大常委会第十八次会议修正	2000 年 10 月 31 日	主席令（九届第 38 号）	2000 年 12 月 1 日	2004 年 8 月 28 日第十届全国人大常委会第十一次会议第二次修正
7	渔业法	第十届全国人大常委会第十一次会议修正	2004 年 8 月 28 日	主席令（第 25 号）	2004 年 8 月 28 日	有效

序号	文献名称	发布机关	通过时间	文献编号	生效时间	当前效力
8	海岛保护法	第十一届全国人大常委会第十二次会议通过	2009年12月26日	主席令（十一届第22号）	2010年3月1日	有效

海洋生态保护专章是 1999 年《海洋环境保护法》新增加的内容，也是中国海洋生态环境日益恶化在立法上的反映。《海洋环境保护法》关于海洋生态保护的规定主要包括政府对生态保护和整治的责任，海洋自然保护区和海洋特别保护区制度，对引进、开发活动的限制性规定。《环境保护法》中涉及生态保护的内容主要是对在自然保护区内建设工业生产设施的限定和对"珍稀、濒危的野生动物自然分布区域"的保护。《海岛保护法》则是对具有特殊保护价值的海岛及其周边海域设立海洋自然保护区或者海洋特别保护区的规定。《渔业法》提出了对珍贵、濒危水生野生动物实行重点保护的要求。有关渤海生态保护的国家立法内容，从渤海自然保护区管理、迁徙物种及其他珍稀濒危物种保护、生物入侵防治和河口区生境保护四个方面进行梳理研究，具体内容详见表 1-19：

表 1-19　渤海生态保护国家立法内容简表

基本内容	文献名称	条　　款
渤海自然保护区管理	海洋环境保护法	第二十一条（建立海洋自然保护区。） 第二十二条（建立海洋自然保护区的条件。） 第二十三条（可以建立海洋特别保护区的区域。） 第三十条（在海洋自然保护区不得新建排污口。） 第四十二条（在依法划定的海洋自然保护区、海滨风景名胜区，从事污染环境、破坏景观的海岸工程项目建设或者其他活动的禁止。）
	海岛保护法	第三十九条（对具有特殊保护价值的海岛及其周边海域，批准设立海洋自然保护区或者海洋特别保护区。）

基本内容	文献名称	条　　款
渤海自然保护区管理	环境保护法	第十八条："在国务院、国务院有关部门和省、自治区、直辖市人民政府规定的风景名胜区、自然保护区和其他需要特别保护的区域内，不得建设污染环境的工业生产设施；建设其他设施，其污染物排放不得超过规定的排放标准。已经建成的设施，其污染物排放超过规定排放标准的，限期治理。"
迁徙物种及其他珍稀濒危物种保护	海洋环境保护法	第二十条（保护珍稀、濒危海洋生物的天然集中分布区。） 第二十二条（在珍稀、濒危海洋生物物种的天然集中分布区域建立海洋自然保护区。）
	环境保护法	第十七条（各级人民政府对珍稀、濒危的野生动物自然分布区域等，应当采取措施加以保护，严禁破坏。）
	渔业法	第三十七条（对珍贵、濒危水生野生动物实行重点保护，防止其灭绝。禁止捕杀、伤害国家重点保护的水生野生动物。因科学研究、驯养繁殖、展览或者其他特殊情况，需要捕捞国家重点保护的水生野生动物的，依照《野生动物保护法》的规定执行。）
生物入侵防治	海洋环境保护法	第二十五条："引进海洋动植物物种，应当进行科学论证，避免对海洋生态系统造成危害。"
河口区生境保护	海洋环境保护法	第十四条（对入海河口的监测。） 第二十条（国务院和沿海地方各级人民政府应当采取有效措施，保护入海河口。） 第二十二条（具有特殊保护价值的入海河口建立海洋自然保护区。） 第三十一条（防治污染，使入海河口的水质处于良好状态。）

第五节　渤海空间管理和自然形态保护国家立法文献

海洋空间开发潜力巨大，人们充分利用海域的天然条件进行养殖、开发航线，或者为取得足够的陆地资源进行围填海，使得海洋承载着过重的负担。对渤海空间管理的立法主要有《海洋环境保护法》《海上交通安全法》《海域使用管理法》和《港口法》。本节所指的渤海自然形态主要包括渤海与沿岸大陆之

间交界所体现出的大陆岸线,渤海海域中的岛屿以及渤海海底地形地貌等。有
关渤海自然形态保护的国家立法文献主要有《海洋环境保护法》、《海域使用管
理法》和《海岛保护法》。具体内容详见表 1-20:

表 1-20　渤海空间管理和自然形态保护国家立法文献简表

序号	文献名称	发布机关	通过时间	文献编号	生效时间	当前效力
1	海洋环境保护法	第五届全国人大常委会第二十四次会议通过	1982 年 8 月 23 日	第五届全国人大常委会令（五届第 9 号）	1983 年 3 月 1 日	1999 年 12 月 25 日 第九届全国人大常委会第十三次会议修订
2	海上交通安全法	第六届全国人大常委会第二次会议通过	1983 年 9 月 2 日	主席令（六届第 7 号）	1984 年 1 月 1 日	有效
3	海洋环境保护法	第九届全国人大常委会第十三次会议修订	1999 年 12 月 25 日	主席令（九届第 26 号）	2000 年 4 月 1 日	有效
4	海域使用管理法	第九届全国人大常委会第二十四次会议通过	2001 年 10 月 27 日	主席令（九届第 61 号）	2002 年 1 月 1 日	有效
5	港口法	第十届全国人大常委会第三次会议通过	2003 年 6 月 28 日	主席令（十届第 5 号）	2004 年 1 月 1 日	有效
6	海岛保护法	第十一届全国人大常委会第十二次会议通过	2009 年 12 月 26 日	主席令（十一届 第 22 号）	2010 年 3 月 1 日	有效

一、海域使用管理

2002 年 1 月 1 日开始实施的《海域使用管理法》是海域使用管理的专门法律文献,主要规定了海域使用的监督管理体制及相关管理制度,海域使用的申请与审批,海域使用权和海域使用金等。具体内容详见表 1-21:

表 1-21　渤海海域使用管理国家立法内容简表

基本内容	文献名称	条　　款
海域使用监督管理	海域使用管理法	第五条:"国家建立海域使用管理信息系统,对海域使用状况实施监视、监测。" 第六条(国家建立海域使用权登记制度,国家建立海域使用统计制度。) 第七条(海域使用的监督管理。) 第九条:"在保护和合理利用海域以及进行有关的科学研究等方面成绩显著的单位和个人,由人民政府给予奖励。"
海域使用的申请与审批	海域使用管理法	第十六条(海域使用申请。) 第十七条(海域使用申请的审批。) 第十八条(应当报国务院审批的项目用海。其他项目用海的审批权限,由国务院授权省、自治区、直辖市人民政府规定。)
海域使用权	海域使用管理法	第十九条(海域使用申请经依法批准后,由法定机关颁发海域使用权证书。) 第二十条(通过招标或者拍卖的方式取得海域使用权的规定。) 第二十二条(海域使用管理法施行前,已经由农村集体经济组织或者村民委员会经营、管理的养殖用海,符合海洋功能区划的,经当地县级人民政府核准,可以将海域使用权确定给该农村集体经济组织或者村民委员会,由本集体经济组织的成员承包,用于养殖生产。) 第二十三条:"海域使用权人有依法保护和合理使用海域的义务;海域使用权人对不妨害其依法使用海域的非排他性用海活动,不得阻挠。" 第二十四条:"海域使用权人在使用海域期间,未经依法批准,不得从事海洋基础测绘。海域使用权人发现所使用海域的自然资源和自然条件发生重大变化时,应当及时报告海洋行政主管部门。"

基本内容	文献名称	条　　款
海域使用权	海域使用管理法	第二十五条（海域使用权最高期限。） 第二十六条（海域使用权续期的规定。） 第二十七条（变更海域使用权人的，需经原批准用海的人民政府批准。海域使用权可以依法转让；海域使用权可以依法继承。） 第二十八条（海域使用权人不得擅自改变经批准的海域用途，确需改变的，须报批准。） 第二十九条："海域使用权终止后，原海域使用权人应当拆除可能造成海洋环境污染或者影响其他用海项目的用海设施和构筑物。" 第三十一条（在海域使用权争议解决前，不得改变海域使用现状。）
海域使用金	海域使用管理法	第三十三条（海域有偿使用制度。） 第三十七条（县级以上人民政府海洋行政部门应当加强对海域使用的监督检查。）

二、海洋功能区管理

《海域使用管理法》明确了我国实行海洋功能区划制度，并设专章规定了"海洋功能区划"的编制、修改、审批和公布等事项。《海洋环境保护法》规定要根据海洋功能区划科学合理使用海域。具体内容详见表1-22：

表1-22　渤海海洋功能区管理国家立法内容简表

基本内容	文献名称	条　　款
海洋功能区划制度	海洋环境保护法	第九十五条："海洋功能区划，是指依据海洋自然属性和社会属性，以及自然资源和环境特定条件，界定海洋利用的主导功能和使用范畴。" 第六条："沿海地方各级人民政府应当根据全国和地方海洋功能区划，科学合理地使用海域。" 第七条："国家根据海洋功能区划制定全国海洋环境保护规划和重点海域区域性海洋环境保护规划。"

基本内容	文献名称	条　　款
海洋功能区划制度	海域使用管理法	第四条："国家实行海洋功能区划制度。海域使用必须符合海洋功能区划。" 第十五条："养殖、盐业、交通、旅游等行业规划涉及海域使用的，应当符合海洋功能区划。沿海土地利用总体规划、城市规划、港口规划涉及海域使用的，应当与海洋功能区划相衔接。"
海洋功能区划的编制、审批、修改和公布	海洋环境保护法	第六条（国家海洋行政主管部门会同国务院有关部门和沿海省、自治区、直辖市人民政府拟定全国海洋功能区划，报国务院批准。）
	海域使用管理法	第十条（编制全国海洋功能区划、地方海洋功能区划。） 第十二条（海洋功能区划分级审批。） 第十三条（修改海洋功能区划，须报批；未经批准，不得改变海洋功能区划确定的海域功能。经国务院批准，因公共利益、国防安全或者进行大型能源、交通等基础设施建设，需要改变海洋功能区划的，根据国务院的批准文件修改海洋功能区划。） 第十四条（海洋功能区划经批准后，应向社会公布；涉及国家秘密的部分除外。）

三、港口和交通管理

《海域使用管理》明确了海事管理机构依照《海上交通安全法》，对海上交通安全实施监督管理。《港口法》是有关渤海港口管理的主要法律文献，该法规定了港口管理体制、港口管理规划和港口水域保护等内容。具体内容详见表1-23：

表 1-23　渤海港口和交通管理国家立法内容简表

基本内容	文献名称	条　款
交通管理	海域使用管理法	第七条（海事管理机构依照《海上交通安全法》，对海上交通安全实施监督管理。）
	海上交通安全法	第三条（港务监督机构是对沿海水域的交通安全实施统一监督管理的主管机关。） 第十六条（大型设施和移动式平台的海上拖带，须经船舶检验部门进行拖航检验，并报主管机关核准。） 第二十二条（未经批准，不得在港区、锚地、航道、通航密集区以及主管机关公布的航路内设置、构筑设施或者进行其他有碍航行安全的活动。）
港口管理	港口法	第四条（国务院和有关县级以上地方政府应在国民经济和社会发展计划中体现港口的发展和规划要求，并依法保护和合理利用港口资源。） 第六条（港口管理体制。） 第七条（港口规划。） 第九条（港口布局规划的编制。） 第十一条（地理位置重要、吞吐量较大、对经济发展影响较广的主要港口的总体规划。） 第十三条（建设港口设施的审批。） 第十六条（港口建设使用土地和水域，应依照有关土地管理、海域使用管理、河道管理、航道管理、军事设施保护管理的法律、行政法规以及其他有关法律、行政法规的规定办理。） 第三十七条："禁止在港口水域内从事养殖、种植活动。不得在港口进行可能危及港口安全的采掘、爆破等活动；因工程建设等确需进行的，必须采取相应的安全保护措施，并报经港口行政管理部门批准；依照有关水上交通安全的法律、行政法规的规定须经海事管理机构批准的，还应当报经海事管理机构批准。禁止向港口水域倾倒泥土、砂石以及违反有关环境保护的法律、法规的规定排放超过规定标准的有毒、有害物质。" 第三十八条："建设桥梁、水底隧道、水电站等可能影响港口水文条件变化的工程项目，负责审批该项目的部门在审批前应当征求港口行政管理部门的意见。"

四、自然形态保护

有关渤海海岸线保护的立法主要体现在《海洋环境保护法》海洋生态保护专章的第二十七条。对于海底自然形态的保护在国家立法文献中并没有涉及。海岛自然形态保护的立法主要是专门的《海岛保护法》，主要内容涉及海岛保护职责、海岛保护规划、有居民海岛保护、无居民海岛保护、特殊用途海岛保护和海岛保护监督检查。此外，《海洋环境保护法》也规定了"开发海岛及周围海域的资源"，不得造成"海岛地形"、"岸滩"等的破坏。具体内容详见表1-24：

表1-24 渤海自然形态保护国家立法内容简表

基本内容	文献名称	条　款
海岸线保护	海洋环境保护法	第二十七条："沿海地方各级人民政府应当结合当地自然环境的特点，建设海岸防护设施、沿海防护林、沿海城镇园林和绿地，对海岸侵蚀和海水入侵地区进行综合治理。禁止毁坏海岸防护设施、沿海防护林、沿海城镇园林和绿地。"
海岛地形的保护	海洋环境保护法	第二十六条（开发海岛及周围海域的资源，不得造成海岛地形、岸滩等的破坏。）
海岛及海岛保护职责	海岛保护法	第二条（海岛是指四面环海水并在高潮时高于水面的自然形成的陆地区域，包括有居民海岛和无居民海岛。） 第三条："国家对海岛实行科学规划、保护优先、合理开发、永续利用的原则。国务院和沿海地方各级人民政府应当将海岛保护和合理开发利用纳入国民经济和社会发展规划，采取有效措施，加强对海岛的保护和管理，防止海岛及其周边海域生态系统遭受破坏。" 第五条（海岛保护的职责分工。）
海岛保护规划	海岛保护法	第八条（海岛保护规划制度。） 第九条（全国海岛保护规划。） 第十条（省域海岛保护规划。） 第十一条（县域海岛保护规划。） 第十二条（沿海县级政府可以组织编制全国海岛保护规划确定的可利用无居民海岛的保护和利用规划。） 第十四条（建立完善海岛统计调查制度。） 第十五条（建立海岛管理信息系统，对海岛的保护与利用等状况实施监视、监测。）

基本内容	文献名称	条　款
海岛保护的一般规定	海岛保护法	第十六条:"国务院和沿海地方各级人民政府应当采取措施,保护海岛的自然资源、自然景观以及历史、人文遗迹。禁止改变自然保护区内海岛的海岸线。禁止采挖、破坏珊瑚和珊瑚礁。禁止砍伐海岛周边海域的红树林。" 第十八条(在海岛从事科研活动不得造成海岛及其周边海域生态系统破坏。) 第二十一条:"国家安排海岛保护专项资金,用于海岛的保护、生态修复和科学研究活动。"
有居民海岛生态系统保护	海岛保护法	第二十三条(有居民海岛的开发、建设应当遵守有关法律、法规的规定,保护海岛及其周边海域生态系统。) 第二十四条(有居民海岛的开发、建设应当进行环境影响评价,不得超出海岛的环境容量。新建、改建、扩建建设项目,须符合海岛主要污染物排放、建设用地和用水总量控制指标的要求。) 第二十五条:"在有居民海岛进行工程建设,应当坚持先规划后建设、生态保护设施优先建设或者与工程项目同步建设的原则。" 第二十六条(严格限制在有居民海岛沙滩建造建筑物或者设施;严格限制在有居民海岛沙滩采挖海砂。) 第二十七条(填海、围海等改变有居民海岛海岸线的行为和填海连岛工程建设的限制。)
无居民海岛保护	海岛保护法	第二十八条:"未经批准利用的无居民海岛,应当维持现状;禁止采石、挖海砂、采伐林木以及进行生产、建设、旅游等活动。" 第二十九条(在无居民海岛采集生物和非生物样本的限制。) 第三十条(从事可利用无居民海岛的开发利用活动的限制性规定。) 第三十二条(经批准在可利用无居民海岛建造建筑物或者设施的要求。) 第三十四条:"临时性利用无居民海岛的,不得在所利用的海岛建造永久性建筑物或者设施。" 第三十五条:"在依法确定为开展旅游活动的可利用无居民海岛及其周边海域,不得建造居民定居场所,不得从事生产性养殖活动;已经存在生产性养殖活动的,应当在编制可利用无居民海岛保护和利用规划中确定相应的污染防治措施。"

基本内容	文献名称	条　　款
特殊用途海岛保护	海岛保护法	第三十六条（具有特殊用途或者特殊保护价值的海岛，实行特别保护。） 第三十九条："国务院、国务院有关部门和沿海省、自治区、直辖市人民政府，根据海岛自然资源、自然景观以及历史、人文遗迹保护的需要，对具有特殊保护价值的海岛及其周边海域，依法批准设立海洋自然保护区或者海洋特别保护区。"
海岛保护监督检查	海岛保护法	第四十条："县级以上人民政府有关部门应当依法对有居民海岛保护和开发、建设进行监督检查。" 第四十一条："海洋主管部门应当依法对无居民海岛保护和合理利用情况进行监督检查。"

第六节　渤海防灾减灾及科学研究管理国家立法文献

《防震减灾法》《海洋环境保护法》和《港口法》对海洋防灾减灾管理做了规定。《环境保护法》《海洋环境保护法》《海岛保护法》《港口法》《海域使用管理法》《渔业法》和《矿产资源保护法》等法律文献中都有鼓励、奖励科学研究，推广科学研究技术的规定。具体内容详见表1-25：

表1-25　渤海防灾减灾及科学研究管理国家立法文献简表

序号	文献名称	发布机关	通过时间	文献编号	生效时间	当前效力
1	环境保护法(试行)	第五届全国人大常委会第十一次会议通过	1979年9月13日	第五届全国人大常委会令（五届第2号）	1979年9月13日	废止
2	海洋环境保护法	第五届全国人大常委会第二十四次会议通过	1982年8月23日	第五届全国人大常委会令（五届第9号）	1983年3月1日	1999年12月25日第九届全国人大常委会第十三次会议修订

序号	文献名称	发布机关	通过时间	文献编号	生效时间	当前效力
3	渔业法	第六届全国人大常委会第十四次会议通过	1986年1月20日	主席令（六届第34号）	1986年7月1日	2000年10月31日第九届全国人大常委会第十八次会议第一次修正
4	矿产资源法	第六届全国人大常委会第十五次会议通过	1986年3月19日	主席令（六届第36号）	1986年10月1日	1996年8月29日第八届全国人大常委会第二十一次会议修改
5	环境保护法	第七届全国人大常委会第十一次会议通过	1989年12月26日	主席令（七届第22号）	1989年12月26日	有效
6	领海及毗连区法	第七届全国人大常委会第二十四次会议通过	1992年2月25日	主席令（七届第55号）	1992年2月25日	有效
7	矿产资源法	第八届全国人大常委会第二十一次会议修改	1996年8月29日	主席令（八届第74号）	1997年1月1日	有效
8	防震减灾法	第八届全国人大常委会第二十九次会议通过	1997年12月29日	主席令（八届第94号）	1998年3月1日	2008年12月27日第十一届全国人大常委会第六次会议修订
9	海洋环境保护法	第九届全国人大常委会第十三次会议修订	1999年12月25日	主席令（九届第26号）	2000年4月1日	有效

序号	文献名称	发布机关	通过时间	文献编号	生效时间	当前效力
10	渔业法	第九届全国人大常委会第十八次会议修正	2000年10月31日	主席令（九届第38号）	2000年12月1日	2004年8月28日第十届全国人大常委会第十一次会议第二次修正
11	海域使用管理法	第九届全国人大常委会第二十四次会议通过	2001年10月27日	主席令（第61号）	2002年1月1日	有效
12	港口法	第十届全国人大常委会第三次会议通过	2003年6月28日	主席令（十届第5号）	2004年1月1日	有效
13	渔业法	第十届全国人大常委会第十一次会议修正	2004年8月28日	主席令（第25号）	2004年8月28日	有效
14	防震减灾法	第十一届全国人大常委会第六次会议修订通过	2008年12月27日	主席令（十一届第7号）	2009年5月1日	有效
15	海岛保护法	第十一届全国人大常委会第十二次会议通过	2009年12月26日	主席令（十一届第22号）	2010年3月1日	有效

　　《防震减灾法》规定了沿海县级以上地方人民政府负责管理地震工作的部门或者机构，对海域地震活动监测预测的职责和通报义务。《港口法》中要求港口行政管理部门应当依法制定"预防自然灾害预案"。在渤海科学研究管理的国家立法文献中规定了鼓励有关海洋科学研究、推广科研技术的内容。具体内容详见表1-26：

表 1-26　渤海防灾减灾和科学研究管理国家立法内容简表

基本内容	文献名称	条　　款
防灾减灾	防震减灾法	第二十二条："沿海县级以上地方人民政府负责管理地震工作的部门或者机构，应当加强海域地震活动监测预测工作。海域地震发生后，县级以上地方人民政府负责管理地震工作的部门或者机构，应当及时向海洋主管部门和当地海事管理机构等通报情况。"
	海洋环境保护法	第六十五条（防止船舶因碰撞、触礁、搁浅、火灾或者爆炸等引起的海难事故，造成海洋环境的污染。）
	海域使用管理法	第三十五条（教学、科研、防灾减灾、海难搜救打捞等非经营性公益事业用海，免缴海域使用金。）
	港口法	第三十三条（港口行政管理部门应依法制定预防自然灾害预案。）
科学研究管理	环境保护法	第五条："国家鼓励环境保护科学教育事业的发展，加强环境保护科学技术的研究和开发，提高保护科学技术水平，普及环境保护的科学知识。"
	海洋环境保护法	第二条（在管辖海域内从事科学研究须遵守海洋环境保护法。） 第十三条："国家加强防治海洋环境污染损害的科学技术的研究和开发。"
	海域使用管理法	第九条（在保护和合理利用海域以及进行有关的科研等方面成绩显著的单位和个人，由人民政府给予奖励。）
	海岛保护法	第七条（对在海岛保护以及有关科研工作中做出显著成绩的单位和个人予以奖励。） 第十八条（国家支持利用海岛开展科研活动。在海岛从事科学研究活动不得造成海岛及其周边海域生态系统破坏。） 第二十一条："国家安排海岛保护专项资金，用于海岛的保护、生态修复和科学研究活动。" 第二十九条（因教学、科学研究，确需在无居民海岛采集生物和非生物样本的，应报批准。）
	渔业法	第四条（国家鼓励渔业科学技术研究。） 第三十七条（因科学研究等，需要捕捞国家重点保护的水生野生动物的，依照《野生动物保护法》的规定执行。）

基本内容	文献名称	条　　款
科学研究管理	领海及毗连区法	第十一条（任何国际组织、外国的组织或者个人，在领海内进行科研等活动，须经批准。）
	矿产资源法	第八条（国家鼓励矿产资源勘查、开发的科学技术研究，推广先进技术。） 第九条（在进行科学技术研究等方面成绩显著的单位和个人，给予奖励。）

第七节　渤海管理手段类国家立法文献

有关渤海管理手段类国家立法文献主要有《环境保护法》、《海洋环境保护法》、《海岛保护法》、《港口法》、《海域使用管理法》、《渔业法》、《海商法》、《行政复议法》和《环境影响评价法》等。具体内容详见表1-27：

表 1-27　渤海管理手段类国家立法文献简表

序号	文献名称	发布机关	通过时间	文献编号	生效时间	当前效力
1	环境保护法（试行）	第五届全国人大常委会第十一次会议通过	1979 年 9 月 13 日	第五届全国人大常委会令（五届第2号）	1979 年 9 月 13 日	废止
2	海洋环境保护法	第五届全国人大常委会第二十四次会议通过	1982 年 8 月 23 日	第五届全国人大常委会令（五届第9号）	1983 年 3 月 1 日	1999 年 12 月 25 日第九届全国人大常委会第十三次会议修订
3	渔业法	第六届全国人大常委会第十四次会议通过	1986 年 1 月 20 日	主席令（六届第34号）	1986 年 7 月 1 日	2000 年 10 月 31 日第九届全国人大常委会第十八次会议第一次修正

序号	文献名称	发布机关	通过时间	文献编号	生效时间	当前效力
4	环境保护法	第七届全国人大常委会第十一次会议通过	1989年12月26日	主席令（七届第22号）	1989年12月26日	有效
5	海商法	第七届全国人大常委会第二十八次会议通过	1992年11月7日	主席令（七届第64号）	1993年7月1日	有效
6	行政复议法	第九届全国人大常委会第九次会议通过	1999年4月29日	主席令（九届第16号）	1999年10月1日	有效
7	海洋环境保护法	第九届全国人大常委会第十三次会议修订	1999年12月25日	主席令（九届第26号）	2000年4月1日	有效
8	渔业法	第九届全国人大常委会第十八次会议修正	2000年10月31日	主席令（九届第38号）	2000年12月1日	2004年8月28日第十届全国人大常委会第十一次会议第二次修正
9	海域使用管理法	第九届全国人大常委会第二十四次会议通过	2001年10月27日	主席令（九届第61号）	2002年1月1日	有效
10	环境影响评价法	第九届全国人大常委会第三十次会议通过	2002年10月28日	主席令（九届第77号）	2003年9月1日	有效
11	港口法	第十届全国人大常委会第三次会议通过	2003年6月28日	主席令（十届第5号）	2004年1月1日	有效

序号	文献名称	发布机关	通过时间	文献编号	生效时间	当前效力
12	渔业法	第十届全国人大常委会第十一次会议修正	2004 年 8 月 28 日	主席令（第 25 号）	2004 年 8 月 28 日	有效
13	海岛保护法	第十一届全国人大常委会第十二次会议通过	2009 年 12 月 26 日	主 席 令（十一届第 22 号）	2010 年 3 月 1 日	有效

有关环境影响评价、税费措施、公众参与和争议处理程序等管理手段的立法内容详见表 1-28：

表 1-28　渤海管理手段类国家立法内容简表

基本内容	文献名称	条　款
海洋工程、海岸工程等的环评	海洋环境保护法	第二十八条（海水养殖场建设的环境影响评价。） 第四十三条（海岸工程建设项目环境影响评价。） 第四十七条（海洋工程建设项目编报海洋环境影响报告书。）
海岛开发环评	海岛保护法	第二十四条（有居民海岛的开发、建设的环境影响评价。）
港口规划和工程环评	港口法	第七条（编制港口规划依法进行环境影响评价。） 第十五条（建设港口工程项目，应当依法进行环境影响评价。）
有关海域规划和海洋工程的环评规定	环境影响评价法	第三条（在管辖的其他海域内建设对环境有影响的项目，应当依法进行环境影响评价。） 第七条（区域、流域、海域的建设、开发利用规划，应当在规划编制过程中组织进行环境影响评价，编写该规划有关环境影响的篇章或者说明。） 第八条（有关旅游、自然资源开发等专项规划的环境影响评价。） 第二十二条（海洋工程建设项目的海洋环境影响报告书的审批，依照《海洋环境保护法》的规定办理。）

基本内容	文献名称	条　　款
排污费	海洋环境保护法	第十一条："直接向海洋排放污染物的单位和个人，必须按照国家规定缴纳排污费。向海洋倾倒废弃物，必须按照国家规定缴纳倾倒费。根据本法规定征收的排污费、倾倒费，必须用于海洋环境污染的整治，不得挪作他用。具体办法由国务院规定。"
	环境保护法	第二十八条（排污收费制度。）
海域使用金	海岛保护法	第三十一条（经批准开发利用无居民海岛的，应依法缴纳使用金。）
	海域使用管理法	第二十一条（颁发海域使用权证书，除收取海域使用金外，不得收取其他费用。） 第二十六条（海域使用权期限续期的，海域使用权人应当依法缴纳续期的海域使用金。） 第三十三条（单位和个人使用海域，应按照国务院的规定缴纳海域使用金。） 第三十四条（海域使用金的缴纳方式。） 第三十五条（免缴海域使用金的情形。） 第三十六条（减缴、免缴海域使用金的情形。） 第三十七条（县级以上人民政府财政部门应加强对海域使用金缴纳情况的监督检查。） 第四十八条（违反海域使用金缴纳有关规定的法律责任。）
公众参与	海域使用管理法	第八条："任何单位和个人都有遵守海域使用管理法律、法规的义务，并有权对违反海域使用管理法律、法规的行为提出检举和控告。"
	海岛保护法	第七条："任何单位和个人都有遵守海岛保护法律的义务，并有权向海洋主管部门或者其他有关部门举报违反海岛保护法律、破坏海岛生态的行为。" 第八条（海岛保护规划报送审批前，应征求有关专家和公众的意见，经批准后应当及时向社会公布。涉及国家秘密的除外。）
	港口法	第七条（编制港口规划应组织专家论证。）
	海洋环境保护法	第四条："一切单位和个人都有保护海洋环境的义务，并有权对污染损害海洋环境的单位和个人，以及海洋环境监督管理人员的违法失职行为进行监督和检举。"

基本内容	文献名称	条　　款
海洋管理中的行政复议法	行政复议法	第六条（对行政机关作出的关于确认海域等自然资源的所有权或者使用权的决定不服的，公民、法人或者其他组织可以依照本法申请行政复议。） 第三十条（公民、法人或者其他组织认为行政机关的具体行政行为侵犯其已经依法取得的海域等自然资源的所有权或者使用权的，应当先申请行政复议。根据国务院或者省、自治区、直辖市人民政府对行政区划的勘定、调整或者征用土地的决定，省、自治区、直辖市人民政府确认海域等自然资源的所有权或者使用权的行政复议决定为最终裁决。）
海洋管理中的行政诉讼法	行政复议法	第三十条（公民、法人或者其他组织认为行政机关的具体行政行为侵犯其已经依法取得的海域等自然资源的所有权或者使用权的，对行政复议决定不服的，可以依法向人民法院提起行政诉讼。）
海洋管理中的赔偿法	海洋环境保护法	第六十六条："国家完善并实施船舶油污损害民事赔偿责任制度；按照船舶油污损害赔偿责任由船东和货主共同承担风险的原则，建立船舶油污保险、油污损害赔偿基金制度。" 第九十条："造成海洋环境污染损害的责任者，应当排除危害，并赔偿损失；完全由于第三者的故意或者过失，造成海洋环境污染损害的，由第三者排除危害，并承担赔偿责任。对破坏海洋生态、海洋水产资源、海洋保护区，给国家造成重大损失的，由依照本法规定行使海洋环境监督管理权的部门代表国家对责任者提出损害赔偿要求。"
	渔业法	第三十五条（进行水下爆破、勘探、施工作业，造成渔业资源损失的，由有关县级以上政府责令赔偿。）
	环境保护法	第四十一条："造成环境污染危害的，有责任排除危害，并对直接受到损害的单位或者个人赔偿损失。"
海事诉讼特别法	海商法	第二百六十五条："有关船舶发生油污损害的请求权，时效期间为三年，自损害发生之日起计算；但是，在任何情况下时效期间不得超过从造成损害的事故发生之日起六年。"

第二章 渤海管理行政法规和部门规章研究

　　根据《立法法》的相关规定,行政法规和部门规章是为执行法律的内容而制定的。法律是实现渤海管理最重要的依据,而与之相关的行政法规和部门规章则从较微观的角度对渤海管理的相关内容进行了规定,行政法规和部门规章条文比法律更为细致也更具执行性,是实现渤海管理不可缺少的法律依据。

第一节　渤海管理综合性行政法规和部门规章

　　关于渤海管理的行政法规和部门规章数目众多,内容繁杂,涉及渤海管理的方方面面。这其中,综合性的行政法规和部门规章主要有《排污费征收使用管理条例》《规划环境影响评价条例》《近岸海域环境功能区管理办法》《海洋自然保护区管理办法》《海上海事行政处罚规定》《海洋行政处罚实施办法》《海域使用管理违法违纪行为处分规定》和《环境行政处罚办法》等。这些行政法规和部门规章的内容,为实现渤海的有序管理提供了比较全面的法律考量依据。具体内容详见表2-1:

表2-1　渤海管理综合性行政法规和部门规章简表

序号	文献名称	发布机关	通过时间	文献编号	生效时间	当前效力
1	海洋自然保护区管理办法	1995年1月6日国家海洋局第一次局务会议讨论通过	1995年1月6日	1995年5月29日国家海洋局文件国海法发[1995] 251号发布	1995年5月29日	有效

序号	文献名称	发布机关	通过时间	文献编号	生效时间	当前效力
2	海洋行政处罚实施办法	2002 年 12 月 12 日国土资源部第 6 次部务会议审议通过	2002 年 12 月 12 日	2002 年 12 月 25 日国土资源部令第 15 号公布	2003 年 3 月 1 日	有效
3	排污费征收使用管理条例	2002 年 1 月 30 日国务院第 54 次常务会议通过	2002 年 1 月 30 日	2003 年 1 月 2 日国务院令第 369 号公布	2003 年 7 月 1 日	有效
4	海上海事行政处罚规定	2003 年 6 月 25 日经第 9 次交通部部务会议通过	2003 年 6 月 25 日	2003 年 7 月 10 日交通部令 2003 年第 8 号公布	2003 年 9 月 1 日	有效
5	海域使用管理违法违纪行为处分规定	监察部、人事部、财政部、国家海洋局	2008 年 2 月 21 日	2008 年 2 月 26 日监察部、人事部、财政部、国家海洋局令第 14 号公布	2008 年 4 月 1 日	有效
6	规划环境影响评价条例	2009 年 8 月 12 日国务院第 76 次常务会议通过	2009 年 8 月 12 日	2009 年 8 月 17 日国务院令第 559 号公布	2009 年 10 月 1 日	有效
7	环境行政处罚办法	环境保护部 2009 年第三次部务会议于 2009 年 12 月 30 日修订通过	2009 年 12 月 30 日	2010 年 1 月 19 日环境保护部令第 8 号公布	2010 年 3 月 1 日	有效
8	近岸海域环境功能区管理办法（2010 年修正本）	环境保护部	1999 年 11 月 10 日	2010 年 12 月 22 日环境保护部令第 16 号公布	2010 年 12 月 22 日	1999 年 12 月发布，2010 年 12 月修正

这些行政法规和部门规章大多是对相对应的法律的细化或者补充,内容较为繁杂,可以从以下几个方面进行探讨:排污收费制度和环境影响评价制度、海域管理的规定、行政处罚的细化。

一、排污收费制度和环境影响评价制度

排污收费制度和环境影响评价制度都是环境保护法律中的基本制度,同样,这两项制度在渤海管理中也发挥着基础性的重要作用。相关的行政法规和部门规章对这两种制度进行了规定,以提高排污收费和环境影响评价的可操作性和实效性。

(一)排污收费制度

2003 年 7 月 1 日起施行的《排污费征收使用管理条例》为排污收费提供了法律依据。在此之前的法律文件主要是 1982 年颁布的《征收排污费暂行办法》和 1988 年颁布的《污染源治理专项基金有偿使用暂行办法》,随着《排污费征收使用管理条例》的颁布实施,1982 年和 1988 年颁布的两个文件被废止。与《排污费征收使用管理条例》相配套的规范性文件主要有国家计委、财政部、国家环保总局、国家经贸委联合发布的《排污费征收标准管理办法》(2003 年 2 月),财政部、国家环保总局发布的《排污费资金收缴使用管理办法》(2003 年 3 月),财政部、国家环保总局发布的《关于环保部门实行收支两条线管理后经费安排的实施办法》(2003 年 4 月),国家环保总局发布的《关于排污费征收核定有关工作的通知》(2003 年 4 月)以及财政部、国家计委、国家环保总局联合发布的《关于减免及缓缴排污费有关问题的通知》(2003 年 5 月)。排污费征收使用管理条例及其配套规章中具体规定了排污收费制度的基本原则,具体内容详见表 2-2:

表 2-2　排污收费制度行政法规和部门规章内容简表

基本内容	文献名称	条　　款
排污即收费	排污费征收使用管理条例	第二条:"直接向环境排放污染物的单位和个体工商户,应当按照规定缴纳排污费。"
	排污费征收标准管理办法	第二条:"直接向环境排放污染物的单位和个体工商户必须缴纳排污费。"

基本内容	文献名称	条　款
强制征收	排污费征收使用管理条例	第二十一条（排污费的责令限期缴纳。）
	排污费资金收缴使用管理办法	第二十二条（未足额缴纳排污费的，加收滞纳金。）
属地分级征收	排污费资金收缴使用管理办法	第五条（排污费按月或者按季属地化收缴。）
政务公开，实行公告制	排污费征收使用管理条例	第十三条（排污费数额公告制度。）
	关于排污费征收核定有关工作的通知	第六条："各级环境监察机构应当按月或按季根据排污费征收标准和经核定的排污者排放污染物种类、数量，确定排污者应当缴纳的排污费数额，并予以公告。"
上级强制补缴追征制	排污费征收使用管理条例	第二十四条："县级以上地方人民政府环境保护行政主管部门应当征收而未征收或者少征收排污费的，上级环境保护行政主管部门有权责令其限期改正，或者直接责令排污者补缴排污费。"
特殊情况下可实行减、免、缓	排污费征收使用管理条例	第十五条至十七条（减缴、免缴和缓缴排污费的条件及申请程序。）
	关于减免及缓缴排污费有关问题的通知	全文（该通知对减免及缓缴排污费的条件、幅度和程序等进行了详细的规定。）
排污费"收支两条线"	排污费征收使用管理条例	第四条（排污费"收支两条线"制度。）
	关于环保部门实行收支两条线管理后经费安排的实施办法	第一条（各项收费要及时足额上缴国库，支出纳入同级财政年度预算，实行"收支两条线"管理。）
	排污费资金收缴使用管理办法	第四条（建立健全各项规章制度，对排污费资金收缴、使用进行严格管理，加强监督检查。）

基本内容	文献名称	条　款
专款专用	排污费征收使用管理条例	第五条（排污费应当全部专项用于环境污染防治。） 第十八条："排污费必须纳入财政预算，列入环境保护专项资金进行管理。" 第二十条（审计机关应当加强对环境保护专项资金使用和管理的审计监督。）
	排污费资金收缴使用管理办法	第三条（量入为出和专款专用的原则。） 第四章（环境保护专项资金使用的管理。） 第二十三条（为违反专款专用的行为进行处罚。）
缴纳排污费不免除其他法律责任	排污费征收使用管理条例	第十二条："排污者缴纳排污费，不免除其防治污染、赔偿污染损害的责任和法律、行政法规规定的其他责任。"

（二）环境影响评价制度

环境影响评价作为我国一项重要的环境管理制度，自 1979 年被确定为法律制度以来，在预防环境污染和生态破坏方面发挥了重要作用。为了从源头上预防环境污染和生态破坏的发生，我国 2002 年公布的《环境影响评价法》设专章规定了规划环境影响评价，将环境影响评价由微观层次的建设项目环境影响评价逐步延伸到宏观的规划环境影响评价。2009 年 8 月 17 日，国务院公布了《规划环境影响评价条例》，该条例的颁布为规划环境影响评价提供了更具可操作性的法律依据，具体内容详见表 2-3：

表 2-3　环境影响评价制度行政法规和部门规章内容简表

基本内容	文献名称	条　款
源头预防的原则	规划环境影响评价条例	第一条（立法目的：从源头预防环境污染和生态破坏。）
审查范围	规划环境影响评价条例	第十七条（审查主体。） 第十九条（审查意见包含的内容。） 第二十二条（审查的效力。）

基本内容	文献名称	条　　款
跟踪评价制度	规划环境影响评价条例	第二十四条（规划编制机关组织规划环境影响评价跟踪评价。） 第二十五条（规划环境影响评价跟踪评价包括的内容。） 第二十六条（编制规划环境影响评价的方式。）
区域限批制度	《水污染防治法》(2008)	第三十条："规划实施区域的重点污染物排放总量超过国家或者地方规定的总量控制指标的，应当暂停审批该规划实施区域内新增该重点污染物排放总量的建设项目的环境影响评价文件。"

二、海域使用管理规定

海洋功能区划制度是着眼于海域开发和利用过程中环境保护的一项重要制度，对于渤海管理的重要程度不言而喻。有关规定主要是《近岸海域环境功能区管理办法》和《海洋自然保护区管理办法》，这些规定对近海区域管理和自然保护区管理提出了明确的要求。

（一）近岸海域环境功能管理

为了加强海域使用管理，促进海域的合理开发和可持续利用，2002年1月1日起施行的《海域使用管理法》设专章规定了海洋功能区划制度。1982年通过、1999年修订的《海洋环境保护法》中的第2条对海洋功能区划做了原则性规定。1999年12月，国家环境保护总局颁布的《近岸海域环境功能区管理办法》对如何规定和管理近岸海域环境功能作了具体规定，具体内容详见表2-4：

表2-4　近岸海域环境功能区行政法规和部门规章内容简表

基本内容	文献名称	条　　款
功能区分类	近岸海域环境功能区管理办法	第二条（近岸海域环境功能区分为四类。）

基本内容	文献名称	条　款
划定标准	近岸海域环境功能区管理办法	第四条（划定近岸海域环境功能区的原则：统一规划，合理布局，因地制宜，陆海兼顾，局部利益服从全局利益，近期计划与长远规划相协调，经济效益、社会效益和环境效益相统一，促进经济、社会可持续发展的原则。）
管理要求	近岸海域环境功能区管理办法	第七条（海水水质标准。） 第八条（一类、二类近岸海域环境功能区的环境保护要求。） 第九条（禁止破坏红树林和珊瑚礁。）
信息公布	近岸海域环境功能区管理办法	第十五条（沿海县级以上地方人民政府环境保护行政主管部门，发布近岸海域环境状况。） 第十六条（国务院环境保护行政主管部门进行近岸海域环境状况统计，在发布本行政区的环境状况公报中列出近岸海域环境状况。）

（二）海洋自然保护区管理办法

《海洋环境保护法》为建立、管理海洋自然保护区提供了法律规定，但是实践中许多管理事项仍然存在无法可依的情况，缺乏可操作性。为了进一步推动自然保护区的建设与管理，国务院于 1994 年颁布了《自然保护区管理条例》，从自然保护区的建设审批、管理与法律责任等几个方面规范了我国自然保护区的管理工作，提出了国家对自然保护区实行综合管理与分部门管理相结合的管理体例，对于自然保护区的建立条件及审批程序，提出国家级自然保护区实行分区管理的要求。《自然保护区管理条例》对海洋自然保护区的建立与管理提供了原则性法律指导。1995 年国家海洋局根据《自然保护区管理条例》制定了《海洋自然保护区管理办法》，我国海洋自然保护区法律管理制度初步建立。具体内容详见表 2-5：

表 2-5　渤海自然保护区管理行政法规和部门规章内容简表

基本内容	文献名称	条　款
海洋自然保护区的设立机构	海洋自然保护区管理办法	第四条："海洋自然保护区的选划、建设和管理,实行统一规划、分工负责、分级管理的原则。" 第五条（国家海洋行政主管部门和沿海省、自治区、直辖市海洋管理部门设立海洋自然保护区的职责。）
海洋自然保护区部门管理体制	自然保护区管理条例	第十九条（国务院有关主管部门的职责。） 第二十条（县级以上人民政府有关主管部门的职责。） 第二十一条（自然保护区的分级管理。）
	海洋自然保护区管理办法	第十二条（经批准建立的海洋自然保护区须设立相应的管理机构。）
海洋自然保护区经费管理制度	自然保护区管理条例	第二十三条："管理自然保护区所需经费,由自然保护区所在地的县级以上地方人民政府安排。国家对国家级自然保护区的管理,给予适当的资金补助。"
海洋自然保护区分区管理制度	自然保护区管理条例	第十一条（自然保护区分为国家级自然保护区和地方级自然保护区。） 第十八条（自然保护区可以分为核心区、缓冲区和实验区。）
	海洋自然保护区管理办法	第十三条（海洋自然保护区划为核心区、缓冲区、实验区,或者根据不同保护对象规定绝对保护期和相对保护期。）

三、相关的处罚规定

在渤海管理的行政法规和部门规章中,有关处罚的细化规定较多,这些规定对发挥有关法律规定的实效性发挥着较大的作用。有关处罚方面的行政法规和部门规章也是渤海管理法规的重要组成部分,这些行政法规和部门规章主要有《海上海事行政处罚规定》、《海洋行政处罚实施办法》、《环境行政处罚办法》。这些法律规范在维护渤海管理正常秩序方面起到了不可忽视的作用,主要从处罚主体、相关程序、听证程序和监督检查等方面作出规定,具体内容详见表2-6:

表2-6　渤海管理处罚行政法规和部门规章内容简表

基本内容	文献名称	条　　款
处罚主体	海洋行政处罚实施办法	第三条（县级以上各级人民政府海洋行政主管部门是海洋行政处罚实施机关。） 第四条："上级实施机关有权监督、纠正下级实施机关的海洋行政处罚。"
	环境行政处罚办法	第十四条："县级以上环境保护主管部门在法定职权范围内实施环境行政处罚。"
程序规定	海洋行政处罚实施办法	第三章（简易程序。） 第四章（一般程序。）
	环境行政处罚	第三章（一般程序。） 第四章（简易程序。）
听证程序	海洋行政处罚实施办法	第二十五条："实施机关在对重大海洋违法案件作出海洋行政处罚之前，应当告知当事人有要求举行听证的权利；当事人要求听证的，应当组织听证。"
监督检查	环境行政处罚	第七十二条（信息公开。） 第七十三条："上级环境保护主管部门负责对下级环境保护主管部门的行政处罚工作情况进行监督检查。"

第二节　渤海污染防治行政法规和部门规章

在渤海区域经济快速发展的同时，渤海环境污染的程度却在不断加剧，海区的生态环境正面临和承受着与日俱增的巨大压力，社会各界对于渤海污染防治的关注也越来越高。海洋环境遭受污染的因素主要有海上工程和海岸工程建设、海洋石油勘探和开发、船舶航行、海洋倾废、陆源污染等，保护海洋环境的相关行政法规和部门规章主要有：《防治海洋工程建设项目污染损害海洋环境管理条例》《防治海岸工程建设项目污染损害海洋环境管理条例》《海洋石油勘探开发环境保护管理条例》《海洋石油勘探开发环境保护管理条例实施办法》《船舶及其有关作业活动污染海洋环境防治管理规定》《防止拆船污染环境管理条例》、《防治船舶污染海洋环境管理条例》、《船舶及其有关作业活动污染海洋环境防治管理规定》、《海洋倾废管理条例》、《海洋倾废管理条例实施办法》、《倾倒区管理暂行规定》、《防治陆源污染物污染损害海洋环境管理条例》、《污染源自动监控管理办法》和《环境污染治理设施运营资质许可管理办法》，具体内容详见表2-7：

表2-7　渤海污染防治行政法规和部门规章简表

序号	文献名称	发布机关	通过时间	文献编号	生效时间	当前效力
1	海洋石油勘探开发环境保护管理条例	国务院	1983年12月29日	国发[1983]202号	1983年12月29日	有效
2	海洋倾废管理条例	国务院	1985年3月6日	不详	1985年4月1日	有效
3	防止拆船污染环境管理条例	国务院	1988年5月18日	国发[1988]31号文件	1988年6月1日	有效
4	防治陆源污染物污染损害海洋环境管理条例	1990年5月25日国务院第六十一次常务会议通过	1990年5月25日	1990年6月22日国务院令第61号发布	1990年8月1日	有效
5	防治海岸工程建设项目污染损害海洋环境管理条例	1990年5月25日国务院第61次常务会议通过	1990年5月25日	1990年6月25日国务院令第62号公布	1990年8月1日	1990年6月25公布，2007年9月25日修订
6	海洋石油勘探开发环境保护管理条例实施办法	1989年12月1日经国家海洋局第十五次局务会议通过	1989年12月1日	国家海洋局第1号令	1990年9月20日	有效

序号	文献名称	发布机关	通过时间	文献编号	生效时间	当前效力
7	海洋倾废管理条例实施办法	1990 年 6 月 1 日经国家海洋局第八次局务会议通过	1990 年 6 月 1 日	国家海洋局第 2 号令	1990 年 9 月 25 日	有效
8	倾倒区管理暂行规定	国家海洋局	2003 年 11 月 14 日	国 海 发 [2003] 23 号	2004 年 1 月 1 日	有效
9	环境污染治理设施运营资质许可管理办法	国家环境保护总局	2004 年 11 月 8 日	2004 年国家环境保护总局令第 23 号	2004 年 12 月 10 日	有效
10	污染源自动监控管理办法	2005 年 7 月 7 日国家环境保护总局第十次局务会议通过	2005 年 7 月 7 日	2005 年 9 月 19 日国家环境保护总局令第 28 号公布	2005 年 11 月 1 日	有效
11	防治海洋工程建设项目污染损害海洋环境管理条例	2006 年 8 月 30 日国务院第 148 次常务会议通过	2006 年 8 月 30 日	2006 年 9 月 19 日国务院令第 475 号公布	2006 年 11 月 1 日	有效
12	防治船舶污染海洋环境管理条例	2009 年 9 月 2 日国务院第 79 次常务会议通过	2009 年 9 月 2 日	2009 年 9 月 9 日国务院令第 561 号公布	2010 年 3 月 1 日	有效
13	船舶及其有关作业活动污染海洋环境防治管理规定	2010 年 10 月 8 日经第 9 次交通运输部部务会议通过	2010 年 10 月 8 日	2010 年 11 月 16 日交通运输部令 [2010] 第 7 号公布	2011 年 2 月 1 日	有效

序号	文献名称	发布机关	通过时间	文献编号	生效时间	当前效力
14	船舶及其有关作业活动污染海洋环境防治管理规定	2010年10月8日经第9次交通运输部部务会议通过	2010年10月8日	2010年11月16日交通运输部令[2010]第7号公布	2011年2月1日	有效

这些行政法规和部门规章不仅包括对海洋环境污染因素方面的内容,还包括对污染源的自动监控管理和环境污染治理设施运营资质管理方面的内容。因此,以下将从海洋和海岸工程建设污染防治、海洋石油勘探和开发污染防治、船舶航行污染防治、海洋倾废污染防治、陆源污染防治和其他管理方面等几个方面对以上列出的相关行政法规和部门规章进行梳理。

一、海洋和海岸工程建设污染防治

随着海洋资源与空间开发利用和发展,海岸工程和海洋工程的数量越来越多,规模也越来越复杂庞大,对海洋环境的影响作用也随之越来越大。因此,海洋和海岸工程建设的污染防治对渤海管理有着重要的意义。有关海洋工程建设和海岸工程建设污染防治的行政法规和部门规章主要有《防治海洋工程建设项目污染损害海洋环境管理条例》和《防治海岸工程建设项目污染损害海洋环境管理条例》,具体内容详见表2-8:

表2-8　海洋和海岸工程建设污染防治行政法规和部门规章内容简表

基本内容	文献名称	条　款
综合性规定	防治海洋工程建设项目污染损害海洋环境管理条例	第四条（海洋工程环境保护主管部门。） 第五条（海洋工程应当符合海洋功能区划。） 第六条（实行总量控制。） 第八条（国家实行海洋工程环境影响评价制度。）
	防治海岸工程建设项目污染损害海洋环境管理条例	第五条（海岸工程环境保护主管部门。） 第七条（海岸工程建设项目编制环境影响报告书。）

基本内容	文献名称	条　款
海洋、海岸工程的防治污染	防治海洋工程建设项目污染损害海洋环境管理条例	第十六条（海洋工程的环境保护设施要采取"三同时"制度。） 第二十一条（严格控制围填海工程。） 第二十三条："污水离岸排放工程排污口的设置应当符合海洋功能区划和海洋环境保护规划，不得损害相邻海域的功能。" 第二十九条（海洋工程拆除需要符合环境保护的规定。）
	防治海岸工程建设项目污染损害海洋环境管理条例	第十条（特殊区域海岸工程建设限制。） 第十四条（设置向海域排放废水设施的限制。） 第十五条至第二十二条（各种海岸工程建设环境保护要求。） 第二十四条（禁止毁坏红树林和珊瑚礁。）
污染物排放管理	防治海洋工程建设项目污染损害海洋环境管理条例	第三十条（海洋油气矿产资源勘探开发作业中产生的污染物的处置。） 第三十五条（严格控制向海域、大气排放污染物。）
海洋工程排污费管理	防治海洋工程建设项目污染损害海洋环境管理条例	第三十六条（海洋工程排污费全额纳入财政预算，实行"收支两条线"管理，并全部专项用于海洋环境污染防治。）
污染事故的预防和处理	防治海洋工程建设项目污染损害海洋环境管理条例	第三十七条（建设单位应当在海洋工程正式投入运行前制定防治海洋工程污染损害海洋环境的应急预案。）
监督检查	防治海洋工程建设项目污染损害海洋环境管理条例	第四十一条："县级以上人民政府海洋主管部门负责海洋工程污染损害海洋环境防治的监督检查，对违反海洋污染防治法律、法规的行为进行查处。"

二、海洋石油勘探开发污染防治

规定海洋石油勘探开发污染防治内容的行政法规和部门规章主要有《海洋石油勘探开发环境保护管理条例》和《海洋石油勘探开发环境保护管理条例实施办法》,《海洋石油安全生产规定》、《防治海洋工程建设项目污染损害海洋环境管理条例》、《对外合作开采海洋石油资源条例》、《船舶及其有关作业活动污染海洋环境防治管理规定》等。具体内容详见表2-9：

表 2-9 海洋石油勘探开发污染防治行政法规和部门规章内容简表

基本内容	文献名称	条　款
综合性管理规定	海洋石油勘探开发环境保护管理条例	第一条（立法目的：防止海洋石油勘探开发对海洋环境的污染损害。） 第三条（主管部门。） 第四条（环境影响评价。）
	海洋石油安全生产规定	第二十八条（相关部门应当监督检查海洋石油建设项目生产设施"三同时"情况。）
	海洋石油勘探开发环境保护管理条例实施办法	第三条（主管部门。） 第六条（环境影响评价。）
海洋石油平台管理	海洋石油勘探开发环境保护管理条例	第七条（固定式和移动式平台的防污设备的要求。）
	防治海洋工程建设项目污染损害海洋环境管理条例	第二十六条（海洋油气矿产资源勘探开发作业中平台和其他设施的环保要求。）
海洋石油勘探开发	海洋石油勘探开发环境保护管理条例	第十三条（海洋石油勘探开发过程中对渔业的保护。）
	对外合作开采海洋石油资源条例	第二十二条（作业者和承包者在实施石油作业中，保护渔业资源和其他自然资源，防止对大气、海洋、河流、湖泊和陆地等环境的污染和损害。）
海上储油、输油管线管理	海洋石油勘探开发环境保护管理条例	第十四条（海上储油设施、输油管线的要求。）
	船舶及其有关作业活动污染海洋环境防治管理规定	第三十九条（进行船舶油料供受作业的，作业双方应当采取满足安全和防治污染要求的供受油作业管理措施。） 第四十一条（船舶从事300吨及以上的油类装卸、过驳作业，应当布设围油栏。）
	海洋石油勘探开发环境保护管理条例实施办法	第十七条（生产、输油应采取的措施，海上储油设施、输油管线的要求。）

基本内容	文献名称	条　　款
石油污染防治措施	海洋石油勘探开发环境保护管理条例	第十一条（固定式和移动式平台的含油污水处理。） 第十六条（重大油污事故处理办法。）
	海洋石油勘探开发环境保护管理条例实施办法	第九条（制定溢油应急计划。） 第十三条（固定式和移动式平台的含油污水处理。） 第十五条（使用水基泥浆时，应尽可能避免或减少向水基泥浆中加入油类。） 第十八条（发生溢油事故时的处理措施。）

三、船舶航行污染防治

导致渤海海域环境恶化的原因是多方面的，其中船舶航行是造成渤海海域环境污染的最直接原因之一。除了油类物质外，船舶向海洋排放的有毒有害物质、船舶垃圾、生活污水以及其他船舶污染物也都会对渤海海域的海洋环境造成污染。因此，船舶航行污染防治的相关规定是进行渤海管理法律文件的重要组成部分，主要的行政法规和部门规章有《防止拆船污染环境管理条例》、《防治船舶污染海洋环境管理条例》和《船舶及其有关作业活动污染海洋环境防治管理规定》。具体内容详见表 2-10：

表 2-10　船舶航行污染防治行政法规和部门规章内容简表

基本内容	文献名称	条　　款
拆船污染防治	防止拆船污染环境管理条例	第四条（防治拆船污染环境的主管部门。） 第五条（重点区域设置拆船厂的要求。） 第八条（对严重污染环境的拆船单位，限期治理。） 第九条（拆船单位应当健全环境保护规章制度。） 第十五条（发生拆船事故后的处理。） 第十六条（拆船单位关闭或者搬迁后的处理程序。） 第十九条（拆船污染罚款全部上缴国库。）

基本内容	文献名称	条　　款
拆船污染防治	防治船舶污染海洋环境管理条例	第三十条(从事船舶拆解的单位防治海洋污染的要求。)
	船舶及其有关作业活动污染海洋环境防治管理规定	第四十四条（进行船舶修造、水上拆解作业的地点要求。） 第四十六条（在进行船舶拆解和船舶油舱修理作业前的环境保护要求。）
船舶作业污染防治	防治船舶污染海洋环境管理条例	第五条（船舶污染应急能力规划。） 第六条（船舶及其有关作业活动污染海洋环境应急反应机制。） 第七条（加强对船舶及其有关作业活动污染海洋环境的监测、监视。） 第十二条（港口、码头、装卸站等相应的污染监视设施和污染物接受设施要求。） 第十五条（船舶向海洋排放物的要求。） 第二十条（从事船舶相关活动的污染防治要求。）
	船舶及其有关作业活动污染海洋环境防治管理规定	第五条（船舶携带相应的防治船舶污染海洋环境的证书、文书。） 第十三条："船舶不得向依法划定的海洋自然保护区、海洋特别保护区、海滨风景名胜区、重要渔业水域以及其他需要特别保护的海域排放污染物。" 第十五条（船舶污染物接收单位应具有相应的能力。） 第二十六条(交付运输的污染危害性货物符合的要求。) 第三十八条（从事船舶油料供受作业的单位的要求。）

四、海洋倾废污染防治

海洋倾废管理是海洋环境保护的重要方面，关于渤海海洋倾废管理的主要行政法规和部门规章有《海洋倾废管理条例》、《海洋倾废管理条例实施办法》和《倾倒区管理暂行规定》。这些行政法规和部门规章对海洋倾废的相关制度进行了规定和细化，具体内容详见表2-11：

表 2-11　海洋倾废管理制度行政法规和部门规章内容简表

基本内容	文献名称	条　　款
倾废分类制度	海洋倾废管理条例	第十一条（将废弃物分为三类。）
	海洋倾废管理条例实施办法	第五条（将废弃物分为三类。）
海洋倾废许可证制度	海洋倾废管理条例	第六条（相关单位依申请向海洋倾废。） 第十条（倾倒许可证的内容及其更换或撤销。）
	海洋倾废管理条例实施办法	第十条（海洋倾废实行许可证制度。） 第十三条（许可证分为紧急许可证、特别许可证和普通许可证。） 第十四条（不同种类许可证的有效期。） 第十七条（一类废弃物禁止向海上倾倒。） 第十八条（二类废弃物须申请获得特别许可证到指定的二类倾倒区倾倒。） 第十九条（三类废弃物须申请获得普通许可证，到指定的三类倾倒区倾倒。）
海洋倾废区选划制度	海洋倾废管理条例	第五条（海洋倾倒区选划的原则及程序。）
	海洋倾废管理条例实施办法	第七条（将海洋倾倒区分为一、二、三类倾倒区，试验倾倒区和临时倾倒区。） 第八条（不同类别倾倒区的选划主体。） 第九条（不同类别倾倒区的选划程序。）
	倾倒区管理暂行规定	第六条："国家海洋局根据全国海洋功能区划、全国海洋环境保护规划及沿海经济发展需要制定倾倒区规划。" 第七条（临时性海洋倾倒区由国家海洋局负责审批。） 第十条（倾倒区选划程序。）
海洋倾废监测制度	海洋倾废管理条例	第十六条（主管部门对海洋倾倒区应定期进行监测。） 第十三条（主管部门应对海洋倾倒活动进行监视和监督，必要时可派员随航。）
	海洋倾废管理条例实施办法	第二十八条（中国海监船舶、飞机、车辆负责海上倾倒活动的监视检查和监督管理。） 第二十九条："主管部门对海洋倾倒区进行监测，如认定倾倒区不宜继续使用时，应予以封闭，并报国务院备案。"

五、陆源污染物防治

根据联合国、环保组织和我国发布的相关数据显示,在世界范围内造成全球海域污染的污染物当中,陆源污染物占 50% 到 90%,我国近几年的《海洋质量公报》显示,陆源污染物一直占海洋污染物总量的近 80%。由此可见,陆源污染物已经成为污染海洋环境的最主要因素。对陆源污染防治的相关行政法规和部门规章主要有《防治陆源污染物污染损害海洋环境管理条例》,具体内容详见表 2-12:

表 2-12　陆源污染防治行政法规和部门规章内容简表

基本内容	文献名称	条　款
重点海域污染物总量控制	防治陆源污染物污染损害海洋环境管理条例	第五条（任何单位和个人向海域排放陆源污染物,必须执行国家和地方发布的污染物排放标准和有关规定。） 第七条（排污超标者必须缴纳超标排污费,并负责治理。）
排污口控制制度	防治陆源污染物污染损害海洋环境管理条例	第八条（重点海域排污口设置限制。） 第十八条（排放含有机物和营养物质的工业废水和生活废水的排污口应当设置在海水交换良好处。）
海洋污染限期治理	防治陆源污染物污染损害海洋环境管理条例	第九条（对向海域排放陆源污染物造成海洋环境严重污染损害的企业事业单位限期治理。）
排污申报	防治陆源污染物污染损害海洋环境管理条例	第六条（任何单位和个人向海域排放陆源污染物,必须申报登记。） 第十一条（在海岸堆放固体废弃物必须经过审批。）
沿岸固体废弃物管理	防治陆源污染物污染损害海洋环境管理条例	第十一条（禁止在岸滩擅自堆放、弃置和处理固体废弃物。） 第十二条（设置废弃物堆放场、处理场的环境保护条件。）

基本内容	文献名称	条　款
特定物质限排、禁排	防治陆源污染物污染损害海洋环境管理条例	第十三条："禁止在岸滩采用不正当的稀释、渗透方式排放有毒、有害废水。" 第十四条（禁止向海域排放含高、中放射性物质的废水；排放低放射性物质的废水必须符合国家规定。） 第十五条（禁止向海域排放油类、酸液、碱液和毒液。） 第十六条（向海域排放含病原体的废水，必须经过处理，符合国家和地方规定的排放标准和有关规定。） 第十七条（向海域排放含热废水的水温应当符合国家有关规定。） 第十九条（禁止将失效或者禁用的药物及药具弃置岸滩。）
政府协商	防治陆源污染物污染损害海洋环境管理条例	第二十一条："沿海相邻或者相向地区向同一海域排放陆源污染物的，由有关地方人民政府协商制定共同防治陆源污染物污染损害海洋环境的措施。"

六、其他污染防治

涉及渤海管理的行政法规和部门规章除了包括以上内容外，还涉及其他污染防治的内容，如有关污染源自动监控管理和污染治理设施运营资质的规定。这些规定在节能减排、环保统计等方面发挥了重要的作用。相关行政法规和部门规章有《污染源自动监控管理办法》和《环境污染治理设施运营资质许可管理办法》，具体内容详见表2-13：

表2-13　其他污染防治行政法规和部门规章内容简表

基本内容	文献名称	条　款
污染源自动监控管理	污染源自动监控管理办法	第四条（自动监控系统的数据作为环境监督管理的依据，并向社会公开。） 第五条（污染源自动监控主管部门。） 第十一条（自动监控设备"三同时"制度。） 第十二条（建设自动监控系统的要求。）

基本内容	文献名称	条　款
污染源自动监控管理	污染源自动监控管理办法	第十四条（自动监控系统的运行和维护需要遵守的要求。） 第十五条（自动监控设备的维修、停用、拆除或者更换需报经环境监察机构批准同意。）
环境污染治理设施运营资质	环境污染治理设施运营资质许可管理办法	第三条（国家对环境污染治理设施运营活动实行运营资质许可制度。） 第十八条（持证单位可以按照资质证书规定的类别和级别，在全国范围内承接运营业务。）

第三节　渤海资源管理行政法规和部门规章

海洋中丰富的自然资源是人类赖以生存和发展的最重要的财富，渤海中的自然资源从古至今就是我国人民的一大宝藏，因此海洋自然资源的保护在渤海管理中必不可少。有关海洋自然资源保护的行政法规和部门规章主要有《渔业法实施细则》《水域滩涂养殖发证登记办法》《水生野生动物保护实施条例》、《渤海生物资源养护规定》《渔业资源增殖保护费征收使用办法》《水生生物增殖放流管理规定》《水产种质资源保护区管理暂行办法》《黄渤海区对虾亲虾资源管理暂行规定》。这些法律规定对于海洋资源保护起到了重要作用，具体内容详见表2-14：

表 2-14　渤海资源保护行政法规和部门规章简表

序号	文献名称	发布机关	通过时间	文献编号	生效时间	当前效力
1	渔业法实施细则	国务院农牧渔业部（已变更）	1987年10月20日	不详	1987年10月20日	有效

序号	文献名称	发布机关	通过时间	文献编号	生效时间	当前效力
2	渔业资源增殖保护费征收使用办法	农业部、财政部、国家物价局	1988年10月9日	1988年10月31农业部、财政部、国家物价局令第1号发布	1989年1月1日	有效
3	黄渤海区对虾亲虾资源管理暂行规定	农业部	1990年11月8日	不详	1990年11月8日	1997年12月25日农业部令第39号修订
4	水生野生动物保护实施条例	1993年9月17日国务院批准，1993年10月5日农业部发布	1993年10月5日	1993年10月5日农业部令第1号发布	1993年10月5日	有效
5	渤海生物资源养护规定	2004年1月15日经农业部第2次常务会议审议通过	2004年1月15日	2004年2月12日农业部令第34号发布	2004年5月1日	2010年11月26日农业部令第11号修正
6	水生生物增殖放流管理规定	2009年3月20日农业部第4次常务会议审议通过	2009年3月20日	2009年3月24日农业部令第20号公布	2009年5月1日	有效
7	水域滩涂养殖发证登记办法	2010年5月6日农业部第6次常务会议审议通过	2010年5月6日	2010年5月24日农业部令2010年第9号公布	2010年7月1日	有效
8	水产种质资源保护区管理暂行办法	2010年12月30日经农业部第12次常务会议审议通过	2010年12月30日	2011年1月5日农业部令[2011]第1号公布	2011年3月1日	有效

　　渤海渔业资源是渤海开发和利用的最重要方面, 渤海渔业资源的管理和保护也是渤海管理的重要内容。具体内容详见表2-15:

表 2-15　渤海渔业资源管理和保护行政法规和部门规章内容简表

基本内容	文献名称	条　款
渔业资源管理综合	渔业法实施细则	第三条 (国家对渔业的监督管理, 实行统一领导、分级管理。) 第五条 (渔场和渔汛生产以渔业资源可捕量为依据。) 第六条 (渔业行政主管部门。)
	水生野生动物保护实施条例	第三条 (水生野生动物管理主管部门。)
	渤海生物资源养护规定	第四条 (农业部主管渤海生物资源养护工作。)
养殖业管理	渔业法实施细则	第十条 (养殖使用证申请。)
	水产养殖质量安全管理规定	第六条 (定期监测养殖用水水质。) 第九条 (使用水域、滩涂从事水产养殖的单位和个人应当按有关规定申领养殖证。)
	水域滩涂养殖发证登记办法	第三条:"使用水域、滩涂从事养殖生产, 由县级以上地方人民政府核发养殖证。" 第二章 (国家所有水域滩涂的发证登记。) 第三章 (集体所有或者国家所有由集体使用水域滩涂的发证登记。)
	渤海生物资源养护规定	第九条 (在渤海使用全民所有的水域、滩涂从事养殖生产的, 由本级人民政府核发养殖证。) 第十条 (新建、扩建和改建养殖场的, 应当进行环境影响评价。)
捕捞业的管理	渔业法实施细则	第十五条 (国家对捕捞业, 实行捕捞许可制度。) 第十七条 (不得发放捕捞许可证的情形。) 第十八条 (不需要申请捕捞许可证的情况。)
	渤海生物资源养护规定	第十三条 (在渤海从事捕捞活动, 应当依法申领捕捞许可证。)

基本内容	文献名称	条　　款
渔业资源的保护和增殖	渔业法实施细则	第二十条（禁止作业的情形。） 第二十二条（建造人工鱼礁的规定。） 第二十三条（海洋定置渔业的规定。） 第二十五条（禁止捕捞"中国对虾苗种和春季亲虾"）
	渔业资源增殖保护费征收使用办法	第二条（采捕天然生长和人工增殖水生动植物的单位和个人必须依法缴纳渔业资源增殖保护费。） 第十二条（渔业资源费用于渔业资源的增殖、保护。） 第十三条（人工增殖放流的相关规定。）
	水生生物增殖放流管理规定	第四条（水生生物增殖放流工作主管部门。） 第五条（水生生物增殖放流专项资金专款专用。） 第九条（确保增殖放流的人工繁殖的水生生物物种品质。） 第十五条（确保增殖放流效果。）
	渤海生物资源养护规定	第十七条（国家鼓励单位和个人投资，增殖渤海生物资源。） 第十八条（渤海生物资源增殖的主管部门。）
渔业水域保护	渔业法实施细则	第十二条（重点水域不得划作养殖场所。） 第二十八条（在重点渔业水域不得从事拆船业。）
	渤海生物资源养护规定	第三十六条（对渔业水域进行监测。） 第三十八条（对生物资源有严重影响的作业的处理。）
水产资源保护、生物资源保护	渔业法实施细则	第十二条："全民所有的水面、滩涂中的鱼、虾、蟹、贝、藻类的自然产卵场、繁殖场、索饵场及重要的洄游通道必须予以保护，不得划作养殖场所。"
	水产种质资源保护区管理暂行办法	第七条（设置水产种质资源保护区。） 第二十条（禁止在水产种质资源保护区内从事围湖造田、围海造地或围填海工程。） 第二十一条（禁止在水产种质资源保护区内新建排污口。）
	水生野生动物保护实施条例	第七条（渔业行政主管部门负责维护和改善水生野生动物的生存环境，保护和增殖水生野生动物资源。） 第八条（对侵占或者破坏水生野生动物资源的行为的检举和控告。）

基本内容	文献名称	条　款
水产资源保护、生物资源保护	水生野生动物保护实施条例	第九条（误捕水生野生动物的，应当立即无条件放生。） 第十二条（禁止捕捉、杀害国家重点保护的水生野生动物。） 第十八条（禁止出售、收购国家重点保护的水生野生动物或者其产品。） 第二十四条："利用水生野生动物或者其产品举办展览等活动的经济收益，主要用于水生野生动物保护事业。"
	渤海生物资源养护规定	第二十四条（实行渤海重点渔业资源保护制度。） 第三十条（禁止使用严重损害生物资源的渔具、捕渔方法。） 第三十一条（渤海实行伏季休渔等禁渔期制度。）
	黄渤海区对虾亲虾资源管理暂行规定	第四条（严格控制损害对虾资源的作业。） 第七条（采购运输亲虾实行许可证制度。）

第四节　渤海生态保护行政法规和部门规章

环渤海地区是我国北方经济最活跃的地区，在区域经济蓬勃发展的同时，我们也不得不面对渤海区域的整体生态环境日益恶化这一现实问题。目前，有关渤海生态环境保护的国务院行政法规主要有《渔业法实施细则》、《水生野生动物保护实施条例》，各部门规章主要有《海洋自然保护区管理办法》、《渤海生物资源养护规定》、《水生动植物自然保护区管理办法》、《水产种质资源保护区管理暂行办法》，此外国务院还颁布了指导性规范文件《中国水生生物资源养护行动纲要》。这些行政法规和部门规章以及规范性文件为渤海区域生态系统的保护和管理提供了法律依据。具体内容详见表2-16：

表 2-16　渤海生态保护行政法规和部门规章简表

序号	文献名称	发布机关	通过时间	文献编号	生效时间	当前效力
1	渔业法实施细则	国务院	1987 年 10 月 20 日	不详	1987 年 10 月 20 日	有效
2	水生野生动物保护实施条例	国务院	1993 年 10 月 5 日	农业部令 [1993] 第 1 号	1993 年 10 月 5 日	有效
3	海洋自然保护区管理办法	国家海洋局	1995 年 5 月 29 日	国海法发 [1995] 251 号	1995 年 5 月 29 日	有效
4	中国水生生物资源养护行动纲要	国务院	2006 年 2 月 14 日	不详	2006 年 2 月 14 日	有效
5	渤海生物资源养护规定	农业部	2010 年 11 月 26 日	农业部令 [2010] 第 11 号	2010 年 11 月 26 日	2010 年 11 月 26 日农业部第二次修正
6	水生动植物自然保护区管理办法	农业部	2010 年 11 月 26 日	农业部令 [2010] 第 11 号	2010 年 11 月 26 日	2010 年 11 月 26 日农业部修正
7	近岸海域环境功能区管理办法（2010 年修正本）	环境保护部	2010 年 12 月 22 日	环境保护部令 2010 年第 16 号	2010 年 12 月 22 日	根据 2010 年 12 月 22 日发布的《环境保护部关于废止、修改部分环保部门规章和规范性文件的决定》修正
8	水产种质资源保护区管理暂行办法	农业部	2011 年 1 月 5 日	农业部令 [2011] 第 1 号	2011 年 3 月 1 日	有效

生态保护具有整体性,以下将从渤海自然保护区管理、特殊物种的保护和管理、生物入侵防治这三个方面对渤海生态保护的行政法规和部门规章进行梳理和研究。

一、自然保护区管理

早在国务院 1987 年颁布的《渔业法实施细则》中已经有了对特定海洋区域予以保护的规定。目前,渤海自然保护区的管理主要由三个部门规章予以规定:分别是 1995 年国家海洋局颁布的《海洋自然保护区管理办法》、1997 年农业部颁布的《水生动植物自然保护区管理办法》(2010 年 11 月 26 日修正)以及 2011 年农业部颁布的《水产种质资源保护区管理暂行办法》。此外,环境保护部颁布的《近岸海域环境功能区管理办法(2010 年修正本)》也对海洋自然保护区的管理作出规定。

渤海自然保护区管理的行政法规和部门规章明确规定了我国海洋自然保护区的管理体制和主要制度措施。我国海洋自然保护区的选划、建设和管理,实行统一规划、分工负责、分级管理的原则。一般分为国家级和地方级(省级)两级管理,国家海洋行政部门、渔业行政部门或农业部门主管全国自然保护区工作,地方相应行政部门负责本行政区域内自然保护区的管理工作。渤海自然保护区具体管理措施分为保护区的建设、保护区的管理和罚则等几个方面。具体内容详见表 2-17:

表 2-17 渤海自然保护区管理行政法规和部门规章内容简表

基本内容	文献名称	条　　款
渤海自然保护区管理综合	海洋自然保护区管理办法	第二条（海洋自然保护区定义。） 第四条:"海洋自然保护区选划、建设和管理,实行统一规划、分工负责、分级管理的原则。" 第五条（国家海洋行政主管部门职责。） 第五条（地方海洋管理部门职责。）

基本内容	文献名称	条　款
渤海自然保护区管理综合	水生动植物自然保护区管理办法	第二条（水生动植物自然保护区定义。） 第五条："国务院渔业行政主管部门主管全国水生动植物自然保护区的管理工作；县级以上地方人民政府渔业行政主管部门主管本行政区域内水生动植物自然保护区的管理工作。"
	水产种质资源保护区管理暂行办法	第二条（水产种质资源保护区定义。） 第三条（水产种质资源保护区管理的分工负责制。）
	渔业法实施细则	第二条（渔业水域的定义。） 第十二条："全民所有的水面、滩涂中的鱼、虾、蟹、贝、藻类的自然产卵场、繁殖场、索饵场及重要的洄游通道必须予以保护，不得划作养殖场所。"
	近岸海域环境功能区管理办法（2010年修正本）	第二条："近岸海域环境功能区分为四类：一类近岸海域环境功能区包括海洋渔业水域、海上自然保护区、珍稀濒危海洋生物保护区等。"
保护区的建设	海洋自然保护区管理办法	第六条（应当建立海洋自然保护区的情形。） 第七条（海洋自然保护的两级管理体制。） 第八条（国家级海洋自然保护区建立程序。） 第九条（地方级海洋自然保护区建立程序。） 第十条（海洋自然保护区位置和范围划定要求。） 第十一条（海洋自然保护区的撤销、调整和变化。）
	水生动植物自然保护区管理办法	第六条（应当建立水生动植物自然保护区的情形。） 第七条（水生动植物自然保护区的国家和地方两级管理体制。） 第八条（国家级和地方级水生动植物自然保护区建立的程序。） 第九条（水生动植物自然保护区的撤销、调整和变化。） 第十二条（水生动植物自然保护区命名要求。）
	水产种质资源保护区管理暂行办法	第七条（应当建立水产种质资源保护区的情形。） 第八条（水产种质资源保护区的两级管理体制。） 第九条（省级水产种质资源保护区建立的程序。） 第十条（国家级水产种质资源保护区建立的程序。） 第十三条（水生动植物自然保护区命名要求。）

基本内容	文献名称	条　　款
保护区的管理	海洋自然保护区管理办法	第十二条（海洋自然保护区管理机构主要职责。） 第十三条（海洋自然保护区内部具体规划指导意见。） 第十五条（海洋自然保护区内的禁止行为。）
	水生动植物自然保护区管理办法	第十四条（国家级和地方级水生动植物自然保护区管理规定。） 第十四条（跨行政区域的水生动植物自然保护区的管理规定。） 第十五条（水生动植物自然保护区管理机构主要职责。） 第十六条至第十九条（水生动植物自然保护区内的禁止行为及其具体规定。）
	水产种质资源保护区管理暂行办法	第十五条（水产种质资源保护区管理机构主要职责。） 第二十条、二十一条（水产种质资源保护区内的禁止行为。）
	近岸海域环境功能区管理办法（2010年修正本）	第七条："（一）一类近岸海域环境功能区应当执行一类海水水质标准。" 第十条："在一类、二类近岸海域环境功能区内，禁止兴建污染环境、破坏景观的海岸工程建设项目。"
罚则	海洋自然保护区管理办法	第二十条（违反本办法规定的惩罚依据。）（《自然保护区条例》第三十四条、第三十五条、第三十八条有关规定。）
	水生动植物自然保护区管理办法	第二十五条（违反本办法规定的惩罚依据。）（《自然保护区条例》第三十四条和第三十五条。） 第二十六条至第二十九条（行政处罚、行政处分、刑事责任的追究。）
	水产种质资源保护区管理暂行办法	第二十三条："单位和个人违反本办法规定，对水产种质资源保护区内的水产种质资源及其生存环境造成损害的，由县级以上地方人民政府渔业行政主管部门或者其所属的渔政监督管理机构、水产种质资源保护区管理机构依法处理。"

二、迁徙物种、珍贵濒危物种及其他具有重要价值物种的保护和管理

目前,对渤海区域迁徙物种、珍贵濒危物种及其他具有重要价值物种的保护和管理,主要由以下行政法规和部门规章予以调整:1987 年国务院颁布的《渔业法实施细则》、1993 年国务院颁布的《水生野生动物保护实施条例》以及 2010 年农业部颁布的《渤海生物资源养护规定》。此外,环境保护部颁布的《近岸海域环境功能区管理办法(2010 年修正本)》对此也进行了规定。2006 年国务院发布的《中国水生生物资源养护行动纲要》虽然不是行政法规,但对渤海区域物种保护和管理具有重要的指导作用。

迁徙物种的保护和管理,主要着眼于对洄游通道的保护和洄游品种的人工增殖。对于珍贵濒危物种的保护和管理,《水生野生动物保护实施条例》作了比较系统的规定。其他具有重要价值的物种主要指具有较高经济价值的品种,一般在法规和规章中作列举性规定。具体内容详见表 2-18。

表 2-18　渤海迁徙物种、珍贵濒危物种及其他具有重要价值
物种保护和管理行政法规和部门规章内容简表

基本内容	文献名称	条　款
迁徙物种的保护和管理	渔业法实施细则	第十二条:"全民所有的水面、滩涂中的鱼、虾、蟹、贝、藻类的自然产卵场、繁殖场、索饵场及重要的洄游通道必须予以保护,不得划作养殖场所。"
	渤海生物资源养护规定	第五条(规划养殖区的禁止性规定。) 第十九条:"大范围洄游性品种的人工增殖放流,由农业部黄渤海区渔政局统一规划,统一组织实施。"
珍贵濒危物种的保护和管理	水生野生动物保护实施条例	第二条(水生野生动物的定义。) 第十二条(特许捕捉证制度。)
	渤海生物资源养护规定	第五条(划置养殖区的禁止区域。)
	近岸海域环境功能区管理办法(2010 年修正本)	第二条:"近岸海域环境功能区分为四类:一类近岸海域环境功能区包括海洋渔业水域、海上自然保护区、珍稀濒危海洋生物保护区等。" 第十九条(珍稀濒危海洋生物保护区的定义。)

基本内容	文献名称	条　款
其他具有重要价值物种的保护和管理	渔业法实施细则	第二十四条（捕捞有重要经济价值的水生动物的专项许可证和准限额捕捞制度。） 第二十五条（禁止捕捞中国对虾苗种和春季亲虾。）
	渤海生物资源养护规定	第二十五条（渤海秋汛对虾生产实行专项（特许）捕捞许可证制度。） 第二十七条（采捕兰蛤、沙蚕、卤虫的专项（特许）捕捞许可证制度。）

三、生物入侵防治及河口区生境保护

目前我国的行政法规和部门规章中，关于生物入侵防治和河口区生境保护的规定比较零散、不成系统，只有一些单独条款散见于不同的法规和规章中。具体内容详见表2-19：

表 2-19　渤海生物入侵防治及河口区生境保护行政法规和部门规章内容简表

基本内容	文献名称	条　款
生物入侵防治	水生野生动物保护实施条例	第二十二条（从国外引进水生野生动物的报批制度。）
	渤海生物资源养护规定	第十二条："禁止在渤海养殖未经全国水产原种和良种审定委员会审定、农业部批准推广的杂交种、转基因种和其他非渤海原有品种。" 第十二条："养殖经全国水产原种和良种审定委员会审定、农业部批准推广的上述品种的，应当严格采取防逃等防护措施，防止其进入天然水域。" 第二十条："禁止在渤海放流杂交种、转基因种及其他非渤海原有品种。"
	国家突发环境事件应急预案	7.1（生物物种安全环境事件包括外来生物入侵。）

基本内容	文献名称	条　款
河口区生境保护	防止船舶污染海域管理条例	第五条："任何船舶不得向河口附近的港口淡水水域、海洋特别保护区和海上自然保护区排放油类、油性混合物、废弃物和其他有毒害物质。"
	中国水生生物资源养护行动纲要	第五部分第三条（对富营养化严重的湖泊、潮间带、河口等水域进行综合治理。）
	近岸海域环境功能区管理办法（2010 年修正本）	第九条（近岸海域混合区的定义及科学论证。）

第五节　渤海空间管理和自然形态保护行政法规和部门规章

空间管理是渤海管理的行政法规和部门规章的一个重要调整内容,目前我国有相当数量的行政法规和部门规章从海域使用管理、海洋功能区管理以及港口和交通管理等方面对渤海的空间管理作出了规定。海洋的自然形态管理包括海岸线管理、海底形态保护和海岛保护等方面,是海洋保护与管理的重要内容,但与空间管理相比,目前在我国得到重视的程度还远远不够,未来应加大在渤海自然形态保护方面的行政法规和部门规章的规定。

此外,渤海管理还包括防灾减灾和应急机制管理、科学研究管理以及涉外事务管理等,这方面的行政法规和部门规章将在本节最后进行总结。具体内容详见表 2-20:

表 2-20　渤海空间管理、自然形态保护行政法规和部门规章简表

序号	文献名称	发布机关	通过时间	文献编号	生效时间	当前效力
1	渔港水域交通安全管理条例	国务院	1989 年 7 月 3 日	国务院令第 38 号	1989 年 8 月 1 日	有效

序号	文献名称	发布机关	通过时间	文献编号	生效时间	当前效力
2	涉外海洋科学研究管理规定	国务院	1996 年 6 月 18 日	国务院令第 199 号	1996 年 10 月 1 日	有效
3	国家突发环境事件应急预案	国务院	2006 年 1 月 24 日	不详	2006 年 1 月 24 日	有效
4	航道管理条例（2008 年修正本）	国务院	2008 年 12 月 27 日	不详	2009 年 1 月 1 日	根据 2008 年 12 月 27 日《国务院关于修改〈航道管理条例〉的决定》修订
5	水路运输管理条例(2008 年修正本)	国务院	2008 年 12 月 27 日	不详	2009 年 1 月 1 日	根据 2008 年 12 月 27 日《国务院关于修改〈水路运输管理条例〉的决定》第二次修订
6	国务院关于山东省海洋功能区划的批复	国务院	2004 年 2 月 22 日	国务院函[2004]11 号	2004 年 2 月 22 日	有效
7	国务院关于辽宁省海洋功能区划的批复	国务院	2004 年 3 月 16 日	国务院函[2004]17 号	2004 年 3 月 16 日	有效
8	国务院关于河北省海洋功能区划的批复	国务院	2006 年 11 月 6 日	国务院函[2006]118 号	2006 年 11 月 6 日	有效
9	对外国籍船舶管理规则	交通部	1979 年 9 月 18 日	不详	1979 年 9 月 18 日	有效

序号	文献名称	发布机关	通过时间	文献编号	生效时间	当前效力
10	船舶装载危险货物监督管理规则	交通部	1981 年 10 月 29 日	不详	1982 年 1 月 1 日	本法规已被《船舶载运危险货物安全监督管理规定》（发布日期：2003 年 11 月 30 日，实施日期：2004 年 1 月 1 日）废止
11	铺设海底电缆管道管理规定实施办法	国家科学技术委员会	1997 年 9 月 23 日	国家科学发政字［1997］454 号	1997 年 9 月 23 日	有效
12	船舶安全检查规则（1997）	交通部	1997 年 11 月 5 日	交通部令 1997 年第 15 号	1998 年 3 月 1 日	本规则已被 2009 年 11 月 30 日交通运输部令 2009 第 15 号公布，自 2010 年 3 月 1 日起施行的《船舶安全检查规则》废止
13	海洋预报业务管理暂行规定	国家海洋局	1999 年 7 月 2 日	不详	1999 年 7 月 2 日	有效
14	水上水下施工作业通航安全管理规定	交通部	1999 年 10 月 8 日	交通部令 1999 年第 4 号	2000 年 1 月 1 日	本规定已被 2011 年 1 月 27 日交通运输部令［2011］第 5 号公布，自 2011 年 3 月 1 日起施行的《水上水下活动通航安全管理规定》废止

序号	文献名称	发布机关	通过时间	文献编号	生效时间	当前效力
15	国内船舶运输经营资质管理规定	交通部	2001年2月14日	交通部令2001年第1号	2001年4月1日	本规定已被2008年5月26日交通运输部令2008年第2号公布,自2008年8月1日起施行的《国内水路运输经营资质管理规定》废止
16	无居民海岛保护与利用管理规定	海洋局、民政部	2003年6月17日	不详	2003年7月1日	有效
17	沿海航标管理办法	交通部	2003年7月10日	交通部令2003年第7号	2003年9月1日	有效
18	倾倒区管理暂行规定	国家海洋局	2003年11月14日	不详	2004年1月1日	有效
19	港口危险货物管理规定	交通部	2003年8月29日	交通部令2003年第9号	2004年1月1日	有效
20	船舶载运危险货物安全监督管理规定	交通部	2003年11月30日	交通部令2003年第10号	2004年1月1日	有效
21	海底电缆管道保护规定	国土资源部	2004年1月9日	国土资源部令2004年第24号	2004年3月1日	有效

序号	文献名称	发布机关	通过时间	文献编号	生效时间	当前效力
22	港口经营管理规定（2004）	交通部	2004 年 4 月 15 日	交通部令 2004 年第 4 号	2004 年 6 月 1 日	已被 2009 年 11 月 6 日交通运输部令 2009 第 13 号公布，自 2010 年 3 月 1 日起施行的《港口经营管理规定》废止
23	外商投资国际海运业管理规定	交通部、商务部	2004 年 2 月 25 日	交通部、商务部令 2004 年第 1 号	2004 年 6 月 1 日	有效
24	管辖海域外国人、外国船舶渔业活动管理暂行规定（2004 年修正本）	农业部	2004 年 7 月 1 日	农业部令 2004 年第 38 号	2004 年 7 月 1 日	根据 2004 年 7 月 1 日《农业部关于修订农业行政许可规章和规范性文件的决定》修正
25	港口工程竣工验收办法	交通部	2005 年 4 月 12 日	交通部令 2005 年第 2 号	2005 年 6 月 1 日	有效
26	港口建设管理规定	交通部	2007 年 4 月 24 日	交通部令 2007 年第 5 号	2007 年 6 月 1 日	有效
27	港口规划管理规定	交通部	2007 年 12 月 17 日	交通部令 2007 年第 11 号	2008 年 2 月 1 日	有效
28	港口设施保安规则	交通部	2007 年 12 月 17 日	交通部令 2007 年第 10 号	2008 年 3 月 1 日	有效

序号	文献名称	发布机关	通过时间	文献编号	生效时间	当前效力
29	海域使用管理违法违纪行为处分规定	监察部、人事部、财政部、国家海洋局	2008年2月26日	监察部、人事部、财政部、国家海洋局令2008年第14号	2008年4月1日	有效
30	渔业航标管理办法	农业部	2008年4月10日	农业部令〔2008〕第13号	2008年6月1日	有效
31	国内水路运输经营资质管理规定	交通运输部	2008年5月26日	交通运输部令2008年第2号	2008年8月1日	有效
32	公路、水路交通实施《节约能源法》办法	交通运输部	2008年7月16日	交通运输部令2008年第5号	2008年9月1日	有效
33	港口经营管理规定(2010)	交通运输部	2009年11月6日	交通运输部令2009第13号	2010年3月1日	有效
34	船舶安全检查规则	交通运输部	2009年11月30日	交通运输部令2009第15号	2010年3月1日	有效
35	近岸海域环境功能区管理办法(2010年修正本)	环境保护部	2010年12月22日	环境保护部令2010年第16号	2010年12月22日	根据2010年12月22日发布的《环境保护部关于废止、修改部分环保部门规章和规范性文件的决定》修正

序号	文献名称	发布机关	通过时间	文献编号	生效时间	当前效力
36	水上水下活动通航安全管理规定	交通运输部	2011 年 1 月 27 日	交通运输部令〔2011〕第 5 号	2011 年 3 月 1 日	有效

以上这些行政法规和部门规章从海域使用管理、海洋功能区管理、港口和交通管理海岸线管理、海底形态保护和海岛保护等方面对渤海的空间管理作出了规定。以下从渤海海洋功能区管理、港口和交通管理、自然形态保护和管理以及其他管理事务四个方面对渤海空间管理和自然形态管理的行政法规和部门规章的规定进行梳理和研究。

一、海洋功能区管理

海洋功能区是指根据自然资源、环境状况和地理条件，并考虑到开发现状而划定的，具有特定功能的海洋区和海岸带。目前我国关于海洋功能区管理的行政法规和部门规章主要有国务院关于山东省、辽宁省、河北省三个环渤海省份海洋功能区划的批复，国家海洋局于 2003 年制定的《倾倒区管理暂行规定》和环境保护部于 2010 年修正的《近岸海域环境功能区管理办法》。其中《近岸海域环境功能区管理办法》将近岸海域按照不同使用功能划分为四类，进而做了比较全面的规定。具体内容详见表 2-21：

表 2-21　渤海海洋功能区管理行政法规和部门规章内容简表

基本内容	文献名称	条　款
海洋功能区管理综合	国务院关于山东省海洋功能区划的批复、国务院关于辽宁省海洋功能区划的批复、国务院关	第二条："要贯彻可持续发展战略，始终坚持在保护中开发，在开发中保护的方针，严格执行海洋功能区划制度，实现海域的合理使用和海洋经济的可持续发展。"第三条（要采取有力措施，加强对填海、围海及开采海砂等用海活动的管理，防止对海域、海岛和海岸的破坏性利用。重点保证港口航运、油气勘探开发的用海需

基本内容	文献名称	条　款
海洋功能区管理综合	于河北省海洋功能区划的批复	要，合理安排滨海城市旅游用海。） 第四条（严格实施海洋环境保护措施。要加强对岸滩弃置、堆放和处理固体废物的管理。对陆源污染物应实行减排防治后排放，逐步实行深海离岸排放。）
	倾倒区管理暂行规定	第二条（适用范围。）
	近岸海域环境功能区管理办法	第二条（近岸海域环境功能区的定义。）
功能区的分类和选划	倾倒区管理暂行规定	第三条（倾倒区包括海洋倾倒区和临时性海洋倾倒区。） 第五条（选划倾倒区的要求。） 第十条（倾倒区选划程序。） 第十三条（禁止重复设立倾倒区原则。）
	近岸海域环境功能区管理办法	第二条（近岸海域环境功能区分为四类。） 第四条（划定原则：统一规划，合理布局，因地制宜，陆海兼顾，局部利益服从全局利益，近期计划与长远规划相协调，经济效益、社会效益和环境效益相统一，促进经济、社会可持续发展的原则。）
功能区的使用	倾倒区管理暂行规定	第十七条（海洋倾倒区封闭或暂停使用规定。） 第十八条（倾倒区的使用期限。） 第十九条："废弃物倾倒单位在实施倾倒作业过程中应当接受中国海监机构的监督检查，并为执法人员执行公务提供方便。"
	近岸海域环境功能区管理办法	第七条（各类近岸海域环境功能区应当执行国家《海水水质标准》（GB3097～1997）规定的相应类别的海水水质标准。） 第九条（入海河流河口、陆源直排口和污水排海工程排放口附近的近岸海域等混合区的管理。） 第十一条（禁止破坏红树林和珊瑚礁。） 第十二条（功能区排污管理。）

基本内容	文献名称	条　款
功能区的监测	倾倒区管理暂行规定	第二十一条："国家海洋局海区分局应当根据倾倒区使用的状况适时组织环境监测工作，并根据监测结果制定相应的管理措施，包括封闭或暂停使用倾倒区，调整倾倒的方式、数量、强度、使用年限等。" 第二十三条（倾倒区的选划和监测。）
	近岸海域环境功能区管理办法	第十四条："沿海县级以上地方人民政府环境保护行政主管部门，有权在本行政区近岸海域环境功能区内兴建海岸工程建设项目和排放陆源污染物的单位进行现场检查。" 第十六条："国务院环境保护行政主管部门对近岸海域环境质量状况定期组织检查和考核，并公布检查和考核结果。"

二、港口和交通管理

（一）港口管理

环渤海区域经济活跃，沿海一线拥有众多大型港口，港口管理成为渤海管理的一项重要内容。目前关于港口管理主要由交通部颁布的部门规章加以规定，包括《港口危险货物管理规定》、《港口工程竣工验收办法》、《港口建设管理规定》、《港口规划管理规定》、《港口设施保安规则》和《港口经营管理规定（2010）》等。这些规章从港口的规划、建设、使用和经营等方面进行了比较系统的规定，具体内容详见表2-22：

表2-22　渤海港口管理行政法规和部门规章内容简表

基本内容	文献名称	条　款
港口的规划	港口规划管理规定	第四条（港口规划原则。） 第六条（港口规划包括港口布局规划和港口总体规划。）

基本内容	文献名称	条　　款
港口的建设	港口建设管理规定	第五条（港口建设项目应当按照国家有关规定实行项目法人责任制度、招标投标制度、工程监理制度和合同管理制度。） 第三十三条（港口工程实行政府监督、法人管理、社会监理、企业自检的质量保证体系。） 第五十二条（港口工程实行建设项目信息报送制度。）
	港口工程竣工验收办法	第四条（港口工程竣工验收，应当遵循公开、公正、真实、科学的原则。） 第六条（港口工程竣工验收，实行统一管理、分级负责制度。）
港口的使用经营	港口经营管理规定（2010）	第三条（港口经营的含义。） 第五条（禁止港口经营垄断。） 第六条（从事港口经营应当申请取得港口经营许可。） 第五章（违反规定法律责任。）
	港口危险货物管理规定	第五条（禁止在港口装卸、储存国家禁止通过水路运输的危险货物。） 第九条（港口危险货物作业资质要求。）
	港口设施保安规则	第二条（规则适用条件。） 第八条（港口设施保安原则：与港口生产经营统筹考虑，遵循节约、环保、资源共享的原则。）

（二）交通管理

关于渤海海上交通管理的行政法规有《水路运输管理条例（2008 年修正本）》、《渔港水域交通安全管理条例》和《航道管理条例（2008 年修正本）》等，部门规章有《渔业航标管理办法》、《沿海航标管理办法》、《公路、水路交通实施〈节约能源法〉办法》、《国内水路运输经营资质管理规定》、《船舶载运危险货物安全监督管理规定》、《船舶安全检查规则》、《水上水下活动通航安全管理规定》等。这些行政法规和部门规章主要从水路运输经营资质、船舶和通航安全、航道管理、航标管理等方面对海上交通管理工作进行了规制。具体内容详见表2-23：

表 2-23 渤海交通管理行政法规和部门规章内容简表

基本内容	文献名称	条 款
水路运输管理综合	水路运输管理条例（2008 年 修 正本）	第七条（对外资的限制条件。） 第九条（设立水路运输企业须具备的条件。） 第三十一条："本条例不适用于国际航线水路运输和以排筏作为运输工具的水路运输。"
	渔港水域交通安全管理条例	第六条："船舶进出渔港必须遵守渔港管理章程以及国际海上避碰规则，并依照规定办理签证，接受安全检查。" 第十六条（事故处理。）
	公路、水路交通实施《节约能源法》办法	第三条（节约能源的含义。）
运输经营资质管理	国内水路运输经营资质管理规定	第二条："本规定适用于在沿海、江河、湖泊及其他通航水域内从事营业性运输的企业和个人的经营资质管理。" 第七条（从事国内水路运输的企业应当具备的经营资质条件。） 第二十三条："各级人民政府交通主管部门应当依法对从事国内水路运输的企业和个人的经营资质进行监督检查。"
船舶安全、通航安全管理	船舶载运危险货物安全监督管理规定	第四条："船舶载运危险货物，必须符合国家安全生产、水上交通安全、防治船舶污染的规定，保证船舶人员和财产的安全，防止对环境、资源以及其他船舶和设施造成损害。" 第十六条（危险货物运输应当建立和实施船舶安全营运和防污染管理体系。）
	船舶安全检查规则	第三条（船舶安全检查遵循依法、公正、诚信、便民的原则。） 第五条（船舶安全检查的分类。） 第八条（船舶安全检查的内容。）
	水上水下活动通航安全管理规定	第二条（适用情形。） 第三条："水上水下活动通航安全管理应当遵循安全第一、预防为主、方便群众、依法管理的原则。"

基本内容	文献名称	条　　款
航道管理	航道管理条例（2008年修正本）	第三条："国家鼓励和保护在统筹兼顾、综合利用水资源的原则下，开发利用航道，发展水运事业。" 第七条（航道规划。） 第二十六条（航道维护。）
航标管理	渔业航标管理办法	第六条（渔业航标与渔港同步建设原则。）
	沿海航标管理办法	第四条（编制沿海水域航标总体规划原则：便利航行、确保安全、统筹兼顾、科学布局。） 第七条："配布沿海航标，应当符合国家有关技术标准。"

三、自然形态保护

海洋的自然形态管理，指的是在开发利用海洋资源过程中对于海洋本身的面貌、生物环境及自然环境的保护性管理。相对于防治污染管理和资源管理，对海洋自然形态的保护常常被忽视。海洋自然形态的保护可以分为海岸线保护、海底形态保护以及海岛形态保护等方面。目前我国对此有相关规定的行政法规和部门规章有《近岸海域环境功能区管理办法》、《铺设海底电缆管道管理规定实施办法》和《无居民海岛保护与利用管理规定》等。具体内容详见表2-24：

表2-24　渤海自然形态管理行政法规和部门规章内容简表

基本内容	文献名称	条　　款
海岸线管理	近岸海域环境功能区管理办法	第十条（一类、二类近岸海域环境功能区内，禁止兴建污染环境、破坏景观的海岸工程建设项目。） 第十一条（禁止破坏红树林和珊瑚礁。）
海底自然形态保护	铺设海底电缆管道管理规定实施办法	第七条（设置海底排污管道应充分考虑排放海域的使用功能。） 第九条（《铺设海底管道工程对海洋资源和环境影响报告书》的内容和要求。）

基本内容	文献名称	条　　款
海岛自然形态保护	无居民海岛保护与利用管理规定	第三条（无居民海岛功能区划和保护与利用规划制度。） 第十七条（国家对领海基点所在无居民海岛实行严格保护制度。） 第十八条（国家海洋局根据无居民海岛功能区划，公布无居民海岛保护名录。）

四、其他管理事务

除了以上总结的几类管理事务，渤海管理还包括防灾减灾和应急机制管理、科学研究管理和涉外事务管理等。具体内容详见表 2-25：

表 2-25　渤海其他管理事务行政法规和部门规章内容简表

基本内容	文献名称	条　　款
防灾减灾、应急机制管理	国家突发环境事件应急预案	1.5："（1）坚持以人为本，预防为主。（2）坚持统一领导，分类管理，属地为主，分级响应。（3）坚持平战结合，专兼结合，充分利用现有资源。"
	船舶污染海洋环境应急防备和应急处置管理规定	第四条（船舶及其有关作业活动污染海洋环境应急防备和应急处置工作应当遵循统一领导、综合协调、分级负责、属地管理、责任共担的原则。）
	海洋预报业务管理暂行规定	第二条："本规定遵循建立和完善分工明确、避免重复、有机结合、协调发展的海洋预报业务体制的原则。" 第五条："开展为沿海经济建设、社会发展、防灾减灾和海上其他活动的专项海洋预报服务和海洋环境条件评价等活动。"
科学研究管理	涉外海洋科学研究管理规定	第四条（涉外海洋科学研究活动的条件。） 第八条："进行涉外海洋科学研究活动的，不得将有害物质引入海洋环境，不得擅自钻探或者使用炸药作业。"

基本内容	文献名称	条　　　款
涉外事务管理	对外国籍船舶管理规则	第三十三条:"船舶在港内需要倾倒垃圾等废弃物,应显示港口规定的信号招用垃圾船(车)。" 第三十五条:"在港口和沿海水域,禁止船舶任意排放油类、油性混合物,以及其他有害的污染物质和废弃物。"
	外商投资国际海运业管理规定	第四条(经交通部和商务部批准,允许外商用以投资经营国际海运业的形式。) 第五条(设立外商投资国际船舶运输企业需符合的条件。) 第七条(设立外商投资国际船舶代理企业需符合的条件。) 第九条(设立外商投资国际船舶管理企业需具备的条件。)
	管辖海域外国人、外国船舶渔业活动管理暂行规定(2004年修正本)	第二条(规定适用的情形。) 第十八条(外国人、外国船舶对渔港及渔港水域造成污染的处罚。)

第六节　渤海管理手段类行政法规和部门规章

　　法律管理应当实体法与程序法并重,程序法的功能在于及时、恰当地为实体法中权利的实现和职权的行使提供必要的规则、方式和秩序。除了以上介绍的实体性行政法规和部门规章之外,我国也制定了一批海洋管理程序法,它们互相联系、彼此配合,为有效、有序地管理渤海在程序上提供了坚实的法律保障,使渤海的法律管理更具可操作性和实效性。具体内容详见表2-26:

表 2-26　渤海管理手段类行政法规和部门规章简表

序号	文献名称	发布机关	通过时间	文献编号	生效时间	当前效力
1	污染源治理专项基金有偿使用暂行办法	国务院	1988 年 7 月 28 日	国务院令第 10 号	1988 年 9 月 1 日	本件已被 2002 年 1 月 30 日国务院第 54 次常务会议通过，2003 年 1 月 2 日国务院令第 369 号公布，自 2003 年 7 月 1 日起施行的《排污费征收使用管理条例》废止
2	开采海洋石油资源缴纳矿区使用费的规定	国务院	1989 年 1 月 1 日	1989 年 1 月 1 日财政部令第 1 号	1989 年 1 月 1 日	已废止
3	渔业资源增殖保护费征收使用办法	国务院	1988 年 10 月 31 日	1988 年 10 月 31 日农业部、财政部、国家物价局令第 1 号	1989 年 1 月 1 日	有效
4	渔业海上交通事故调查处理规则（1997）	农业部	1991 年 3 月 5 日	1997 年 12 月 25 日农业部令第 39 号	1991 年 3 月 5 日	已废止
5	水域污染事故渔业损失计算方法规定	农业部	1996 年 10 月 8 日	农业部文件农渔发 [1996] 14 号	1996 年 10 月 8 日	有效

序号	文献名称	发布机关	通过时间	文献编号	生效时间	当前效力
6	海洋标准化管理规定	国家海洋局	1997 年 1 月 10 日	1997 年 1 月 10 日国家海洋局令第 4 号	1997 年 1 月 30 日	有效
7	渔业行政处罚规定	农业部	1998 年 1 月 5 日	1998 年 1 月 5 日农业部令第 36 号	1998 年 1 月 5 日	有效
8	环境保护设施运营资质认可管理办法（试行）	国家环境保护总局	1999 年 3 月 26 日	国家环境保护总局文件环发 [1999] 76 号	1999 年 3 月 26 日	本办法已被 2004 年 11 月 8 日国家环境保护总局令第 23 号公布，自 2004 年 12 月 10 日起施行的《环境污染治理设施运营资质许可管理办法》废止
9	建设项目环境影响评价资格证书管理办法	国家环境保护总局	1999 年 3 月 30 日	国家环境保护总局令第 2 号	1999 年 3 月 30 日	本办法已被 2005 年 8 月 15 日国家环境保护总局令第 26 号公布，自 2006 年 1 月 1 日起施行的《建设项目环境影响评价资质管理办法》废止
10	海洋行政处罚实施办法	国土资源部	2002 年 12 月 25 日	2002 年 12 月 25 日国土资源部令第 15 号	2003 年 3 月 1 日	有效
11	排污费征收使用管理条例	国务院	2003 年 1 月 2 日	国务院令第 369 号	2003 年 7 月 1 日	有效

序号	文献名称	发布机关	通过时间	文献编号	生效时间	当前效力
12	海上海事行政处罚规定	交通部	2003 年 7 月 10 日	交通部令 2003 年第 8 号	2003 年 9 月 1 日	有效
13	环境保护行政处罚办法	国家环境保护总局	2003 年 11 月 5 日	国家环境保护总局令第 19 号	2003 年 11 月 5 日	本办法已被 2010 年 1 月 19 日环境保护部令第 8 号公布，自 2010 年 3 月 1 日起施行的《环境行政处罚办法》废止
14	环境保护行政许可听证暂行办法	国家环境保护总局	2004 年 6 月 23 日	国家环境保护总局令第 22 号	2004 年 7 月 1 日	有效
15	环境污染治理设施运营资质许可管理办法	国家环境保护总局	2004 年 11 月 8 日	国家环境保护总局令第 23 号	2004 年 12 月 10 日	有效
16	建设项目环境影响评价资质管理办法	国家环境保护总局	2005 年 8 月 15 日	国家环境保护总局令第 26 号	2006 年 1 月 1 日	有效
17	海事行政许可条件规定	交通部	2006 年 1 月 9 日	交通部令 2006 年第 1 号	2006 年 4 月 1 日	有效
18	规划环境影响评价条例	国务院	2009 年 8 月 17 日	国务院令第 559 号	2009 年 10 月 1 日	有效
19	环境行政处罚办法	环境保护部	2010 年 1 月 19 日	环境保护部令 2010 年第 8 号	2010 年 3 月 1 日	有效

　　这些法规和规章分别从环境影响评价、渤海管理税费措施、许可程序和资质管理、争议处理程序和处罚办法四个方面，对渤海管理程序类行政法规和部

门规章进行研究。具体内容详见表 2-27：

表 2-27   渤海环境影响评价管理行政法规和部门规章内容简表

基本内容	文献名称	条　　款
环境影响评价和听证制度	建设项目环境影响评价资质管理办法	第三条（评价资质分为甲、乙两个等级。） 第五条（国家对甲级评价机构数量实行总量限制。） 第八条（国家鼓励评价机构积极提升技术优势，增强技术实力，采取多种形式改组改制，推进环境影响评价行业向专业化、规模化、市场化发展。） 第二十一条（评价机构应当对环境影响评价结论负责。）
	规划环境影响评价条例	第三条（对规划进行环境影响评价，应当遵循客观、公开、公正的原则。） 第四条（国家建立规划环境影响评价信息共享制度。）
	环境保护行政许可听证暂行办法	第四条（环境保护行政主管部门组织听证，应当遵循公开、公平、公正和便民的原则，充分听取公民、法人和其他组织的意见，保证其陈述意见、质证和申辩的权利。） 第五条（实施环境保护行政许可的情形。）
渤海管理的税费措施	渔业资源增殖保护费征收使用办法	第二条（渔业资源增殖保护费征收和使用的适用范围。） 第三条（使用原则：取之于渔、用之于渔。） 第十二条（渔业资源费用于渔业资源的增殖、保护的使用范围。）
	排污费征收使用管理条例	第二条（缴纳排污费的范围。） 第四条（排污费的征收、使用必须严格实行"收支两条线"，征收的排污费一律上缴财政，环境保护执法所需经费列入本部门预算，由本级财政予以保障。） 第十八条："排污费必须纳入财政预算，列入环境保护专项资金进行管理。"
许可程序和资质管理	环境污染治理设施运营资质许可管理办法	第三条（国家对环境污染治理设施运营活动实行运营资质许可制度。） 第五条（资质证书分类。） 第二十三条（禁止伪造、变造、转让资质证书。）

基本内容	文献名称	条　　款
许可程序和资质管理	海事行政许可条件规定	第二条（海事行政许可的含义和范围。） 第二十九条（海事管理机构及其工作人员违反本规定的，按照《行政许可法》和《交通行政许可监督检查及责任追究规定》追究相应法律责任。）
	建设项目环境影响评价资质管理办法	第三条（评价资质分为甲、乙两个等级。） 第五条（国家对甲级评价机构数量实行总量限制。）
争议处理和处罚办法	环境行政处罚办法	第三条（罚教结合原则。） 第五条（查处分离原则。） 第六条（规范自由裁量权。）
	水域污染事故渔业损失计算方法规定	一（污染事故中的渔业损失量的含义界定。） 二（渔业损失分别情况处理。）
	海洋标准化管理规定	第二条（海洋标准化的含义。）
	渔业行政处罚规定	第十二条（没收渔获物的条件。） 第十七条（违反《实施细则》第二十六条，在鱼、虾、贝、蟹幼苗的重点产区直接引水、用水，未采取避开幼苗密集区、密集期或设置网栅等保护措施的，可处以一万元以下罚款。）
	海洋行政处罚实施办法	第二条（适用范围。） 第二十五条（听证程序。）
	海上海事行政处罚规定	第十节（违反海上船舶污染沿海水域环境监督管理秩序的处罚规定。）

第三章　渤海管理国家专门委员会规范性文件研究

黄河与淮河是流入渤海的两条重要河流,黄河与淮河对于环渤海地区的发展有着重要的战略意义。对渤海的管理中,对黄河与淮河的管理有着举足轻重的意义。黄河与淮河流经多个省份和多种样式的地域类型,从而产生了相应的环境和生态保护等问题。作为黄河和淮河流域的管理机构,黄河水利委员会和淮河水利委员会在其各自职责范围内,对黄河与淮河的管理发挥着重要作用。

水利部黄河水利委员会是水利部在黄河流域(青海、四川、甘肃、宁夏、内蒙古、山西、陕西、河南、山东)和西北内陆河流域(新疆、青海、甘肃、内蒙古)内的派出机构,机构规格为副部级。总部位于河南省郑州市。黄河水利委员会起源于1946年2月在中国共产党解放区晋冀鲁豫边区政府成立的冀鲁豫黄河故道管理委员会。1946年5月,黄河故道管理委员会改称冀鲁豫区黄河水利委员会。1949年6月,中共解放区成立黄河水利委员会。成立后黄河水利委员会改属国务院水利部领导。

水利部淮河水利委员会是水利部在淮河流域和山东半岛区域内的派出机构,代表水利部行使所在流域内的水行政主管职责,是具有行政职能的行政单位(副部级建制)。机构驻地在安徽省蚌埠市。淮河水利委员会是淮河流域水资源综合规划、治理开发、统一调度和工程管理的专职机构。1929年成立导淮委员会。1947年改名为淮河水利工程总局。1950年成立治淮委员会。1953年沂、沭、泗、运各河的治理开发工作划归治淮委员会统一管理。1958年治淮委员会撤销。1971年国务院成立治淮规划领导小组,在蚌埠市设立治淮规划领导小组办公室。1977年改称水利电力部治淮委员会。1982年国务院成立治淮领导小组,治淮委员会兼作其办事机构。1990年更名为水利部淮河水利委员会。

第一节　渤海管理黄河水利委员会规范性文件

根据国务院批准的《水利部主要职责、内设机构和人员编制规定》（国办发〔2008〕75号）和中央机构编制委员会办公室《关于印发〈水利部派出的流域机构的主要职责机构设置和人员编制调整方案〉的通知》（中央编办发〔2002〕39号）精神以及国家有关法律、法规，黄河水利委员会为水利部派出的流域管理机构，在黄河流域和新疆、青海、甘肃、内蒙古内陆河区域内依法行使水行政管理职责，为具有行政职能的事业单位。具体职责权限包括：（一）负责保障流域水资源的合理开发利用。（二）负责流域水资源的管理和监督，统筹协调流域生活、生产和生态用水。（三）负责流域水资源保护工作。（四）负责防治流域内的水旱灾害，承担流域防汛抗旱总指挥部的具体工作。（五）指导流域内水文工作。（六）指导流域内河流、湖泊及河口、海岸滩涂的治理和开发；按照规定权限，负责流域内水利设施、水域及其岸线的管理与保护以及重要水利工程的建设与运行管理。（七）指导、协调流域内水土流失防治工作。（八）负责职权范围内水政监察和水行政执法工作，查处水事违法行为；负责省际水事纠纷的调处工作。（九）按规定指导流域内农村水利及农村水能资源开发有关工作，负责开展水利科技、外事和质量技术监督工作；承担有关水利统计工作。（十）按照规定或授权负责流域控制性水利工程、跨省（自治区、直辖市）水利工程等中央水利工程的国有资产的运营或监督管理；研究提出直管工程和流域内跨省（自治区、直辖市）水利工程供水价格及直管工程上网电价核定与调整的建议。

目前，有关渤海资源保护的黄河水利委员会规范性文件主要有《黄河取水许可水质管理规定》、《黄河入河排污口管理办法（试行）》、《黄河水权转换管理实施办法（试行）》、《黄河河口管理办法》、《黄河水利委员会实施〈入河排污口监督管理办法〉细则》、《黄河防洪工程施工取土监督管理办法》、《黄河重大水污染事件报告办法（试行）》、《黄河水权转换节水工程核验办法（试行）》、《黄河水文测报设施保护办法》、《黄河干流及支流水利枢纽工程水文监测管理办法》、《黄河水权转让管理实施办法》、《黄河防洪工程建设质量检测管理规定》、《黄河流域省际边界水事协调工作规约》。这些规范性文件促进了渤海资源的合理开发与可持续利用。具体内容详见表3-1：

表 **3-1** 黄河水利委员会规范性文件简表

序号	文献名称	发布机关	发布时间	文献编号	生效时间	当前效力
1	黄河取水许可水质管理规定	水利部黄河水利委员会	1998 年 5 月 12 日	黄水政〔1998〕13 号	1998 年 5 月 12 日	废止
2	黄河入河排污口管理办法（试行）	水利部黄河水利委员会	2003 年 1 月 12 日	黄水政〔2002〕24 号	2003 年 1 月 12 日	废止
3	黄河水权转换管理实施办法（试行）	水利部黄河水利委员会	2004 年 6 月 29 日	黄水调〔2004〕18 号	2004 年 6 月 29 日	废止
4	黄河河口管理办法	水利部	2004 年 10 月 10 日	水利部令 21 号	2005 年 1 月 1 日	有效
5	黄河水利委员会实施《入河排污口监督管理办法》细则	水利部黄河水利委员会	2006 年 10 月 1 日	黄水政〔2006〕17 号	2006 年 10 月 1 日	有效
6	黄河防洪工程施工取土监督管理办法	水利部黄河水利委员会	2009 年 9 月 10 日	黄建管〔2009〕41 号	2009 年 9 月 10 日	废止
7	黄河重大水污染事件报告办法（试行）	水利部黄河水利委员会	2003 年 1 月 12 日	黄水政〔2002〕25 号	2003 年 1 月 12 日	有效
8	黄河水权转换节水工程核验办法（试行）	水利部黄河水利委员会	2005 年 11 月 7 日	黄水调〔2005〕29 号	2005 年 11 月 7 日	有效
9	黄河水文测报设施保护办法	水利部黄河水利委员会	1991 年 1 月 1 日	黄水政〔1991〕30 号	1991 年 1 月 1 日	有效
10	黄河干流及支流水利枢纽工程水文监测管理办法	水利部黄河水利委员会	2008 年 5 月 30 日	黄水政〔2008〕9 号	2008 年 5 月 30 日	有效

序号	文献名称	发布机关	发布时间	文献编号	生效时间	当前效力
11	黄河水权转让管理实施办法	水利部黄河水利委员会	2009 年 9 月 25 日	黄水调 [2009] 51 号	2009 年 9 月 25 日	有效
12	黄河防洪工程建设质量检测管理规定	水利部黄河水利委员会	2011 年 3 月 15 日	黄建管 [2011] 5 号	2011 年 3 月 15 日	有效
13	黄河流域省际边界水事协调工作规约	水利部黄河水利委员会	1998 年 12 月 18 日	黄水政 [1998] 30 号	1998 年 12 月 18 日	有效

　　这些规范性文件都是针对黄河管理的规定,可以从黄河水资源管理、黄河污染防治、黄河入海口河口区生态环境保护、黄河防灾减灾、黄河管理法律手段等方面对渤海资源保护的黄河水利委员会规范性文件内容进行梳理研究。

一、水资源管理

　　水资源的流动性决定了黄河水资源管理对渤海水资源的影响,水资源管理的规范性法律文件主要包括《黄河水权转换节水工程核验办法(试行)》、《黄河水文测报设施保护办法》、《黄河干流及支流水利枢纽工程水文监测管理办法》、《黄河水权转让管理实施办法》。以上规范性文件明确了我国在黄河水资源管理方面的主要法律制度。主要包括节水工程、水文监测、水权转让等方面。具体内容详见表3-2:

表3-2　黄河水资源管理规范性文件内容简表

基本内容	文献名称	条　款
节水工程	黄河水权转换节水工程核验办法(试行)	第五条(节水工程核验应具备的条件。) 第六条(当节水工程具备核验条件时,项目法人应及时向核验主持部门提交节水工程核验申请的文件和资料。) 第八条(核验程序。)

基本内容	文献名称	条　款
节水工程	黄河水权转换节水工程核验办法（试行）	第九条（核验的主要内容。） 第十一条（有关单位提供虚假材料的或在核验过程中发现重大问题的处理办法。） 第十二条（水权出让方应对节水工程的节水效果进行持续监测、分析和评价。）
水文监测	黄河水文测报设施保护办法	第三条（在水文测验保护河段，禁止性的行为。）
	黄河干流及支流水利枢纽工程水文监测管理办法	第五条（水利枢纽工程的水文监测管理包括的内容。）
水权转让	黄河水权转让管理实施办法	第三条（应进行水权转让的情形。） 第五条（水权出让方的确定。） 第六条（水权受让方拟建的项目应充分考虑当地水资源条件，采用先进的节水措施和用水工艺。） 第七条（黄河水权转让应遵循的原则。） 第八条至第十六条（水权转让审批权限与程序。） 第二十二条（黄河水权转让可行性研究报告应包括的内容。） 第三十二条（农业节水向工业用水转让。） 第三十七条（黄委和省级水利厅可暂停或取消该水权转让项目的情形。）

二、陆源污染防治

关于渤海污染防治在黄河水利委员会规范性文件中主要体现在陆源污染防治上。陆源污染防治的规范性法律文件主要有《黄河河口管理办法》、《黄河入河排污口管理办法（试行）》、《黄河水利委员会实施〈入河排污口监督管理办法〉细则》、《黄河取水许可水质管理规定》、《黄河重大水污染事件报告办法（试行）》等。

陆源污染防治的黄河水利委员会规范性文件明确了我国在防治来自黄河的陆源污染的主要法律制度措施。主要包括河口污染的管理、流域排污管理和重大水污染事故的应急处理几个方面。具体内容详见表3-3：

表 3-3　黄河陆源污染防治规范性文件内容简表

基本内容	文献名称	条　　款
河口管理	黄河河口管理办法	第十四条（在清水沟河道和刁口河故道管理范围内禁止进行的活动。）
排污管理	黄河入河排污口管理办法（试行）	第二十条（在黄河河道新建、改建或扩大入河排污口的建设项目的防治污染的设施的要求。） 第二十一条（排污单位应在入河排污口安装污水排放计量设施，排污量较大的入河排污口应同时安装在线水质监测设备。）
	黄河水利委员会实施《入河排污口监督管理办法》细则	第四条（入河排污口包括的类型。）
	黄河取水许可水质管理规定	第四条（黄河取水许可的水质管理要求。）
水污染事故管理	黄河重大水污染事件报告办法（试行）	第二条（黄河水利委员会负责黄河重大水污染事件报告工作，黄河流域水资源保护局负责黄河重大水污染事件报告的接受和调查工作。任何单位和个人都有责任报告黄河重大水污染事件。） 第三条（黄河重大水污染事件的定义。） 第四条至第五条（应当报告的情形。） 第七条（黄河流域水资源保护局在初步调查分析的基础上，及时将有关情况、采取或需要采取的措施上报黄委。如有必要，应继续监视水污染事件的发展，并报告有关情况。） 第九条（报告应当包括的内容。） 第十一条（黄河重大水污染事件信息由黄委统一发布。未经黄委同意，黄委所属各单位不得向媒体提供黄河重大水污染事件的材料。） 第十条（报告重大水污染事件的形式。） 第十一条（黄河重大水污染事件信息由黄委统一发布。未经黄委同意，黄委所属各单位不得向媒体提供黄河重大水污染事件的材料。） 第十三条（由于瞒报、漏报、迟报影响及时妥善处理重大水污染事件的处理。）

三、河口区生态环境保护

关于渤海河口区生态环境保护的规范性法律文件主要是 2004 年水利部颁布的《黄河河口管理办法》。该办法明确了我国在黄河河口生态环境保护上的主要法律制度措施。我国的黄河河口生态环境保护秉承着统一规划、除害与兴利相结合、开发服从治理、治理服务开发的原则;保持黄河入海河道畅通,改善生态环境的原则;将黄河河口的综合治理规划与河口的工、农、牧渔等建设的管理相结合,系统地保护河口区生态环境。具体内容详见表 3-4:

表 3-4　黄河河口区生态环境保护规范性文件内容简表

基本内容	文献名称	条　　款
基本原则	黄河河口管理办法	第三条（黄河河口的治理与开发,应当遵循统一规划、除害与兴利相结合、开发服从治理、治理服务开发的原则;保持黄河入海河道畅通,改善生态环境。）第八条（黄河河口综合治理规划,应当与黄河河口地区国民经济和社会发展规划以及土地利用总体规划、海洋功能区划、城市总体规划和环境保护规划相协调。）
河口建设管理	黄河河口管理办法	第九条（在黄河河口进行城市、工业、交通、农业、渔业、牧业等建设,必须符合黄河河口综合治理规划或者黄河入海流路规划,不得对流路和泥沙入海形成障碍。）
综合管理	黄河河口管理办法	第十条（黄河河口入海流路淤积延伸出的土地属于国家所有,由县级以上地方人民政府根据黄河河口综合治理规划或者黄河入海流路规划统一管理。）第二十条（刁口河故道以及黄河河口综合治理规划或者黄河入海流路规划确定的其他以备复用的黄河故道管理范围内的建设项目的建设,不得影响备用河道的使用。）第二十一条（黄河河口综合治理规划或者黄河入海流路规划确定的其他以备复用的黄河故道的开发利用。）

四、防灾减灾

由于黄河流域的洪水泛滥会给环渤海地区带来一定的灾害,所以黄河流域的防灾减灾对于减少渤海的自然灾害有非常重要的意义。关于防灾减灾的规范性法律文件主要包括《黄河河口管理办法》和《黄河防洪工程施工取土监督管理办法》《黄河防洪工程建设质量检测管理规定》。主要是从自然保护方式和公众参与方式两个方面做出的规定。具体内容详见表3-5：

表 3-5　黄河防灾减灾规范性文件内容简表

基本内容	文献名称	条　款
自然保护	黄河河口管理办法	第十五条（在清水沟河道和刁口河故道管理范围内进行"挖河、开渠、堵复河汊、筑堤围地、筑堤蓄水以及其他影响防洪、防凌安全的活动"应当报经黄河水利委员会或者其所属的黄河河口管理机构批准。）
公众参与	黄河防洪工程施工取土监督管理办法	第十五条（任何单位和个人对黄河防洪工程安全负有监督义务。）
	黄河防洪工程施工取土监督管理办法	第十七条（对发现危害黄河防洪工程安全的取土行为并及时举报的单位和个人，有关部门将视情况给予表扬或奖励。）
防洪工程	黄河防洪工程建设质量检测管理规定	第四条（质量检测。） 第十条（从事黄河防洪工程建设质量检测的单位应取得水利工程质量检测单位资质等级证书。） 第十六条（施工单位应根据黄河防洪工程建设实际，建立与建设项目检测试验任务相适应的工地试验室。工地试验室的质量检测数据仅供施工单位自检使用。） 第二十二条（黄河防洪工程实行见证取样和送检制度，检测项目、数量按有关规定执行。） 第二十九条（施工单位应按所承建黄河防洪工程的规模、类型和建筑物等级，组建相应的工地试验室。工地试验室应合理配置检测人员和设备，并符合黄河防洪工程建设工地试验室组建标准。）

五、管理法律手段

科学的管理才能推动各项措施的更好实施。关于科学研究管理的规范性文件主要包括《黄河河口管理办法》、《黄河水权转换管理实施办法（试行）》、《黄河入河排污口管理办法(试行)》、《黄河流域省际边界水事协调工作规约》。

以上法律主要从国家制定相关标准和计划以及下级管理机构如何实施统一管理两个方面进行规定。现将涉及黄河管理并对渤海有相关影响的内容进行梳理,具体内容详见表3-6:

表3-6 黄河科学研究管理规范性文件内容简表

基本内容	文献名称	条　款
河口管理	黄河河口管理办法	第二十二条(黄河入海河道的整治与建设。) 第二十三条(黄河入海河道的治理工程。) 第二十六条(刁口河故道以及黄河河口综合治理规划或者黄河入海流路规划确定的其他以备复用的黄河故道管理范围内原有的防洪工程设施及防汛储备物料,由黄河水利委员会所属的黄河河口管理机构统一管理使用,任何单位和个人不得侵占或者破坏。)
水权转换管理	黄河水权转换管理实施办法(试行)	第五条(黄河水权转换应遵循的原则。)
环境影响评价	黄河入河排污口管理办法(试行)	第十四条(建设单位在提出入河排污口申请时,应提交的文件包括对受纳水体的水环境影响分析报告。)
省际边界水事管理	黄河流域省际边界水事协调工作规约	第二条(建立省际边界各方之间相互交流、共同规划、谋求互利的边界水事协商机制。) 第三条(在水事纠纷解决之前,双方应停止引起纠纷的各种水事活动;未经双方达成协议或黄委同意,在纠纷河段河道管理范围内,任何一方不得单方面改变水、水域和水工程现状。)

第二节　渤海管理淮河水利委员会规范性文件

淮河水利委员会的任务是:编制淮河水资源综合利用开发规划,调解处理省际和部门间水事纠纷,负责主要河段的防汛调度和流域内水资源的统一调配,统一管理主要河流和枢纽工程,负责水质监测工作等。淮河水利委员会的职责权限包括:(一)负责保障流域水资源的合理开发利用。(二)组织编制流域综合规划及有关的专业或专项规划并负责监督实施;组织开展具有流域控制性的水项目、跨省(自治区、直辖市)重要水利项目等中央水利项目的前期工作;按照授权,对地方大中型水利项目的前期工作进行技术审查;编制和下达流域内中央数量项目的年度投资计划。(三)统一管理流域水资源(包括地表水和地下水)。(四)根据国务院确定的部门职责分工,负责流域水资源保护工作,组织水功能区的划分和向饮用水源保护区等水域排污的控制;审定水域纳污能力,提出限制排污总量的意见;负责省(自治区、直辖市)界水体、重要水域和直管江河湖库及跨流域调水的水量和水质监测工作。(五)组织制定或参与制定流域防御洪水方案并负责监督实施;按照规定和授权对重要的水利工程实施防汛抗旱调度;指导、协调、监督流域防汛抗旱工作;指导、监督流域内蓄滞洪区的管理和运用补偿工作;组织或指导流域内有关重大建设项目的防洪论证工作;负责流域防汛指挥部办公室的有关工作。(六)指导流域内河流、湖泊及河口、海岸滩涂的治理和开发;负责授权范围内的河段、河道、堤防、岸线及重要水工程的管理、保护和河道管理范围内建设项目的审查许可;指导流域内水利设施的安全监管。(七)组织实施流域水土保持生态建设重点区水土流失的预防、监督与治理;组织流域水土保持动态监测、指导流域内地方水土保持生态建设工作。(八)按照规定或授权负责具有流域控制性的水利工程、跨省(自治区、直辖市)水利工程等中央水利工程的国有资产的运营或监督管理;拟订直管工程的水价电价以及其他收费项目的立项、调整方案;负责流域内中央水利项目资金的使用、稽查、检查和监督。

目前,淮河水利委员会发布的相关规范性法律文件有《沂沭泗水系实施取水许可管理有关规定》《关于淮河水利委员会在河南省淮河流域范围内实施取水许可管理办法的通知》《淮河流域水环境监测管理办法》《淮河流域水土保持综合治理开发项目验收办法(试行)》《淮河水利委员会水资源论证报告书审查工作程序(试行)》《淮河流域省际边界水事协调工作规约》《淮河流域省际水事纠纷应急处置预案》《淮河流域水土保持重点工程建设管理办法(试行)》《淮河流域及山东半岛大型开发建设项目水土保持监督检查办法(试行)》等。具体内容详见表3-7:

表 3-7 淮河水利委员会规范性文件简表

序号	文献名称	发布机关	通过时间	文献编号	生效时间	当前效力
1	沂沭泗水系实施取水许可管理有关规定	淮河水利委员会	1994 年 10 月 17 日	淮委水政资 [1994] 23 号	1994 年 10 月 17 日	有效
2	关于淮河水利委员会在河南省淮河流域范围内实施取水许可管理办法的通知	淮委、河南省水利厅	1994 年 11 月 18 日	淮委水政资 [1994] 24 号	1994 年 11 月 18 日	有效
3	淮河流域水环境监测管理办法	淮河水利委员会	1997 年 7 月 5 日	淮委水保 [1997] 8 号	1997 年 7 月 5 日	有效
4	淮河流域水土保持综合治理开发项目验收办法（试行）	淮河水利委员会	1997 年 12 月 8 日	淮委水保 [1997] 9 号	1997 年 12 月 8 日	有效
5	淮河流域水土保持生态环境建设项目管理暂行办法	淮河水利委员会	1999 年 6 月	淮委水保 [1999] 8 号	1999 年 6 月	废止
6	淮河水利委员会水资源论证报告书审查工作程序（试行）	淮河水利委员会	2004 年 1 月 7 日	淮委水资政 [2003] 704 号	2004 年 1 月 7 日	有效
7	淮河流域省际边界水事协调工作规约	淮河水利委员会	1994 年 4 月 29 日	淮委水资政 [2005] 231 号	1994 年 4 月 29 日	1999 年 4 月 30 日第一次修改，2005 年 5 月 25 日第二次修改
8	淮河流域省际水事纠纷应急处置预案	淮河水利委员会	2005 年 12 月 3 日	淮委水资 [2005] 607 号	2006 年 3 月 1 日	有效

序号	文献名称	发布机关	通过时间	文献编号	生效时间	当前效力
9	淮委制度建设管理办法	淮河水利委员会	2005 年 5 月 28 日	不详	2005 年 5 月 28 日	有效
10	信访工作规程	淮河水利委员会	2006 年 9 月 8 日	淮委办〔2006〕445 号	2006 年 9 月 8 日	有效
11	淮河流域水土保持重点工程建设管理办法（试行）	淮河水利委员会	2007 年 5 月 23 日	淮委水土保〔2007〕168 号	2007 年 5 月 23 日	有效
12	淮委实施水行政许可工作管理办法	淮河水利委员会	2008 年淮委第四次主任办公室会议审议通过	淮委水政资〔2008〕285 号	2008 年 7 月 15 日	有效
13	淮河流域及山东半岛大型开发建设项目水土保持监督检查办法（试行）	淮河水利委员会	2008 年 5 月 28 日	淮委水土保〔2008〕210 号	2009 年 6 月 4 日	有效
14	淮河流域河道管理范围内建设项目管理办法	淮河水利委员会	2008 年 12 月 5 日	淮委建管〔2008〕471 号文	2009 年 1 月 5 日	有效
15	淮委政务公开办法	淮河水利委员会	2008 年 5 月 8 日	淮委办〔2008〕158 号	2008 年 5 月 8 日	有效
16	淮委依申请公开政府信息工作办法	淮河水利委员会	2008 年 5 月 8 日	淮委办〔2008〕167 号	2008 年 5 月 8 日	有效
17	淮河水利委员会目标管理考核办法	淮河水利委员会	2009 年 3 月	不详	2009 年 3 月	有效
18	关于进一步加强治淮工程建设项目开工管理工作的通知	淮河水利委员会	2011 年 7 月 20 日	不详	2011 年 7 月 20 日	有效

序号	文献名称	发布机关	通过时间	文献编号	生效时间	当前效力
19	关于淮河水利委员会审查河道管理范围内建设项目权限的通知	水利部	1993年3月11日	水利部水政[1993]143号	1993年3月11日	有效
20	关于授予淮河水利委员会取水许可管理权限的通知	水利部	1994年7月4日	水利部水政资[1994]276号	1994年7月4日	有效
21	关于明确由淮河水利委员会负责审查并签署水工程建设规划同意书的河流（河段）湖泊名录和范围（试行）的通知	水利部	2009年3月8日	水利部水规计[2009]144号	2009年3月8日	有效

以下从水资源管理、水土保持、河道建设项目管理、防灾减灾、公众参与、水事纠纷处理程序等方面对淮河水利委员会发布的规范性法律文件内容进行梳理研究。

一、水资源管理

淮河水利委员会对水资源的利用管理方面,在水利部《关于授予淮河水利委员会取水许可管理权限的通知》授权之下,先后发布的主要规范性法律文件有《淮河水利委员会水资源论证报告书审查工作程序（试行）》《淮河水利委员会实施水行政许可工作管理办法》《沂沭泗水系实施取水许可管理有关规定》。文件对淮河水利委员会管辖范围内的工程建设项目的取水许可做了详尽的规定,包括水资源论证制度、取水审批程序和条件等,这些文件是工程建设等用水项目的法律依据,具体内容详见表3-8:

表 3-8　淮河水资源管理规范性文件内容简表

基本内容	文献名称	条　款
水资源论证制度	淮河水利委员会水资源论证报告书审查工作程序（试行）	（建设项目水资源论证是审批取水许可的重要技术依据。） 第三条："凡在淮委取水许可管理权限范围内从事和参与建设项目水资源论证报告书（以下简称报告书）审查工作的单位和个人应遵守本规定。"
机构设置制度	淮河水利委员会水资源论证报告书审查工作程序（试行）	第四条（淮委的水资源论证工作实行委主任领导下的水政水资源部门负责制。）
	淮委实施水行政许可工作管理办法	第六条至第八条（具体机构设置及各机构职责。）
管辖范围	淮河水利委员会水资源论证报告书审查工作程序（试行）	第五条（淮委水资源论证管辖的范围规定。）
	淮委实施水行政许可工作管理办法	第二条："本办法适用于淮委系统实施水行政许可的有关部门（单位）及工作人员。"
	关于淮河水利委员会在河南省淮河流域范围内实施取水许可管理办法	（具体明确淮委在河南省范围的取水许可权限。）
审批程序	淮河水利委员会水资源论证报告书审查工作程序（试行）	第六条（淮委用水审批的条件。） 第七条至第十六条（淮委审查和批复程序。）
	淮委实施水行政许可工作管理办法	第九条至第十二条（具体水行政许可程序。）
	沂沭泗水系实施取水许可管理有关规定	（明确规定沂沭泗直管河道、湖泊的取水许可由沂沭泗水利管理局审批取水许可申请、发放取水许可证。）
备案和再审查制度	淮河水利委员会水资源论证报告书审查工作程序（试行）	（淮委的备案工作规定。） 第十八条（重新审查的条件和范围。）

二、水土保持

水土保持工作是淮河水利委员会重要职责之一,相关规范性法律文件有《淮河流域水土保持综合治理开发项目验收办法(试行)》《淮河流域水土保持重点工程建设管理办法(试行)》《淮河流域及山东半岛大型开发建设项目水土保持监督检查办法(试行)》等。这些文件分别从整体和具体实施上规定了水土保持工作的方针和策略。在具体实施方面,以小流域为单元展开工作,采用设计报告制度和不定期检查制度保证水土保持工作的实施。文件还对管辖流域内大型开发建设项目在水土保持方面进行了规定,采取总结报告制度和相关监察制度,促进水土保持工作顺利进行。具体内容详见表3-9:

表 3-9　淮河水土保持规范性文件内容简表

基本内容	文献名称	条　　款
方针政策	淮河流域水土保持重点工程建设管理办法(试行)	(坚持"预防为主,全面规划,综合治理,因地制宜,加强管理,注重效益"的水土保持工作方针。) (重点工程原则上以小流域为单元组织实施,及小流域的符合条件。)
设计制度	淮河流域水土保持重点工程建设管理办法(试行)	第七条至第十条(设计报告制度。) (重点工程建设实行项目责任主体负责制,工程建设要积极推广应用先进的水土保持技术,加强技术培训,并注重效益监测。)
	淮河流域及山东半岛大型开发建设项目水土保持监督检查办法(试行)	第八条(水土保持工作总结报告制度。)
	淮河流域水土保持综合治理开发项目验收办法(试行)	(竣工验收制度。)
监督检查制度	淮河流域水土保持重点工程建设管理办法(试行)	"淮委或有关省、市水利水保部门对项目建设进行不定期检查。"

基本内容	文献名称	条　　款
监督检查制度	淮河流域及山东半岛大型开发建设项目水土保持监督检查办法（试行）	第十一条："淮委负责大型开发建设项目水土保持监督检查的组织工作，水土保持监督检查工作每年至少开展一次。" 第十二条："各级地方水土保持监督部门配合淮委做好本辖区内的水土保持监督检查工作。" 第十三条（淮委组织大型开发建设项目水土保持监督检查要求。） 第十四条（大型开发建设项目水土保持监督检查的主要内容和工作程序。）
奖惩制度	淮河流域及山东半岛大型开发建设项目水土保持监督检查办法（试行）	（对不能按照法律、法规和规章要求落实水土保持方案，造成严重水土流失以及不落实监督检查意见或拒不接受监督检查的建设单位和个人的处理。） 第十二条："对落实水土保持方案，水土流失防治成效好的项目提出表扬，对表现突出的项目建设单位或个人，报请水利部在一定范围内给予表彰。"

三、河道建设项目管理

河道范围内的工程建设项目对河流流向、水情、水质等方面有重要影响，同时还关系着沿岸周边的生态环境。为此水利部发布了《关于淮河水利委员会审查河道管理范围内建设项目权限的通知》，授权淮河水利委员会对河道内的工程建设项目进行审查和管理。并通过《关于明确由淮河水利委员会负责审查并签署水工程建设规划同意书的河流（河段）湖泊名录和范围（试行）的通知》，明确了淮河水利委员会具体审查和管理的范围。淮河水利委员会也发布了《淮河流域河道管理范围内建设项目管理办法》，以此作为依法行政的依据。具体内容详见表3-10：

表 3-10　淮河河道建设项目管理规范性文件内容简表

基本内容	文献名称	条　款
授权范围	关于淮河水利委员会审查河道管理范围内建设项目权限的通知（水利部）	第一条至第二条（具体规定了淮委负责管理的支流和河段范围。）
	淮河流域河道管理范围内建设项目管理办法	第二条："由省级水行政主管部门负责审查的淮河流域其他河道管理范围内的建设项目，审查意见应抄淮委核备。淮委沂沭泗水利管理局（简称沂沭泗局，下同）直管河道管理范围内的中、小型建设项目，由沂沭泗局按照《淮委实施水行政许可工作管理办法》的规定审查。"
建设项目的界定	淮河流域河道管理范围内建设项目管理办法	第四条（河道管理范围内建设项目的含义。）
建设标准	淮河流域河道管理范围内建设项目管理办法	第五条："建设项目应当符合国家规定的防洪标准、岸线规划、航运要求和其他技术要求，不得危害堤防安全，影响河势稳定、水质，妨碍行洪畅通。"
审批程序	淮河流域河道管理范围内建设项目管理办法	第十一条至第十四条（具体规定申请与受理的程序。）（审查内容。）（变更手续。）
监督检查	淮河流域河道管理范围内建设项目管理办法	（施工期间的监督检查。）第二十条（项目运行期间的监督检查。）

四、防灾减灾

涉及防灾减灾方面的规范性法律文件主要有《淮河流域省际边界水事协调工作规约》《淮河流域省际水事纠纷应急处置预案》《淮河流域水土保持重点工程建设管理办法（试行）》等。这些文件从保护河道和堤坝、成立专门的防汛抗旱部门和加强水土保持等方面对旱涝等自然灾害进行预防和应对。具体内容详见表 3-11：

表 3-11　淮河防灾减灾规范性文件内容简表

基本内容	文献名称	条款
方针政策	淮河流域水土保持重点工程建设管理办法（试行）	第三条："重点工程应围绕淮河流域防洪体系建设的目标，坚持'预防为主，全面规划，综合治理，因地制宜，加强管理，注重效益'的水土保持工作方针，以径流调控、减蚀拦沙为基础，改善主要河道、水库、湖泊等上游生态环境，提高山丘区综合防洪能力。"
河道和堤坝保护制度	淮河流域省际边界水事协调工作规约	（禁止非法开挖河道和建设违章建筑物。禁止任意改变河流流向。）
防洪评审制度	淮河流域河道管理范围内建设项目管理办法	（防洪评价报告专家评审制度。）（防洪评价报告制度。）第二十二条（工程竣工防洪检查制度。）
防汛抗旱纠纷处理机制	淮河流域省际水事纠纷应急处置预案	第八条（防汛抗旱办公室的职责。）
	淮河流域水环境监测管理办法	（检测水环境变化，关注水流量，注意防汛抗旱。）

五、公众参与

公众参与主要体现在《淮河流域水土保持重点工程建设管理办法（试行）》、《淮河流域及山东半岛大型开发建设项目水土保持监督检查办法（试行）》两个规范性法律文件中。前者强调在流域水土保持工程建设中注重社会资金的吸纳和公众的参与，并采取公示制度，接受社会的监督。后者强调采用新闻媒体曝光的形式，对违规的现象进行处罚。具体内容详见表 3-12：

表 3-12 关于公众参与的规范性文件内容简表

基本内容	文献名称	条　款
公示制度	淮河流域水土保持重点工程建设管理办法（试行）	"工程建设实行公示制。工程实施前，要把拟建工程的建设内容、中央补助规模、预期效益和所需群众投劳数量等向项目区群众公开，接受社会监督。"
公众参与	淮河流域水土保持重点工程建设管理办法（试行）	第十九条："重点工程建设投入由中央、地方和受益群众共同负担。地方各级政府应落实工程建设配套资金，并根据国家有关政策组织受益区群众投劳参与工程建设。同时，要制订优惠政策，完善建设管理机制，引导与调动社会资金投入工程建设。"
新闻媒体参与	淮河流域及山东半岛大型开发建设项目水土保持监督检查办法（试行）	第十一条（组织新闻媒体曝光。）

六、争议处理程序

《淮河流域省际边界水事协调工作规约》、《淮河流域省际水事纠纷应急处置预案》规定了淮河水利委员会管辖范围内水事纠纷的处理程序。前者是淮河水利委员会和相关淮河流域省份共同签订，作为解决省际水事纠纷的处理依据，遵循防治结合的方针，规定了处理原则和程序。后者是水事纠纷发生后具体处理制度和程序，规定了二级预案启动制度，设定了责任制和纠纷处理流程，以奖惩制度和监察制度保障水事纠纷得到恰当解决。具体内容详见表 3-13：

表 3-13 有关争议处理程序规范性文件内容简表

基本内容	文献名称	条　款
水事纠纷处理机构	淮河流域省际边界水事协调工作规约	（淮委和四省人民政府水行政主管部门调解职责。）（联络小组制度。）

基本内容	文献名称	条　款
水事纠纷处理机构	淮河流域省际水事纠纷应急处置预案	第七条（应急指挥部和纠纷处理工作组的主要任务。） 第八条（淮委机关各部门在处置省际水事纠纷时的任务。） 第九条："应急指挥部和纠纷处理工作组可根据调处纠纷的实际需要，设立纠纷调查组、协商处理组和信息保障组等工作组。"
水事纠纷处理程序	淮河流域省际边界水事协调工作规约	第三条（省际水事纠纷的处理程序。）
	淮河流域省际水事纠纷应急处置预案	（二级预案启动制度。） 第十条至第十三条（预防、预测、预警制度。） （一级预案启动程序。） （二级预案启动后淮委应作出的响应。） （总结报告制度。）
责任制度	淮河流域省际边界水事协调工作规约	第三条："水事纠纷发生后，任何一方与水事纠纷直接相关的水事活动均应立即停止。否则，造成的后果由该方负责。"
	淮河流域省际水事纠纷应急处置预案	一、"淮委、流域各省水行政主管部门应当建立省际水事纠纷应急处置工作机构，建立省际水事纠纷应急处置责任制。"
奖惩制度	淮河流域省际水事纠纷应急处置预案	第二十条（淮委有关部门工作人员在省际水事纠纷调处工作中玩忽职守、失职渎职的，依法给予行政处分；构成犯罪的，依法追究刑事责任。非淮委工作人员在省际水事纠纷处置工作中玩忽职守、失职渎职的，淮委应向有关部门通报情况，提出处理意见。） 第二十一条（对在省际水事纠纷调处过程中成绩突出的单位和个人，由淮委依照有关规定给予表彰和奖励。）

七、其他关于淮河流域管理的规范性文件

除淮河水利委员会发布的规范性法律文件外，其他一些部门机构发布的规范性法律文件也包含了关于淮河流域管理的内容。这些部门主要有国务院、水利部、国家环境保护部门、淮河流域的主要省市的政府部门等。具体内容详见

表 3-14：

表 **3-14** 淮河流域管理其他规范性文件简表

序号	文献名称	发布机关	通过时间	文献编号	生效时间	当前效力
1	河道管理条例	国务院	1988 年 6 月 3 日国务院第 7 次常务会议通过	1988 年 6 月 10 日国务院令第 3 号公布	1988 年 6 月 10 日	有效
2	国务院关于进一步治理淮河和太湖的决定	国务院	1991 年 11 月 19 日	不详	1991 年 11 月 19 日	有效
3	淮河流域水污染防治暂行条例	国务院	1995 年 8 月 8 日	国务院令第 183 号	1995 年 8 月 8 日	有效
4	国务院关于淮河流域水污染防治规划及"九五"计划的批复	国务院	1996 年 6 月 29 日	国函[1996]第 52 号	1996 年 6 月 29 日	有效
5	国务院关于淮河流域水污染防治"十五"计划的批复	国务院	2003 年 1 月 11 日	国函[2003]5 号	2003 年 1 月 11 日	有效
6	国务院办公厅转发水利部关于加强淮河流域 2001—2010 年防洪建设若干意见的通知	国务院办公厅	2002 年 1 月 18 日	国办发[2002]6 号	2002 年 1 月 18 日	有效
7	国务院办公厅关于加强淮河流域水污染防治工作的通知	国务院办公厅	2004 年 12 月 28 日	国办发[2004]93 号	2004 年 12 月 28 日	有效
8	国务院办公厅关于转发环境保护部等部门重点流域水污染防治专项规划实施情况考核暂行办法的通知	国务院办公厅	2009 年 4 月 25 日	国办发(2009)38 号	2009 年 4 月 25 日	有效

序号	文献名称	发布机关	通过时间	文献编号	生效时间	当前效力
9	淮河和太湖流域排放重点水污染物许可证管理办法（试行）	国家环保总局	2001 年 7 月 2 日	国家环境保护总局令 第 11 号	2001 年 10 月 1 日	有效
10	关于淮河流域城市污水处理收费试点有关问题的通知	财政部、国家计委、建设部、国家环保局	1997 年 6 月 4 日	财综字[1997]111 号	1997 年 6 月 4 日	有效
11	入河排污口监督管理办法	水利部	2004 年 10 月 10 日水利部部务会议审议通过	水利部令第 22 号	2005 年 1 月 1 日	有效
12	安徽省淮河流域水污染防治条例	安徽省人大常委会	1993 年 9 月 14 日安徽省第八届人大常委会第五次会议通过	不详	1993 年 9 月 14 日	1997 年 11 月 2 日第一次修正，2006 年 6 月 29 日第二次修正
13	山东省南四湖流域水污染防治条例	山东省人大常委会	1994 年 1 月 17 日山东省八届人大常委会第五次会议通过	不详	1994 年 5 月 1 日	2002 年 7 月 27 日山东省第九届人大常委会第三十次会议修改

根据上述文件的主要内容，从淮河流域的水污染防治和总体防治规划设计

两个方面进行梳理和分析研究。

(一)水污染防治

水污染问题是淮河流域一直存在的最严重的环境问题之一,国家和相关部门一直非常重视淮河水污染治理问题,为此颁布了大量针对淮河水污染防治的法律文件。如国务院颁布的《国务院关于进一步治理淮河和太湖的决定》《淮河流域水污染防治暂行条例》《国务院关于淮河流域水污染防治规划及"九五"计划的批复》《国务院关于淮河流域水污染防治"十五"计划的批复》等。国家环保部门发布了《淮河和太湖流域排放重点水污染物许可证管理办法(试行)》、《关于淮河流域城市污水处理收费试点有关问题的通知》等。水利部发布了《入河排污口监督管理办法》,流域相关省市也发布了《安徽省淮河流域水污染防治条例》《山东省南四湖流域水污染防治条例》等流域性法律文件。具体内容详见表3-15:

表3-15 淮河流域水污染防治规范性文件内容简表

基本内容	文献名称	条 款
方针政策	国务院办公厅关于加强淮河流域水污染防治工作的通知	(提高认识,统一思想,明确目标,分期实施,统筹协调,综合治理,突出重点,防治结合,强化管理,严格执法,加强领导,落实责任。)
	国务院关于进一步治理淮河和太湖的决定	(要坚持蓄泄兼筹的治理方针。)
	山东省南四湖流域水污染防治条例	第三条:"流域内的水污染防治工作,坚持预防为主,防治结合,综合治理的方针;实行全面规划,统一管理与分级、分部门管理相结合的原则。"
机构设置	淮河流域水污染防治暂行条例	第四条:"淮河流域水资源保护领导小组(以下简称领导小组),负责协调、解决有关淮河流域水资源保护和水污染防治的重大问题,监督、检查淮河流域水污染防治工作,并行使国务院授予的其他职权。" 第五条、第六条(相关流域省份政府部门的负责工作。)

基本内容	文献名称	条　　款
机构设置	安徽省淮河流域水污染防治条例（第二次修正）	第六条："省及淮河流域各级人民政府，应切实采取措施，防治水污染，改善水质。"
	山东省南四湖流域水污染防治条例	第五条："流域内县级以上人民政府环境保护行政主管部门对本辖区内的水污染防治实施统一监督管理。"
限制排污	山东省南四湖流域水污染防治条例	第三条（禁止设立的行业。） 第四条（禁止的企业行为。）
	安徽省淮河流域水污染防治条例（第二次修正）	第十条（淮河流域应严格限制发展污水排放量大的造纸、酒精、印染、制革、化工等建设项目。）
	淮河流域水污染防治暂行条例	第十八条（自 1998 年 1 月 1 日起，禁止一切工业企业向淮河流域水体超标排放水污染物。）
排污总量控制制度	安徽省淮河流域水污染防治条例（第二次修正）	第二十五条："淮河流域逐步实行污染物排放总量控制（以下简称排污总量控制），各地、市排污总量控制指标由省人民政府下达。"
	山东省南四湖流域水污染防治条例	第二十四条（在南四湖流域实行排污总量控制制度。）
	淮河和太湖流域排放重点水污染物许可证管理办法	第十四条（排污单位排放重点水污染物的种类、浓度、水量发生变化需增加排放总量的，应当说明增加的原因和需增加排放总量控制指标的来源，并向原发证的环境保护行政主管部门重新申请排污许可证。）
	淮河流域水污染防治暂行条例	第九条（国家对淮河流域实行水污染物排放总量控制制度。）
水源保护	入河排污口监督管理办法	第三条（入河排污口的设置应当符合水功能区划、水资源保护规划和防洪规划的要求。）
	安徽省淮河流域水污染防治条例（第二次修正）	第十四条（在生活饮用水源地、国家和省级风景名胜区、重要渔业水体和对水体环境有特殊要求的水源保护区内，不得兴建排污口。原有排污口排放污染物超过标准的应当限期治理；危害饮用水源的应当限期搬迁。）

基本内容	文献名称	条　款
排污付费	山东省南四湖流域水污染防治条例	第三十二条（缴纳排污费、超标准排污费或者被处以警告、罚款的单位和个人，并不免除消除污染、排除危害和赔偿损失的责任。）
	关于淮河流域城市污水处理收费试点有关问题的通知	（凡向城市污水处理厂和排水设施排放污水的单位和个人，均应交纳城市污水处理费。）
	安徽省淮河流域水污染防治条例（第二次修正）	第二十八条（凡向淮河流域水体排放污染物的单位，应按照规定缴纳排污费；超过国家或地方规定的污染物排放标准的，应缴纳超标排污费，并负责治理。）
	淮河流域水污染防治暂行条例	第二十条（淮河流域县级以上地方人民政府环境保护行政主管部门征收的排污费，必须按照国家有关规定，全部用于污染治理，不得挪作他用。）
限期治理	淮河流域水污染防治暂行条例	第十七条（淮河流域重点排污单位超标排放水污染物的，责令限期治理。）
	安徽省淮河流域水污染防治条例（第二次修正）	第六条（合理规划工业布局，对辖区内造成水体严重污染的排污单位和综合治理项目作出限期治理决定。）
	淮河和太湖流域排放重点水污染物许可证管理办法	第八条（被责令限期治理的排污单位，还应提交治理方案；已经完成限期治理任务的，应当提交环境保护行政主管部门限期治理验收材料。）
保护地下水	安徽省淮河流域水污染防治条例（第二次修正）	第二十条（开采地下水时，对下列含水层应当分层开采，不得混合开采。）第二十一条（人工回灌补给地下饮用水的水质，应当基本符合生活饮用水水源的水质标准，并经县级以上人民政府卫生部门批准。）
责任制度	入河排污口监督管理办法	第二十一条（违反排污许可的责任。）
	山东省南四湖流域水污染防治条例	第三十一条至第三十五条（具体的法律责任。）

基本内容	文献名称	条　款
责任制度	淮河和太湖流域排放重点水污染物许可证管理办法	第十八至第二十条（法律责任设置。）
	安徽省淮河流域水污染防治条例（第二次修正）	第三十三条至第四十二条（法律责任追究。）
	淮河流域水污染防治暂行条例	第三十八条至第四十一条（法律责任。）

（二）总体防治规划

环境规划一直是治理淮河流域环境问题的重要措施之一，总体的防治规划为整个流域的治理提供了指导思想和目标方案。为此国务院先后发布了多个相关的指导性文件，如《国务院关于淮河流域水污染防治规划及"九五"计划的批复》《国务院关于淮河流域水污染防治"十五"计划的批复》《国务院办公厅转发水利部关于加强淮河流域 2001—2010 年防洪建设若干意见的通知》《国务院办公厅关于转发环境保护部等部门重点流域水污染防治专项规划实施情况考核暂行办法的通知》等。具体内容详见表 3-16：

表 3-16　淮河流域总体防治规划规范性文件内容简表

基本内容	文献名称	条　款
规划目标	国务院关于淮河流域水污染防治规划及"九五"计划的批复	第二条（确保 1997 年实现全流域工业污染源达标排放，2000 年实现淮河水体变清的目标。）
	国务院办公厅转发水利部关于加强淮河流域 2001—2010 年防洪建设若干意见的通知	第二条（淮河干支流防洪目标。）
	国务院关于淮河流域水污染防治"十五"计划的批复	第一条（主要污染物排放总量比 2000 年削减 25%—40%。）

基本内容	文献名称	条　　款
部门职责	国务院关于淮河流域水污染防治规划及"九五"计划的批复	第五条（对列入年度计划的水污染治理项目，四省人民政府、国务院有关部门和有关企业要确保建设资金按期到位。请国家计委、国家经贸委等有关部门加强指导和督促。）
	国务院办公厅关于转发环境保护部等部门重点流域水污染防治专项规划实施情况考核暂行办法的通知	第三条（重点流域各省（区、市）人民政府是实施各项规划的责任主体，要切实加强本行政区域内水污染防治工作的组织领导，将相关规划目标、任务分解落实到市、县级人民政府，并纳入地方国民经济和社会发展计划组织实施。）
	国务院关于淮河流域水污染防治规划及"九五"计划的批复	第三条（淮河流域水污染防治主要责任在四省人民政府。）
中央扶持	国务院关于淮河流域水污染防治"十五"计划的批复	第四条（国务院有关部门要根据各自的职能分工，加强对《计划》实施的指导和支持。《计划》中提出的一些需国家支持的项目，请国家计委加强对项目前期工作、年度投资计划的指导和督促，会同财政部落实补助资金后按程序报批。）
资金来源	国务院关于淮河流域水污染防治"十五"计划的批复	第六条（要多方筹集水污染防治资金。）
	国务院关于淮河流域水污染防治规划及"九五"计划的批复	第五条（资金来源按照"谁污染，谁治理"的原则，多渠道、多方面筹集。）
监督检查	国务院关于淮河流域水污染防治规划及"九五"计划的批复	第八条（淮河流域水资源保护领导小组要及时协调、解决有关淮河流域水资源保护和水污染防治的重大问题，加快研究建立水污染防治监督体制、污染控制监测指标体系，加强监督、检查。）

基本内容	文献名称	条　　款
监督检查	国务院办公厅关于转发环境保护部等部门重点流域水污染防治专项规划实施情况考核暂行办法的通知	第十条（重点流域各省（区、市）人民政府可根据本办法，结合实际情况，制定本地区的专项规划实施情况具体考核办法，确保规划目标的实现。）
	国务院关于淮河流域水污染防治"十五"计划的批复	第三条（要加强对《计划》实施的指导和监督，做到资金到位，措施落实，任务具体，责任明确，确保《计划》按期完成。）

中　篇
渤海管理滨海地方文献研究

第四章　渤海管理山东省立法文献研究

作为环绕渤海的三个省份之一,山东省和渤海的关系可谓唇齿相依。因此对于山东省与渤海管理相关的法律文献的收集整理就显得尤为重要。从法律资料的收集状况来看,山东省环境保护方面的立法为数不少,涉及面也较广。以下将对山东省与渤海管理相关的法律进行梳理。

第一节　渤海管理山东省综合性立法文献

山东省涉及渤海管理的综合性立法文件包括《山东省环境保护条例》、《山东省农业环境保护条例》、《山东省实施〈环境影响评价法〉办法》、《山东省海洋环境保护条例》,这些山东省级地方性综合立法为促进渤海管理提供了法律基础。具体内容详见表4-1、表4-2:

表 4-1　渤海管理山东省综合性地方立法文献简表

序号	文献名称	发布机关	通过时间	文献编号	生效时间	当前效力
1	山东省环境保护条例	山东省人大	1996 年 12 月 14 日	不详	1996 年 12 月 14 日	根据 2001 年 12 月 7 日第九届山东省人大常委会第二十四次会议《关于修改〈山东省环境保护条例〉的决定》修正

序号	文献名称	发布机关	通过时间	文献编号	生效时间	当前效力
2	山东省农业环境保护条例	山东省人大	1994年4月21日	不详	1994年4月21日	根据1997年10月15日山东省八届人大常委会第30次会议《关于修订〈山东省农业机械管理条例〉等11件地方性法规的决定》第一次修正，根据2004年7月30日山东省十届人大常委会第9次会议《关于修改〈山东省水路交通管理条例〉等12件地方性法规的决定》第二次修正
3	山东省实施《环境影响评价法》办法	山东省人大	2005年11月25日	山东省人大常委会公告第67号	2006年3月1日	有效
4	山东省海洋环境保护条例	山东省人大	2004年9月23日	山东省人大常委会公告第40号	2004年12月1日	有效

表 4-2 渤海管理山东省综合性地方法规和规章内容简表

基本内容	文献名称	条　款
环境保护的原则	山东省环境保护条例	第三条："环境保护应当遵循下列原则：（一）环境保护同经济建设和社会发展相协调；（二）污染防治与生态保护并重；（三）预防为主、防治结合、综合治理；（四）资源开发利用与保护相结合；（五）污染者承担治理和补偿责任；（六）全面规划、统一管理、分工负责；（七）政府管理与公众参与相结合。"

基本内容	文献名称	条　款
环境保护的原则	山东省海洋环境保护条例	第三条:"海洋环境保护应当遵循海河统筹、海陆兼顾、预防为主、防治结合、标本兼治的原则。"
政府环境保护责任	山东省环境保护条例	第二章(保护和改善环境。)
污染物排放总量控制制度	山东省环境保护条例	第二十七条:"污染物排放实行总量控制。""包括污染物排放总量控制区域、主要污染物的种类及排放总量、需要削减的排污量及削减时限。"

第二节　渤海污染防治山东省立法文献

目前有关渤海污染防治的山东省立法文献主要包括《山东省环境保护条例》、《山东省海洋环境保护条例》、《山东省水污染防治条例》、《山东省实施〈大气污染防治法〉办法》等等。这些立法为促进渤海的污染防治、生态保护和可持续利用提供了法律基础。具体内容详见表4-3:

表4-3　渤海污染防治山东省地方立法文献简表

序号	文献名称	发布机关	通过时间	文献编号	生效时间	当前效力
1	山东省环境保护条例	山东省人大	1996年12月14日	不详	1996年12月14日	根据2001年12月7日第九届山东省人大常委会第二十四次会议《关于修改〈山东省环境保护条例〉的决定》修正
2	山东省海洋环境保护条例	山东省人大	2004年9月23日	山东省人大常委会公告第40号	2004年12月1日	有效

序号	文献名称	发布机关	通过时间	文献编号	生效时间	当前效力
3	青岛市海洋环境保护规定	青岛市人大	2010 年 3 月 31 日	不详	2010 年 5 月 1 日	有效
4	山东省小清河流域水污染防治条例	山东省人大	1995 年 6 月 14 日	不详	1995 年 6 月 14 日	有效
5	山东省水污染防治条例	山东省人大	2000 年 10 月 26 日	山东省人大常委会公告第 58 号	2000 年 12 月 1 日	有效
6	山东省南水北调工程沿线区域水污染防治条例	山东省人大	2006 年 11 月 30 日	不详	2007 年 1 月 1 日	有效
7	山东省黄河河道管理条例	山东省第八届人大常委会第三十一次会议通过	1997 年 12 月 13 日	不详	1998 年 1 月 1 日	根据 2008 年 8 月 1 日山东省第十一届人大常委会第五次会议《关于修改〈山东省黄河河道管理条例〉的决定》修正
8	山东省实施《固体废物污染环境防治法》办法	山东省人大	2002 年 9 月 28 日	山东省人大常委会公告第 105 号	2003 年 1 月 1 日	有效
9	济南市废金属管理办法	济南市人民政府	1990 年 11 月 23 日	济南市人民政府令第 9 号	1990 年 11 月 23 日	失效
10	山东省辐射环境管理办法	山东省人民政府	2003 年 2 月 11 日	山东省人民政府令第 153 号	2003 年 4 月 1 日	有效

序号	文献名称	发布机关	通过时间	文献编号	生效时间	当前效力
11	山东省实施《大气污染防治法》办法	山东省人大	2001 年 4 月 6 日	山东省人大常委会公告第 70 号	2001 年 6 月 1 日	有效
12	山东省机动车排气污染防治条例	山东省人大	2011 年 5 月 27 日	山东省人大常委会公告第 6 号	2011 年 10 月 1 日	有效
13	济南市大气污染防治条例	济南市人大	2000 年 6 月 1 日	不详	2000 年 6 月 30 日	有效
14	济南市机动车排气污染防治条例	济南市人大	2009 年 9 月 25 日	济南市人大常委会公告第 10 号	2009 年 9 月 25 日	有效
15	青岛市实施《大气污染防治法》办法	青岛市人大	1988 年 10 月 15 日	不详	1989 年 1 月 1 日	根据 1994 年 10 月 12 日山东省第八届人大常委会第十次会议批准的 1994 年 9 月 24 日青岛市第十一届人大常委会第十三次会议关于修改《青岛市环境噪声管理规定》等十九件地方性法规适用范围的决定修正，1994 年 10 月 12 日重新公布；被《青岛市大气污染防治条例》（发布日期：2001 年 5 月 19 日，实施日期：2001 年 5 月 19 日）废止

序号	文献名称	发布机关	通过时间	文献编号	生效时间	当前效力
16	青岛市大气污染防治条例	青岛市人大	2001 年 6 月 15 日	不详	2001 年 6 月 15 日	有效
17	青岛市机动车排气污染防治条例	青岛市人大	2007 年 11 月 23 日	不详	2008 年 3 月 1 日	有效
18	青岛市人民政府关于进一步治理大气污染的第一号通告	青岛市人民政府	1999 年 10 月 21 日	青政发〔1999〕209 号	1999 年 10 月 21 日	有效
19	青岛市人民政府关于进一步治理大气污染的第二号通告	青岛市人民政府	1999 年 12 月 27 日	青政发〔1999〕257 号	1999 年 12 月 27 日	有效
20	青岛市机动车排气污染防治管理办法	青岛市人民政府	2004 年 7 月 2 日	青岛市人民政府令第 166 号	2004 年 8 月 1 日	有效
21	淄博市工业炉窑大气污染防治办法	淄博市人民人大	2003 年 7 月 25 日	不详	2003 年 10 月 1 日	有效

以下将从渤海污染防治综合、陆源污染防治、船源污染防治、海洋工程污染防治、海岸工程污染防治、放射性物质污染渤海防治、大气污染物质污染渤海防

治等方面对渤海污染防治山东等省立法文献做内容的梳理研究。

一、污染防治综合

山东省规定污染防治的综合性法律法规包括《山东省环境保护条例》《山东省海洋环境保护条例》《山东省农业环境保护条例》《山东省水污染防治条例》等。这些法律法规从环境保护的原则、依法活动等方面进行了规定。具体内容详见表4-4：

表4-4　渤海污染防治综合山东省地方立法内容简表

基本内容	文献名称	条　　款
环境保护原则	山东省环境保护条例	第三条："环境保护应当遵循下列原则：（一）环境保护同经济建设和社会发展相协调；（二）污染防治与生态保护并重；（三）预防为主、防治结合、综合治理；（四）资源开发利用与保护相结合；（五）污染者承担治理和补偿责任；（六）全面规划、统一管理、分工负责；（七）政府管理与公众参与相结合。"
	山东省海洋环境保护条例	第三条："海洋环境保护应当遵循海河统筹、海陆兼顾、预防为主、防治结合、标本兼治的原则。"
	山东省农业环境保护条例	第八条（农业环境保护实行预防和整治相结合的原则。）
依法活动	山东省环境保护条例	第十二条："沿海各级人民政府应当加强对海洋环境的保护。向海洋排放污染物、倾倒废弃物或者进行海岸工程建设、海洋工程建设、海上运输和拆船等活动，必须遵守有关环境保护法律、法规的规定。"

二、陆源污染防治

山东省规定陆源污染防治的法律法规有《山东省海洋环境保护条例》《山东省小清河流域水污染防治条例》《山东省水污染防治条例》《山东省南水北调工程沿线区域水污染防治条例》《山东省沂沭河流域水污染防治办法》《山

东省实施〈固体废物污染环境防治法〉办法》等。这些法律法规对渤海陆源污染防治的基本原则以及为治理陆源污染制定的排污收费制度、排污申报登记制度、污染物总量控制制度等制度,同时还对沿渤海污染物的处理、渔业水域的保护等做出了规定。具体内容详见表4-5:

表4-5 渤海陆源污染防治山东省地方立法内容简表

基本内容	文献名称	条　款
基本原则	山东省海洋环境保护条例	第三条 (海河统筹、海陆兼顾原则。)
	山东省水污染防治条例	第二十四条 (加强省内入海河流的监督管理,控制本行政区出境断面的排污总量。)
排污收费制度	山东省海洋环境保护条例	第十六条:"直接向海洋排放污染物,必须达到国家和省规定的排放标准,并按规定缴纳排污费。排污费应当纳入财政预算,专项用于海洋环境的整治与恢复。"
污染物处理	山东省海洋环境保护条例	第十七条:"沿海县级以上人民政府应当建设和完善排水管网,建设污水处理厂或者其他污水集中处理设施。""滨海酒店、宾馆、医院等单位污水的处理方式。" 第十九条:"滨海从事生产、加工的单位和个人,应当对产生的污染物、废弃物进行处理,防止对海洋环境造成污染。" 第二十二条:"任何单位和个人不得在沿海陆域内新建不具备有效治理措施的化学制浆造纸、化工、印染、制革、电镀、酿造、炼油、岸边冲滩拆船以及其他严重污染海洋环境的工业生产项目。"
排污申报登记	山东省水污染防治条例	第十一条 (排污单位排污申报制度。)
污染物排放总量控制制度	山东省海洋环境保护条例	第十五条:"省人民政府应当根据本省海洋环境容量、海洋功能区划和国家确定的主要污染物排海总量控制指标,制定本省重点海域污染物排海总量控制指标和主要污染源排放控制计划。"

基本内容	文献名称	条　款
污染物排放总量控制制度	山东省水污染防治条例	第十二条："由省环境保护部门会同省水利和有关经济综合管理部门制定全省水污染物排放总量控制计划，报省人民政府批准。" 第十三条："设区的市和县级人民政府制定本行政区域内的排污总量控制实施方案。水污染物排放总量控制实施方案的内容包括：需要削减排污量的单位、每个排污单位重点污染物的种类及排放总量控制指标，需要削减的排污量以及削减的时限要求。"
重要的渔业水域兴建新的排污口	山东省渔业资源保护办法	第十九条："任何单位和个人向海洋或者内陆渔业水域排放陆源污染物，应当执行国家和省规定的排放标准。禁止在重要的渔业水域兴建新的排污口。"

三、船源污染防治

山东省规定船源污染防治的法律法规有《山东省海洋环境保护条例》、《山东省实施〈河道管理条例〉办法》、《山东省航道管理规定》、《山东省实施〈渔业法〉办法》、《山东省渔业港口和渔业船舶管理条例》、《山东省渔业资源保护办法》等。这些法律法规对山东省境内船舶污染预防、船舶发生污染海洋情况后的应对等方面做出相关规定。具体内容详见表4-6：

表4-6　渤海船源污染防治山东省地方立法内容简表

基本内容	文献名称	条　款
船源污染的处理	山东省海洋环境保护条例	第二十一条（海事部门和海洋与渔业部门分别对不同种类的船源污染进行处理。）
渔业港口船舶污染	山东省渔业港口和渔业船舶管理条例	第十五条："船舶泄露污染的处理。""未经渔港监督机构批准，不得在渔业港口水域内从事可能污染水域的作业活动。""禁止向渔业港口水域内排污。"
船舶排污限制	山东省渔业资源保护办法	第十八条（禁止向渔港水域和渔业水域排污。）

四、海洋工程污染防治

山东省规定海洋工程污染防治的法律法规主要有《山东省海洋环境保护条例》《山东省海域使用管理条例》等。具体内容详见表4-7：

表4-7　海洋工程污染防治山东省地方立法内容简表

基本内容	文献名称	条　款
海洋工程建设项目环评制度	山东省海洋环境保护条例	第二十三条："新建、改建、扩建海洋工程建设项目，应当将海洋工程建设项目环境影响评价文件报海洋与渔业部门核准，并报同级环保部门备案，接受环保部门的监督。"
公众参与	山东省海洋环境保护条例	第二十六条："海岸、海洋工程建设项目可能对海洋环境造成重大影响的，环保部门、海洋与渔业部门在环境影响评价文件批准或者核准前，应当举行论证会、听证会或者采取其他形式征求有关专家、公众的意见。"

五、海岸工程污染防治

山东省规定海岸工程污染防治的法律法规主要是《山东省海洋环境保护条例》。该法规规定了海岸工程建设项目环境影响评价制度、沿海陆域内新建项目污染防治、重点区域排污口限制制度，同时还对海岸工程建设时的公众参与制度做了规定。具体内容详见表4-8：

表4-8　海岸工程污染防治山东省地方立法内容简表

基本内容	文献名称	条　款
海岸工程建设项目环评制度	山东省海洋环境保护条例	第二十二条："新建、改建、扩建海岸工程建设项目的，应当按照国家规定将海岸工程建设项目环境影响报告书或者环境影响报告表、环境影响登记表（以下简称环境影响评价文件）报海洋与渔业部门审核后，报环保部门批准。"

基本内容	文献名称	条 款
沿海陆域内新建项目污染防治	山东省海洋环境保护条例	第二十二条："任何单位和个人不得在沿海陆域内新建不具备有效治理措施的化学制浆造纸、化工、印染、制革、电镀、酿造、炼油、岸边冲滩拆船以及其他严重污染海洋环境的工业生产项目。"
重点区域排污口限制	山东省海洋环境保护条例	第二十二条："在海洋自然保护区、海洋特别保护区、海滨风景名胜区、旅游度假区、盐场保护区、海水浴场和沿海重要的渔业水域内，不得新建排污口。"
公众参与	山东省海洋环境保护条例	第二十六条："海岸、海洋工程建设项目可能对海洋环境造成重大影响的，环保部门、海洋与渔业部门在环境影响评价文件批准或者核准前，应当举行论证会、听证会或者采取其他形式征求有关专家、公众的意见。"

六、放射性物质污染防治

山东省放射性物质污染渤海防治主要规定在2003年4月1日起施行的《山东省辐射环境管理办法》中。该办法规定了辐射建设项目环境影响评价制度、"三同时"制度以及禁止向环境排放放射性物质等制度。具体内容详见表4-9：

表4-9 放射性物质污染防治山东省地方立法内容简表

基本内容	文献名称	条 款
辐射建设项目环评制度	山东省辐射环境管理办法	第六条："从事伴有辐射项目建设的，应当向环境保护行政主管部门报批环境影响报告书、环境影响报告表或者环境影响登记表。" 第七条："新建、扩建、改建下列伴有辐射项目和退役核设施的，其环境影响报告书应当报国务院环境保护行政主管部门审批，同时抄送省环境保护行政主管部门。"
"三同时"制度	山东省辐射环境管理办法	第十二条："伴有辐射项目的污染防治设施应当与主体工程同时设计、同时施工、同时投产使用。污染防治设施必须经原审批环境影响报告书、环境影响报告表或者环境影响登记表的环境保护行政主管部门验收合格后，主体工程方可正式投产使用。"

基本内容	文献名称	条　款
禁止向环境排放放射性物质	山东省辐射环境管理办法	第二十四条："任何单位和个人不得实施下列行为：（一）擅自转让、转移、收购或者焚烧、掩埋放射性废物；（二）将放射性废物与非放射性物品混放；（三）向环境排放放射性有机废液和含有高、中水平的放射性废水；（四）利用渗井、渗坑、裂隙、溶洞排放放射性废水；（五）采用稀释方式将不符合排放标准的放射性废水排入环境；（六）进口放射性废物或者擅自将省外的放射性废物运入省内处理。"

七、大气污染物质污染防治

山东省规定大气污染物质污染渤海防治的法规主要是2011年6月1日起施行的《山东省实施〈大气污染防治法〉办法》。该办法对排污申报制度、大气污染物总量控制制度、限期治理制度等作了规定。具体内容详见表4-10：

表4-10　大气污染物质污染防治山东省地方立法内容简表

基本内容	文献名称	条　款
排污申报制度	山东省实施《大气污染防治法》办法	第五条："向大气排放污染物的单位，必须按照国家、省的有关规定，向所在地环境保护行政主管部门申报拥有的污染物排放设施、处理设施和在正常作业条件下排放污染物的种类、数量、浓度，以及燃烧设备燃用煤炭、燃料重油含硫份和灰份的情况，并提供防治大气污染方面的技术资料。"
大气污染物总量控制制度	山东省实施《大气污染防治法》办法	第六条（大气污染物排放实排放许可证制度、排放污染物实行总量控制制度。）
限期治理制度	山东省实施《大气污染防治法》办法	第九条（超标超量排污实行限期治理制度。）

第三节 渤海资源管理山东省立法文献

目前,有关渤海资源保护的山东省立法主要有《山东省资源综合利用条例》《山东省渔业港口和渔业船舶管理条例》《山东省内陆渔业管理条例》《山东省实施〈渔业法〉办法》《山东省渔业资源保护办法》《山东省渔业养殖与增殖管理办法》《山东省海域使用管理条例》等等。这些山东省立法为促进渤海资源的合理开发与可持续利用提供了法律基础。具体内容详见表4-11:

表 4-11 渤海资源管理山东省地方立法文献简表

序号	文献名称	发布机关	通过时间	文献编号	生效时间	当前效力
1	山东省海洋环境保护条例	山东省人大	2004年9月23日	山东省人大常委会公告第40号	2004年12月1日	有效
2	山东省资源综合利用条例	山东省人大常委会	2001年4月6日	山东省人大常委会公告第72号	2001年6月1日	2004年7月30日修正
3	青岛市资源综合利用若干规定	青岛市人大常委会	1992年11月21日	不详	1993年3月5日	1994年10月12日修正施行
4	青岛市资源节约条例	青岛市人大常委会	1993年11月18日	不详	1993年11月18日	2004年5月27日修正施行
5	淄博市资源综合利用管理办法	淄博市人大常委会	2000年3月31日	不详	2000年5月1日	有效

序号	文献名称	发布机关	通过时间	文献编号	生效时间	当前效力
6	山东省实施《渔业法》办法	山东省第九届人大常委会第三十二次会议通过	2002 年 11 月 22 日	山东省人大常委会公告第 111 号	2003 年 1 月 1 日	有效
7	山东省内陆渔业管理条例	山东省人大	1994 年 10 月 13 日	不详	1994 年 10 月 13 日	2002 年 7 月 27 日第一次修正，2010 年 9 月 29 日第二次修正
8	山东省渔业资源保护办法	山东省人民政府第 25 次常务会议通过	2002 年 6 月 12 日	山东省人民政府令第 142 号	2002 年 9 月 1 日	有效
9	山东省海洋专项渔业资源品种管理办法	山东省人民政府	1992 年 6 月 1 日	山东省人民政府令第 29 号	1992 年 6 月 1 日	根据 2004 年 7 月 15 日山东省人民政府令第 172 号修订
10	山东省渔业养殖与增殖管理办法	山东省人民政府第 17 次常务会议通过	2008 年 7 月 21 日	山东省人民政府令第 206 号	2008 年 10 月 10 日	有效
11	山东省国有渔业养殖水域滩涂使用管理办法	山东省政府第 94 次常务会议通过	2011 年 2 月 26 日	山东省人民政府令第 233 号	2011 年 5 月 1 日	有效
12	济南市淡水渔业管理办法	济南市人民政府	1997 年 8 月 27 日	济南市人民政府第 112 号	1997 年 8 月 27 日	有效

序号	文献名称	发布机关	通过时间	文献编号	生效时间	当前效力
13	青岛市海洋渔业管理条例	青岛市第十一届人大常委会第34次会议通过	1997年11月27日	不详	1997年12月13日	修订重新发布
14	青岛市海洋渔业管理条例	青岛市第十三届人大常委会第八次会议通过	2003年12月18日	不详	2004年3月1日	有效
15	青岛市淡水渔业管理规定	青岛市人民政府	1988年12月8日	不详	1988年12月8日	根据1998年8月24日发布的青政发[1998]137号修正
16	山东省盐业管理条例	第九届人大常委会第十七次会议通过	2000年10月26日	山东省人大常委会公告第54号	2000年12月1日	2004年7月30日山东省第十届人大常委会第九次会议《关于修改〈山东省水路交通管理条例〉等十二件地方性法规的决定》第一次修正，根据2010年9月29日山东省第十一届人大常委会第十九次会议《关于修改〈山东省乡镇人大工作若干规定〉等二十件地方性法规的决定》第二次修正

序号	文献名称	发布机关	通过时间	文献编号	生效时间	当前效力
17	山东省实施《矿产资源法》办法	山东省第九届人大常委会第三次会议通过	1998 年 8 月 14 日	不详	1998 年 8 月 14 日	根据 2004 年 11 月 25 日山东省第十届人大常委会第十一次会议《关于修改〈山东省人才市场管理条例〉等十件地方性法规的决定》修正
18	山东省地质环境保护条例	山东省第十届人大常委会第三次会议通过	2003 年 7 月 25 日	不详	2003 年 9 月 1 日	根据 2004 年 11 月 25 日山东省第十届人大第十一次会议《关于修改〈山东省人才市场管理条例〉等十件地方性法规的决定》修正
19	济南市矿产资源管理规定	1997 年 11 月 19 日济南市第十一届人大常委会第 30 次会议通过	1991 年 2 月 1 日	不详	1998 年 1 月 1 日	2004 年 9 月 23 日根据山东省第十届人大常委会第十次会议批准的济南市人大常委会《关于修改〈济南市发展社区服务的若干规定〉等十三件地方性法规的决定》修正
20	青岛市盐业管理规定	青岛市人民政府	2000 年 4 月 2 日	青岛市人民政府令第 102 号	2000 年 4 月 2 日	2004 年 9 月 29 日修改
21	淄博市盐业管理办法	淄博市政府第 33 次常务会议通过	2005 年 4 月 18 日	淄博市人民政府令第 48 号	2005 年 6 月 1 日	有效

序号	文献名称	发布机关	通过时间	文献编号	生效时间	当前效力
22	山东省农村可再生能源条例	山东省第十届人大常委会第三十一次会议通过	2007年11月23	山东省人大常委会公告第118号	2008年1月1日	有效
23	山东省再生资源回收利用管理办法	山东省政府第48次常务会议通过	2009年7月6日	山东省人民政府令第215号	2009年9月1日	有效
24	山东省用水总量控制管理办法	山东省政府第81次常务会议通过	2010年9月14日	山东省人民政府令第227号	2011年1月1日	有效
25	山东省节约能源条例	山东省第十一届人大常委会第十二次会议通过	2009年7月24日	不详	2009年11月1日	有效
26	山东省海域使用管理条例	山东省第十届人大常委会第四次会议审议通过	2003年9月26日	不详	2004年1月1日	有效
27	青岛市海域使用管理条例	不详	不详	不详	2010年4月8日	有效
28	青岛市无居民海岛管理条例	青岛市第十四届人大常委会第六次会议通过	2008年10月31日	不详	2009年1月1日	有效

以下将从渤海资源综合管理、渤海渔业资源开发管理、渤海矿产资源开发管理、能源资源开发管理和海域资源开发管理等方面对渤海资源保护等山东省立法文献做内容的梳理研究。

一、资源管理综合

山东省立法文件中涉及渤海资源管理的综合性法律文件主要是《山东省资源综合利用条例》,该条例于2001年4月6日通过并于2004年7月30日修正。该法明确了山东省资源综合利用的认定标准、管理部门,对废物排放量大、污染重、不具备综合利用条件的项目可责令其停产停业,逐步实行垃圾分类回收和处理以及违反条例规定的法律责任等资源综合利用做出详细规定。具体内容详见表4-12:

表4-12 渤海资源管理综合山东省地方立法内容简表

基本内容	文献名称	条　款
资源综合利用含义	山东省资源综合利用条例	第三条:"资源综合利用是指:(一)在矿产资源开采过程中对共生、伴生矿进行综合开发和合理利用;(二)对生产过程中产生的固体废物、废水(液)、废气、余热、余压进行回收和合理利用;(三)对生产和消费过程中产生的各种废旧物资进行回收和再生利用;(四)对城市垃圾、河(渠)道泥沙、农林水产废弃物等其他资源进行综合利用。"
提高矿产资源利用的方法	山东省资源综合利用条例	第十六条:"在矿产资源勘探和开采中,对具有利用价值的共生和伴生矿产,应当按照法律、法规的有关规定统一规划,综合勘探、评价与开发利用。"
提高固废、废水、废气等资源利用的方法	山东省资源综合利用条例	第十二条:"制定废水综合利用规划,采取措施推广循环利用和一水多用等新技术、新工艺。"

基本内容	文献名称	条　款
提高垃圾、河（渠）道泥沙、农林水产废弃物等资源利用的方法	山东省资源综合利用条例	第十一条："逐步实行垃圾分类回收和处理，组织研究、开发和推广垃圾综合利用先进技术和设备，提高垃圾综合利用水平。" 第十三条（对农林水产废弃物、河（渠）道泥沙等进行综合利用的科技开发和技术推广。）
避免浪费	山东省资源综合利用条例	第二十二条："在粉煤灰、煤矸石、赤泥等堆存量大的地区禁止新建、扩建实心粘土砖厂。禁止新建、扩建实心粘土砖厂的范围由设区的市人民政府规定。本条例施行前已建成的，必须限期进行改造，按照国家和省规定的比例掺用粉煤灰、煤矸石、赤泥等固体废物。" 第二十三条："在粉煤灰、煤矸石、赤泥等堆存处规定运输距离范围内筑路、筑港、筑坝，应当按照技术要求掺用粉煤灰、煤矸石、赤泥等固体废物。" 第二十五条："废物排放和综合利用单位应当加强废物的装卸、运输、贮存管理，采取防范措施，不得造成污染。取用河道泥沙应当征得河道主管部门同意，不得损坏堤防。"
法律责任	山东省资源综合利用条例	第三十五条："建设废物排放量大、污染重、不具备综合利用条件项目的，或者新建、扩建实心粘土砖厂的，由资源综合利用行政主管部门报请本级人民政府责令停产停业。对直接负责的主管人员和其他直接责任人员由其所在单位或者上级主管机关给予行政处分；构成犯罪的，依法追究刑事责任。"

从上表中可以看到，该条例从矿产资源开发、废水废气废渣、城市垃圾、农林水产废物等生产生活方面对山东省资源的综合利用作出规定。该条例的规定对渤海资源综合利用也起到规范作用。

二、渔业资源开发管理

渔业资源保护开发与管理的山东省地方立法主要有《山东省实施〈渔业法〉办法》《山东省渔业资源保护办法》《山东省海洋专项渔业资源品种管理办法》《山东省渔业养殖与增殖管理办法》《山东省国有渔业养殖水域滩涂使用管理办法》《济南市淡水渔业管理办法》《青岛市海洋渔业管理条例》《青岛市淡水渔业管理规定》等。此外《山东省海洋环境保护条例》等立法中也有渔业资源保护管理的相关规定。具体内容详见表4-13：

表4-13　渤海渔业资源开发管理山东省地方立法内容简表

基本内容	文献名称	条　　款
渔业资源管理综合	山东省实施《渔业法》办法	第五条（渔业的监督管理，按照统一领导、分级管理的原则。）
	山东省国有渔业养殖水域滩涂使用管理办法	第三条（水域滩涂使用管理应当遵循科学规划、依法许可、合法收回、补偿公正、妥善安置的原则。）
养殖作业	山东省实施《渔业法》办法	第九条（渔业养殖规划制度。） 第十条（渔业养殖使用证制度。） 第十二条："从事养殖生产的单位和个人应当遵守下列规定：（一）养殖规模、密度不得超过区域养殖容量的要求；（二）不得使用含有毒有害物质的饵料、饲料、肥料；（三）不得使用国家规定的禁用药物；（四）不得在航道、港池、锚地内从事养殖。在全民所有的水域、滩涂从事养殖生产的，应当符合养殖证规定的用途。" 第十四条（国家征用集体所有已用于养殖的水域、滩涂补偿制度。） 第十六条（异地引进水产苗种检疫制度；引进转基因水产苗种和新品种安全性评价制度。） 第十七条（进口、出口水产苗种、亲体的审批制度。）

基本内容	文献名称	条　款
养殖作业	山东省渔业资源保护办法	第十五条（养殖区的划定应当坚持开发渔业水域与保护渔业资源相结合。重点保护渔业资源品种的自然产卵场、索饵场、越冬场和洄游通道不得划作养殖区。） 第十七条："在海洋或者内陆湖泊、水库等水域新建、改建、扩建水产养殖场的，当地渔业行政主管部门应当组织环境影响评价。" 第十八条："禁止船舶及海上设施向渔港水域和渔业水域排放污染物、废弃物、压舱水、船舶垃圾及其他有害物质。" 第十九条："任何单位和个人向海洋或者内陆渔业水域排放陆源污染物，应当执行国家和省规定的排放标准。禁止在重要的渔业水域兴建新的排污口。" 第二十条："县级以上人民政府应当根据渔业水域环境的养殖容量合理确定养殖规模，并核发养殖证；养殖证核准的养殖规模不得突破渔业水域的养殖容量。" 第二十一条："从事水产养殖的，应当按照养殖证规定的用途和技术要求利用养殖区水域，合理确定养殖密度，并按规定投饵、施肥、使用药物。"
	山东省国有渔业养殖水域滩涂使用管理办法	（对国有渔业养殖水域滩涂使用许可和收回补偿作出规定。）
	山东省渔业养殖与增殖管理办法	（对从事渔业养殖与增殖及其他相关活动作出规定。）
	山东省渔业资源保护办法	第二十条（养殖证制度；养殖证核准的养殖规模不得突破渔业水域的养殖容量。）
捕捞作业	山东省实施《渔业法》办法	第十九条（捕捞限额制度。） 第二十条（捕捞许可证制度。） 第二十三条（禁止单位和个人新增从事近海捕捞生产的渔船和私增渔船功率。）
	山东省渔业资源保护办法	第十条（禁渔期、禁渔区制度；渔具标准。）

基本内容	文献名称	条　款
渔业水域保护	山东省渔业资源保护办法	第十七条（在海洋或者内陆湖泊、水库等水域新建、改建、扩建水产养殖场的，当地渔业行政主管部门应当组织环境影响评价。） 第十八条（禁止船舶及海上设施向渔港水域和渔业水域排放污染物、废弃物、压舱水、船舶垃圾及其他有害物质。） 第十九条："任何单位和个人向海洋或者内陆渔业水域排放陆源污染物，应当执行国家和省规定的排放标准。禁止在重要的渔业水域兴建新的排污口。"
	山东省渔业养殖与增殖管理办法	第二十三条："禁止使用有毒、有害和其他可能污染水域环境的材料建设人工鱼礁。" 第二十五条："省渔业行政主管部门应当定期组织有关专家，对渔业增殖生态安全进行评估，并采取措施，确保水域生态安全，防止对水域生态环境、生物资源种质等造成不良影响。"
水产资源保护	山东省渔业资源保护办法	第五条："对具有重要经济价值的渔业资源品种实行重点保护。具体保护品种及其采捕标准名录由省渔业行政主管部门制定并公布执行。" 第六条："在网次或者航次渔获物中未达到可捕标准的重点保护品种，海水产品不得高于25%。" 第七条："任何单位和个人不得擅自捕捞省重点保护品种的苗种和禁捕的怀卵亲体；因养殖、科研等特殊需要捕捞的，应当向省渔业行政主管部门提出申请。"
	山东省海洋专项渔业资源品种管理办法	第五条："在专项品种的主要生息繁衍海域划定保护区。保护区内，禁止倾倒有害渔业资源的污物，禁止排放超标准污水，禁止清洗、浸泡有毒器皿和有害渔业资源的其他物体。" 第六条："在专项品种的幼苗密集期引水用水时，必须采取防护措施，切实保护幼苗。"
渔业资源的增殖和保护	山东省实施《渔业法》办法	第二十五条："县级以上人民政府渔业行政主管部门应当对其管辖的水域按照统一规划进行综合治理，调整作业结构，改进渔具和捕捞方法，逐步减少近海底拖网和定置网作业，划定增殖区，人工投放苗种，建造人工鱼礁，保护水体，改善渔场环境，保护、增殖渔业资源。"

基本内容	文献名称	条　　款
渔业资源的增殖和保护	山东省实施《渔业法》办法	第二十六条："省人民政府渔业行政主管部门按照统一规划设立海珍品增养殖区，并加强对海珍品增养殖区的监督管理。平山岛、达山岛、车牛山岛、大竹山岛、小竹山岛、千里岩等岛屿周围海域为海珍品增养殖区，由省人民政府渔业行政主管部门设立保护标志。" 第二十七条："从事捕捞生产的单位和个人，应当交纳渔业资源增殖保护费，渔业资源增殖保护费专门用于渔业资源的增殖和保护。" 第二十八条："任何单位和个人不得从事下列活动：（一）使用炸鱼、毒鱼、电鱼等破坏渔业资源的方法进行捕捞；（二）在禁渔区、禁渔期进行捕捞；（三）捕捞的渔获物中幼鱼超过规定的比例；（四）在规定的采摘期前采摘列入保护的水生野生经济植物；（五）未经批准捕捞有重要经济价值的渔业资源的苗种和怀卵亲体；（六）制造、销售、使用禁用的渔具；（七）向渔业水域倾倒有害渔业资源的污物和排放超标准的污水；（八）在养殖水域内清洗、浸泡有毒器皿和有害渔业资源的其他物体。""因科学研究等特殊需要在禁渔区、禁渔期捕捞，使用禁用的渔具、捕捞方法，捕捞禁捕品种的，须经省人民政府渔业行政主管部门批准，取得捕捞许可证，按照捕捞许可证规定的时间、区域、渔具、捕捞方法和捕捞限额进行捕捞。" 第二十九条："在本省管辖海域从事拆船业的，应当得到县级以上人民政府环境保护行政主管部门、渔业行政主管部门的同意，场址不得设在渔港、种质资源保护区、养殖区和水生野生动植物保护区。本办法实施前，已在上述区域设置的拆船场，应当限期迁移；造成污染的，应当赔偿损失。" 第三十条："在鱼、虾、蟹、贝的重要繁殖区和增殖区的幼苗密集期引水、用水时，必须采取防护措施，切实保护幼苗。" 第三十二条："禁止违法出售、收购、运输、携带、经营国家和省重点保护的水生野生动物及其产品。"
生态补偿制度	山东省渔业养殖与增殖管理办法	第二十五条："因开发利用水域、滩涂造成渔业生态损害的，应当按照国家规定进行生态补偿。"

基本内容	文献名称	条　款
监督检查制度	山东省渔业养殖与增殖管理办法	第三十一条："健全渔业环境监测体系，加强渔业水域环境监测，保障渔业养殖与增殖水域生态安全。""加强入海和入湖河流水质的检测管理，采取有效措施，改善和提高入海和入湖河口的水环境质量。"

三、矿产资源开发管理

渤海矿产资源开发管理的山东省地方立法主要是《山东省实施〈矿产资源法〉办法》、《山东省资源综合利用条例》、《山东省盐业管理条例》、《山东省实施〈煤炭法〉办法》、《山东省地质环境保护条例》等。此外《济南市矿产资源管理规定》、《济南市矿产资源管理规定》、《青岛市盐业管理规定》、《淄博市盐业管理办法》。具体内容详见表4-14：

表4-14　渤海矿产资源开发管理山东省地方立法内容简表

基本内容	文献名称	条　款
矿产资源开发利用原则	山东省实施《煤炭法》办法	第三条："煤炭开发应当坚持可持续发展战略，实行统一规划、合理布局、综合利用的方针，坚持开发利用与环境保护并重的原则。"
	山东省实施《矿产资源法》办法	第三条："矿产资源的勘查、开采实行统一规划、合理布局、综合勘查、合理开采和综合利用的方针。坚持开发利用与保护并重的原则。"
	山东省资源综合利用条例	第十六条："在矿产资源勘探和开采中，对具有利用价值的共生和伴生矿产，应当按照法律、法规的有关规定统一规划，综合勘探、评价与开发利用。"
	山东省盐业管理条例	第八条："盐资源属于国家所有。""盐资源的开发利用，必须遵循统一规划、合理开发、综合利用、有效保护的原则。禁止任何单位和个人乱开滥采或者非法侵占盐资源。"

基本内容	文献名称	条　款
矿产资源开发利用原则	山东省地质环境保护条例	第八条："勘查、开采矿产资源的，应当采取有效措施，防止造成地质灾害、环境污染和生态破坏，并做好水土保持、植被恢复和土地复垦工作。" 第九条（回填、封闭制度，或者采取其他消除地质灾害隐患的措施。） 第十条（矿山地质环境影响评价报告制度。） 第十四条（矿山地质环境治理实行保证金制度。）
矿产资源保护区制度	山东省实施《煤炭法》办法	第三十三条："任何单位和个人不得危害煤矿矿区的电力、通讯、水源、交通及其他生产设施，不得哄抢、侵吞、盗窃煤矿矿区的煤炭产品，不得扰乱矿区生产秩序和工作秩序。" 第三十四条（矿区搬迁补偿制度。） 第三十五条："在煤矿井田范围内，不得擅自兴建永久性设施。确需兴建的，兴建单位应当与煤矿企业达成兴建协议。"
	山东省盐业管理条例	第十条："划定盐场保护区。盐场保护区的范围包括：（一）临海面盐场防潮坝体、缓冲带及取土区；（二）非临海面盐场防洪坝体、排淡沟道及清淤区；（三）盐场纳潮沟道及清淤区；（四）输卤管（沟）道两侧各二米内的地带。" 第十一条："在盐场保护区范围内禁止下列行为：（一）修建小盐田及其他与盐业生产无关的建筑物、构筑物；（二）设置对盐业生产有影响的渔业捕捞网具和设施；（三）取土、挖沙；（四）排放有毒、有害物质。"
矿产生产经营	山东省实施《煤炭法》办法	第十五条（生产许可证制度。） 第十九条（土地复垦制度。）
	山东省盐业管理条例	第十二条（制盐许可证制度。）
生态保护	山东省实施《矿产资源法》办法	第二十条："勘查、开采矿产资源，必须遵守土地管理、水土保持和环境保护等法律、法规，防止污染环境和造成地质灾害。因勘查、开采矿产资源造成生态环境破坏，给他人生产、生活造成损失的，应当负责赔偿，并采取必要的补救措施。"

四、能源资源开发管理

渤海能源资源开发管理的山东省地方立法有2009年11月1日起施行《山东省节约能源条例》,2009年9月1日起施行《山东省再生资源回收利用管理办法》。此外还有《山东省农村可再生能源条例》。具体内容详见表4-15:

表4-15　渤海能源资源开发管理山东省地方立法内容简表

基本内容	文献名称	条　　款
农村能源开发原则	山东省农村可再生能源条例	第四条:"开发利用农村可再生能源,应当遵循因地制宜、多能互补、节用并举、群众自愿的原则,坚持资源节约与生态环境保护相结合,实现经济效益、社会效益、生态效益的统一。"

五、海域资源开发管理

山东省涉及海域资源开发管理的法律法规有2004年1月1日起施行《山东省海域使用管理条例》、《青岛市海域使用管理条例》、《青岛市无居民海岛管理条例》。这些法规对海域使用原则、海域使用规划、海域使用的申请与审批、海域使用权、海域使用金等方面进行了规定,为保证渤海的可持续利用提供了法律基础。具体内容详见表4-16:

表4-16　渤海海域资源开发管理山东省地方立法内容简表

基本内容	文献名称	条　　款
海域使用原则	山东省海域使用管理条例	第四条(符合海洋功能区划,实行统一规划、综合利用、合理开发与环境保护相结合的原则;海域使用权制度。)
海域使用规划	山东省海域使用管理条例	第十一条(编制海域使用规划应当坚持总量控制、提高利用效率和可持续利用的原则,统筹安排各类、各区域用海。)

基本内容	文献名称	条　　款
海域使用的申请与审批	山东省海域使用管理条例	第十二条："鼓励有利于海洋资源和生态环境保护的开发利用活动，严格控制改变海域自然属性或者影响海洋生态环境的海域使用项目。" 第十四条（由省政府审批项目。） 第十五条（由设区的市政府审批项目。） 第十六条（由县（市）人民政府审批项目。） 第十八条（不得批准使用海域的情形。）
海域使用权	山东省海域使用管理条例	第二十四条（申请经依法批准取得。） 第二十五条（招标或者拍卖取得。） 第二十六条（海域使用权登记制度。）

第四节　渤海生态保护山东省立法文献

目前山东省立法中对渤海生态保护做出规定的法律法规除了 2010 年 9 月 29 日修正实施《山东省森林和野生动物类型自然保护区管理办法》外，还包括《山东省海洋环境保护条例》、《山东省实施〈野生动物保护法〉办法》、《山东省实施〈渔业法〉办法》、《青岛市生态公益林建设和保护办法》等等。这些山东省立法为保护渤海生态环境提供了法律基础。具体内容详见表 4-17：

表 4-17　渤海生态保护山东省地方立法文献简表

序号	文献名称	发布机关	通过时间	文献编号	生效时间	当前效力
1	山东省森林和野生动物类型自然保护区管理办法	山东省第七届人大常委会第三十次会议通过	1992 年 9 月 10 日	不详	1992 年 9 月 10 日	1997 年 10 月 15 日山东省第八届人大常委会第三十次会议《关于修订〈山东省农业机械管理条例〉等十一件地方性法规的决定》第一次修正，

序号	文献名称	发布机关	通过时间	文献编号	生效时间	当前效力
1	山东省森林和野生动物类型自然保护区管理办法	山东省第七届人大常委会第三十次会议通过	1992 年 9 月 10 日	不详	1992 年 9 月 10 日	根据 2004 年 11 月 25 日山东省第十届人大常委会第十一次会议《关于修改〈山东省人才市场管理条例〉等十件地方性法规的决定》第二次修正，2010 年 9 月 29 日第三次修正实施
2	山东省实施《野生动物保护法》办法	山东省第七届人大常委会第二十五次会议通过	1991 年 12 月 20 日	不详	1991 年 12 月 20 日	根据 2010 年 9 月 29 日山东省第十一届人大常委会第十九次会议《关于修改〈山东省乡镇人大工作若干规定〉等二十件地方性法规的决定》修正
3	山东省实施《渔业法》办法	第九届人大常委会第三十二次会议通过	2002 年 11 月 22 日	山东省人大常委会公告第 111 号	2003 年 1 月 1 日	有效
4	山东省海洋环境保护条例	山东省人大	2004 年 9 月 23 日	山东省人大常委会公告（第 40 号）	2004 年 12 月 1 日	有效
5	青岛市生态公益林建设和保护办法	青岛市人民政府第十六次常务会议审议通过	2005 年 3 月 18 日	青岛市人民政府令第 178 号	2005 年 5 月 1 日	有效

序号	文献名称	发布机关	通过时间	文献编号	生效时间	当前效力
6	山东省南水北调工程沿线区域水污染防治条例	山东省人大	2006 年 11 月 30 日	不详	2007 年 1 月 1 日	有效
7	山东省黄河河道管理条例	山东省第八届人大常委会第三十一次会议通过	1997 年 12 月 13 日	不详	1998 年 1 月 1 日	根据 2008 年 8 月 1 日山东省第十一届人大常委会第五次会议《关于修改〈山东省黄河河道管理条例〉的决定》修正

下面从渤海自然保护区管理、迁徙物种及其他珍稀濒危物种保护、生物入侵防治、河口区生境保护等四个方面对渤海生态保护山东省立法文献进行梳理研究。

一、自然保护区管理

目前对山东省自然保护区管理做出规定的主要有《山东省森林和野生动物类型自然保护区管理办法》、《山东省南水北调工程沿线区域水污染防治条例》等。这对渤海自然保护区的建立、管理等方面提供了法律保障。具体内容详见表 4-18：

表 4-18　渤海自然保护区管理山东省地方立法内容简表

基本内容	文献名称	条　款
自然保护区的建立	山东省森林和野生动物类型自然保护区管理办法	第六条（自然保护区建立的条件。） 第七条（自然保护区分级建立制度。）

基本内容	文献名称	条　款
自然保护区的建立	山东省南水北调工程沿线区域水污染防治条例	第三十八条："在河流源头区、重要水源涵养区、野生动植物重点繁育区、水土保持重点保护区、重要渔业资源保护区等对维护生态平衡和生态环境安全具有重要作用的区域，应当规划建立相应的自然保护区和生态功能保护区。""在自然保护区和生态功能保护区内禁止采砂。"
自然保护区的管理	山东省森林和野生动物类型自然保护区管理办法	第十一条（自然保护区实行分级管理制度。）第十四条（自然保护区划为核心区、实验区。核心区只供进行观测研究；实验区可以进行科学实验、教学实习、参观考察和驯化培育珍稀动物、植物等活动。）第十九条（自然保护区的林木，严禁采伐。）第二十条："在自然保护区内禁止狩猎、挖土、采石、筑坟、围湖（围海）造田、野外用火等损害自然资源、自然景观和污染环境的活动。"第二十一条："禁止在自然保护区内从事探矿、开矿等活动，但是法律、行政法规另有规定的除外。"

二、迁徙物种及其他珍稀濒危物种保护

目前山东省对迁徙物种及其他珍稀濒危物种进行保护的主要是《山东省实施〈野生动物保护法〉办法》。该办法从野生动物生境保护、补偿制度、野生动物管理等方面做出了规定。具体内容详见表4-19：

表4-19　迁徙物种及其他珍稀濒危物种保护山东省地方立法内容简表

基本内容	文献名称	条　款
野生动物保护	山东省实施《野生动物保护法》办法	第八条（野生动物名录制度。）第十条（野生动物资源调查、建立档案、制定保护发展方案制度。）第十三条："任何单位和个人发现受伤、病饿、搁浅、迷途或误入港湾河汊受困的国家和省重点保护野生动物，应当采取措施予以救护，并及时报告当地野生动物行政主管部门。"

基本内容	文献名称	条　　款
野生动物保护	山东省实施《野生动物保护法》办法	第二十条："在城市市区及近郊区、风景旅游区、自然保护区、禁猎区和禁猎期内，禁止猎捕和进行其他妨碍野生动物生息繁衍的活动。"
野生动物生境保护	山东省实施《野生动物保护法》办法	第十一条："在国家和省重点保护野生动物的主要生息繁衍地区和水域，候鸟的主要繁殖地、越冬地和停歇地，应划定为自然保护区。" 第十二条："野生动物行政主管部门，应当采取生物技术措施和工程技术措施，改善野生动物主要生息繁衍场所和食物条件。""禁止破坏野生动物的窝、巢及其他生存环境。" 第十四条："在国家和省重点保护野生动物的主要生息繁衍场所，禁止超标准排放工业污水、废气，堆积工业废渣，倾倒生活垃圾及使用有毒、有害药物。"
补偿制度	山东省实施《野生动物保护法》办法	第十五条："因保护国家和省重点保护野生动物造成农作物或其他损失的，由当地人民政府给予补偿。补偿办法由省人民政府制定。"
野生动物管理	山东省实施《野生动物保护法》办法	第十七条："禁止猎捕、杀害省重点保护野生动物。因科学研究、驯养繁殖、展览、交换、赠送等特殊情况，需要猎捕省重点保护野生动物的，应向市（地）野生动物行政主管部门提出申请，由省野生动物行政主管部门核准，发给特许猎捕证。" 第十八条："猎捕国家和省非重点保护野生动物的，必须向市（地）野生动物行政主管部门申请狩猎证。狩猎证由省野生动物行政主管部门统一印制。""持枪猎捕的，必须取得县（市、区）公安机关核发的持枪证。"

三、生物入侵防治

目前对渤海生物入侵防治做出规定的山东省地方立法主要有《山东省环境保护条例》、《山东省实施〈渔业法〉办法》等。具体内容详见表4-20：

表 4-20　生物入侵防治山东省地方立法内容简表

基本内容	文献名称	条　款
行政部门工作	山东省环境保护条例	第十四条："各级环境保护、农业、林业、水利、海洋、渔业、药品监督、海关、出入境检验检疫等行政主管部门，在物种引进、转基因技术或产品的生产和应用过程中，应当按照国家有关规定，做好生物技术环境安全工作。"
养殖业生物入侵防治	山东省实施《渔业法》办法	第十一条（限制核发养殖证、不得核发养殖证的情形。） 第十六条（异地引进水产苗种检疫规定；引进转基因水产苗种和新品种进行安全性评价规定。） 第十七条（进口、出口水产苗种、亲体的，应当按照国家规定办理审批手续。）

四、河口区生境保护

《山东省黄河河道管理条例》对河口区生境保护做出了规定。具体内容详见表 4-21：

表 4-21　河口区生境保护山东省地方立法内容简表

基本内容	文献名称	条　款
河口区生境保护	山东省黄河河道管理条例	第三十九条："黄河河口综合治理规划，应当与黄河河口地区国民经济和社会发展规划、土地利用总体规划、海洋功能区划、城市总体规划以及环境保护规划相协调。""在河口进行城市、工业、交通、农业、渔业、牧业、旅游等建设，必须符合黄河河口综合治理规划或者黄河入海流路规划，兼顾湿地保护，不得对流路和泥沙入海形成障碍。" 第四十条："在现行流路西河口以下，有堤防工程控制河段，自临河堤脚外划出二百米宽的区域作为黄河修堤取土和防洪保护用地，依法办理相关用地手续后，由黄河河道主管机关管理使用。"

基本内容	文献名称	条　　款
河口区生境保护	山东省黄河河道管理条例	第四十一条:"黄河入海河道的容沙区,由黄河河道主管机关和海洋与渔业行政主管部门按照各自的职责依法实施管理。未经批准,任何单位和个人不得擅自占用。""前款所称容沙区,是指黄河河口综合治理规划或者黄河入海流路规划确定的、无堤防控制河道至浅海区需要沉沙的区域。容沙区的范围由省海洋与渔业行政主管部门和省黄河河道主管机关按照有关规定划定,并报省人民政府批准。" 第四十二条:"未经黄河河道主管机关批准,任何单位和个人不得在黄河入海河道内从事河道整治、拦河、挖河、开渠、疏浚、堵复河汊、筑堤围地、修建海堤和水库以及其他影响防洪、防凌安全的活动。" 第四十三条:"河口流路改变后,按规划要求保留的原河道内的防洪兴利工程及其附属设施、护堤地、防汛储备物料等仍归国家所有,由黄河河道主管机关管理使用,任何单位和个人不得侵占或者破坏。保留的原河道应当保持原状,以备复用,任何单位和个人不得擅自开发利用;如确需开发利用的,须报经黄河河道主管机关批准。"

第五节　渤海自然形态保护山东省立法文献

　　规定渤海自然形态保护的山东省立法文献有 2004 年 1 月 1 日起施行《山东省海域使用管理条例》,还有《山东省港口条例》《山东省港口管理办法》《山东省水路交通管理条例》、《山东省黄河河道管理条例》《山东省实施〈河道管理条例〉办法》、《山东省航道管理规定》等,此外还有青岛市的《青岛市无居民海岛管理条例》《青岛市海域使用管理条例》等。具体内容详见表 4-22:

表 4-22　渤海自然形态保护山东省地方立法文献简表

序号	文献名称	发布机关	通过时间	文献编号	生效时间	当前效力
1	山东省海域使用管理条例	山东省第十届人大常委会第四次会议通过	2003 年 9 月 26 日	不详	2004 年 1 月 1 日	2004 年 5 月 27 日山东省第十届人大常委会第八次会议关于修改《山东省实施〈标准化法〉办法》等五件地方性法规的决定修正
2	山东省海洋环境保护条例	山东省人大	2004 年 9 月 23 日	山东省人大常委会公告第 40 号	2004 年 12 月 1 日	有效
3	青岛市海域使用管理条例	不详	不详	不详	2010 年 4 月 8 日	有效
4	山东省港口条例	山东省第十一届人大常委会第十四次会议通过	2009 年 11 月 28 日	不详	2010 年 4 月 1 日	有效
5	山东省港口管理办法	山东省政府第 29 次常务会议通过	2004 年 4 月 30 日	不详	2004 年 7 月 1 日	被《山东省港口条例》取代，于 2004 年 5 月 17 日废止
6	山东省渔业港口和渔业船舶管理条例	山东省人大	2006 年 9 月 29 日	不详	2007 年 1 月 1 日	有效

序号	文献名称	发布机关	通过时间	文献编号	生效时间	当前效力
7	山东省水路交通管理条例	山东省第九届人大常委会第二十五次会议通过	2002 年 1 月 24 日	山东省人大常委会公告第 89 号	2002 年 3 月 1 日	2004 年 7 月 30 日山东省第十届人大常委会第九次会议《关于修改〈山东省水路交通管理条例〉等十二件地方性法规的决定》修正
8	山东省黄河河道管理条例	山东省第八届人大常委会第三十一次会议通过	1997 年 12 月 13 日	不详	1998 年 1 月 1 日	2008 年 8 月 1 日山东省第十一届人大常委会第五次会议《关于修改〈山东省黄河河道管理条例〉的决定》修正
9	山东省实施《河道管理条例》办法	山东省人民政府	1991 年 6 月 28 日	山东省人民政府令第 19 号公布	1991 年 6 月 28 日	1998 年 4 月 30 日山东省人民政府令第 90 号第一次修订，根据 2004 年 7 月 15 日山东省人民政府令第 172 号第二次修订
10	山东省航道管理规定	山东省人民政府	1999 年 12 月 15 日	不详	1999 年 12 月 15 日	有效
11	青岛市无居民海岛管理条例	青岛市第十四届人大常委会第六次会议通过	2008 年 10 月 31 日	不详	2009 年 1 月 1 日	有效

　　本节从海域使用管理、海洋功能区管理、渤海港口和交通管理、渤海自然形态管理等几个方面分别对渤海自然形态保护山东省立法文献做内容的梳理研究。

一、海域使用管理

目前山东省对海域使用管理做出规定的主要包括《山东省海洋环境保护条例》《山东省海域使用管理条例》等。海域使用原则、海域使用规划、海域使用的申请与审批、海域使用权、海域使用金等方面做出规定,为渤海海域的可持续利用提供了法律保障。具体内容详见表4-23:

表4-23　渤海海域使用管理山东省地方立法内容简表

基本内容	文献名称	条　　款
海域使用管理	山东省海洋环境保护条例	第十二条:"开发利用海洋资源,应当符合海洋功能区划、海洋环境保护规划以及重点海域环境保护专项规划。""任何单位和个人不得在半封闭海湾、河口兴建影响潮汐通道、行洪安全、降低水体交换能力以及增加通道淤积速度的工程建设项目。采挖海砂、砾石或者开发海岛及周围海域资源的,应当采取严格的生态保护措施,不得擅自改变海岛地形、岸滩及海岛周围海域生态环境。" 第十四条:"沿海设区的市以上海洋与渔业部门应当定期对黄河口、胶州湾、莱州湾等海洋生态敏感海域进行海洋生态调查和评价。"
海域使用原则	山东省海域使用管理条例	第四条(符合海洋功能区划,实行统一规划、综合利用、合理开发与环境保护相结合的原则;海域使用权制度。)
海域使用规划	山东省海域使用管理条例	第十一条(编制海域使用规划应当坚持总量控制、提高利用效率和可持续利用的原则,统筹安排各类、各区域用海。)
海域使用的申请与审批	山东省海域使用管理条例	第十二条:"鼓励有利于海洋资源和生态环境保护的开发利用活动,严格控制改变海域自然属性或者影响海洋生态环境的海域使用项目。" 第十四条(由省政府审批项目。) 第十五条(由设区的市政府审批项目。) 第十六条(由县、市人民政府审批项目。) 第十八条(不得批准使用海域的情形。)

基本内容	文献名称	条　　款
海域使用权	山东省海域使用管理条例	第二十四条（申请经依法批取得。） 第二十五条（招标或者拍卖取得。） 第二十六条（海域使用权登记制度。）

二、港口和交通管理

渤海港口和交通管理的山东地方立法主要有 2010 年 4 月 1 日起施行《山东省港口条例》以及《山东省航道管理规定》、《山东省水路交通管理条例》、《山东省黄河河道管理条例》、《山东省实施〈河道管理条例〉办法》、《山东省渔业港口和渔业船舶管理条例》等。具体内容详见表 4-24：

表 4-24　渤海港口和交通管理山东省地方立法内容简表

基本内容	文献名称	条　　款
港口规划	山东省港口条例	第六条："港口规划包括全省港口布局规划和港口总体规划；港口总体规划应当符合全省港口布局规划。""编制港口规划应当体现合理利用岸线资源的原则，符合城镇体系规划，并与土地利用总体规划、城市总体规划、江河流域规划、防洪规划、海洋功能区划、水路运输发展规划和其他运输方式发展规划以及法律、法规规定的其他有关规划相衔接、协调。""编制港口规划应当组织专家论证，并依法进行节约能源、环境影响、安全生产等方面的论证审查。"
	山东省渔业港口和渔业船舶管理条例	第六条："渔业港口布局规划应当体现合理利用岸线资源的原则，符合海洋功能区划、海域使用规划、土地利用总体规划和城乡规划，并与港口布局规划、防洪规划等相衔接。"
港口岸线使用	山东省港口条例	第十三条："沿海和内河干线航道上的港口岸线资源，应当优先用于公用码头建设。"

基本内容	文献名称	条　　款
港口建设	山东省港口条例	第二十二条："港口建设项目施工时，项目法人应当采取相应的安全防护措施和环境保护措施，对航道、防波堤、锚地、航标、导流堤、护岸等港口公共基础设施造成损坏的，应当及时予以修复。港口建设项目竣工后，应当及时清除港区内的废弃物。"
	山东省渔业港口和渔业船舶管理条例	第七条："渔业港口建设应当符合全省渔业港口布局规划，并严格执行国家和省有关标准和技术规范。""渔业港口的环境保护设施和安全设施，应当与渔业港口主体工程同时设计、同时施工、同时投入使用。"
港口环境保护	山东省港口条例	第三十六条："港口经营人应当按照有关环境保护法律、法规的规定，采取有效措施，防止对环境的污染和危害。"
	山东省渔业港口和渔业船舶管理条例	第十五条："船舶在渔业港口水域内发生油类、油类混合物及其他有毒、有害物质泄露造成水域污染的，应当立即采取措施，控制和消除污染，并向渔港监督机构报告，接受其调查处理。""未经渔港监督机构批准，不得在渔业港口水域内从事除锈、油漆等可能污染水域环境的作业活动。""禁止向渔业港口水域内倾倒淤泥、垃圾和排放油类、含油混合物以及其他有毒、有害物质。"
航道保护	山东省航道管理规定	第七条："航道和航道设施受法律保护，任何单位和个人不得实施下列行为：（一）向航道内倾倒垃圾、泥砂、石块和废弃物；（二）在内河航道及湖区航道两侧坡顶外 30 米以内、港区水域和沿海航道两侧外 500 米以内设置渔网、网簖或从事水产养殖、种植捕捞等作业；（三）在助航标志周围 20 米以内挖土、挖砂、种植或堆放物品；（四）损坏、破坏、盗窃航道设施；（五）在航道上抛锚停泊造成航道阻塞；（六）其他侵占和损害航道、航道设施以及影响航道尺度、恶化通航条件、危及航行安全的行为。"
	山东省水路交通管理条例	第十一条："任何单位和个人不得侵占和损坏航道及航道设施，并不得在国家和省规定的航道、港区以及航道两侧规定范围内设置渔网、网簖或者从事水产养殖、种植捕捞等作业。""水产养殖、种植侵占航道的，海事机构有权责令限期清除，逾期不清除的，海事机构依法采取强制清除措施时，当地人民政府及有关部门应当予以协助。"

基本内容	文献名称	条　款
航道保护	山东省水路交通管理条例	第十二条："未经港航管理机构和河道主管部门批准，不得在通航河道内从事疏浚、抛泥、挖砂、采矿以及打捞、钻探等施工作业；涉及水上安全的，应当事先征得海事机构的同意。""内河航道两侧修建码头、装卸点，应当在航道以外建设相应的停泊区。禁止在通航河道两侧擅自设立船舶修造场点。" 第十三条："任何单位和个人不得向航道内倾倒垃圾、泥砂、石块或者弃置沉船、沉物。""因装卸作业和排放废弃物造成航道淤积的，由责任人负责疏浚；不能及时疏浚的，海事机构或者港航管理机构组织疏浚后，所需费用由责任人承担。"

三、自然形态管理

目前规定渤海自然形态管理的山东省立法主要包括《山东省海洋环境保护条例》、《山东省水路交通管理条例》等。这些法规对渤海自然形态保护、渤海建设项目规定等方面做出规定。具体内容详见表4-25：

表4-25　渤海自然形态管理山东省地方立法内容简表

基本内容	文献名称	条　款
渤海自然形态保护	山东省海洋环境保护条例	第十二条："采挖海砂、砾石或者开发海岛及周围海域资源的，应当采取严格的生态保护措施，不得擅自改变海岛地形、岸滩及海岛周围海域生态环境。"
渤海建设项目规定	山东省水路交通管理条例	第十九条："在港区和规划港区以外进行工程建设或者其他项目的开发建设，不得影响港区、规划港区功能或者改变通航水域及锚地的水文、地质、地形、地貌，并不得影响港口建设、生产和安全。"

第六节　渤海管理手段类山东省立法文献

目前山东省渤海管理相关手段类立法主要有《山东省环境保护条例》《山东省实施〈环境影响评价法〉办法》《山东省海域使用申请审批管理暂行办法》、《山东省黄河工程管理办法》《山东省防治环境污染设施监督管理办法》《山东省环境污染纠纷处理办法》《山东省环境污染行政责任追究办法》《山东省海洋生态损害赔偿费和损失补偿费管理暂行办法》等等。这些山东省立法为渤海的管理提供手段性的基础。具体内容详见表4-26:

表4-26　渤海管理手段类山东省地方立法文献简表

序号	文献名称	发布机关	通过时间	文献编号	生效时间	当前效力
1	山东省环境保护条例	山东省人大	1996年12月14日	不详	1996年12月14日	根据2001年12月7日第九届山东省人大常委会第二十四次会议《关于修改〈山东省环境保护条例〉的决定》修正
2	山东省实施《环境影响评价法》办法	山东省第十届人大常委会第十七次会议通过	2005年11月25日	山东省人大常委会第67号	2006年3月1日	有效
3	山东省海域使用申请审批管理暂行办法	山东省财政厅、省海洋与渔业厅	2008年12月2日	鲁财综[2008]84号	2008年12月2日	有效

序号	文献名称	发布机关	通过时间	文献编号	生效时间	当前效力
4	山东省黄河工程管理办法	山东省人民政府	2005 年 3 月 25 日	山东省人民政府令第 179 号发布	2005 年 5 月 1 日	有效
5	山东省防治环境污染设施监督管理办法	山东省人民政府	2000 年 5 月 23 日	山东省人民政府令 2000 年第 112 号	2000 年 6 月 1 日	有效
6	山东省环境污染纠纷处理办法	山东省人民政府办公厅	1994 年 6 月 13 日	不详	1994 年 7 月 1 日	有效
7	山东省环境污染行政责任追究办法	山东省人民政府	2002 年 4 月 6 日	山东省政府令第 138 号	2002 年 5 月 1 日	有效
8	山东省海洋生态损害赔偿费和损失补偿费管理暂行办法	山东省财政厅、省海洋与渔业厅联合发布	2010 年 6 月 12 日	不详	2010 年 1 月 1 日	有效

　　下面将从环境影响评价、渤海管理税费措施、管理中的公众参与、争议处理程序等四个方面对渤海管理相关山东省手段类立法文献进行梳理。

一、环境影响评价

　　目前除了一些单行法规对环评制度进行了规定外，专门规定环境影响评价制度的法律法规有《山东省环境保护条例》《山东省实施〈环境影响评价法〉办法》等，具体内容详见表 4-27：

表 4-27 环境影响评价山东省地方立法内容简表

基本内容	文献名称	条　款
基本要求	山东省环境保护条例	第十五条："各级人民政府应当对重大经济社会发展政策、区域开发和城市规划，进行环境影响评价，加强对资源开发和重大建设项目的环境监督管理。"
公众参与	山东省实施《环境影响评价法》办法	第三条："政府应当鼓励公众参与。省环境保护行政主管部门应当会同有关部门，组织建立和完善本省环境影响评价专家库、环境影响基础数据库和环境影响评价信息共享制度。"
环评制度	山东省实施《环境影响评价法》办法	第五条（环境影响报告书制度。） 第十二条（听证会制度。）
海洋工程建设项目环评制度	山东省海洋环境保护条例	第二十三条："新建、改建、扩建海洋工程建设项目，应当将海洋工程建设项目环境影响评价文件报海洋与渔业部门核准，并报同级环保部门备案，接受环保部门的监督。"
海岸工程建设项目环评制度	山东省海洋环境保护条例	第二十二条："新建、改建、扩建海岸工程建设项目的，应当按照国家规定将海岸工程建设项目环境影响报告书或者环境影响报告表、环境影响登记表（以下简称环境影响评价文件）报海洋与渔业部门审核后，报环保部门批准。"
辐射建设项目环评制度	山东省辐射环境管理办法	第六条："从事伴有辐射项目建设的，应当向环境保护行政主管部门报批环境影响报告书、环境影响报告表或者环境影响登记表。" 第七条："新建、扩建、改建下列伴有辐射项目和退役核设施的，其环境影响报告书应当报国务院环境保护行政主管部门审批，同时抄送省环境保护行政主管部门。"

二、税费措施

目前对渤海管理税费措施做出规定的山东省地方立法主要有《山东省环境保护条例》、《山东省海洋环境保护条例》、《山东省水污染防治条例》、《山东省水资源费征收使用管理办法》、《山东省海域使用管理条例》、《山东省渔业资源保护办法》、《山东省海洋生态损害赔偿费和损失补偿费管理暂行办法》等，具体内容详见表4-28：

表 4-28　渤海管理税费措施山东省地方立法内容简表

基本内容	文献名称	条　款
排污收费制度、超标排污收费制度	山东省环境保护条例	第二十四条："排污者应当依法缴纳排污费。缴纳排污费后，并不免除其消除污染、排除损害和赔偿损失的责任。""对超标准、超总量排放污染物的，除责令其限期治理外，征收二至五倍的超标准排污费或者超总量排污费；国家法律、法规另有规定的，从其规定。"
	山东省海洋环境保护条例	第十六条："直接向海洋排放污染物，必须达到国家和省规定的排放标准，并按规定缴纳排污费。排污费应当纳入财政预算，专项用于海洋环境的整治与恢复。"
	山东省水污染防治条例	第十五条："排污单位必须按照国家和省的有关规定，缴纳排污费或者超标准排污费并负责治理。""排污费和超标准排污费必须按照国家和省的有关规定管理和使用，不得挪作他用。"
取水收费制度	山东省水资源费征收使用管理办法	第二条："在本省行政区域内直接从地下或者河流、湖泊、水库取水的，必须按本办法规定缴纳水资源费。" 第四条（水资源费实行分级征收。）
海域使用金制度	山东省海域使用管理条例	第三十二条："海域使用权人必须依法缴纳海域使用金。海域使用金可以根据不同的用海性质或者情形一次缴纳或者按年度缴纳。"
渔业资源增殖保护费	山东省渔业资源保护办法	第四条："采捕自然生长和人工增殖的水生动植物的单位和个人，应当按照国家和省有关规定缴纳渔业资源增殖保护费。"
渔业资源损失赔偿费	山东省渔业资源保护办法	第二十六条："违反本办法规定造成渔业资源损失的，应当按照《山东省实施〈渔业法〉办法》的有关规定，向当地渔政监督管理机构缴纳渔业资源损失赔偿费。""渔业资源损失赔偿费按照致死渔获物市场价格的1至3倍收取；致死渔获物中的重点保护品种未达到可捕标准的，按照达到可捕标准的市场价格计算。"

基本内容	文献名称	条　款
海洋生态损害赔偿费和损失补偿费缴纳对象	山东省海洋生态损害赔偿费和损失补偿费管理暂行办法	第二条："在山东省管辖海域内，发生海洋污染事故、违法开发利用海洋资源等行为导致海洋生态损害的，以及实施海洋工程、海岸工程建设和海洋倾废等导致海洋生态环境改变的。"
提出海洋生态损害赔偿和损失补偿要求的主体	山东省海洋生态损害赔偿费和损失补偿费管理暂行办法	第三条："县级以上人民政府海洋与渔业行政主管部门代表国家向造成海洋生态损害和引起海洋生态损失的单位、个人提出海洋生态损害赔偿和损失补偿要求。"
海洋生态损害赔偿费和损失补偿费的使用管理	山东省海洋生态损害赔偿费和损失补偿费管理暂行办法	第十七条："海洋生态损害赔偿费和海洋生态损失补偿费专项用于海洋与渔业生态环境修复、保护、整治和管理。具体包括以下范围：（一）海洋与渔业生态环境的调查、评价和管理；（二）海洋与渔业生态环境的修复、保护和整治；（三）海洋污染事故应急处置；（四）海洋生态损害赔偿和损失补偿的调查取证、评估鉴定和民事诉讼等项支出；（五）海洋与渔业生态环境保护的科学研究；（六）其他支出。" 第十八条（海洋生态损害赔偿费和海洋生态损失补偿费的使用实行年度预、决算制度。）

三、公众参与

目前规定渤海管理公众参与的山东省地方立法主要有《山东省环境保护条例》、《山东省实施〈环境影响评价法〉办法》、《山东省海洋环境保护条例》等，这对环境保护中公民检举权、环境影响评价中的公众参与等做出了规定，为公民积极参与渤海环境保护提供了法律保证。具体内容详见表4-29：

表 4-29　渤海管理公众参与山东省地方立法内容简表

基本内容	文献名称	条　款
公民检举权	山东省环境保护条例	第六条:"一切单位和个人都有保护环境的义务,有权对污染、破坏环境的行为进行检举和控告,并有权对环境污染造成的损害要求赔偿。"
环境影响评价中的公众参与	山东省实施《环境影响评价法》办法	第三条:"县级以上人民政府应当采取措施,鼓励、支持有关单位、专家和公众参与环境影响评价活动。""省环境保护行政主管部门应当会同有关部门,组织建立和完善本省环境影响评价专家库、环境影响基础数据库和环境影响评价信息共享制度。" 第十二条:"除国家规定需要保密的情形外,对环境可能造成重大影响、应当编制环境影响报告书的建设项目,建设单位应当在报批建设项目环境影响报告书前,举行论证会、听证会或者采取问卷调查、公告等其他方式,公开征求有关单位、专家和公众的意见。应当编制环境影响报告表的建设项目,可能对公众生活、工作和学习造成较大影响的,建设单位应当在报批建设项目环境影响报告表前,以适当方式公开征求专家和公众的意见。" 第十六条:"环境保护行政主管部门对涉及国家利益和公共利益的建设项目,在审查或者重新审核该建设项目的环境影响评价文件时,认为有必要征求有关部门、组织、专家和建设项目周围单位、个人意见的,应当举行听证会、论证会或者采取其他方式征求意见。征求到的意见,应当作为环境保护行政主管部门审批该项目环境影响评价文件的重要依据。" 第十九条:"除国家规定需要保密的情形外,县级以上环境保护行政主管部门对作出的建设项目环境影响评价文件的审批决定和对环境影响评价技术服务机构的业务考核情况以及其他有关信息,应当定期在政府网站、办公场所予以公布或者采取其他方便公众查阅的方式公布。"
海岸、海洋工程建设公众参与	山东省海洋环境保护条例	第二十六条:"海岸、海洋工程建设项目可能对海洋环境造成重大影响的,环保部门、海洋与渔业部门在环境影响评价文件批准或者核准前,应当举行论证会、听证会或者采取其他形式征求有关专家、公众的意见。"

四、争议处理程序

目前规定渤海争议处理程序的山东省地方立法主要有《山东省环境保护条例》、《山东省环境污染纠纷处理办法》、《山东省实施〈河道管理条例〉办法》等，具体内容详见表4-30：

表 4-30　争议处理程序山东省地方立法内容简表

基本内容	文献名称	条　款
环境污染纠纷争议处理程序	山东省环境保护条例	第六十一条："赔偿责任和赔偿金额的纠纷，可以根据当事人的请求，先调解再起诉，或者直接向人民法院起诉。""跨行政区的环境污染纠纷，由有关人民政府协商解决，或者由当事人的共同上级人民政府协调解决。"
先调解原则	山东省环境污染纠纷处理办法	第六条："环境保护行政主管部门处理污染纠纷案件，应当先进行调解，调解不成的，要及时予以裁决。"
管辖原则	山东省环境污染纠纷处理办法	第八条："县级人民政府环境保护行政主管部门管辖本辖区内的污染纠纷案件。""跨行政区的污染纠纷案件，由致害和受害单位或个人所在地的共同上一级人民政府环境保护行政主管部门管辖。" 第九条："航空器、各种车辆、船舶在运输过程中引起的污染纠纷，由行为发生地或最先发现地的环境保护行政主管部门管辖。" 第十条："上级环境保护行政主管部门有权处理下级环境保护行政主管部门管辖的污染纠纷案件，也可以把自己管辖的案件移交给下级环境保护行政主管部门处理。下级环境保护行政主管部门对其管辖的案件，认为需要经上级环境保护行政主管部门处理的，可以报上级环境保护行政主管部门处理。" 第十一条："环境保护行政主管部门发现处理的污染纠纷案件不属于自己管辖范围时，应当移送有管辖权的环境保护行政主管部门，受移送的环境保护行政主管部门不得拒绝。"

基本内容	文献名称	条　款
河道处罚争议处理	山东省实施《河道管理条例》办法	第二十八条："当事人对行政处罚决定不服的，可以在接到处罚通知之日起 15 日内，向作出处罚决定机关的上一级机关申请复议；对复议决定不服的，可以在接到复议决定之日起 15 日内，向人民法院起诉。当事人也可以在接到处罚通知之日起 15 日内，直接向人民法院起诉。当事人逾期不申请复议或者不向人民法院起诉又不履行处罚决定的，由作出处罚决定的机关申请人民法院强制执行。" 第二十九条："对违反本办法规定，造成国家、集体、个人经济损失的，受害方可以请求县级以上河道主管机关处理，受害方也可以直接向人民法院起诉。当事人对河道主管机关的处理决定不服的，可以在接到通知之日起，15 日内向人民法院起诉。"

第五章 渤海管理河北省立法文献研究

河北省是环渤海的三省之一，海河、辽河流经其境内注入渤海。渤海湾北端的南张庄至北戴河口是河北省唯一的岩石性海岸。渤海的一百三十二个岛屿分布在河北省，其中曹妃甸诸岛就有四十七个岛屿。从城市而言，秦皇岛市南临渤海，唐山市南临渤海，沧州市东临渤海。鉴于以上地理优势，河北省相关渤海方面的法律文献或条款对于渤海污染防治、资源保护、生态保护、自然形态的保护至关重要。本章分六节来梳理河北省有关渤海的法律法规和条款。以此为渤海管理与保护提供借鉴和经验。

第一节 渤海管理河北省综合性立法文献

河北省相关立法主要集中在环境的综合治理上，而其中部分条款对渤海的保护至关重要。对此本节先列举法律法规，具体内容详见表 5-1；后从污染防治综合和资源管理综合以及生态保护综合等方面对相关法律法规的内容进行梳理，具体内容详见表 5-2：

表 5-1 渤海管理河北省综合性立法文献简表

序号	文献名称	发布机关	通过时间	文献编号	生效时间	当前效力
1	河北省环境保护条例	河北省第八届人大常委会第十次会议通过	1994 年 11 月 2 日	河北省第十届人大常委会公告第 39 号	2005 年 5 月 1 日	有效

序号	文献名称	发布机关	通过时间	文献编号	生效时间	当前效力
2	河北省城市市容和环境卫生条例	河北省第十一届人大常委会第六次会议通过	2008 年 11 月 28 日	河北省第十一届人大常委会公告第 11 号	2009 年 1 月 1 日	有效
3	河北省城市市容和环境卫生管理实施办法	河北省人民政府第十八次常务会议通过	1994 年 3 月 28 日	河北省人民政府令第 96 号	1994 年 4 月 8 日	有效
4	河北省环境保护产业管理办法	河北省人民政府第 80 次常务会议审议通过	2007 年 4 月 9 日	河北省人民政府令 2007 年第 5 号	1997 年 1 月 23 日	有效
5	石家庄市城市市容和环境卫生管理条例	石家庄市第十一届人大常委会第十一次会议通过	2004 年 8 月 27 日	不详	2005 年 1 月 1 日	有效
6	邯郸市城市市容和环境卫生管理条例 (2002 年修正)	邯郸市第十届人大常委会第八次会议通过	1994 年 10 月 28 日	不详	1995 年 3 月 1 日	有效
7	唐山市市容环境卫生管理条例（2003 年修正）	唐山市第九届人大常委会第五次会议通过	1988 年 12 月 1 日	不详	2003 年 7 月 21 日	有效

　　下面围绕污染防治综合、生态保护综合、资源保护综合对内容进行梳理。
具体内容详见表 5-2：

表 5-2　渤海管理河北省综合性立法内容简表

基本内容	文献名称	条　　款
污染防治综合	河北省环境保护条例	第二十二条:"沿海地区各级人民政府应当加强对海洋环境的保护。向海洋排放污染物、倾倒废弃物、进行海岸工程建设和海洋石油勘探开发,应当执行法律、法规的有关规定,防止对海洋环境造成污染损害。"
	河北省城市市容和环境卫生条例	第三十四条:"工业固体废弃物、医疗废弃物以及其他易燃、易爆、剧毒、放射性等有毒有害废弃物,应当依照国家有关规定单独收集、运输和处置,禁止混入生活垃圾、建筑垃圾。违反规定的,按照国家有关法律、法规处理。" 第三十六条(不得将餐厨垃圾排入下水道、河道等。)
	石家庄市城市市容和环境卫生管理条例	第十条:"从事车辆清洗作业的,应当保持经营场所环境卫生整洁,采取措施防止污水外流或者废弃物向外散落。"
生态保护综合	河北省环境保护条例	第二十三条:"各级人民政府应当加强对农业环境的保护和管理,鼓励发展生态农业,防止土壤污染、土地沙化、盐渍化、贫瘠化和水土流失。" 第十八条:"县级以上人民政府应当依照法律、行政法规的规定,划定本行政区域内的生态功能区,对江河源头区、水源涵养区、水土保持的预防保护区和监督区、江河洪水调蓄区、防风固沙区和渔业水域等生态功能区,采取保护措施,防止生态环境的恶化和生态功能的退化。"
资源保护综合	河北省环境保护条例	第十九条:"任何单位和个人应当根据谁开发谁保护,谁破坏谁恢复,谁利用谁补偿的原则,保护和合理利用自然资源,保护和改善生态环境。"

第二节　渤海污染防治河北省立法文献

河北省渤海污染防治的立法文献主要包括《河北省环境保护条例》、《河北省农业环境保护条例》、《河北省水污染防治条例》、《河北省减少污染物排放条

例》等二十多部。这些立法为促进渤海的污染防治、生态保护和可持续利用提
供了法律基础。具体内容详见表5-3：

表 **5-3**　渤海污染防治河北省立法文献简表

序号	文献名称	发布机关	通过时间	文献编号	生效时间	当前效力
1	河北省环境保护条例	河北省第八届人大常委会第十次会议通过，2005年3月25日河北省第十届人大常委会第十四次会议修订	1994年11月2日	河北省第十届人大常委会公告第39号	2005年5月1日	有效
2	河北省大气污染防治条例	河北省第八届人大常委会第二十三次会议通过	1996年11月3日	不详	1996年11月3日	有效
3	河北省水污染防治条例	河北省第八届人大常委会第二十九次会议通过	1997年10月25日	不详	1997年10月25日	有效
4	河北省减少污染物排放条例	河北省第十一届人大常委会第九次会议通过	2009年5月27日	不详	2009年7月1日	有效
5	河北省放射性污染防治管理办法	河北省人民政府第48次常务会议通过	2001年10月26日	河北省人民政府令2001年第18号	2002年1月1日	有效
6	河北省防治船舶污染水域管理办法	河北省人民政府第40次常务会议通过	2005年1月26日	河北省人民政府令[2005]第1号	2005年3月1日	有效
7	河北省农业环境保护条例	河北省第八届人大常委会第二十二次会议通过，2002年修订	1996年9月11日	河北省第九届人大常委会公告第68号	1997年1月1日	有效

序号	文献名称	发布机关	通过时间	文献编号	生效时间	当前效力
8	河北省港口条例	河北省十一届人大常委会第二十七次会议	2011 年 11 月 26 日	河北省第十一届人大常委会公告第 48 号	2012 年 1 月 1 日	有效
9	河北省渔业条例	河北省第十届人大常委会第三十一次会议	2007 年 11 月 23 日	河北省第十届人大常委会公告第 85 号	2008 年 1 月 1 日	有效
10	石家庄市岗南黄壁庄水库饮用水水源污染防治条例	石家庄市第十二届人大常委会第 14 次会议通过	2009 年 8 月 20 日	不详	2010 年 3 月 1 日	有效
11	石家庄市大气污染防治条例	石家庄市第十届人大常委会第十五次会议通过	2000 年 8 月 24 日	不详	2001 年 1 月 1 日	有效
12	石家庄市市区生活饮用水地下水源保护区污染防治条例	石家庄市第十一届人大常委会第十一次会议通过	2004 年 8 月 27 日	不详	2005 年 1 月 1 日	有效
13	石家庄市城市市区环境噪声污染防治管理办法	石家庄市第十届市人民政府第四次常务会议通过	1998 年 5 月 4 日	石家庄市人民政府令 1998 年第 97 号	1998 年 6 月 1 号	有效
14	石家庄市机动车排气污染防治管理办法	石家庄市第十一届人民政府第二十四次常务会议讨论通过	2004 年 10 月 12 日	石家庄市人民政府令 2004 年第 137 号	2004 年 11 月 15 日	有效

序号	文献名称	发布机关	通过时间	文献编号	生效时间	当前效力
15	石家庄市建设工程施工现场扬尘污染防治办法	石家庄市第十一届人民政府第二十六次常务会议讨论通过	2004 年 12 月 30 日	石家庄市人民政府令 2004 年第 140 号	2005 年 3 月 1 日	有效
16	邯郸市机动车排气污染防治条例	邯郸市第十三届人大常委会第十一次会议通过	2009 年 8 月 25 日	不详	2010 年 7 月 1 日	有效
17	邯郸市主城区生活饮用水水源保护区污染防治管理办法	河北省邯郸市人民政府	2003 年 2 月 29 日	河北省邯郸市人民政府令 2003 年第 97 号	2003 年 3 月 19 日	有效
18	邯郸市主城区大气污染防治管理办法	河北省邯郸市人民政府	2005 年 11 月 1 日	邯郸市人民政府令 2005 年第 108 号令	2005 年 11 月 1 日	有效
19	河北省陆上石油勘探开发环境保护管理办法	河北省人民政府第 20 次常务会议通过	1999 年 5 月 10 日	河北省人民政府令 [1999] 第 8 号	1999 年 5 月 27 日	有效
20	邯郸市滏阳河污染综合防治暂行办法	邯郸市政府第 52 次常务会议通过	2000 年 8 月 18 日	邯郸市人民政府令 2000 年第 83 号令	2000 年 9 月 5 日	有效
21	石家庄市河道管理条例	石家庄市第十届人大常委会第二十四次会议通过	2001 年 12 月 26 日	不详	2002 年 7 月 1 日	有效
22	石家庄市河道管理办法	石家庄市十届人民政府第二十五次常务会讨论通过	1999 年 8 月 5 日	石家庄市人民政府令 第 109 号	1999 年 10 月 1 日	有效

序号	文献名称	发布机关	通过时间	文献编号	生效时间	当前效力
23	邯郸市入河排污口管理办法	邯郸市人民政府	2010年1月22日	邯郸市人民政府令2010年第133号	2010年12月1日	有效
24	河北省港口管理规定	河北省人民政府	1996年9月12日	河北省人民政府令第167号公布	1996年9月12日	根据2002年9月24日河北省人民政府令[2002]第16号修订

以下将从渤海污染防治综合、陆源污染防治、船源污染防治、海洋工程污染防治、海岸工程污染防治、放射性物质污染渤海防治、大气污染物质污染渤海防治等方面对渤海污染防治等河北省立法文献做内容的梳理研究。

一、污染防治综合

河北省规定污染防治的综合性立法包括《河北省环境保护条例》《河北省农业环境保护条例》。具体内容详见表5-4：

表5-4　渤海污染防治综合性河北省地方立法内容简表

基本内容	文献名称	条　款
环境保护原则	河北省环境保护条例	第三条："环境保护应当贯彻科学发展观，坚持环境建设与经济建设、城乡建设同步规划、同步实施、同步发展的原则，实现环境效益与经济效益、社会效益的统一。"
	河北省农业环境保护条例	第四条："农业环境保护实行预防为主、防治结合、综合治理的原则。坚持农业环境建设和经济建设同步发展，实现生态效益、经济效益、社会效益的统一。"

基本内容	文献名称	条　　款
环境监管与规划相结合制度	河北省环境保护条例	第十条："县级以上人民政府环境保护行政主管部门应当履行下列职责：""（二）参与编制国民经济和社会发展规划和计划、国土开发整治规划、区域开发规划和城市总体规划，拟定环境保护规划和计划。"
污染严重企业名单制度	河北省环境保护条例	第十二条规定："省人民政府环境保护行政主管部门应当定期发布环境状况公报，在主要媒体上定期公布污染物超标排放或者污染物排放总量超过规定限额的污染严重企业名单。列入污染严重企业名单的企业，应当定期公布主要污染物的排放情况，接受公众监督。"
环境功能区方案	河北省环境保护条例	第十六条："省人民政府环境保护行政主管部门会同有关部门，按照本省国民经济和社会发展总体规划、环境保护规划以及国家和本省的环境标准，提出划分本行政区域内各种环境功能区的方案，经省人民政府发展和改革行政主管部门综合平衡后，报省人民政府批准实施。"
环境影响评价制度及环境影响评价优先制度	河北省环境保护条例	第二十四条（规定"新建、改建和扩建对环境有影响的建设项目，在可行性研究阶段，建设单位应当编制环境影响评价文件。"并且规定"环境影响评价文件经环境保护行政主管部门批准后，发展和改革行政主管部门方可批准可行性研究报告"。）
建设单位听证制度	河北省环境保护条例	第二十四条："建设单位应当在报批环境影响报告书前，召开论证会、听证会，或者采取其他形式征求有关单位、专家和公众的意见，并将意见采纳或者不采纳的说明报送审批机关。"
三同时制度	河北省环境保护条例	第二十五条："建设项目的防治污染设施，应当与主体工程同时设计、同时施工、同时投产使用。建设项目的防治污染设施建成后，应当经环境保护行政主管部门验收。验收不合格的，不得投产使用。"
排污许可制度	河北省环境保护条例	第二十七条（规定排放污染物的主体应当依法向当地环境保护行政主管部门申报登记，申领排污许可证或者临时排污许可证，按证排污。并且，排放污染物的种类、数量、浓度、强度和排放方式、去向有重大改变的，应当在改变前十五日内向原申报登记部门办理变更登记手续。）

二、陆源污染防治

河北省规定陆源污染防治的地方立法有《河北省水污染防治条例》《河北省农业环境保护条例》《唐山市城市排水管理办法（试行）》《邯郸市水资源管理条例》《唐山市陡河水库饮用水水源保护区污染防治管理条例》等。这些立法为治理陆源污染而规定了排污收费制度、排污许可制度、污染物总量控制制度以及污水集中处理制度等制度。具体内容详见表5-5：

表5-5　渤海陆源污染防治河北省地方性立法文献内容简表

基本内容	文献名称	条　款
水质监测制度	河北省水污染防治条例	第八条："省环境监测机构负责组织对跨设区的市的地表水出境水体断面水质进行监测；设区的市环境监测机构负责对跨县（市、区）的地表水体的水质进行监测；县（市、区）环境监测机构负责对本行政区域内地表水体的水质进行监测。"
	邯郸市水资源管理条例	第二十七条："市和县（市、区）人民政府有关行政主管部门按照职责分工对全市水资源的水质状况进行监测，由环境保护主管部门统一发布水环境状况信息。""市和县（市、区）人民政府应当对水质监测中发现的问题，采取治理措施，保障水域功能。""市和县（市、区）人民政府水行政主管部门应当按照水功能区对水质的要求和水体的自然净化能力，核定该水域的纳污能力，向环境保护主管部门提出该水域的限制排污总量意见。"
	唐山市陡河水库饮用水水源保护区污染防治管理条例（2003年修正）	第六条（规定市人民政府环境保护行政主管部门的职责之一就是合理布设水质监测点，定期监测水质。）第八条（市人民政府的水质监测职责。）
	唐山市城市排水管理办法（试行）	第二十一条（城市管理行政部门应当委托具有计量认证资格的水质监测机构对排水户排入城市排水设施的污水水质、水量进行检测，并建立排水检测档案。）

基本内容	文献名称	条　　款
水质监测制度	邯郸市市政设施管理条例	第三十六条："城市排水实行许可制度。""需直接、间接向城市排水设施排水或者临时排水的单位、个体经营者，应当持城市规划行政主管部门核发的建设工程规划许可证、排水设计图纸、水量资料、经具有排水监测资质的机构提供的水质监测报告和书面申请，到城市市政设施主管部门办理排水许可证。城市市政设施主管部门自受理之日起二十个工作日内作出书面决定。"
排放污染物总量控制制度	河北省水污染防治条例	第九条："排放污染物实行总量控制制度。省环境保护行政主管部门会同有关部门根据国家规定的重点污染物排放总量指标拟定全省污染物排放总量控制计划，报省人民政府批准。"
	河北省建设项目环境保护管理条例	第四条："建设项目应当全面考虑建设地区的自然环境和社会环境，采用能耗物耗较小、污染物产生量少的清洁生产工艺，采取综合利用等防治污染的措施，保护环境。排放污染物必须符合国家、地方规定的污染物排放标准和污染物排放总量控制的要求。"
	河北省农业环境保护条例	第二十六条："向河道、水库、洼淀和天然养殖水体排放工业废水和城市污水，必须符合国家和地方规定的标准及排放总量控制指标。"
排污许可证制度	河北省水污染防治条例	第十二条："排污单位必须按照国家和本省的有关规定，向当地县级以上人民政府环境保护行政主管部门申请领取省环境保护行政主管部门统一制发的排放污染物许可证，并按照排放污染物许可证的规定排放污染物。"
	河北省减少污染物排放条例	第十五条："排污单位应当依法向县级以上人民政府环境保护行政主管部门申请领取排污许可证，并按照排污许可证的规定排放污染物。"
	邯郸市入河排污口管理办法	第六条规定："环境保护行政主管部门应当向其批准排污的单位或者个人发放排污许可证。"
	石家庄市市区生活饮用水地下水源保护区污染防治条例	第十七条："市环境保护行政主管部门按照污染物排放总量控制的要求，负责审核滹沱河、沙河、磁河水系地下水源保护区范围内单位的排污情况，达到国家规定标准的，颁发国家规定的《排污许可证》。"

基本内容	文献名称	条　　款
排污收费制度	河北省水污染防治条例	第十三条："排污单位向水体排放污染物的，按照国家和本省规定缴纳排污费；超过国家或者本省规定的污染物排放标准的，按照国家规定缴纳超标准排污费。向跨设区的市、县（市、区）地表水体排放污染物，造成地表水体的污染物超过总量控制指标的，由排污单位所在地的人民政府按照本省规定的标准，向上一级人民政府缴纳超标准排污费。排污费和超标准排污费按照国家和本省的规定必须用于治理污染，不得挪作他用。"
	河北省建设项目环境保护管理条例	第二十七条："对环境有影响的建设项目，建设单位应当自建设项目投入试生产或者试运转之日起，按照国家有关规定缴纳排污费。"
	河北省陆上石油勘探开发环境保护管理办法	第十九条（详细规定了石油勘探开发单位在生产活动中排放污染物的，设区的市环境保护行政主管部门或其委托的县级环境保护行政主管部门对其依法征收排污费应该依照的规定。）
	石家庄市市区生活饮用水地下水源保护区污染防治条例	第十七条（规定排放污染物的单位，在本条例生效后六个月内应向市环境保护行政主管部门提出污染物排放申请，由市环境保护行政主管部门审核、批准，颁发《排污许可证》后，方可排放，并交纳排污费。）
污水集中处理制度	河北省水污染防治条例	第十四条："城市污水应当进行集中处理。各级人民政府必须把保护城市水源和防治城市水污染纳入城市建设规划，有计划地在城市和工业集中的镇（乡）建设污水集中处理设施。城市污水集中处理设施按照国家和本省的有关规定实行有偿服务。向城市污水集中处理设施排放污水，缴纳污水处理费用的，不再缴纳排污费。"
	河北省减少污染物排放条例	第十二条（区域环境质量未达到环境功能区划要求或者超过上一级人民政府规定的主要污染物排放总量控制指标的，县级以上人民政府应当建设城镇污水集中处理、集中供热等工程等。）
	石家庄市水资源管理条例	第三十条："各级人民政府应当推广应用节水型器具，保障城乡供水管网安全畅通，提高生活、生产、生态用水效率，减少水的漏失和浪费；加强污水集中处理，提高污水再生利用率。"

基本内容	文献名称	条　　款
污水集中处理制度	邯郸市市政设施管理条例	第四十条（城市规划区内应当逐步实行污水集中处理。污水处理单位应当保持污水处理设施的正常运行，处理后的水质应当符合国家规定的排放标准。）
三同时制度	河北省水污染防治条例	第十五条（建设项目中的水污染防治设施，必须与主体工程同时设计、同时施工、同时投产使用。水污染防治设施必须经县级以上人民政府环境保护行政主管部门验收合格后，该建设项目方可投入生产或者使用。）
	河北省城市市容和环境卫生条例	第三十一条："城市新区开发、旧城改造、道路新建、改建，应当依照国家有关规定和城市环境卫生专业规划，配套建设公共厕所及生活废弃物的清扫、收集、运输和处理等城市环境卫生设施，并与主体工程同时设计、同时施工、同时交付使用，所需经费纳入建设工程概算。"
	河北省减少污染物排放条例	第二十三条（建设项目的环境保护设施必须与主体工程同时设计、同时施工、同时投入使用，并列为建设项目环境监理的重要内容。）
	河北省墙体材料革新与建筑节能管理规定	第十三条："发展新型墙体材料应充分利用工业废渣和细砂等资源。工业废渣的排放单位应根据新型墙体材料的生产需要，做好工业废渣的处理和免费供应工作（粉煤灰综合利用执行有关规定）。凡新建和扩建的电厂和排渣单位，必须做到粉煤灰等工业废渣利用工程与主体工程同时设计、施工和投产。"
	邯郸市入河排污口管理办法	第十六条（设置排污口的建设项目的防治污染设施应当与主体工程同时设计、同时施工、同时投产使用，并经排污口审批机关组织相关部门验收合格后投入启用。）
环境影响评价制度	河北省水污染防治条例	第十六条（县级以上人民政府环境保护行政主管部门审批向水体排放污染物的建设项目环境影响报告书（表）时，不得突破本行政区域内污染物排放总量控制指标。）
	河北省地质环境管理条例	第九条（地质环境评价报告经地质矿产行政主管部门审查后应纳入建设项目的环境影响评价报告，报环境保护行政主管部门审批。）
	河北省减少污染物排放条例	第二十二条（建设项目应当依法进行环境影响评价。）

基本内容	文献名称	条　款
环境影响评价制度	河北省放射性污染防治管理办法	第四条（新建、扩建、改建核设施项目或者其他其他伴有放射性污染的项目以及从事伴有放射性污染的活动，应当办理环境影响申报登记和环境影响评价审批手续。）
	河北省环境污染防治监督管理办法	第八条（列入国家《建设项目环境保护分类管理名录》的新建、改建、扩建建设项目应当依法进行环境影响评价。）
	石家庄市岗南黄壁庄水库饮用水水源污染防治条例	第十四条："在两库饮用水水源二级保护区和准保护区内建设其他项目，建设单位应当向县级以上人民政府环境保护行政主管部门报送环境影响评价文件，未经批准的，不得兴建。"
	石家庄市再生资源回收利用管理条例	第二十六条："建设再生资源综合利用项目，应当按照规定经环境保护行政主管部门环境影响评价审批后，再按照基本建设审批程序履行审批手续。"
	邯郸市地热资源管理暂行规定	第十一条（开采地热资源用于商业经营的企业或个人，应当提交地热资源开发利用方案和环境影响评价报告等资料才可以办理采矿登记手续，取得采矿权。）
	邯郸市滏阳河污染综合防治暂行办法	第六条："滏阳河流域内建设项目必须严格执行环境影响评价制度。"

三、船源污染防治

河北省规定船源污染防治的立法有《河北省防治船舶污染水域管理办法》、《河北省渔业船舶管理条例》《河北省港口条例》等。这些立法在船舶污染预防、船舶污染物处理、船舶污染事故应急反应机制等方面做出了相关规定。具体内容详见表5-6：

表5-6　渤海船源污染防治河北省地方立法内容简表

基本内容	文献名称	条　款
污染危害性货物装卸作业	河北省防治船舶污染水域管理办法	第四条至第七条（规定了污染危害性货物装卸作业的规程。）
	唐山市海上交通安全和防治船舶污染管理办法	第六章（船舶污染防治对于污染危害性货物装卸作业的规定。）
船舶污染物处理	河北省港口条例	第三十六条："从事港口经营的主体应该为船舶提供岸电、燃物料、生活品供应、船员接送以及船舶污染物（含油污水、残油、洗舱水、生活污水以及垃圾）接收、围油栏供应服务等船舶港口服务。"
	唐山市海上交通安全和防治船舶污染管理办法	第六章（船舶污染防治对于污染危害性货物装卸作业的规定。）
	河北省防治船舶污染水域管理办法	第三章（船舶污染物的排放与接收。）
	河北省防治船舶污染水域管理办法	第四条："任何船舶以及从事与船舶有关作业活动的单位和个人都不得违反法律、法规和规章的规定，向水域排放污染物、废弃物和压载水、垃圾及其他有害物质。"
	河北省渔业船舶管理条例	第二十一条："渔业船舶应当遵守《海洋环境保护法》等法律、法规规定，配置防污染设施，防止油类、废弃物等污染海域。渔业船舶修理应当设置防污染设施，防止污染海岸和海域。"
船舶污染事故应急反应机制	河北省防治船舶污染水域管理办法	第四章（船舶污染事故应急反应。）

四、海洋工程与海岸工程污染防治

河北省规定海洋工程污染防治的地方立法主要有《河北省海域使用管理条例》、《河北省港口条例》等。这些地方性立法文献规定了涉海工程建设项目环评制度、海域使用功能区划与使用规划、海域使用论证报告以及海岸侵蚀与淤积预防等污染防治和环境保护制度。具体内容详见表5-7：

表5-7　海洋工程与海岸工程污染防治河北省地方立法内容简表

基本内容	文献名称	条　款
涉海工程建设项目环评制度	河北省港口条例	第六条（编制港口规划应当组织专家论证，并依法进行环境影响评价。）
海域使用功能区划与使用规划	河北省海域使用管理条例	第二章（海洋功能区划与海域使用规划。）
海域使用论证报告	河北省海域使用管理条例	第十六条（申请人在申请使用海域时，填海、围海型项目用海等重大项目需要提交海域使用论证报告书，其他项目用海，海域使用申请人应当提交海域使用论证报告表。）
海岸侵蚀与淤积预防	河北省海域使用管理条例	第三十四条："进行海上堤坝、跨海桥梁、海上娱乐及运动、景观开发工程建设的，应当采取有效措施防止对海岸的侵蚀或者淤积。"
海域污染清理职责	河北省海域使用管理条例	第三十七条："港口、码头、船舶修造拆解企业以及海上旅游、养殖、矿产资源开采等项目的用海单位或者个人，应当采取防止污染海域的措施，并按有关规定负责清除所使用海域内的废弃物和闲置、废弃的用海设施及构筑物。"
	河北省海域使用管理条例	第三十五条："从事海水养殖的养殖者，应当采取科学的养殖方式，减少养殖饵料对海洋环境的污染。因养殖污染海域或者严重破坏海洋景观的，养殖者应当予以恢复和整治。"
海域使用禁止	河北省海域使用管理条例	第二十条（海域使用申请存在严重影响或者破坏海洋资源、环境、自然景观和生态平衡的威胁的不予批准。）
自然地貌保护制度	河北省海域使用管理条例	第三十三条："海域使用权人在使用海域时，不得毁坏海岸防护设施、沿海防护林和贝壳堤、沙丘等自然地貌。"

基本内容	文献名称	条　　款
港口岸线资源保护	河北省港口条例	第十二条："港口所在地县级以上人民政府应当加强对港口岸线资源的管理，坚持深水深用、节约使用和环境保护的原则，严格保护和合理利用港口岸线资源。"

五、放射性物质污染防治

河北省放射性物质污染渤海防治主要规定在《河北省放射性污染防治管理办法》中。该办法规定了辐射建设项目环境影响评价制度、"三同时"制度以及监测防护制度等制度。具体内容详见表5-8：

表 5-8　放射性物质污染防治河北省地方立法内容简表

基本内容	文献名称	条　　款
辐射项目建设环境影响评价制度	河北省放射性污染防治管理办法	第四条、第五条（核设施建设应当进行环境影响评价的相关程序。）
"三同时"制度	河北省放射性污染防治管理办法	第七条（伴有放射性污染的项目中防治污染环境的设施必须与主体工程同时设计、同时施工、同时使用，并保持正常运行，不得擅自拆除或者停止使用。）
	河北省电磁辐射环境保护管理办法	第十四条："电磁辐射建设项目和电磁辐射设备的安装使用项目中防治污染环境的设施，必须与主体工程同时设计、同时施工、同时使用。"
监测防护制度	河北省放射性污染防治管理办法	第十一条（伴有放射性污染的设施的使用单位应当配置相应的监测设备和仪器，建立健全放射性污染的监测防护制度，并按期向省环境保护行政主管部门报送环境监测数据和有关资料。）
放射性废物处理制度	河北省放射性污染防治管理办法	第十三条至第十六条（处理放射性废物的法定方法和措施。）
禁止核废料跨境转移	河北省放射性污染防治管理办法	第十八条（禁止任何单位和个人将境外及省外的放射性废物、放射性污染物运入我省处理或者处置。）

基本内容	文献名称	条　　款
应急方案制度	河北省放射性污染防治管理办法	第二十二条（伴有放射性污染的项目和设施的建设、使用单位以及从事伴有放射性污染的活动的单位，应当建立健全安全管理制度和放射性事故处理应急系统，并制定事故处理的应急方案。）
放射性事故报告制度	河北省放射性污染防治管理办法	第二十五条（在放射性污染事故得到控制后，发生事故的单位应当写出事故报告，并按规定报环境保护行政主管部门。）
放射性物质管理和控制制度	河北省陆上石油勘探开发环境保护管理办法	第十二条："石油勘探开发单位必须按照国家规定严格控制和管理有毒有害化学物品及含有放射性物质的物品，防止污染环境。"

六、大气污染物质污染防治

河北省规定大气污染物质污染渤海防治的地方性立法文献主要包括《河北省大气污染防治条例》《石家庄市大气污染防治条例》《邯郸市主城区大气污染防治管理办法》。这几部地方立法主要规定了排污申报制度、大气污染物总量控制制度、限期治理制度等大气污染防治的具体制度。具体内容详见表5-9：

表 5-9　大气污染物质污染防治河北省地方立法内容简表

基本内容	文献名称	条　　款
排污许可制度	河北省大气污染防治条例	第七条："拥有大气污染物固定排放设施的单位和个体经营者，必须根据国家和本省的有关规定向环境保护行政主管部门办理排放污染物许可证。""持有排放污染物许可证的单位和个体经营者应当按许可证规定的总量控制指标和种类、数量、浓度、方式、时间排放污染物。"
	石家庄市大气污染防治条例	第六条（石家庄市人民政府应当按照国家和河北省规定的大气环境质量标准和大气污染物排放标准，实行总量控制。）

基本内容	文献名称	条　　款
排污许可制度	邯郸市主城区大气污染防治管理办法	第六条、第七条（大气污染物排放许可证制度。）
大气污染物总量控制制度	河北省大气污染防治条例	第六条："县级以上人民政府应当根据本行政区域或者特殊区域环境质量的要求，对大气污染物的排放实行总量控制。"
	石家庄市大气污染防治条例	第六条（主要大气污染物排放许可证制度。）
限期治理制度	河北省大气污染防治条例	第十一条："对超过国家和本省大气污染物排放标准的单位和个体经营者，应当限期治理或者停业、关闭。"
	石家庄市大气污染防治条例	第十七条（对于产生油烟污染的饮食服务经营项目的限期治理措施。） 第十八条（对于石家庄地区县（市）区内的水泥、采石、煤炭、冶炼等生产企业，应当对污染大气的排放物进行治理，经限期治理仍不能达到标准的，县（市）区人民政府应责令其停产、关闭。） 第二十一条（向大气排放恶臭气体的制药、化工、橡胶等排污单位，应当采取措施治理恶臭污染；经治理仍不能达到国家排放标准的，由所在地人民政府依照职责责令关闭产生污染的设施。）
燃煤污染的防治	河北省大气污染防治条例	第十二条至第十五条（燃煤污染的防治。）
	邯郸市主城区大气污染防治管理办法	第十一条至第十三条（燃煤污染的防治制度。）
废气、粉尘和恶臭污染的防治	河北省大气污染防治条例	第十六条至第二十四条（废气、粉尘和恶臭污染的防治。）
	石家庄市大气污染防治条例	第二十条至第二十五条（预防和治理废气、粉尘和恶臭污染的防治措施。）

基本内容	文献名称	条　　款
空气质量预警调控应急预案制度	石家庄市大气污染防治条例	第七条："市和县级人民政府应当制定空气质量预警调控应急预案，根据空气质量预报指数发布相应的预警报告，采取相应的应急措施，减少或避免污染造成的危害。""各级环境保护行政主管部门应当制定大气污染事故应急预案，发现重大、特大大气污染事故或者接到事故报告后，应当立即向本级人民政府和上一级环境保护行政主管部门报告，并采取有效措施，减轻或者消除污染。""可能造成大气污染事故的企业事业单位，应当制定突发大气污染事故应急预案，并报市环境保护行政主管部门备案。"
机动车尾气污染防治	邯郸市主城区大气污染防治管理办法	第四章（防治机动车排气污染。）

第三节　渤海资源管理河北省立法文献

　　渤海资源保护立法文献主要是针对渤海资源开发利用与管理中存在的问题而专门制定的资源管理立法或者是包含在其他非专门立法的相关条款。其目的在于确立海洋资源开发利用的秩序，保证海洋资源开发利用效率的最大化和可持续性。目前，主要是按资源种类进行，主要包括渤海渔业资源开发管理、矿产资源开发管理、能源资源开发管理、海域资源开发管理以及资源的综合管理等方面。河北省也是围绕这几方面进行相关立法的。具体内容详见表5-10：

表 5-10　渤海资源管理河北省立法文献简表

序号	文献名称	发布机关	通过时间	文献编号	生效时间	当前效力
1	河北省地方煤矿管理条例	河北省第六届人大常委会第二十二次会议通过	1986 年 9 月 16 日	不详	1987 年 1 月 1 日	有效
2	河北省森林资源管理条例	河北省第六届人大常委会第三十二次会议通过	1988 年 3 月 18 日	不详	1988 年 3 月 19 日	失效
3	河北省渔业资源管理条例	河北省第七届人大常委会第十六次会议通过	1990 年 9 月 8 日	河北省第十届人大常委会公告第 85 号	1990 年 9 月 8 日	有效
4	河北省矿产资源管理条例	河北省第八届人大常委会第三次会议通过	1993 年 9 月 6 日	不详	1993 年 9 月 6 日	有效
5	河北省矿产资源补偿费征收管理实施办法	河北省政府第 24 次常务会议通过	1994 年 8 月 3 日	1995 年 9 月 5 日河北省人民政府令第 110 号发布实施，根据 2002 年 9 月 24 日河北省人民政府令〔2002〕第 16 号修正	2002 年 9 月 24 日	有效
6	河北省新能源开发利用管理条例	河北省第八届人大常委会第二十六次会议通过	1997 年 4 月 25 日	不详	1997 年 4 月 25 日	有效

序号	文献名称	发布机关	通过时间	文献编号	生效时间	当前效力
7	河北省植物保护条例	河北省第九届人大常委会第二十六次会议	2002 年 3 月 30 日	河北省第九届人大常务委员会公告第 63 号	2002 年 7 月 1 日	有效
8	河北省动物防疫条例	河北省第九届人民代表大会常务委员会第二十九次会议通过	2002 年 9 月 28 日	河北省第九届人大常委会公告第 77 号	2002 年 12 月 1 日	有效
9	河北省水文管理条例	河北省第九届人大常委会第三十次会议	2002 年 11 月 25 日	河北省第九届人大常委会公告第 83 号	2003 年 1 月 1 日	有效
10	河北省封山育林条例	河北省第十届人大常委会第十一次会议通过	2004 年 9 月 27 日	河北省人大常委会公告第 30 号	2004 年 12 月 1 日	有效
11	河北省节约能源条例	河北省第十届人大常委会第二十一次会议	2006 年 5 月 24 日	河北省人大常委会公告第 57 号	2006 年 7 月 1 日	有效
12	河北省节约能源监测办法	河北省人民政府	1990 年 5 月 8 日	河北省人民政府令第 52 号	1990 年 5 月 8 日	有效
13	河北省陆生野生动物保护条例（2005年修正）	河北省第八届人大常委会第五次会议通过	1993 年 12 月 22 日	河北省人大常委会公告第 51 号	2006 年 1 月 1 日	有效
14	河北省地热资源管理条例	河北省第十届人大常委会第二十三次会议	2006 年 9 月 28 日	河北省人大常委会公告第 61 号	2006 年 11 月 1 日	有效

序号	文献名称	发布机关	通过时间	文献编号	生效时间	当前效力
15	河北省水生野生动物保护办法(2007年修正本)	河北省人民政府第80次常务会议审议通过	2007年4月9日	河北省人民政府令2007年第5号	2007年4月22日	有效
16	河北省油气田保护规定(2007年修正本)	河北省人民政府第80次常务会议审议通过	2007年4月9日	河北省人民政府令2007年第5号	2007年4月22日	有效
17	河北省水产种苗管理办法(2002年修正)	河北省人民政府	2002年9月24日	河北省人民政府令2002年第16号	不详	有效
18	河北省陆上石油勘探开发环境保护管理办法	河北省人民政府第20次常务会议通过	1999年5月10日	河北省人民政府令1999年第8号	1999年5月27日	修订
19	河北省林木采伐管理办法(2007年修正本)	河北省人民政府第80次常务会议审议通过	2007年4月9日	河北省人民政府令2001年第13号	2007年4月22日	有效
20	河北省河道采砂管理规定	河北省人民政府第93次常务会议	2008年1月7日	河北省人民政府令2008年第3号	2008年3月1日	有效
21	河北省资源综合利用规定	河北省人民政府	不详	河北省人民政府令[2010]第10号	2010年11月30日	有效

序号	文献名称	发布机关	通过时间	文献编号	生效时间	当前效力
22	河北省森林病虫害防治实施办法	一九九三年四月十五日省林业厅发布	1993 年 3 月 29 日	不详	2010 年 11 月 30 日	有效
23	石家庄市再生资源回收利用管理条例	石家庄市第十一届人大常委会第三十六次会议审议通过	2007 年 10 月 31 日	不详	2008 年 5 月 1 日	有效
24	石家庄市水资源管理条例	石家庄市第十二届人大常委会第二十二次会议审议通过	2010 年 10 月 21 日	不详	2010 年 12 月 16 日	有效
25	石家庄市沙、土、石开采用地管理规定	石家庄市人民政府第九次常务会会议通过	1991 年 3 月 8 日	石家庄市人民政府令 1997 年第 90 号	不详	有效
26	石家庄市燃气管理办法	石家庄市第十一届人民政府第十九次常务会议讨论通过	2004 年 6 月 2 日	石家庄市人民政府令 2004 年第 135 号	2004 年 8 月 1 日	有效
27	邯郸市水资源管理条例	邯郸市第十二届人大常委会第三十一次会议通过	2007 年 10 月 23 日	不详	2008 年 1 月 1 日	有效
28	邯郸市矿产资源管理条例（2010修正）	邯郸市第十届人大常委会第八次会议通过	1994 年 10 月 28 日	不详	不详	有效

序号	文献名称	发布机关	通过时间	文献编号	生效时间	当前效力
29	邯郸市城市供水管理办法	邯郸市人民政府第十三次常务会议通过	1994 年 5 月 3 日	邯郸市人民政府令 1994 年第 37 号	1994 年 5 月 3 日	有效
30	邯郸市地热资源管理暂行规定	邯郸市人民政府第 67 次常务会议讨论通过	2001 年 4 月 30 日	邯郸市人民政府令第 91 号	2001 年 6 月 1 日	有效
31	邯郸市节约能源监察办法	河北省邯郸市人民政府	2007 年 8 月 31 日	邯郸市人民政府令 2007 年第 117 号	2007 年 10 月 1 日	有效
32	邯郸市再生资源回收管理办法	邯郸市人民政府第 37 次常务会议审议通过	2010 年 12 月 8 日	邯郸市人民政府令第 136 号	2011 年 2 月 1 日	有效
33	唐山市矿产资源开采管理条例	唐山市第十届人大常委会第三十次会议通过	1997 年 10 月 24 日	不详	1997 年 12 月 25 日	有效
34	唐山市城市计划用水、节约用水暂行管理办法	河北省唐山市人民政府	1988 年 6 月 11 日	不详	1988 年 6 月 11 日	有效
35	唐山市城市供热管理办法	河北省唐山市人民政府	不详	不详	2004 年 5 月 17 日	有效
36	唐山市城市再生水利用管理暂行办法	河北省唐山市人民政府第 46 次常务会议通过	2006 年 9 月 8 日	河北省唐山市人民政府令 2006 年第 2 号	2006 年 11 月 1 日	有效

序号	文献名称	发布机关	通过时间	文献编号	生效时间	当前效力
37	河北省渔业船舶管理条例	河北省第十届人大常委会第四次会议通过	2003 年 7 月 18 日	不详	2003 年 9 月 1 日	有效
38	河北省建设项目环境保护管理条例	河北省第八届人大常委会第 2 4 次会议通过	1996 年 12 月 17 日	不详	1996 年 12 月 17 日	有效
39	石家庄市凿井管理办法	石家庄市第十二届人民政府第二十四次常务会议讨论通过	2009 年 4 月 11 日	石家庄市人民政府令第 167 号	2009 年 6 月 1 日	有效

本节从渔业资源开发管理、矿产资源开发管理、能源资源开发管理、海域资源开发管理、节能监测等方面对内容进行梳理。

一、渔业资源开发管理

河北省有关渔业资源开发管理的地方立法主要有《河北省渔业管理条例》、《河北省渔业船舶管理条例》《河北省渔业船舶管理条例》《河北省水产种苗管理办法（2002 年修正）》。具体内容详见表 5-11：

表 5-11 渤海渔业资源开发管理河北省地方立法内容简表

基本内容	文献名称	条　款
限制捕捞强度	河北省渔业船舶管理条例	第三条："各级人民政府应当鼓励各类资本投资远洋捕捞业，扶持提高远洋捕捞能力，调控近海和内陆水域渔船的规模，合理开发、保护和利用渔业资源。"
	河北省渔业管理条例	第二十一条："各级人民政府应当鼓励发展外海、远洋捕捞业和开发性捕捞生产，严格控制近海和内陆水域的捕捞强度，适时调整捕捞作业结构，合理开发利用资源。"

基本内容	文献名称	条　　款
捕捞许可证制度	河北省渔业船舶管理条例	第八条："禁止捕捉、杀害重点保护水生野生动物。但特殊情况下，可申请捕捉许可证进行捕捞。"
	河北省渔业管理条例	第二十三条（捕捞许可证制度。）
渔业资源增值与保护	河北省渔业管理条例	第五章（渔业资源的增殖和保护。）
	河北省水产种苗管理办法（2002年修正）	第一条："为合理开发和保护水产种质资源，实现水产养殖增殖的良种化，促进渔业生产持续健康发展，根据《渔业法》和《河北省渔业管理条例》等有关法律、法规的规定，结合本省实际，制定本办法。"

二、矿产资源开发管理

河北省有关渤海的矿产资源开发管理立法主要有《河北省地方煤矿管理条例》《河北省矿产资源管理条例》《邯郸市矿产资源管理条例》《唐山市矿产资源开采管理条例》《石家庄市沙、土、石开采用地管理规定》。具体内容详见表5-12：

表5-12　渤海矿产资源开发管理河北省地方立法内容简表

基本内容	文献名称	条　　款
环境标准制度	河北省地方煤矿管理条例	第三十三条："地方煤矿必须遵守《环境保护法》、《水污染防治法》和《河北省水资源管理条例》的有关规定。对已造成污染的，应采取措施进行治理，使各项指标逐步达到国家规定的标准。"
环境预防制度	邯郸市矿产资源管理条例（2010年修正）	第二十条："矿山企业和个体采矿必须遵守水土保持、环境保护的法律、法规，防止污染、水土流失和地质灾害。"

基本内容	文献名称	条　款
环境预防制度	河北省矿产资源管理条例	第二十六条:"开采矿产资源必须遵守森林、草原、土地、水土保持和环境保护法律、法规,防止污染、水土流失和地质灾害。"
许可证制度	邯郸市矿产资源管理条例(2010年修正)	第五条:"矿产资源的勘查、开采和矿产品的经营、运输实行许可证制度。"
审批制度	石家庄市沙、土、石开采用地管理规定	第九条:"在河道范围内开采沙土、石须经水利部门批准。"
	唐山市矿产资源开采管理条例	第五条(对采矿权的审批。)
限期治理制度	石家庄市沙、土、石开采用地管理规定	第十五条:"对不按规定开采,造成沙化、盐渍化水土流失的,责令限期治理,并处以五百元以下罚款。"

三、能源资源开发管理

河北省渤海能源开发管理的立法主要包括《河北省新能源开发利用管理条例》、《河北省节约能源条例》、《河北省油气田保护规定(2007年修正本)》、《河北省资源综合利用规定》、《河北省地热资源管理条例》、《邯郸市水资源管理条例》、《邯郸市地热资源管理暂行规定》。具体内容详见表5-13:

表5-13　渤海能源资源开发管理河北省地方立法内容简表

基本内容	文献名称	条　款
环境经济制度	河北省新能源开发利用管理条例	第十七条:"开发地热资源应当按照国家有关规定申报审批,实行有偿使用,不得随意开采。"
开发与保护相结合	邯郸市水资源管理条例	第五条:"开发、利用、节约、保护和管理水资源,应当全面规划、综合利用,协调好生活、生产经营和生态环境用水。合理开发地表水,控制开采地下水,科学利用再生水。"

基本内容	文献名称	条　　款
开发与保护相结合	河北省地热资源管理条例	第五条："勘查和开发利用地热资源，应当坚持统一规划、科学勘查、合理布局、分层开采、综合利用和保护环境的原则。"
	河北省新能源开发利用管理条例	第十七条："地热资源开发应当统一规划，合理开发，梯级利用，保护资源和环境。"
	河北省油气田保护规定（2007年修正本）	第十七条："因生产设施管理不善、违章进行生产作业等石油企业的原因造成环境污染的，由石油企业依法承担赔偿责任。"
环境责任	河北省资源综合利用规定	第二条（对生产过程中产生的废渣、废水、废气、余热、余压等进行回收和合理利用。）
资源综合利用	河北省资源综合利用规定	第五条："涉及资源综合利用的建设项目的资源综合利用工程，必须与主体工程同时设计、同时施工、同时投产。"
资源综合利用的三同时制度	河北省地热资源管理条例	第十一条："本省对地热资源的开采实行保护性限额开采制度。"
环境标准制度	邯郸市地热资源管理暂行规定	第十四条："采矿权人必须按照采矿可证核准的井位、热储层和开采量进行开采。"
环境许可制度	河北省地热资源管理条例	第十三条："利用已勘探凿成的废弃油井开采地热时，采矿权申请人应当办理地热资源采矿权登记手续。"
环境规划制度	邯郸市地热资源管理暂行规定	第五条："地热资源开发利用实行统一规划、统一管理、合理布局、积极开发综合利用的方针。"
环境救治制度	邯郸市地热资源管理暂行规定	第十八条："勘查、开发利用地热资源应当遵守建设项目环境保护管理规定，采取必要措施，防止环境污染、生态破坏和地面沉降。已造成污染或者破坏的，应当按照环境保护的有关规定进行治理。"

四、海域资源开发管理

河北省海域资源开发管理的立法主要包括：《河北省渔业管理条例》、《河北省水生野生动物保护办法（2007年修正本）》。具体内容详见表5-14：

表5-14　渤海海域资源开发管理河北省地方立法内容简表

基本内容	文献名称	条　款
环境规划制度	河北省渔业管理条例	第十五条（按照统一规划、合理开发的原则，充分利用浅海等发展养殖业。）
环境责任	河北省水生野生动物保护办法（2007年修正本）	第七条："任何单位和个人都不得破坏重点保护水生野生动物生息繁衍的水域和场所。"

五、节能监测

河北省专门制定了有关节约能源的立法《河北省节约能源监测办法》。具体内容详见表5-15：

表5-15　渤海节约能源河北省地方立法内容简表

基本内容	文献名称	条　款
节约能源监测办法	河北省节约能源监测办法	全文

第四节　渤海生态保护河北省立法文献

在生态保护方面，河北省相关的立法文献包括《河北省城市绿化管理条例》、《河北省义务植树条例》、《河北省义务植树条例》、《河北省冶金矿产品生产经营监督管理条例》、《河北省大中型水利水电工程水土保持办法》等十八部。这些立法为河北省保护渤海生态环境提供了法律基础。具体内容详见表5-16：

表 5-16 渤海生态保护河北省立法文献简表

序号	文献名称	发布机关	通过时间	文献编号	生效时间	当前效力
1	河北省城市绿化管理条例（2002年修正本）	河北省第八届人大常委会第十五次会议通过	1995年7月8日	河北省九届人大第66号	1995年9月1日	有效
2	河北省植物保护条例	河北省第九届人大常委会第二十六次会议通过，2002年3月30日河北省人大常委会公告第63号公布	2002年3月30日	河北省人大常委会公告第63号公布	2002年7月1日	有效
3	河北省动物防疫条例	河北省第九届人民代表大会常务委员会第二十九次会议	2002年9月28日	河北省人大常委会公告第77号	2002年12月1日	有效
4	河北省旅游条例	河北省第十届人大常委会第六次会议通过	2003年11月29日	河北省第十届人大常委会公告第13号	2004年1月1日	有效
5	河北省义务植树条例	河北省第六届人大常委会第十八次会议通过	1986年3月1日	河北省第十届人大常委会公告第74号	2007年5月1日	有效
6	河北省冶金矿产品生产经营监督管理条例	河北省第十届人大常委会第二十三次会议通过	2006年9月28日	河北省第十届人大常委会公告第60号	2006年11月1日	有效

序号	文献名称	发布机关	通过时间	文献编号	生效时间	当前效力
7	河北省大中型水利水电工程水土保持办法	河北省人民政府	1996年12月19日	1996年12月19日河北省人民政府令第175号公布,根据2002年9月24日河北省人民政府令[2002]第16号修订	1997年1月1日	有效
8	河北省实施《水土保持法》办法	河北省第七届人大常委会第三十二次会议通过	1993年2月27日	不详	1993年2月27日	有效
9	河北省昌黎黄金海岸国家级海洋类型自然保护区管理办法	河北省人民政府	2010年11月30日	河北省人民政府[2010]令第10号	不详	有效
10	石家庄市城市园林绿化管理条例	石家庄市第九届人大常委会第七次会议通过	1994年8月25日	不详	1994年12月1日	有效
11	石家庄市水土保持条例	石家庄市第十届人大常委会第八次会议通过	1999年7月1日	不详	1999年12月1日	有效
12	石家庄市城区河系公园管理条例	石家庄市第十一届人大常委会第三十五次会议通过	2007年8月31日	不详	2008年1月1日	有效

序号	文献名称	发布机关	通过时间	文献编号	生效时间	当前效力
13	石家庄市旅游业管理办法	石家庄市第十届人民政府第十八次常务会议审议通过	1999 年 2 月 13 日	石家庄市人民政府令第101号	1999 年 5 月 1 日	有效
14	石家庄市城市园林绿化管理条例实施细则	石家庄市第十一届人民政府第四十九次常务会议讨论通过	2006 年 4 月 14 日	石家庄市人民政府令第148号	2006 年 6 月 1 日	有效
15	邯郸市水土保持管理条例（2010年修正）	邯郸市第十届人大常委会第七次会议通过	1994 年 9 月 1 日	不详	不详	有效
16	邯郸市城市绿化条例（2010 年修正）	邯郸市第十一届人大常委会第二十三次会议通过	2001 年 12 月 19 日	不详	2002 年 8 月 1 日	有效
17	邯郸市旅游管理办法	河北省邯郸市人民政府	2008 年 3 月 22 日	邯郸市人民政府令第126号	2008 年 3 月 22 日	有效
18	唐山市城市绿化管理条例	唐山市第十一届人大常委会第十五次会议通过	2000 年 5 月 19 日	唐山市第十一届人大常委会公告第9号	2000 年 8 月 4 日	有效

下面将从渤海自然保护区管理、迁徙物种及其他珍稀濒危物种保护、生物入侵防治、河口区生境保护、水土流失防治等五个方面对渤海生态保护河北省立法文献进行梳理研究。

一、自然保护区管理

河北省对于自然保护区管理做出规定的地方性立法文件主要有《河北省环

境保护条例》、《河北省昌黎黄金海岸国家级海洋类型自然保护区管理办法》以及《河北省森林资源管理条例》等。这些法规所规定的自然保护区发展规划、自然保护区管理授权、自然保护区自然形态保护与污染防治以及自然保护区植被和动物保护等法律制度和法律措施对渤海自然保护区的建立、管理等方面提供了法律保障。具体内容详见表5-17：

表5-17　渤海自然保护区管理河北省立法内容简表

基本内容	文献名称	条　款
自然保护区发展规划	河北省环境保护条例	第十七条："县级以上人民政府环境保护行政主管部门，会同本级人民政府国土资源、林业、农业、水利等有关行政主管部门，拟订本行政区域内自然保护区发展规划，经发展和改革行政主管部门综合平衡后，报同级人民政府批准实施。"
自然保护区管理授权	河北省昌黎黄金海岸国家级海洋类型自然保护区管理办法	第五条（省海洋行政部门负责保护区的管理监督；昌黎黄金海岸国家级自然保护区管理处负责保护区的具体管理工作。）
自然保护区自然形态保护与污染防治	河北省昌黎黄金海岸国家级海洋类型自然保护区管理办法	第十四条："保护区内禁止下列活动：（一）擅自进行砍伐、捕捞、开垦、挖沙及狩猎、放牧、攀登沙丘等活动；（二）倾倒垃圾、废渣或者排放含油、含毒的物质及其他有害的物质；（三）擅自建设建筑物及其他永久性设施；（四）非法转让保护区内的土地。" 第十五条："在保护区内已经开发建设的项目，其污染物排放不得超过国家规定的污染物排放标准。"
自然保护区环境破坏限期治理制度	河北省昌黎黄金海岸国家级海洋类型自然保护区管理办法	第十五条："本办法实施前已建成的设施，建设单位应向管理机构报告。对保护区的自然环境、自然资源和自然景观有影响的，应限期治理。造成损害的，必须采取补救措施。"
自然保护区植被和动物保护	河北省森林资源管理条例	第二十五条（全省林地划分为三级防火区，其中一级防火区系指自然保护区、林业风景游览区和万亩以上连片的有林地。）

基本内容	文献名称	条　　款
自然保护区植被和动物保护	河北省森林资源管理条例	第四十二条（进入幼林地、封山育林区、自然保护区或者进入种子园、母树林、实验林和采种基地等特种用途林内采种、放牧、砍柴、狩猎、采砂石，根据严重程度，处以不同数额的罚款。）
自然保护区水体保护	河北省水污染防治条例	第二十六条（县级以上人民政府负责对自然保护区水体、风景名胜区水体、重要渔业水体和其他具有特殊经济文化价值的水体，划定保护区，并采取有效措施，保证保护区的水体水质符合规定用途的水质标准。）

二、迁徙物种及其他珍稀濒危物种

保护河北省对迁徙物种及其他珍稀濒危物种进行保护的地方性立法文献主要有《河北省陆生野生动物保护条例》和《河北省水生野生动物保护办法》。这两部立法性文件主要从陆生野生动物资源规划及措施、陆生野生动物救护、野生动物侵害补偿制度、陆生野生动物的驯养和利用管理以及水生野生动物生境保护制度等方面做出了规定。具体内容详见表5-18：

表5-18　迁徙物种及其他珍稀濒危物种保护河北省地方立法文献简表

基本内容	文献名称	条　　款
陆生野生动物资源规划及措施	河北省陆生野生动物保护条例	第九条："省人民政府陆生野生动物行政主管部门负责组织省陆生野生动物资源调查，建立省陆生野生动物资源档案和资源监测机制，制定全省保护、发展和合理开发利用陆生野生动物资源规划及措施，报省人民政府批准后施行。" 第十条："在陆生野生动物资源集中的地区，县级人民政府应当制定本地区保护、发展和合理利用陆生野生动物资源的中、长期规划和实施措施。"
	河北省水生野生动物保护办法	第五条："省人民政府渔业行政主管部门负责组织本省重点保护水生野生动物的资源调查，建立重点保护水生野生动物资源档案，并制定本省保护、发展和合理利用重点保护水生野生动物的规划及措施，报省人民政府批准后施行。"

基本内容	文献名称	条　款
限期治理制度	河北省陆生野生动物保护条例	第十三条（在自然保护区的外围保护地带建设的项目，不得损害自然保护区内的环境质量；已造成损害的，应当限期治理。） 第十四条（已经建成的建设项目或者土地利用和其他开发行为，如对国家和省重点保护的陆生野生动物的生存环境产生不利影响的，县级以上人民政府陆生野生动物行政主管部门应当责令当事人限期治理。）
陆生野生动物救护中心	河北省陆生野生动物保护条例	第十五条（在陆生野生动物资源集中的地区，根据需要设置陆生野生动物救护中心，负责陆生野生动物的救护和放生等工作。）
野生动物侵害补偿制度	河北省陆生野生动物保护条例	第十八条（因保护国家和省重点保护陆生野生动物受到被保护野生动物侵害，致人死亡或者伤害的，受害人应当获得补偿；家畜、家禽在居民区内、田间或者近村林地被国家和省重点保护陆生野生动物伤害的，其所有人或者管理人应当获得补偿；农民耕地上的农作物遭国家和省重点保护陆生野生动物损毁的，受损失的农民应当获得合理补偿。当事人可以向所在地人民政府陆生野生动物行政主管部门提出补偿要求。补偿办法由省人民政府制定。）
陆生野生动物猎捕管理制度	河北省陆生野生动物保护条例	第三章（陆生野生动物猎捕管理制度。）
陆生野生动物的驯养和利用管理	河北省陆生野生动物保护条例	第四章（陆生野生动物的驯养和利用管理制度。）
野生动物保护的奖励和处罚制度	河北省陆生野生动物保护条例	第五章（陆生野生动物保护方面的奖励和处罚制度。）
水生野生动物生境保护制度	河北省水生野生动物保护办法	第六条："在重点保护水生野生动物的主要生息繁衍地区和水域，应当划定自然保护区。自然保护区的划定和管理，依照国家有关规定执行。" 第七条："任何单位和个人都不得破坏重点保护水生野生动物生息繁衍的水域和场所。"

基本内容	文献名称	条　　款
水生野生动物特许捕捉证制度	河北省水生野生动物保护办法	第八条（因科学研究、驯养繁殖、资源调查、教学、展览或者其他特殊情况需要捕捉水生野生动物的，需要申请水生野生动物特许捕捉证。）

三、生物入侵防治

河北省对渤海生物入侵防治做出规定的地方性立法文献主要有《河北省植物保护条例》、《河北省动物防疫条例》、《河北省水产种苗管理办法》以及《河北省渔业管理条例》等。这些立法文献规定了农作物引进检疫登记、审批和疫情监测制度、动物及动物产品引进检疫备案制度、水产种苗档案管理制度以及水产种苗检疫制度等相应内容。具体内容详见表5-19：

表 5-19　生物入侵防治河北省地方立法内容简表

基本内容	文献名称	条　　款
农作物引进检疫登记、审批和疫情监测	河北省植物保护条例	第二十条（由境外引进农作物种子、种苗、种薯、菌种等繁殖材料的单位和个人，应当进行检疫登记和引种检疫审批。在本省繁育种植的，应当在农业植物检疫机构指定的隔离种植区内种植，并接受农业植物检疫机构的疫情监测。）
动物及动物产品引进检疫备案制度	河北省动物防疫条例	第二十六条："从省外引进种用、乳用动物和动物精液、胚胎、种蛋，当事人应当向输入地动物防疫监督机构申请办理登记手续，经输出地动物防疫监督机构检疫合格方可引入。引入的种用、乳用动物应当在输入地动物防疫监督机构的监督下隔离观察饲养15—30日，合格的方可种用或者乳用。从境外引进动物、动物产品的，畜货主在15日内必须持出入境检验检疫部门出具的入境货物检验检疫证明，向输入地动物防疫监督机构备案。"

基本内容	文献名称	条　款
水产种苗档案管理制度	河北省水产种苗管理办法	第八条（原种场、良种场应当建立健全技术资料和档案管理制度，并将原种及其亲本的引进时间、使用年限以及繁育、淘汰、更新等情况详细记录归档。并且，原种场、良种场供应亲本或者后备亲本，应当向用户提供有关的技术档案资料。）
水产种苗检疫制度	河北省水产种苗管理办法	第十条（销售重要的水产种苗以及从省外调进水产种苗，必须经销售地或者产地县以上水产行政主管部门指定的机构检疫，取得水产种苗检疫合格证。并且，进出口水产种苗的检疫，按照《进出境动植物检疫法》的有关规定执行。）
渔业新品种引进管理制度	河北省渔业管理条例	第三十条（各级渔业行政主管部门应当有计划地培育和引进水生动物、水生植物新品种，扩大增殖放流规模，投放人工鱼礁，改进渔具和捕捞方法，促进渔业资源的繁衍，提高水域的生产能力。）

四、河口生境保护

在河口区生境保护方面，《河北省昌黎黄金海岸国家级海洋类型自然保护区管理办法》和《石家庄市城区河系公园管理条例》对河口区生境保护做出了相关规定。具体内容详见表 5-20：

表 5-20　河口区生境保护河北省地方立法内容简表

基本内容	文献名称	条　款
以自然保护区的形式保护河口区生境	河北省昌黎黄金海岸国家级海洋类型自然保护区管理办法	第十条（保护区划分为核心区、缓冲区和实验区。保护区管理机构按照不同区域的性质，采取相应的保护和管理措施。第三项规定设立赤洋口沙丘林带实验区、七里海潟湖实验区、滦河口湿地实验区三个陆域实验区，总面积 47.87 平方公里。其中，滦河口湿地实验区范围：北界为大滩通海路，东、南、西均以保护区区界为界，面积 12.34 平方公里。）

基本内容	文献名称	条　款
河系公园生态保护及补偿	石家庄市城区河系公园管理条例	第二十二条："在城区河系公园建设红线范围内进行考古挖掘或生态、生物科学研究的，应当事先征求市园林绿化行政主管部门的意见，造成损坏的，应当予以补偿。"
河系公园污染防治	石家庄市城区河系公园管理条例	第二十五条至第三十条（河系公园污染防治的相关内容。）

五、水土流失治理

在水土流失治理方面，河北省的地方性立法文献主要有《石家庄市水土保持条例》、《河北省大中型水利水电工程水土保持办法》、《河北省实施〈水土保持法〉》以及《邯郸市水土保持管理条例》等。具体内容详见表5-21：

表5-21　水土流失治理河北省地方立法内容简表

基本内容	文献名称	条　款
水土保持总体规划与专项资金	石家庄市水土保持条例	第六条（市、县两级人民政府应将水土保持总体规划确定的任务，纳入国民经济和社会发展计划，安排专项资金。随着财政收入的增长，其专项资金应当逐步增加。并且，水土保持行政主管部门应根据水土保持总体规划制定小流域治理规划和年度计划。）
	河北省大中型水利水电工程水土保持办法	第六条（县级以上水行政主管部门负责组织制订本行政区域内大中型水利、水电工程库区和上游地区的水土保持规划，编制小流域或者区域综合防治实施计划，并对规划和计划的实施情况进行指导、监督检查。）
	邯郸市水土保持管理条例	第四条（市和有水土流失的县（市）、区、乡（镇）人民政府要将水土保持工作列为重要职责，实行政府领导任期内的水土保持目标考核制，并将水土保持规划所确定的任务纳入本地国民经济和社会发展计划，安排水土保持专项资金。随着财政收入的增长，专项资金应逐步增加。）

基本内容	文献名称	条　款
小流域综合治理	石家庄市水土保持条例	第七条（各级人民政府应当组织全民植树种草，封山育林，采取工程措施、生物措施和农艺措施相结合的方法，开展小流域综合治理。）
	河北省大中型水利水电工程水土保持办法	第六条（县级以上水行政主管部门负责组织制订本行政区域内大中型水利、水电工程库区和上游地区的水土保持规划，编制小流域或者区域综合防治实施计划，并对规划和计划的实施情况进行指导、监督检查。）
水土流失防治鼓励政策	石家庄市水土保持条例	第八条（各级人民政府应对水土流失的防治实行鼓励政策。）
	邯郸市水土保持管理条例	第十七条（政府应对水土流失的防治实行鼓励政策。）
水土保持资金筹集与管理制度	河北省实施《水土保持法》办法	第二十条、第二十一条（水土保持资金筹集与管理相关制度。）
	石家庄市水土保持条例	第十条、第十一条（水土保持资金筹集与管理相关制度。）
	河北省大中型水利水电工程水土保持办法	第十二条、第十四条、第十五条（水土保持资金筹集与管理相关制度。）
水土保持规划	河北省实施《水土保持法》办法	第二十三条（县级人民政府水行政主管部门和乡级人民政府应当根据依法批准的水土保持规划，制定具体的治理实施规划。）
水土保持方案制定	河北省实施《水土保持法》办法	第十四条（水土保持方案制定的相关内容。）
	石家庄市水土保持条例	第十二—第十五条（水土保持方案制定的相关内容。）
	邯郸市水土保持管理条例	第十条、第十三条（水土保持方案制定的相关内容。）

基本内容	文献名称	条　款
水土保持设施三同时制度	石家庄市水土保持条例	第十六条（水土保持设施"三同时"制度。）
	河北省大中型水利水电工程水土保持办法	第十二条（水土保持设施"三同时"制度。）
	邯郸市水土保持管理条例	第十三条（水土保持设施"三同时"制度。）
谁破坏谁治理	河北省实施《水土保持法》办法	第十八条（经批准的建设项目在建设过程中造成水土保持设施损毁的，应当缴纳水土保持设施补偿费。）
	邯郸市水土保持管理条例	第十八条（企业事业单位或者个人在建设和生产过程中，损毁水土保持设施的，都要缴纳水土保持设施补偿费，并对造成的水土流失负责治理。无力自行治理的，应缴纳水土流失防治费，由水行政主管部门组织治理。）
	河北省冶金矿产品生产经营监督管理条例	第十八条（冶金矿产品生产单位应当依法实施环境治理方案，因冶金矿产品生产造成地质环境、耕地、林地破坏和水土流失的，冶金矿产品生产单位应当因地制宜地采取复垦利用、植树种草或者其他利用措施。）

第五节　渤海空间管理和渤海自然
形态保护河北省立法文献

在空间管理和渤海自然形态管理领域，河北省共有三部立法文件，具体内容详见表5-22：

表 5-22　渤海空间管理和渤海自然形态保护河北省立法文献简表

序号	文献名称	发布机关	通过时间	文献编号	生效时间	当前效力
1	河北省海域使用管理条例	河北省第十届人大常委会第二十二次会议	2006 年 11 月 25 日	不详	2007 年 1 月 1 日	有效
2	河北省港口管理规定	河北省人民政府	1996 年 9 月 12 日	河北省人民政府令第 167 号	1996 年 9 月 12 日	有效
3	河北省地质环境管理条例	河北省第九届人大常委会第六次会议	1998 年 12 月 26 日	河北省第九届人大常委会公告第 15 号	1999 年 3 月 1 日	有效

　　这些立法文件设立了一些重要的渤海空间管理和渤海自然形态管理方面的法律制度和事项,具体内容详见表 5-23:

表 5-23　渤海空间管理和渤海自然形态保护河北省地方立法内容简表

基本内容	文献名称	条　　款
海域使用与海洋环境的监督管理机关	河北省海域使用管理条例	第六条、第七条
海洋功能区划与海域使用规划	河北省海域使用管理条例	第八条至第十三条
海域使用权审批	河北省海域使用管理条例	第十四条至第三十一条
海域自然形态保护	河北省海域使用管理条例	第三十三条、第三十四条、第三十六条
	河北省港口管理规定	第十九条至第二十一条

基本内容	文献名称	条　　款
海域污染防治	河北省海域使用管理条例	第三十二条、第三十五条、第三十七条、第三十八条（总量控制制度）、第三十九条（海洋环境污染事故、海洋灾害应急预案）、第四十条(环境监测)
	河北省港口管理规定	第二十一条、第二十二条
港口规划与建设	河北省港口管理规定	第六条至第十七条
地质环境评价	河北省地质环境管理条例	第八条、第九条
地质环境监测	河北省地质环境管理条例	第十条
地质环境的治理	河北省地质环境管理条例	第十三条
地质遗迹的利用与保护	河北省地质环境管理条例	第十四条至第十七条
地质灾害的预防与治理	河北省地质环境管理条例	第十八条至第二十三条

第六节　渤海防灾减灾及其他管理河北省立法文献

河北省有关防灾减灾的地方立法共有九部，具体内容详见表5-24：

表5-24　渤海防灾减灾及其他管理河北省立法文献简表

序号	文献名称	发布机关	通过时间	文献编号	生效时间	当前效力
1	河北省蓄滞洪区管理办法	河北省人民政府	1997年3月18日	河北省人民政府令第184号	1997年3月18日	有效

序号	文献名称	发布机关	通过时间	文献编号	生效时间	当前效力
2	邯郸市防洪条例	邯郸市第十二届人大常委会第十七次会议通过	2005年11月2日	不详	2006年7月1日	有效
3	河北省自然灾害救助应急预案	河北省人民政府	2007年6月20日	冀政办[2007]13号	2007年6月20日	有效
4	河北省地震安全性评价管理条例	河北省人大常委会	1995年12月26日	不详	1996年5月1日	失效，已被2007年颁布的《河北省地震安全性评价管理条例》所废止
5	河北省地震安全性评价管理实施办法	河北省人民政府	2001年10月26日	河北省人民政府令[2001]第17号	2002年1月1日	失效
6	河北省地震安全性评价管理条例	河北省人大常委会	2007年9月21日	河北省第十届人大常委会公告第84号	2007年11月1日	有效
7	唐山市地震安全性评价和抗震设防管理办法	唐山市人民政府	2008年7月22日	唐山市人民政府令[2008]3号	2008年10月1日	有效
8	唐山市防震减灾管理条例	唐山市人大常委会	2010年11月26日	不详	2011年3月1日	有效

　　河北省在防灾减灾方面立法文件主要涉及对于重大灾害所造成的环境污染进行预防和应急处置。主要设立了污染防治机制、自然灾害应急救助机制和

污染源工程地震安全性评价机制。具体内容详见表 5-25：

表 5-25　渤海防灾减灾及其他管理河北省地方立法内容简表

基本内容	文献名称	条　款
自然灾害中的污染防治	河北省蓄滞洪区管理办法	第十二条："禁止在蓄滞洪区内建设对水体环境有严重污染的工厂和仓库。现有工厂和仓库应当在规定的期限内采取防洪保安措施。"
	邯郸市防洪条例	第三十条："在防洪工程管理范围内种植阻碍行洪的林木和高秆作物，倾倒垃圾、桔秆、渣土及其他废弃物或者沉船的，处五万元以下罚款。"
自然灾害应急救助机制	河北省自然灾害救助应急预案	全文
污染源工程地震防护机制	河北省地震安全性评价管理条例	第五条："下列建设工程必须进行地震安全性评价：（一）国家重大建设工程；（二）受地震破坏后可能引发水灾、火灾、爆炸、剧毒或者强腐蚀性物质大量泄露或者其他严重次生灾害的建设工程，包括水库大坝、堤防和贮油、贮气、贮存易燃易爆、剧毒或者强腐蚀性物质的设施以及其他可能发生严重次生灾害的建设工程；（三）受地震破坏后可能引发放射性污染的核电站和核设施建设工程。"
	唐山市人民政府关于加强工程建设地震安全性评价和抗震设防要求管理的通知	"必须进行地震安全性评价的工程。3. 可能产生严重次生灾害的工程：（1）受地震破坏后可能引发水灾、火灾、爆炸、剧毒或者强腐蚀性物质大量泄漏及其他严重次生灾害的建设工程。（2）核电站、重要核设施、中型以上的水库、位于市区或城市上游的挡水坝、矿山的尾矿坝等工程。"
	唐山市地震安全性评价和抗震设防管理办法	第四条："下列建设工程应当进行地震安全性评价：（一）国家重大建设工程；（二）受地震破坏后可能引发水灾、火灾、爆炸、剧毒、强腐蚀性物质大量泄漏或者其他严重次生灾害的建设工程；（三）受地震破坏后可能引发放射性污染的核设施建设工程。"

基本内容	文献名称	条　款
污染源工程地震防护机制	唐山市防震减灾管理条例	第二十条："下列建设工程应当进行地震安全性评价：（一）国家重大建设工程；（二）受地震破坏后可能引发水灾、火灾、爆炸、剧毒、强腐蚀性物质大量泄露或者其他严重次生灾害的建设工程，包括水库大坝、堤防和贮油、贮气、贮存易燃易爆、剧毒、病菌或者强腐蚀性物质的设施以及其他可能发生严重次生灾害的建设工程；（三）受地震破坏后可能引发放射性污染的核电站和核设施建设工程。"

第六章 渤海管理天津市
立法文献研究

　　天津市毗邻渤海，位于海河等主要河流的入海口，处于环渤海经济圈的中心，在渤海的生态环境保护和管理中居于重要地位。本章围绕涉及渤海管理及相关事项的天津市地方性法规、天津市政府规章等立法文献进行梳理，从管理综合、污染防治、资源保护和管理、生态保护、空间管理和渤海自然形态管理、防灾减灾及其他管理和管理法律手段等方面进行了归纳分类。其中，污染防治和资源保护和管理方面的立法文献最为密集。这些法规规章制定了较为详尽和前瞻性的渤海管理规划，并建立了大量的制度和机制以保证对渤海各方面管理的顺利进行。

第一节　渤海管理天津市综合性立法文献

　　天津市人大及其常委会，天津市人民政府对于渤海资源管理的综合性立法主要有《天津市水上治安管理规定》、《天津市环境保护条例》、《天津市海域环境保护管理办法》、《天津市人民政府批转市海洋局关于编制天津市海洋环境保护规划实施意见的通知》、《天津市人民政府办公厅关于贯彻落实〈国家海洋事业发展规划纲要〉的实施意见》、《天津市国民经济和社会发展第十二个五年规划纲要》等。具体内容详见表6-1：

表 6-1　渤海管理天津市综合性立法文献简表

序号	文献名称	发布机关	通过时间	文献编号	生效时间	当前效力
1	天津市水上治安管理规定	天津市人民政府	1987 年 11 月 17 日	天津市人民政府令第 51 号	1988 年 1 月 1 日	天津市人民政府 1990 年 9 月 15 日作部分修改，2002 年 1 月 4 日经市人民政府第 47 次常务会议第二次修改，根据 2010 年 11 月 8 日市人民政府第 59 次常务会议《关于修改部分市政府规章的决定》第三次修正
2	天津市环境保护条例	天津市第十二届人大常委会第十二次会议通过	1994 年 11 月 30 日	天津市人大常委会公告［第三十二号］	1994 年 11 月 30 日	2004 年 12 月 21 日天津市第十四届人大常委会第十六次会议第一次修正，2010 年 9 月 25 日天津市第十五届人大常委会第十九次会议第二次修正
3	天津市海域环境保护管理办法	天津市人民政府	1996 年 1 年 9 月	天津市人民政府令 1996 年第 54 号	1996 年 1 年 9 月	2010 年 11 月 8 日天津市人民政府根据第 59 次常务会议《关于修改部分市政府规章的决定》修正
4	天津市人民政府批转市海洋局关于编制天津市海洋环境保护规划实施意见的通知	天津市人民政府	2004 年 6 月 6 日	津政发〔2004〕60 号	2004 年 6 月 6 日	有效

序号	文献名称	发布机关	通过时间	文献编号	生效时间	当前效力
5	天津市人民政府办公厅关于贯彻落实《国家海洋事业发展规划纲要》的实施意见	天津市人民政府	2009 年 3 月 1 日	津政办发〔2009〕24 号	2009 年 3 月 1 日	有效
6	天津市人民政府关于印发天津市国民经济和社会发展第十二个五年规划纲要的通知	天津市人民政府	2011 年 3 月 8 日	津政发〔2011〕14 号	2011 年 3 月 8 日	有效

天津市有关渤海管理综合法规是 1994 年 11 月 30 日颁布的《天津市环境保护条例》,该法于 2004 年 12 月 21 日和 2010 年 9 月 25 日进行了修改,1987年 11 月 17 日颁布的《天津市水上治安管理规定》则对水上治安管理做了规定,在此一并归入综合范畴。

《天津市环境保护条例》对天津市环境保护的方针政策、各级政府及其职能部门职责以及企事业单位和个人的环保责任作出了全面规定,基本贯彻了"预防为主、防治结合、综合防治的方针以及谁污染谁治理和污染者付费"的原则。各级政府实行环保目标责任制和定期报告制度,把环境保护工作与经济发展统筹安排,同步实施,制定地方环境质量标准和污染物排放标准。对企事业单位实施排污申报登记、排污总量控制和排污许可证制度;推行清洁生产,实施环境影响评价制度和突发事件报告制度。《天津市水上治安管理规定》则对船舶、船员、渔民、乘客等相对人的营运、维护等行为作出规定。具体内容详见表 6-2:

表 6-2　渤海管理天津市地方立法内容简表

基本内容	文献名称	条　　款
环保方针政策	天津市环境保护条例	第三条（环境保护方针原则。） 第四条至第六条（对市和区、县人民政府制定环境保护规划、环保科技研发、环保产业扶持的要求。）
各级政府及其职能部门的环保职责	天津市环境保护条例	第七条（各级政府实行环保目标责任制和定期报告制度。） 第八条（各级政府环保资金的落实、使用和积累。） 第九条（各级政府环境综合整治和定量考核制度的规定。） 第十条（环保监督责任主体。） 第十一条（环境保护宣传教育的要求。） 第十四条（各行政主管部门环保工作的监管职责。） 第十五条（对环境污染防治和资源保护实施监管的规定。） 第十六条："市和区、县计划部门负责国民经济和社会发展计划中环境保护方面的综合平衡工作。" 第十七条（城市环境基础设施和大型生态保护工程等建设费用的落实。） 第十八条（经济综合部门和行业主管部门对环保与经济工作统筹、企业污染治理和环境保护资金落实的责任。） 第十九条（环境保护监测、各项环境标准和监测规范。） 第五十六条（环境保护监督管理人员的刑事、行政责任。）
	天津市海域环境保护管理办法	第六条（海洋环境保护工作监管主体。）
个人的环保责任	天津市环境保护条例	第十二条（单位和个人的环保义务和检举、控告权。） 第十三条（对单位和个人环保行为奖励的规定。）
水上治安管理	天津市水上治安管理规定	第二条（治安管理范围。） 第三条（水上营运证件。） 第四条（船舶出海营运的证照规定。） 第五条（码头、渡口等水上群众聚集场所的安全规定。） 第六条（举办大型水上群众性活动的安全规定。） 第七条（对各类船舶治保、设备、运输、停泊的规定。） 第八条（对客船、游览船、运输船和渡船安全航行的规定。） 第九条（对船员、船民、渔民驾乘船的规定。） 第十条（对游客、乘客的规定。）

基本内容	文献名称	条　款
水上治安管理	天津市水上治安管理规定	第十一条（严禁在水域内违反规定使用爆炸、剧毒物品和电网。） 第十二条（严禁在航道内放置障碍物；严禁损毁、移动水上指示标志和其他公共设施。） 第十三条（违反本规定的行政责任。）

第二节　渤海污染防治天津市立法文献

渤海污染防治是本章的主要内容，天津市围绕渤海污染防治制定了大量的政府法规、规章，包括：《天津市防止拆船污染环境管理实施办法》、《天津市环境保护条例》、《天津市海域环境保护管理办法》、《天津市率先基本实现农业现代化实施规划》、《天津市人民政府关于实施海河流域天津市水污染防治规划有关工作的通知》、《天津市农业生态保护办法》、《天津市建设项目环境保护管理办法》、《天津市水污染防治管理办法》、《天津市人民政府批转市海洋局关于编制天津市海洋环境保护规划实施意见的通知》、《天津市人民政府关于印发天津市中长期科学和技术发展规划纲要（2006—2020年）和天津市科技发展"十一五"规划的通知》、《天津市人民政府批转市环保局关于我市"十一五"水污染防治工作意见的通知》、《天津市人民政府贯彻落实〈国务院关于印发中国水生生物资源养护行动纲要的通知〉的实施意见》、《天津市人民政府批转市环保局拟定的天津市"十一五"水污染防治实施方案的通知》《天津市海域使用管理条例》、《天津市人民政府办公厅关于贯彻落实〈国家海洋事业发展规划纲要〉的实施意见》、《天津市城市管理规定》、《天津市应对气候变化方案》、《天津市海洋局关于印发〈天津市赤潮灾害应急预案〉的通知》、《天津市"十二五"主要污染物总量减排工作方案》、《2011—2013年天津生态市建设行动计划》、《天津市人民政府办公厅关于落实天津市国民经济和社会发展第十二个五年规划纲要主要目标和任务分工的通知》等，具体内容详见表6-3：

表 6-3 渤海污染防治天津市立法文献简表

序号	文献名称	发布机关	通过时间	文献编号	生效时间	当前效力
1	天津市防止拆船污染环境管理实施办法	天津市人民政府	1993 年 8 月 7 日	天津市人民政府令[第 7 号]	1993 年 8 月 7 日	根据 2010 年 11 月 8 日市人民政府第 59 次常务会议《关于修改部分市政府规章的决定》修正
2	天津市环境保护条例	天津市第十二届人大常委会第十二次会议通过	1994 年 11 月 30 日	天津市人大常委会公告[第三十二号]	1994 年 11 月 30 日	2004 年 12 月 21 日天津市第十四届人大常委会第十六次会议第一次修正,2010 年 9 月 25 日天津市第十五届人大常委会第十九次会议第二次修正
3	天津市海域环境保护管理办法	天津市人民政府	1996 年 1 年 9 月	天津市人民政府令[第 54 号]	1996 年 1 年 9 月	根据 2010 年 11 月 8 日市人民政府第 59 次常务会议《关于修改部分市政府规章的决定》修正
4	天津市率先基本实现农业现代化实施规划	天津市人民政府	1999 年 8 月 16 日	津政发[1999]47 号	1999 年 8 月 16 日	有效

序号	文献名称	发布机关	通过时间	文献编号	生效时间	当前效力
5	天津市人民政府关于实施海河流域天津市水污染防治规划有关工作的通知	天津市人民政府	1999年12月30日	津政发[1999]85号	1999年12月30日	有效
6	天津市农业生态保护办法	天津市人民政府	2000年5月24日	天津市人民政府令[第23号]	2000年5月24日	有效
7	天津市建设项目环境保护管理办法	天津市人民政府	2000年7月21日	天津市人民政府令[第28号]	2000年7月21日	根据2004年6月21日经市人民政府第30次常务会议通过的《关于修改〈天津市建设项目环境保护管理办法〉的决定》修改
8	天津市水污染防治管理办法	天津市人民政府	2004年1月7日	天津市人民政府令第14号	2004年7月1日	根据2004年6月21日经市人民政府第30次常务会议通过的《关于修改〈天津市水污染防治管理办法〉的决定》修改
9	天津市人民政府批转市海洋局关于编制天津市海洋环境保护规划实施意见的通知	天津市人民政府	2004年6月6日	津政发[2004]60号	2004年6月6日	有效

序号	文献名称	发布机关	通过时间	文献编号	生效时间	当前效力
10	天津市人民政府关于印发天津市中长期科学和技术发展规划纲要（2006—2020年）和天津市科技发展"十一五"规划的通知	天津市人民政府	2006年4月21日	津政发[2006]41号	2006年4月21日	有效
11	天津市人民政府批转市环保局关于我市"十一五"水污染防治工作意见的通知	天津市人民政府	2006年12月12日	津政发[2006]106号	2006年12月12日	有效
12	天津市人民政府贯彻落实《国务院关于印发中国水生生物资源养护行动纲要的通知》的实施意见	天津市人民政府	2006年12月25日	津政发[2006]115号	2006年12月25日	有效
13	天津市人民政府批转市环保局拟定的天津市"十一五"水污染防治实施方案的通知	天津市人民政府	2007年10月31日	津政发[2007]78号	2007年10月31日	有效

序号	文献名称	发布机关	通过时间	文献编号	生效时间	当前效力
14	天津市海域使用管理条例	天津市第十四届人大常委会第四十次会议通过	2007 年 11 月 15 日	天津市人大常委会公告（第一百号）	2008 年 4 月 1 日	根据天津市第十五届人大常委会第十九次会议于 2010 年 9 月 25 日 通过的《天津市人大常委会关于修改部分地方性法规的决定》修改
15	天津市人民政府办公厅关于贯彻落实《国家海洋事业发展规划纲要》的实施意见	天津市人民政府	2009 年 3 月 1 日	津政办发〔2009〕24 号	2009 年 3 月 1 日	有效
16	天津市城市管理规定	天津市人民政府	2010 年 2 月 23 日	天津市人民政府令第 26 号	2010 年 2 月 23 日	有效
17	天津市应对气候变化方案	天津市人民政府	2010 年 3 月 19 日	津政发〔2010〕14 号	2010 年 3 月 19 日	有效
18	天津市海洋局关于印发《天津市赤潮灾害应急预案》的通知	天津市海洋局	2010 年 4 月 2 日	津海发环字[2010]170 号	2010 年 4 月 2 日	有效
19	天津市"十二五"主要污染物总量减排工作方案	天津市人民政府	2011 年 6 月 7 日	津政办发〔2011〕63 号	2011 年 6 月 7 日	有效

序号	文献名称	发布机关	通过时间	文献编号	生效时间	当前效力
20	2011—2013 年天津生态市建设行动计划	天津市人民政府	2011 年 6 月 17 日	津政发〔2011〕21 号	2011 年 6 月 17 日	有效
21	天津市人民政府办公厅关于落实天津市国民经济和社会发展第十二个五年规划纲要主要目标和任务分工的通知	天津市人民政府	2011 年 9 月 19 日	津政办发〔2011〕99 号	2011 年 9 月 19 日	有效

以下将从污染防治综合、陆源污染防治、船源污染防治、海洋工程污染防治、海岸工程污染防治、放射性物质污染防治等几个方面对渤海污染防治天津市立法文献的内容进行梳理。

一、污染防治综合

《天津市环境保护条例》等法律法规对排污单位规定了一系列原则和制度，包括总量减排制度、排污收费制度、责任考核制度、行业限制进入以及污染性项目、技术和产品的进口限制，并规定了污染事故报告制度。具体内容详见表6-4：

表 6-4　渤海污染防治综合天津市地方立法内容简表

基本内容	文献名称	条　款
防治污染设施管理	天津市海域环境保护管理办法	第十七条（对排污单位防治污染设施的管理。）
	天津市环境保护条例	第二十七条（防治污染的设施三同时规定。）
环境质量、排污标准	天津市环境保护条例	第二十四条（地方环境质量标准和污染物排放标准的拟定。）第二十五条（环境保护产品地方质量标准。）

基本内容	文献名称	条　　款
对排污单位的现场检查	天津市环境保护条例	第二十六条（对排污单位的现场检查的规定。）
对严重污染单位的限期治理	天津市环境保护条例	第二十条（对严重污染单位限期治理的规定。）
	天津市海域环境保护管理办法	第二十五条（对严重污染海域的单位责令限期治理的规定。） 第三十二条（逾期未完成限期治理任务的行政责任。）
对排污单位征收排污费	天津市环境保护条例	第二十一条（排污费和相应责任。）
排污申报登记	天津市环境保护条例	第二十二条（排污申报登记。）
排污总量控制和排污许可证制度	天津市环境保护条例	第二十三条（排污许可证的发放。）
企事业单位和个人的治污责任	天津市环境保护条例	第三十一条（城市建设的集中管理。） 第四十条（对污染单位的环保制度要求。） 第四十一条（企业和个体工商户发展行业和产品的限制规定。） 第四十二条（前置办理环境影响审批手续的规定。） 第四十三条（严重污染技术、设备、产品转移限制。） 第四十四条（污染建设项目、技术、设备、产品以及废弃物转移限制。） 第四十五条（对有毒化学品、固体废弃物的管理。）
污染事故报告制度	天津市环境保护条例	第四十六条（对可能造成污染事故的突发性事件应急措施和报告制度的规定。）

基本内容	文献名称	条　　款
相应责任	天津市环境保护条例	第四十七条（单位或者个人违反本条例规定的行政责任。） 第四十九条（单位逾期未完成限期治理任务的行政责任。） 第五十条（擅自拆除或者闲置防治污染设施的行政责任。） 第五十一条（企业和个体工商户违反行业和产品的限制规定的行政责任。） 第五十二条（行政处罚的救济程序和执行。） 第五十三条（造成环境污染的单位或者个人的民事责任和免责。） 第五十四条（破坏资源的法律责任兜底规定。） 第五十五条（造成重大环境污染事故的刑事责任。） 第五十六条（环境保护监督管理人员的刑事、行政责任。）

二、陆源污染防治

天津陆源污染主要是城市废水、废渣污染，与之相关的天津市立法文献可以划分为陆源污染防治综合、水污染防治综合、排污申报登记制度、重点水污染物总量控制制度、农业生产水污染防治等几方面，主要有：《天津市环境保护条例》、《天津市人民政府批转市环保局关于我市"十一五"水污染防治工作意见的通知》、《天津市人民政府批转市海洋局关于编制天津市海洋环境保护规划实施意见的通知》、《天津市人民政府关于印发天津市中长期科学和技术发展规划纲要（2006—2020年）和天津市科技发展"十一五"规划的通知》、《天津市海域环境保护管理办法》、《天津市海洋局关于印发〈天津市赤潮灾害应急预案〉的通知》、《天津市应对气候变化方案》、《天津市城市管理规定》、《天津市率先基本实现农业现代化实施规划》、《天津市人民政府关于实施海河流域天津市水污染防治规划有关工作的通知》、《天津市农业生态保护办法》、《天津市水污染防治管理办法》、《2011—2013年天津生态市建设行动计划》、《天津市人民政府办公厅关于落实天津市国民经济和社会发展第十二个五年规划纲要主要目标和任务分工的通知》，具体内容详见表6-5。

表 6-5　渤海陆源污染防治天津市地方立法内容简表

基本内容	文献名称	条　款
陆源污染防治综合	天津市海域环境保护管理办法	第六条（海岸工程和陆源污染监管主体。） 第十九条（对沿海单位有毒化学危险品的储存、运输和使用的管理。） 第二十二条（禁止在海岸、滩涂堆放、弃置垃圾等废弃物。） 第二十三条（对港口、码头防污染处理设施的规定。） 第二十四条（向海域排污单位清洁生产、环保责任制度要求。） 第二十七条（对海水养殖区域、投饵施肥等的规定。） 第三十一条（违反本办法第二十二条规定的行政责任。） 第三十四条（违反本办法造成海洋环境污染事故的行政责任。） 第三十五条（当事人对行政处罚决定不服的救济措施。） 第三十六条（因海岸工程建设项目和陆源污染物造成渔业损失的处理规定。） 第三十七条（因排放陆源污染物和进行海岸工程建设引起纠纷的解决机制。） 第三十八条（违反本办法造成重大海洋环境污染事故的刑事责任。） 第三十九条（海洋环境保护监督管理人员渎职的行政、刑事责任。）
	天津市海域环境保护管理办法	第十六条（陆源排放、兴建海岸工程建设项目及船舶、平台及时报告制度。）
水污染防治综合	天津市水污染防治管理办法	第三条（水环境质量责任主体。） 第四条（水污染防治监管主体。） 第五条（单位和个人保护水环境的权利义务。） 第十条（污水处理设施的管理规定。） 第十二条（城市污水集中处理设施的出水水质标准。） 第十三条（医疗卫生、科研单位产生的含病原体污水排放标准。） 第十四条（排污费缴纳规定。） 第十五条（对排污单位进行检查和监测的规定。）

基本内容	文献名称	条　　款
水污染防治综合	天津市海域环境保护管理办法	第二十条（防止城市污水污染海域。）
排污申报登记制度	天津市水污染防治管理办法	第九条（排污单位应办理排污申报登记手续。）
	天津市海域环境保护管理办法	第十四条（单位和个人向海域排放陆源污染物的申报登记制度。） 第二十八条（拒报、谎报排污申报登记事项，拒绝、阻挠现场检查或者在检查中弄虚作假的行政责任。）
污染事故及时处理、报告制度	天津市海域环境保护管理办法	第十六条（陆源排放、兴建海岸工程建设项目及船舶、平台发生污染事故及时处理、报告制度。）
重点水污染物总量控制制度	天津市水污染防治管理办法	第六条（重点水污染物排放的总量控制制度。） 第七条、第八条（总量控制实施方案的拟定、审核。） 第十一条（对实施总量控制单位排污口、监测仪器设备的规定。）
农业生产水污染防治	天津市环境保护条例	第三十五条（对农业生产环境的保护和对农用化学材料、污水灌溉、污泥施肥的限制。） 第三十六条（对饮用水源保护管理和污水资源化的规定。）
	天津市海域环境保护管理办法	第二十一条（对施用农药、化肥、植物生长激素的限制。）
	天津市农业生态保护办法	第十一条、十二条（对剧毒、高毒、高残留农药的限制。） 第十三条（农用薄膜的回收。） 第十四条（鼓励和提倡秸秆还田等综合利用。）

三、船源污染防治

船源污染包括了使用中船舶污染和拆船污染，天津市海域环境保护管理办法和天津市防止拆船污染环境管理实施办法分别对船舶污染和拆船污染做出了相应规定。具体内容详见表6-6：

表6-6　渤海船源污染防治天津市地方立法内容简表

基本内容	文献名称	条　　款
船舶污染监管主体和范围	天津市海域环境保护管理办法	第六条（船舶污染监管主体和范围。）
	天津市防止拆船污染环境管理实施办法	第二条（适用范围。） 第三条（拆船业污染防治监督主体。）
	天津市海域环境保护管理办法	第三十六条："从事海洋石油勘探开发、向海洋倾倒废弃物的单位和个人以及船舶违法的监管主体。"
船舶污染事故及时处理、报告制度	天津市海域环境保护管理办法	第十六条："因船舶发生污染事故的肇事者、被污染者的及时处理、报告制度。"
拆船厂建设、排水限制和责任规定	天津市防止拆船污染环境管理实施办法	第四条（拆船厂选址限制。） 第五条（新建、改建或扩建拆船厂的环境影响报告制度。） 第六条（对严重污染环境的拆船单位的限期治理规定。） 第七条（拆船排水审批制度。） 第八条（拆船排水标准。） 第九条（违反第四条的责任。） 第十条（对违反《防止拆船污染环境管理条例》的行政责任专门规定。） 第十一条（拆船单位关闭、搬迁或转产的清理要求和行政责任。） 第十二条（当事人对行政处罚决定不服的救济措施。）

四、海洋工程污染防治

天津市对海洋工程污染防治的制度保证主要是事前的"三同时"制度，事中及时处理、报告制度，以及事后的补偿制度。天津市有关海洋工程污染防治的法规文献有:《天津市海域环境保护管理办法》、《天津市海域使用管理条例》、《天津市人民政府批转市环保局拟定的天津市"十一五"水污染防治实施方案的通知》、《天津市人民政府办公厅关于贯彻落实〈国家海洋事业发展规划纲要〉的实施意见》、《天津市人民政府贯彻落实〈国务院关于印发中国水生生物资源养护行动纲要的通知〉的实施意见》等,对石油勘探、近岸工程等做了详细的规定和限制,规定了环评制度和补偿规定。具体内容详见表6-7:

表6-7　渤海海洋工程污染防治天津市立法内容简表

基本内容	文献名称	条　款
石油勘探污染防治	天津市海域环境保护管理办法	第二十六条（对滨海油田防止发生油污染事故,回收残油、废油和恢复其自然景观的规定。） 第三十三条（违反本办法第二十六条规定造成环境污染的行政责任。） 第三十六条（对海洋石油勘探开发、向海洋倾倒废弃物的单位和个人的监管规定。）
近岸工程污染防治	天津市海域使用管理条例	第二十六条（对海域使用权人填海、围海和建设非透水性海上人工构筑物等海洋工程项目选址、范围的限制。） 第二十七条（对填海、围海和非透水性海上人工构筑物的验收规定。） 第二十八条（对验收范围和整改的规定。） 第二十九条（填海项目竣工后形成的土地,属于国家所有。海域使用权人办理使用权登记的规定。） 第三十四条（海域使用金缴纳的规定。） 第四十条(违反本条例第二十六条规定的行政责任。)
	天津市人民政府批转市环保局拟定的天津市"十一五"水污染防治实施方案的通知	1（严格控制滩涂海岸开发及海洋工程。）
海洋工程环评污染补偿	天津市人民政府办公厅关于贯彻落实《国家海洋事业发展规划纲要》的实施意见	六、（强化海洋环境保护,遏制海洋环境恶化趋势。）

基本内容	文献名称	条　款
海洋工程环评污染补偿	天津市人民政府贯彻落实《国务院关于印发中国水生生物资源养护行动纲要的通知》的实施意见	"加强海岸工程和海洋工程要执法监督，对工程污染物实施跟踪监控；对水利水电、围垦、海洋海岸工程等建设工程核准相关环境影响报告之前应依法征求渔业主管部门意见；对水生生物资源及水域生态环境造成破坏的应制订补偿方案或补救措施，并落实补偿项目和资金；相关保护设施必须与建设项目的主体工程实现'三同时'。"

五、海岸工程污染防治

天津市有关海岸工程污染防治涉及的制度与海洋工程污染防治类似，即"三同时"、及时报告和事后补偿。天津市关于渤海海岸工程污染防治的立法文献有：《天津市环境保护条例》《天津市建设项目环境保护管理办法》《天津市海域环境保护管理办法》《天津市海域使用管理条例》《天津市人民政府关于印发天津市中长期科学和技术发展规划纲要（2006—2020年）和天津市科技发展"十一五"规划的通知》《天津市人民政府贯彻落实〈国务院关于印发中国水生生物资源养护行动纲要的通知〉的实施意见》等，对建设项目，特别是海岸工程建设项目做了详细规定。具体内容详见表6-8：

表6-8　渤海海岸工程污染防治天津市地方立法内容简表

基本内容	文献名称	条　款
建设项目综合规定	天津市环境保护条例	第二十七条（建设项目先评价后建设，执行环评审批制度，防治污染设施"三同时"要求；境外项目引入要求。） 第二十八条（建设项目依据环境影响程度实行分级管理。） 第二十九条（建设项目污染防治设施管理。） 第三十条（建设项目环境影响评价单位资质和责任。） 第三十四条（建设项目的新建、扩建和超标限制。） 第三十九条（近岸海域的环境保护和海洋环境功能区划定，各功能区建设项目、废水废物处理限制；对围海造地的限制。） 第四十八条（在建设项目中不执行环境影响评价制度和"三同时"制度的行政责任。）

基本内容	文献名称	条　　款
建设项目综合规定	天津市建设项目环境保护管理办法	第三条（污染达标要求和重点污染物排放总量控制的要求。） 第四条（国家产业政策和本市总体规划的具体要求。） 第五条（建设项目选址符合城市总体规划的要求。） 第六条（对建设项目的环境保护监管主体的规定。） 第七条（建设项目的环境影响评价制度。） 第八条（办理建设项目申报登记的规定。） 第九条（对建设项目环评实行分类管理的规定。） 第十条（对环境影响报告的时间规定。） 第十一条（对建设项目环境保护分类管理名录的规定。） 第十二条（对建设项目环境影响报告的规定。） 第十三条（对编制环境影响报告的单位资质和公众参与的规定。） 第十四条（对环境影响评价单位进行日常检查的规定。） 第十五条、第十六条、第十七条、第十八条（对建设项目审批的规定。） 第十九条（对建设项目环境影响报告书、报告表或者登记表批准的规定。） 第二十条（对建设项目"三同时"的规定。） 第二十一条（对环境保护设施设计要求和审查的规定。） 第二十二条（对建设项目施工环境保护申报的规定。） 第二十三条（对环境保护设施竣工验收的规定。） 第二十四条（环境保护设施验收合格后方可投产使用，办理排污申报登记的规定。） 第二十五条至第三十三条（对建设单位、评价单位等违规行为和行政责任的规定。） 第三十四条（对环境保护行政主管部门的违规行为和行政责任规定。） 第三十五条（行政责任的救济途径。）
海岸工程综合规定	天津市海域环境保护管理办法	第二条（在本市海域从事海岸工程须遵守本法。） 第六条（对海岸工程建设项目主管部门的规定。） 第十一条（建设规划和海域环境功能区划要求。） 第十二条（对海岸工程建设项目环境影响报告书的规定。） 第十三条（海岸工程建设项目竣工验收后的监管。） 第十五条（对海岸工程建设项目现场检查的规定。） 第十六条（因海岸工程发生污染事故的及时处理、报告制度。） 第十七条（对排污单位防治污染设施的管理。）

基本内容	文献名称	条　款
海岸工程综合规定	天津市海域环境保护管理办法	第十八条（对海岸工程建设项目和排污口选址限制和限期治理的规定。） 第三十六条（因海岸工程建设项目造成渔业损失的处理规定。） 第三十九条（对海岸工程建设项目的选址限制。）
海域使用申请限制	天津市海域使用管理条例	第十六条："申请海域使用有下列情形之一的，不予批准：（四）导致岸滩侵蚀或者危害海岸工程安全和行洪排涝的。"

六、放射性物质污染防治

天津市有关放射性污染防治的法规较少，《天津市环境保护条例》《天津市海域环境保护管理办法》有提及，具体内容详见表6-9：

表6-9　渤海放射性物质污染防治天津市地方立法内容简表

基本内容	文献名称	条　款
放射性物品的管理	天津市环境保护条例	第四十五条："有毒化学品和含有放射性物质物品，放射性废物和废放射源，固体废弃物的管理规定。"
	天津市海域环境保护管理办法	第二十四条："向海域排放污染物的单位推行清洁生产，健全环境保护责任制度，防治三废、粉尘、烟尘、放射性物质等对海域环境的污染和危害的规定。"

第三节　渤海资源管理天津市立法文献

天津市有关渤海资源保护的立法较多，主要涉及的资源是渔业、盐业和海水资源，包括：《天津市环境保护条例》、《天津市海域环境保护管理办法》、《天津市盐业管理条例》、《天津市渔业管理条例》、《天津市人民政府批转市海洋局关于编制天津市海洋环境保护规划实施意见的通知》、《天津市人民政府关于印发天津市中长期科学和技术发展规划纲要（2006—2020 年）和天津市科技发展"十一五"规划的通知》、《天津市海域使用管理条例》、《天津市人民政府办公厅关于贯彻落实〈国家海洋事业发展规划纲要〉的实施意见》、《天津市〈渔业成品油价格补助专项资金管理暂行办法〉实施细则》、《天津市人民政府办公厅转发市农委拟定的天津市 2010 年海洋伏季休渔管理工作实施方案的通知》、《天津市人民政府办公厅关于加强我市海洋伏季休渔管理工作的意见》、《天津市人民政府办公厅关于落实天津市国民经济和社会发展第十二个五年规划纲要主要目标和任务分工的通知》、《天津市节约用水条例》、《天津市人民政府批转市发展改革委拟定的天津市产业技术进步指导目录（2005—2010 年）的通知》等，具体内容详见表 6-10：

表 6-10　渤海资源管理天津市地方立法文献简表

序号	文献名称	发布机关	通过时间	文献编号	生效时间	当前效力
1	天津市环境保护条例	天津市第十二届人大常委会第十二次会议通过	1994 年 11 月 30 日	天津市人大常委会公告 [第三十二号]	1994 年 11 月 30 日	2004 年 12 月 21 日天津市第十四届人大常委会第十六次会议第一次修正，2010 年 9 月 25 日天津市第十五届人大常委会第十九次会议第二次修正
2	天津市海域环境保护管理办法	天津市人民政府	1996 年 1 年 9 月	津政发 [1996] 54 号	1996 年 1 年 9 月	2010 年 11 月 8 日修改
3	天津市盐业管理条例	天津市第十二届人大常委会第三十六次会议	1997 年 10 月 22 日	不详	1997 年 12 月 1 日	2000 年 9 月 14 日天津市第十三届人大常委会第十九次会议修正

序号	文献名称	发布机关	通过时间	文献编号	生效时间	当前效力
4	天津市渔业管理条例	天津市第十四届人大常委会第六次会议通过	2003年10月30日	天津市人大常委会公告（第8号）	2004年1月1日	2005年9月7日天津市第十四届人大常委会第二十二次会议修正
5	天津市人民政府批转市海洋局关于编制天津市海洋环境保护规划实施意见的通知	天津市人民政府	2004年6月6日	津政发〔2004〕60号	2004年6月6日	有效
6	天津市人民政府关于印发天津市中长期科学和技术发展规划纲要（2006—2020年）和天津市科技发展"十一五"规划的通知	天津市人民政府	2006年4月21日	津政发〔2006〕41号	2006年4月21日	有效
7	天津市海域使用管理条例	天津市第十四届人大常委会第四十次会议通过	2007年11月15日	天津市人大常委会公告（第一百号）	2008年4月1日	根据天津市第十五届人大常委会第十九次会议于2010年9月25日通过的《天津市人大常委会关于修改部分地方性法规的决定》修改

序号	文献名称	发布机关	通过时间	文献编号	生效时间	当前效力
8	天津市人民政府办公厅关于贯彻落实《国家海洋事业发展规划纲要》的实施意见	天津市人民政府	2009年3月1日	津政办发[2009]24号	2009年3月1日	有效
9	天津市《渔业成品油价格补助专项资金管理暂行办法》实施细则	天津市财政局、市农村工作委员会	2010年5月19日	津财农[2010]23号	2010年5月19日	有效
10	天津市人民政府办公厅转发市农委拟定的天津市2010年海洋伏季休渔管理工作实施方案的通知	天津市人民政府	2010年5月28日	津政办发[2010]57号	2010年5月28日	有效
11	天津市人民政府办公厅关于加强我市海洋伏季休渔管理工作的意见	天津市人民政府	2011年7月14日	津政办发[2011]76号	2011年7月14日	有效
12	天津市人民政府办公厅关于落实天津市国民经济和社会发展第十二个五年规划纲要主要目标和任务分工的通知	天津市人民政府	2011年9月19日	津政办发[2011]99号	2011年9月19日	有效

序号	文献名称	发布机关	通过时间	文献编号	生效时间	当前效力
13	天津市节约用水条例	天津市第十三届人大常委会第三十七次会议	2002 年 12 月 19 日	天津市人大常委会公告第 22 号	2003 年 2 月 1 日	2005 年 3 月 24 日天津市第十四届人大常委会第十九次会议修改
14	天津市人民政府批转市发展改革委拟定的天津市产业技术进步指导目录（2005—2010 年）的通知	天津市人民政府	2005 年 10 月 12 日	津政发〔2005〕93 号	2005 年 10 月 12 日	有效

以下从渤海资源管理综合、渤海渔业资源开发管理、渤海海水资源开发管理三个方面对天津立法文献进行内容简表梳理。

一、资源管理

天津市通过一系列法律文件对于渤海资源的开发原则、法规建设和科研规划都做出了规定。天津市关于渤海资源管理的综合性法规有：《天津市环境保护条例》《天津市海域使用管理条例》《天津市海域环境保护管理办法》《天津市人民政府办公厅关于落实天津市国民经济和社会发展第十二个五年规划纲要主要目标和任务分工的通知》《天津市人民政府批转市海洋局关于编制天津市海洋环境保护规划实施意见的通知》《天津市人民政府关于印发天津市中长期科学和技术发展规划纲要（2006—2020 年）和天津市科技发展"十一五"规划的通知》《天津市人民政府办公厅关于贯彻落实〈国家海洋事业发展规划纲要〉的实施意见》等，从资源保护综合、法规制度建设等几方面对海洋资源管理作出规定。具体内容详见表 6-11：

表 6-11　渤海资源管理天津市地方立法内容简表

基本内容	文献名称	条　款
资源保护综合	天津市环境保护条例	第十五条（对环境污染防治和资源保护监管主体的规定。） 第三十二条（单位和个人开发利用资源指导方针。） 第五十四条（破坏资源的法律责任兜底规定。）
	天津市海域使用管理条例	第四条（海域使用原则要求。）
	天津市海域环境保护管理办法	第一条（立法目的包括为合理开发利用海洋资源。） 第五条（开发利用海洋资源应当遵守"谁开发谁保护、谁破坏谁恢复、谁利用谁补偿和开发利用与保护增殖并重的方针"的原则。）
科技产业规划	天津市人民政府关于印发天津市中长期科学和技术发展规划纲要（2006—2020年）和天津市科技发展"十一五"规划的通知	8.（海洋科技产业。）
法规建设和制度建设	天津市人民政府办公厅关于贯彻落实《国家海洋事业发展规划纲要》的实施意见	三（加强海洋政策法制建设，规范海洋管理秩序。） 四（强化海域使用管理，提高海域使用效益。）

二、渔业资源开发管理

天津市对渔业资源的立法文献主要包括了综合管理、休渔期管理和成品油补助等三个方面。天津市有关渤海渔业资源开发管理的法规有：《天津市渔业管理条例》《天津市〈渔业成品油价格补助专项资金管理暂行办法〉实施细则》、《天津市人民政府办公厅关于加强我市海洋伏季休渔管理工作的意见》《天津市人民政府办公厅转发市农委拟定的天津市2010年海洋伏季休渔管理工作实施方案的通知》等，对渔业管理、成品油补助和休渔做出了规定。具体内容详见表6-12：

表 6-12　渤海渔业资源开发管理天津市地方立法内容简表

基本内容	文献名称	条　款
渔业管理综合	天津市渔业管理条例	第三条（对渔业工作主管部门的规定。） 第四条（渔业生产的支持政策。） 第五条（渔业生产发展规划的制定。） 第六条（对水域、滩涂申请使用和核发养殖证的规定。） 第七条（对核发养殖证的限制规定。） 第八条（养殖证的效力规定。） 第九条（对从事养殖生产的具体规定。） 第十条（对推广水产优良新品种和科学的养殖方式的规定。） 第十一条、第十二条（对水产苗种生产许可证的规定。） 第十三条（对渔业生产防疫的规定。） 第十四条（对水产品质量检验监督的规定，产品认证和产地标识制度。） 第十五条（对捕捞许可证的规定。） 第十六条（对远洋渔业生产或者到周边国家协定水域从事渔业生产的规定。） 第十七条（对渔船的捕捞许可证的规定。） 第十八条（对专项捕捞许可证的规定。） 第十九条（渔业主管部门的分配原则。） 第二十条（对渔业船舶和船用产品制造、维修、检验和相关证书的规定。） 第二十一条（对船舶所有权登记和国籍登记的规定。） 第二十二条（对进出港签证和港内监管的规定。） 第二十三条（渔业船舶证书和船员证书应当随船携带，接受检查。渔业船舶租赁、抵押等级制度。） 第二十四条（渔港内新建、改建、扩建各种设施或者进行其他水上、水下施工作业的特别审批规定。） 第二十五条（围垦渔港水域内的浅水、滩涂或者改变渔港性质、设施、用途的，必须经市渔港监督机构审核同意后，方可按照规定报批。） 第二十六条（对地方性渔业资源保护的规定。） 第二十七条（对重点保护对象和有重要经济价值的水生动物苗种禁捕、限捕的规定。）

基本内容	文献名称	条　　款
渔业管理综合	天津市渔业管理条例	第二十八条（对重要产区引用水的限制。） 第二十九条（在鱼、虾、蟹洄游通道建闸、筑坝的限制。） 第三十条（重要渔业水域保护制度。） 第三十一条（对渔业水域的排放限制和水质监管的规定。） 第三十二条（对严重影响渔业资源的作业的限制和责任的规定。） 第三十三条至第三十五条（对重点保护水生野生动植物的保护规定。） 第三十六条至四十九条（对违反上述法规的行政责任规定。） 第五十条（对执法人员行政、刑事责任的规定。）
渔业成品油补助规定	天津市《渔业成品油价格补助专项资金管理暂行办法》实施细则	第三条（补助资金来源。） 第四条、第五条（对补助对象的规定。） 第六条（补贴的适用区间。） 第七条（补助资金补助标准的确定。） 第八条（补助用油量核算原则。） 第九条（对建立机动渔船管理和养殖证发放数据库的规定。） 第十条、第十一条（对填报补助申请表的规定。） 第十二条（补助用油量上报规定。） 第十三条（远洋渔业分企业及代理渔船补助用油量及资金规模以农业部下达数额为准。） 第十四条（对中央财政国内渔业补助资金落实的规定。） 第十五条（对中央财政远洋渔业补助资金落实的规定。） 第十六条、第十七条（对上年渔业补助资金发放情况报送的规定。） 第十八条（对补助资金受益对象检查和违规责任的规定。） 第十九条（对补助资金管理和违规责任的规定。） 第二十条（违反《渔业法》等法律法规规定从事渔业生产的，视情节不得补助或扣减补助。） 第二十一条（本细则由市财政局、市渔业主管部门负责解释。）

三、海水资源开发管理

海水资源包括淡化海水、海盐等，天津市有关渤海海水资源开发管理的法规有：《天津市节约用水条例》《天津市人民政府批转市发展改革委拟定的天津市产业技术进步指导目录（2005—2010年）的通知》《天津市人民政府关于印发天津市中长期科学和技术发展规划纲要（2006—2020年）和天津市科技发展"十一五"规划的通知》、《天津市盐业管理条例》等，具体内容详见表6-13：

表6-13　渤海海水资源开发管理天津市立法内容简表

基本内容	文献名称	条　款
海水淡化	天津市节约用水条例	第七条（对编制全市年度供水计划的规定，包括淡化海水可利用量。） 第四十条（对海水淡化和微咸水利用研究的贷款贴息支持。）
海盐资源	天津市盐业管理条例	第五条（实行食盐专营管理。） 第六条（在本市行政区域内销售的食盐必须加碘。） 第七条（盐产品的交易市场的规定。） 第八条（对盐业科学研究和先进技术推广的鼓励。） 第九条（对盐资源的开发实行统筹规划、合理布局的原则。） 第十条（开发盐资源、开办制盐企业的审批限制。） 第十一条（制盐企业就资源使用权和土地所有权、使用权的争议解决的规定。） 第十二条（对制盐企业海盐场保护区的规定。） 第十四条、第十五条（对制盐企业的生产资料、治安的保护规定。） 第十六条（实行食盐定点生产制度。） 第十七条（对食盐储备的规定。） 第十八条（食盐生产中的添加限制。） 第十九条（用于加工碘盐的食盐和碘酸钾必须符合国家卫生标准。） 第二十条（对食盐出厂包装等的规定。） 第二十一条（制盐企业必须加强盐产品质量检测，不符合质量标准和卫生标准的，不得销售。） 第二十二条（食盐由市盐业行政主管部门按照国家下达的计划分配调拨。） 第二十三条（食盐运输准运证制度。） 第二十四条（食盐的储存、运输要求。） 第二十五条（食盐批发许可证制度。） 第二十六条（食盐零售许可证制度。） 第二十七条（对食盐批发、零售业务的规定。）

基本内容	文献名称	条　款
海盐资源	天津市盐业管理条例	第二十八条（工业用盐供应规定以及禁止转销。） 第二十九条（食盐批发、零售许可证的持证经营检查。） 第三十条（禁止作为食盐销售的产品列举。） 第三十一条至四十二条（违反本条例的行政、刑事责任。） 第四十三条（对盐业行政主管部门检查的规定。） 第四十四条（对行政处罚的救济措施。） 第四十五条（盐业行政主管部门工作人员渎职的行政、刑事责任。）

第四节　渤海生态保护天津市立法文献

天津市有关渤海生态保护的立法文献包括:《天津市环境保护条例》、《天津古海岸与湿地国家级自然保护区管理办法》、《天津市野生动物保护条例》、《天津市应对气候变化方案》、《2011—2013 年天津生态市建设行动计划》、《天津市人民政府办公厅关于落实天津市国民经济和社会发展第十二个五年规划纲要主要目标和任务分工的通知》等,具体内容详见表 6-14:

表 6-14　渤海生态保护天津市综合立法文献简表

序号	文献名称	发布机关	通过时间	文献编号	生效时间	当前效力
1	天津市环境保护条例	天津市第十二届人大常委会第十二次会议通过	1994 年 11 月 30 日	天津市人大常委会公告 [第 32 号]	1994 年 11 月 30 日	2004 年 12 月 21 日天津市第十四届人大常委会第十六次会议第一次修正,2010 年 9 月 25 日天津市第十五届人大常委会第十九次会议第二次修正

序号	文献名称	发布机关	通过时间	文献编号	生效时间	当前效力
2	天津古海岸与湿地国家级自然保护区管理办法	天津市人民政府	1999年7月23日	天津市人民政府令[第15号]	1999年7月23日	有效
3	天津市野生动物保护条例	天津市第十四届人大常委会第二十八次会议通过	2006年5月24日	天津市人大常委会公告第70号	2006年8月1日	有效
4	天津市应对气候变化方案	天津市人民政府	2010年3月19日	津政发〔2010〕14号	2010年3月19日	有效
5	2011—2013年天津生态市建设行动计划	天津市人民政府	2011年6月17日	津政发〔2011〕21号	2011年6月17日	有效
6	天津市人民政府办公厅关于落实天津市国民经济和社会发展第十二个五年规划纲要主要目标和任务分工的通知	天津市人民政府	2011年9月19日	津政办发〔2011〕99号	2011年9月19日	有效

　　下面分别从自然保护区管理、野生动植物及其他珍稀濒危物种保护和河口区生境保护三个方面来进行梳理。

一、自然保护区管理

天津市有较为丰富的海滩、湿地资源,有古海岸保护区和七里海、大黄堡、团泊、北大港等湿地。天津市有关渤海自然保护区管理的法规有:《天津市野生动物保护条例》《天津市农业生态保护办法》《天津古海岸与湿地国家级自然保护区管理办法》《天津市应对气候变化方案》《2011—2013年天津生态市建设行动计划》,具体内容详见表6-15:

表 6-15　渤海自然保护区管理天津市地方立法内容简表

基本内容	文献名称	条　　款
保护区设立	天津市野生动物保护条例	第八条（野生动物自然保护区的设定。）
	天津市农业生态保护办法	第七条（建立农业生态保护区的规定。）
古海岸自然保护区管理规定	天津古海岸与湿地国家级自然保护区管理办法	第三条（保护区的类型和组成。） 第四条（保护区划分为核心区、缓冲区和实验区。） 第五条（在保护区范围内从事的各项活动均应适用本办法。） 第六条、第八条（本办法的组织实施工作,保护区的市场管理与职能规定。） 第九条（单位和个人的保护义务和检举权利。） 第十条（对保护区获得捐赠的规定。） 第十一条（对管理保护区和有关科学研究的鼓励。） 第十二条（保护区的界标不得擅自移动或者破坏。） 第十三条（对在保护区的核心区、缓冲区和实验区从事活动的规定。） 第十四条（与境外组织或机构签署涉及保护区的协议的报批要求。） 第十五条（禁止在保护区内从事开挖、采集贝壳和牡蛎壳以及其他对保护对象造成危害的活动。） 第十六条（在湿地核心区内的禁止行为。） 第十七条至二十条（违反本办法的行为、责任和处罚依据。） 第二十一条（保护区管理人员渎职的行政、刑事责任。） 第二十二条（当事人对行政机关处罚的救济途径。）

基本内容	文献名称	条　款
保护区建设规划	天津市应对气候变化方案	二、适应气候变化的重点领域（（一）海岸带。（四）林业和其他自然生态系统。）
	2011—2013年天津生态市建设行动计划	（四）大力推进绿化工程

二、野生动植物及其他珍稀濒危物种保护

天津市有关野生动植物及其他珍稀濒危物种保护的法规有《天津市环境保护条例》和《天津市野生动物保护条例》，具体内容详见表6-16：

表6-16　渤海野生动植物及其他珍稀濒危物种保护天津市地方立法内容简表

基本内容	文献名称	条　款
野生动物植物保护	天津市环境保护条例	第三十三条（对珍稀濒危的野生动植物自然分布区域等进行保护。）
	天津市野生动物保护条例	第三条（对主管部门管理职责的规定。） 第四条（加强对野生动物保护的宣传。） 第五条（个人、组织保护野生动物及其栖息地的义务。） 第六条（对个人、组织的奖励规定。） 第七条（对市重点保护野生动物名录的规定。） 第八条（对设立野生动物自然保护区的规定。） 第九条（对野生动物救助机构的规定。） 第十条（对野生动物疫源疫病的监测的规定。） 第十一条（禁止任何个人和组织非法猎捕和杀害野生动物。） 第十二条（规定特许猎捕证。） 第十三条至第十七条（对猎捕野生动物以及狩猎证、捕捉证及其审批的规定。） 第十八条（对驯养繁殖市重点保护野生动物的规定。） 第十九条、第二十条（对野生动物及其产品运输、邮寄的规定。） 第二十一条（禁止为非法猎、收、售等行为提供工具或者场所。）

基本内容	文献名称	条　款
野生动物植物保护	天津市野生动物保护条例	第二十二条至第二十四条（对出售、收购、经营依法获得的市重点保护野生动物及其产品的规定。） 第二十五条至三十一条（违反本条例规定的法律责任。） 第三十二条（对依法没收、扣押的野生动物及其产品处理的规定。） 第三十三条（违反本条例规定的违法行为的主管部门。） 第三十四条（野生动物主管部门的工作人员渎职的行政、刑事责任。）

三、河口区生境保护

天津市有关河口区生境保护的法规有《天津市应对气候变化方案》和《天津市人民政府办公厅关于落实天津市国民经济和社会发展第十二个五年规划纲要主要目标和任务分工的通知》，具体内容详见表 6-17：

表 6-17　渤海河口区生境保护天津市地方立法内容简表

基本内容	文献名称	条　款
河口生态保护	天津市应对气候变化方案	4（加强海岸带管理。）
	天津市人民政府办公厅关于落实天津市国民经济和社会发展第十二个五年规划纲要主要目标和任务分工的通知	（4）（加快建成宜居生态型新城区。建设和完善官港、北塘等森林公园。改善海河下游河口生态环境。）

第五节　渤海空间管理和自然形态
保护天津市立法文献

天津市有关渤海空间管理和渤海自然形态管理的立法文件有：《天津市环境保护条例》、《天津市人民政府关于印发天津市中长期科学和技术发展规划纲要（2006—2020 年）和天津市科技发展"十一五"规划的通知》、《天津市海域使用管理条例》、《天津市城市管理规定》、《天津市人民政府办公厅关于落实天津市国民经济和社会发展第十二个五年规划纲要主要目标和任务分工的通知》，具体内容详见表 6-18：

表 6-18　渤海空间管理和自然形态管理天津市综合立法简表

序号	文献名称	发布机关	通过时间	文献编号	生效时间	当前效力
1	天津市环境保护条例	天津市第十二届人大常委会第十二次会议通过	1994 年 11 月 30 日	天津市人大常委会公告第 32 号	1994 年 11 月 30 日	2004 年 12 月 21 日天津市第十四届人大常委会第十六次会议第一次修正，2010 年 9 月 25 日天津市第十五届人大常委会第十九次会议第二次修正
2	天津市人民政府关于印发天津市中长期科学和技术发展规划纲要（2006—2020 年）和天津市科技发展"十一五"规划的通知	天津市人民政府	2006 年 4 月 21 日	津政发 [2006] 41 号	2006 年 4 月 21 日	有效

序号	文献名称	发布机关	通过时间	文献编号	生效时间	当前效力
3	天津市海域使用管理条例	天津市第十四届人大常委会第四十次会议通过	2007 年 11 月 15 日	天津市人大常委会公告（第100 号）	2008 年 4 月 1 日	天津市第十五届人大常委会第十九次会议于 2010 年 9 月 25 日通过《天津市人大常委会关于修改部分地方性法规的决定》修改
4	天津市城市管理规定	天津市人民政府	2010 年 2 月 23 日	天津市人民政府令第 26 号	2010 年 2 月 23 日	有效
5	天津市人民政府办公厅关于落实天津市国民经济和社会发展第十二个五年规划纲要主要目标和任务分工的通知》	天津市人民政府办公厅	2011 年 9 月 19 日	津政办发〔2011〕99 号	2011 年 9 月 19 日	有效

下面从海域使用管理、海洋功能区管理、渤海港口和交通管理等三个方面对上述立法文献进行梳理。

一、海域使用管理

天津市海域使用管理条例对海域使用管理做了较为详细的规定,包括海域功能区划、海域使用权的申请和移转等,具体内容详见表 6-19:

表 **6-19**　渤海海域使用管理天津市地方立法内容简表

基本内容	文献名称	条　　款
监管主体和使用原则	天津市海域使用管理条例	第三条（各主管部门监管职责。） 第四条（海域使用原则。）
海域使用申请	天津市海域使用管理条例	第十条（建设项目需要使用海域审批。） 第十一条（对单位和个人申请海域使用权的规定。） 第十二条（对海域使用论证报告书的规定。） 第十三条（对海域使用论证的规定。） 第十四条至第十九条（海域使用申请受理、批准与证书颁发。）
海域使用权移转	天津市海域使用管理条例	第二十条（对海域使用权期限届满续期的规定。） 第二十一条（海域使用权的变更登记。） 第二十二条（对海域使用权转让、出租、抵押、作价入股和继承的规定。） 第二十三条（免缴海域使用金的经营限制。） 第二十四条、第二十五条（对无偿收回海域使用权的规定。）
填海项目限制	天津市海域使用管理条例	第二十六条（海域使用权人填海、围海和建设非透水性海上人工构筑物等海洋工程项目的限制规定。） 第二十七条、第二十八条（对填海、围海和非透水性海上人工构筑物等海洋工程项目海域使用验收的规定。） 第二十九条（填海项目竣工后形成的土地所有权归属与登记。）
海域使用金	天津市海域使用管理条例	第三十条至第三十二条（对临时使用海域的规定。） 第三十三条（海域使用金的缴纳和收取。） 第三十四条（填海、围海和建设非透水性海上人工构筑物等海洋工程项目的海域使用金征缴规定。） 第三十五条（经批准减缴海域使用金的使用海域项目转让、出租或者作价入股的限制。） 第三十六条："招标、拍卖或者挂牌方式出让海域使用权，其出让底价不得低于国家规定的海域使用金标准。" 第三十七条："经营性临时使用海域的，应当按照市人民政府有关规定缴纳海域使用金。"

基本内容	文献名称	条　　款
责任规定	天津市海域使用管理条例	第三十八条至第四十三条（违反本条例规定的行政责任。） 第四十三条（当事人对具体行政行为不服的救济措施规定。） 第四十四条（海洋行政主管部门及其工作人员渎职的行政、刑事责任。）

二、海洋功能区管理

天津市环境保护条例和天津市海域使用管理条例也对海洋功能区划及其管理作了规定，具体内容详见表6-20：

表6-20　渤海海洋功能区管理天津市地方立法内容简表

基本内容	文献名称	条　　款
海域功能区划使用限制	天津市环境保护条例	第三十九条（近岸海域的环境保护和海洋环境功能区划定，各功能区建设项目、废水废物处理限制；对围海造地的限制。）
	天津市海域使用管理条例	第五条（本市严格实行海洋功能区划和海域使用规划制度。） 第六条、第七条（对本市海洋功能区划编制、修改的规定。） 第八条（对编制海域使用规划的规定。） 第九条（对海岸线的修测的规定。） 第十条（建设项目需要使用海域审批。） 第十二条（对海域使用论证报告书的规定。） 第十五条（对海域使用申请出具审核意见。）

三、港口和交通管理

《天津市人民政府办公厅关于落实天津市国民经济和社会发展第十二个五年规划纲要主要目标和任务分工的通知》《天津市人民政府关于印发天津市中长期科学和技术发展规划纲要（2006—2020年）和天津市科技发展"十一五"

规划的通知》和《天津市城市管理规定》分别对天津市交通体系发展规划、港口管理建设做出了规定,具体内容详见表6-21:

表 6-21　渤海港口和交通管理天津市地方立法内容简表

基本内容	文献名称	条　款
航运体系发展规划	天津市人民政府办公厅关于落实天津市国民经济和社会发展第十二个五年规划纲要主要目标和任务分工的通知	(二)(《纲要》确定的重点任务和重大工程项目。)
港口管理和建设	天津市人民政府关于印发天津市中长期科学和技术发展规划纲要(2006—2020年)和天津市科技发展"十一五"规划的通知	10(港口建设关键技术、智能交通技术。)
	天津市城市管理规定	第九条:"市级城市管理相关部门,按照下列职责分工履行城市管理职责:(四)市交通港口管理部门负责公共客运交通以及机场、铁路客运站和港口客运码头的监督管理工作。"

第六节　渤海防灾减灾及其他管理天津市立法文献

天津有关渤海防灾减灾及其他管理的立法文件有:《天津市环境保护条例》、《天津市盐业管理条例》、《天津市海堤管理办法》、《天津市突发公共事件总体应急预案》、《天津市人民政府关于印发天津市中长期科学和技术发展规划纲要(2006—2020年)和天津市科技发展"十一五"规划的通知》、《天津市人民政府办公厅关于进一步做好突发事件组织指挥工作有关事项的通知》、《天津市应对气候变化方案》、《天津市赤潮灾害应急预案》、《天津市人民政府办公厅关于落实天津市国民经济和社会发展第十二个五年规划纲要主要目标和任务分工的通知》等,具体内容详见表6-22:

表 6-22　渤海防灾减灾及其他管理天津市立法文献简表

序号	文献名称	发布机关	通过时间	文献编号	生效时间	当前效力
1	天津市环境保护条例	天津市第十二届人大常委会第十二次会议通过	1994 年 11 月 30 日	天津市人大常委会公告第 32 号	1994 年 11 月 30 日	2004 年 12 月 21 日天津市第十四届人大常委会第十六次会议第一次修正，2010 年 9 月 25 日天津市第十五届人大常委会第十九次会议第二次修正
2	天津市盐业管理条例	天津市人大常委会	1997 年 10 月 22 日	天津市第十二届人大常委会第三十六次会议通过	1997 年 12 月 1 日	2000 年 9 月 14 日天津市第十三届人大常委会第十九次会议第一次修正，2005 年 2 月 24 日天津市第十四届人大常委会第十八次会议第二次修正，2010 年 9 月 25 日天津市第十五届人大常委会第十九次会议第三次修正
3	天津市海堤管理办法	天津市人民政府	2000 年 9 月 4 日	天津市人民政府令 [第 29 号]	2000 年 9 月 4 日	2004 年 6 月 26 日根据市人民政府《关于修改〈天津市海堤管理办法〉的决定》修订公布，根据 2010 年 11 月 8 日市人民政府第 59 次常务会议《关于修改部分市政府规章的决定》修正，自 2004 年 7 月 1 日起施行

序号	文献名称	发布机关	通过时间	文献编号	生效时间	当前效力
4	天津市突发公共事件总体应急预案	天津市人民政府	2006 年 4 月 18 日	津政发〔2006〕36 号	2006 年 4 月 18 日	有效
5	天津市人民政府关于印发天津市中长期科学和技术发展规划纲要（2006—2020 年）和天津市科技发展"十一五"规划的通知	天津市人民政府	2006 年 4 月 21 日	津政发〔2006〕41 号	2006 年 4 月 21 日	有效
6	天津市人民政府办公厅关于进一步做好突发事件组织指挥工作有关事项的通知	天津市人民政府办公厅	2009 年 10 月 7 日	津政办发〔2009〕142 号	2009 年 10 月 7 日	有效
7	天津市应对气候变化方案	天津市人民政府	2010 年 3 月 19 日	津政发〔2010〕14 号	2010 年 3 月 19 日	有效
8	天津市赤潮灾害应急预案	天津市海洋局	2010 年 4 月 2 日	津海发环字〔2010〕170 号	2010 年 4 月 2 日	有效

序号	文献名称	发布机关	通过时间	文献编号	生效时间	当前效力
9	天津市人民政府办公厅关于落实天津市国民经济和社会发展第十二个五年规划纲要主要目标和任务分工的通知	天津市人民政府办公厅	2011年9月19日	津政办发[2011]99号	2011年9月19日	有效

以下将从渤海防灾减灾和科学研究管理两个方面对渤海防灾减灾及其他管理天津市立法文献的内容进行梳理。

一、防灾减灾

天津市对于渤海防灾减灾的立法文献同样可分为事前、事中、事后三阶段：事前预防包括海岸带管理、防灾能力建设、海堤维护等，事中应对包括污染事故及时报告制度、突发事件指挥，事后处理包括突发事件应急预案和赤潮灾害应急预案。天津市有关渤海防灾减灾的立法文献有：《天津市环境保护条例》、《天津市人民政府办公厅关于进一步做好突发事件组织指挥工作有关事项的通知》、《天津市突发公共事件总体应急预案》、《天津市应对气候变化方案》、《天津市人民政府办公厅关于落实天津市国民经济和社会发展第十二个五年规划纲要主要目标和任务分工的通知》、《天津市海堤管理办法》、《天津市赤潮灾害应急预案》等，具体内容详见表6-23：

表 6-23　渤海防灾减灾天津市地方立法内容简表

基本内容	文献名称	条　　款
灾害预防体系建设	天津市应对气候变化方案	第三部分（应对气候变化的指导思想和目标任务。）
海堤维护	天津市海堤管理办法	第十二条（对海堤进行日常检查、维护的规定。） 第十五条（海堤范围禁止作业、航行的规定。） 第十六条（海堤违建拆除规定。） 第十七条（海堤建设项目的规划、审批要求。） 第十八条（海堤交通管理、维护规定。） 第十九条（对海堤安全鉴定、指标复核的规定。）
污染事故及时处理与报告制度	天津市环境保护条例	第四十六条（对可能造成污染事故的突发性事件应急措施和报告制度的规定。）

二、科学研究管理

天津市对科学研究管理的立法文献主要集中在科研鼓励和科研战略两方面，主要有：《天津市节约用水条例》《天津市盐业管理条例》《天津市野生动物保护条例》《天津古海岸与湿地国家级自然保护区管理办法》《天津市环境保护条例》《天津市人民政府关于印发〈天津市率先基本实现农业现代化实施规划〉的通知》《天津市人民政府关于印发天津市中长期科学和技术发展规划纲要（2006—2020年）和天津市科技发展"十一五"规划的通知》《天津市人民政府办公厅关于落实天津市国民经济和社会发展第十二个五年规划纲要主要目标和任务分工的通知》等，具体内容详见表 6-24：

表 6-24　渤海科学研究管理天津市地方立法内容简表

基本内容	文献名称	条　　款
科研鼓励	天津市节约用水条例	第五条（鼓励节约用水的科学技术研究。） 第四十条（鼓励海水淡化和微咸水利用研究。）

基本内容	文献名称	条　　款
科研鼓励	天津市盐业管理条例	第八条（鼓励盐业科学研究。）
	天津市野生动物保护条例	第六条（鼓励野生动物保护科学研究。）
	天津古海岸与湿地国家级自然保护区管理办法	第十一条（鼓励保护区科学研究。） 第十三条："在保护区从事涉及保护对象的科学研究等活动的审批、存档和保密要求。"
科研战略指导	天津市环境保护条例	第五条："市和区、县人民政府及有关部门应当推进环境保护科学技术的研究、开发及应用。" 第十四条："行政主管部门负责组织开展环境保护科学研究与环境保护宣传教育，推广环境保护先进经验和技术，开展国际间环境保护的合作和交流。"

第七节　渤海管理手段类天津市立法文献

　　天津有关管理法律手段的法规规章有：《天津市环境保护条例》、《天津市建设项目环境保护管理办法》、《天津市水务局关于开展建设项目水资源论证报告书抽查工作的通知》、《天津市〈渔业成品油价格补助专项资金管理暂行办法〉实施细则》《天津市野生动物保护条例》、《天津市 2010 年海洋伏季休渔管理工作实施方案》等，具体内容详见表 6-25：

表 6-25　渤海管理手段类天津市立法文献简表

序号	文献名称	发布机关	通过时间	文献编号	生效时间	当前效力
1	天津市环境保护条例	天津市第十二届人大常委会第十二次会议通过	1994 年 11 月 30 日	天津市人大常委会公告 [第 32 号]	1994 年 11 月 30 日	2004 年 12 月 21 日天津市第十四届人大常委会第十六次会议第一次修正，2010 年 9 月 25 日天津市第十五届人大常委会第十九次会议第二次修正
2	天津市海域环境保护管理办法（2010 年修正）	天津市人民政府	1996 年 1 月 9 日	津政发 [1996] 54 号	1996 年 1 月 9 日	2010 年 11 月 8 日市人民政府第 59 次常务会议《关于修改部分市政府规章的决定》修正
3	天津市建设项目环境保护管理办法	天津市人民政府	2000 年 7 月 21 日	天津市人民政府令 [第 28 号]	2000 年 7 月 21 日	根据 2004 年 6 月 21 日经市人民政府第 30 次常务会议通过的《关于修改〈天津市建设项目环境保护管理办法〉的决定》修改
4	天津市野生动物保护条例	天津市第十四届人大常委会第二十八次会议通过	2006 年 5 月 24 日	天津市人大常委会公告 [第 70 号]	2006 年 8 月 1 日	有效

序号	文献名称	发布机关	通过时间	文献编号	生效时间	当前效力
5	天津市人民政府批转市发展改革委拟定的天津渤海商品交易所交易市场监督管理暂行办法的通知	天津市人民政府	2009 年 8 月 6 日	津 政 发 [2009]32 号	2009 年 8 月 6 日	有效
6	天津市《渔业成品油价格补助专项资金管理暂行办法》实施细则	天津市财政局、市农村工作委员会	2010 年 5 月 19 日	津 财 农 [2010]23 号	2010 年 5 月 19 日	有效
7	天 津 市 2010 年 海洋伏季休渔管理工作实施方案	天津市人民政府办公厅	2010 年 5 月 28 日	津政办发 [2010]57 号	2010 年 5 月 28 日	有效
8	天津市水务局关于开展建设项目水资源论证报告书抽查工作的通知	天津市水务局	2010 年 9 月 29 日	不详	2010 年 9 月 29 日	有效

以下将从环境影响评价、渤海管理税费、补助措施、渤海管理中的公众参与、争议处理程序等几个方面对渤海管理法律手段天津市立法文献的内容进行梳理。

一、环境影响评价

天津市有关环境影响评价的立法文件有:《天津市环境保护条例》、《天津市建设项目环境保护管理办法》、《天津市水务局关于开展建设项目水资源论证报告书抽查工作的通知》等，具体内容详见表6-26：

表 **6-26**　**渤海环境影响评价天津市地方立法内容简表**

基本内容	文献名称	条　款
环境影响评价制度	天津市环境保护条例	第二十七条（建设项目先评价后建设，执行环评审批制度，"三同时"制度。） 第四十二条（各类企业和个体工商户应前置办理环境影响审批手续的规定。） 第四十八条（在建设项目中不执行环境影响评价制度和"三同时"制度的行政责任。）
	天津市建设项目环境保护管理办法	第七条（建设项目的环境影响评价制度。） 第八条（办理建设项目申报登记的规定。） 第九条（对建设项目环评实行分类管理的规定。） 第十条（对环境影响报告的时间规定。） 第十一条（对建设项目环境保护分类管理名录的规定。） 第十二条（对建设项目环境影响报告的规定。） 第十三条（对编制环境影响报告的单位资质和公众参与的规定。） 第十四条（对环境影响评价单位进行日常检查的规定。） 第十五条至第十八条（对建设项目审批的规定。） 第十九条（对建设项目环境影响报告书、报告表或者登记表批准的规定。）

二、补助措施

《天津市〈渔业成品油价格补助专项资金管理暂行办法〉实施细则》对渔业成品油价格补助做出了规定，具体内容详见表6-27：

表 6-27　渤海管理补助措施天津市地方立法内容简表

基本内容	文献名称	条　款
渔业成品油价格补助	天津市《渔业成品油价格补助专项资金管理暂行办法》实施细则	第三条（补助资金来源。） 第四条、第五条（对补助对象的规定。） 第六条（补贴的适用区间。） 第七条（补助资金补助标准的确定。） 第八条（补助用油量核算原则。） 第九条（对建立机动渔船管理和养殖证发放数据库的规定。） 第十条、第十一条（对填报补助申请表的规定。） 第十二条（补助用油量上报规定。） 第十三条（补助用油量及资金规模标准。） 第十四条（对中央财政国内渔业补助资金落实的规定。） 第十五条（对中央财政远洋渔业补助资金落实的规定。） 第十六条、第十七条（对上年渔业补助资金发放情况报送的规定。） 第十八条（对补助资金受益对象检查和违规责任的规定。） 第十九条（对补助资金管理和违规责任的规定。） 第二十条（补助取消或扣减的规定。）

三、公众参与

《天津市野生动物保护条例》、《天津市建设项目环境保护管理办法》、《天津古海岸与湿地国家级自然保护区管理办法》中分别涉及了个人监督和参与，具体内容详见表 6-28：

表 6-28　渤海管理中的公众参与天津市地方立法内容简表

基本内容	文献名称	条　　款
个人监督、参与	天津市野生动物保护条例	第四条："各级人民政府应当加强对野生动物保护的宣传，增强公民自觉保护野生动物的意识，促进人与自然和谐发展。" 第五条（对个人和组织制止和举报的规定。） 第六条："各级人民政府应当对在野生动物保护、救助、驯养繁殖、科学研究等方面做出显著成绩或者举报、查处违反野生动物保护法律、法规行为有功的个人和组织，给予表彰、奖励。"
	天津市建设项目环境保护管理办法	第十三条（对编制环境影响报告的单位资质和公众参与的规定。）

四、争议处理程序

《天津市海域环境保护管理办法》中提到了污染损害争议的救济途径，具体内容详见表 6-29：

表 6-29　渤海争议处理程序天津市地方立法内容简表

基本内容	文献名称	条　　款
污染损害争议救济途径	天津市海域环境保护管理办法	第三十七条（造成海域环境污染的赔偿责任。因排放陆源污染物和进行海岸工程建设引起的赔偿责任和赔偿金额纠纷，可以根据当事人的请求，由环境保护行政主管部门处理，当事人也可直接向人民法院起诉。）

第七章　渤海管理辽宁省立法文献研究

辽宁省作为环渤海区域的重要省份之一,其经济社会活动往往对渤海环境质量产生直接影响。因此,研究辽宁省涉及渤海管理的立法文献,能使我们明确该省在渤海保护方面做出的努力和存在的不足。

渤海管理辽宁省立法文件主要包括污染防治立法文件、资源管理立法文件、生态保护立法文件、空间管理立法文件、防灾减灾和科学研究立法文件以及为了保障上述法律文件的贯彻实施所制定的手段法法律文件等六个方面。

第一节　渤海污染防治辽宁省立法文献

渤海管理辽宁省污染防治立法文献包括地方性法规和地方政府规章两种,涉及污染防治管理机构和管理权限、陆源污染防治、船源污染防治、海洋工程污染防治、海岸工程防治、放射性物质污染防治、大气污染防治等七个方面。具体内容详见表7-1:

表7-1　渤海污染防治辽宁省地方立法文献简表

序号	文献名称	发布机关	通过时间	文献编号	生效时间	当前效力
1	辽宁省河道管理条例	辽宁省人大常委会	1984 年 6 月 9 日	不详	1984 年 6 月 9 日	失效
2	辽宁省河道管理条例（2004 年修订）	辽宁省人大常委会	2004 年 6 月 30 日	辽宁省人大常委会公告第 16 号	2004 年 6 月 30 日	失效

序号	文献名称	发布机关	通过时间	文献编号	生效时间	当前效力
3	辽宁省河道管理条例（2006年修订）	辽宁省人大常委会	2006年1月13日	不详	2006年1月13日	有效
4	大连市环境保护条例	大连市人大常委会	1991年7月27日	不详	1991年8月15日	2010年12月28日大连市第十四届人大常委会第二十次会议修订
5	大连市环境保护条例（修订）	大连市人大常委会	2011年12月28日	大连市人大常委会公告第1号	2011年3月1日	有效
6	辽宁省环境保护条例	辽宁省人大常委会	1993年9月27日	不详	1993年9月27日	2004年6月30日辽宁省第十届人大常委会第十二次会议第一次修正
7	辽宁省环境保护条例（2004年修订）	辽宁省人大常委会	2004年6月30日	辽宁省人大常委会公告第16号	2004年6月30日	2006年1月13日辽宁省第十届人大常委会第二十三次会议第二次修正
8	辽宁省环境保护条例（2006年修订）	辽宁省人大常委会	2006年1月13日	辽宁省人大常委会公告第32号	2006年1月13日	有效

序号	文献名称	发布机关	通过时间	文献编号	生效时间	当前效力
9	辽宁省实施《水法》办法	辽宁省人大常委会	1994年5月26日	辽宁省人大常委会公告第15号	1994年5月26日	1997年11月29日辽宁省第八届人大常委会第三十一次会议修改
10	辽宁省实施《水法》办法（1997年修订）	辽宁省人大常委会	1997年11月29日	辽宁省人大常委会公告第106号	1997年11月29日	2004年6月30日辽宁省第十届人大常委会第十二次会议修订
11	辽宁省实施《水法》办法（2004年修订）	辽宁省人大常委会	2004年6月30日	辽宁省人大常委会公告第16号	2004年6月30日	2006年1月13日辽宁省第十届人大常委会第二十三次会议修订
12	辽宁省实施《水法》办法（2006年修订）	辽宁省人大常委会	2006年1月13日	不详	2006年1月13日	有效
13	辽宁省农业环境保护条例	辽宁省人大常委会	1996年1月19日	辽宁省人大常委会公告第55号	1996年1月19日	1997年11月29日辽宁省第八届人大常委会第三十一次会议修改
14	辽宁省农业环境保护条例（1997年修订）	辽宁省人大常委会	1997年11月29日	不详	1997年11月29日	2004年6月30日辽宁省第十届人大常委会第十二次会议修正

序号	文献名称	发布机关	通过时间	文献编号	生效时间	当前效力
15	辽宁省农业环境保护条例（2004 年修订）	辽宁省人大常委会	2004 年 6 月 30 日	辽宁省人大常委会公告第 16 号	2004 年 6 月 30 日	有效
16	辽宁省渔船管理条例	辽宁省人大常委会	1996 年 9 月 28 日	不详	1996 年 9 月 28 日	2004 年 6 月 30 日辽宁省第十届人大常委会第十二次会议修订
17	辽宁省渔船管理条例（2004 年修订）	辽宁省人大常委会	2004 年 6 月 30 日	辽宁省人大常委会公告第 16 号	2004 年 6 月 30 日	有效
18	辽宁省乡镇企业环境保护管理条例	辽宁省人大常委会	1996 年 11 月 30 日	不详	1997 年 1 月 1 日	2004 年 6 月 30 日辽宁省第十届人大常委会第十二次会议第一次修正
19	辽宁省乡镇企业环境保护管理条例（2004 年修订）	辽宁省人大常委会	2004 年 6 月 30 日	辽宁省人大常委会公告第 16 号	2004 年 6 月 30 日	2006 年 1 月 13 日辽宁省第十届人大常委会第二十三次会议第二次修正
20	辽宁省乡镇企业环境保护管理条例（2006 年修订）	辽宁省人大常委会	2006 年 1 月 13 日	辽宁省人大常委会公告第 32 号	2006 年 1 月 13 日	有效

序号	文献名称	发布机关	通过时间	文献编号	生效时间	当前效力
21	辽宁省石油勘探开发环境保护管理条例	辽宁省人大常委会	1996年11月30日	辽宁省人大常委会第76号	1997年1月1日	废止
22	辽宁省石油勘探开发环境保护条例（修订）	辽宁省人大常委会	2011年7月29日	辽宁省人大常委会公告第44号	2011年10月1日	有效
23	辽宁省渔港管理条例	辽宁省人大常委会	1997年9月27日	辽宁省人大常委会公告第88号	1997年9月27日	有效
24	辽宁省辽河流域水污染防治条例	辽宁省人大常委会	1997年11月29日	不详	1997年11月29日	2004年6月30日辽宁省第十届人大常委会第十二次会议修正
25	辽宁省辽河流域水污染防治条例（2004年修订）	辽宁省人大常委会	2004年6月30日	辽宁省人大常委会公告第16号	2004年6月30日	2011年1月11日辽宁省第十一届人大常委会第二十一次会议修订
26	辽宁省辽河流域水污染防治条例（2011年修订）	辽宁省人大常委会	2011年1月11日	辽宁省人大常委会公告第39号	2011年4月1日	有效
27	鞍山市环境保护条例	鞍山市人大常委会	2005年1月28日	鞍山市第十三届人大常委会公告第9号	2005年5月1日	2010年10月26日鞍山市第十四届人大常委会第十九次会议修订

序号	文献名称	发布机关	通过时间	文献编号	生效时间	当前效力
28	鞍山市环境保护条例（修订）	鞍山市人大常委会	2010 年 11 月 26 日	鞍山市第十四届人大常委会公告第 11 号	2011 年 1 月 1 日	有效
29	抚顺市机动车排气污染防治条例	抚顺市人大常委会	2010 年 11 月 26 日	不详	2011 年 3 月 1 日	有效
30	辽宁省工业废渣、废水、废气综合利用管理办法	辽宁省人民政府	1991 年 8 月 28 日	辽宁省人民政府令第 12 号	1991 年 8 月 28 日	有效
31	抚顺市控制大气面源污染管理办法	抚顺市人民政府	2001 年 5 月 28 日	抚顺市人民政府令第 82 号	2001 年 5 月 28 日	有效
32	辽宁省机动车排气污染防治管理办法	辽宁省人民政府	2001 年 12 月 31 日	辽宁省人民政府令第 135 号	2002 年 3 月 1 日	2004 年 6 月 27 日被《辽宁省人民政府关于修订废止部分省政府规章的决定》修订
33	辽宁省机动车排气污染防治管理办法（2004 年修订）	辽宁省人民政府	2004 年 6 月 27 日	辽宁省人民政府令第 171 号	2004 年 7 月 1 日	2011 年 1 月 13 日《辽宁省人民政府关于修改和废止〈辽宁省小煤矿安全生产管理规定〉等 89 件省政府规章的决定》修正

序号	文献名称	发布机关	通过时间	文献编号	生效时间	当前效力
34	辽宁省机动车排气污染防治管理办法（2011年修订）	辽宁省人民政府	2011年1月13日	辽宁省人民政府令第247号	2011年1月13日	有效
35	辽宁省固体废物污染环境防治办法	辽宁省人民政府	2001年12月18日	辽宁省人民政府令第134号	2002年3月1日	根据2004年6月24日辽宁省第十届人民政府第36次常务会议通过的《辽宁省人民政府关于修订废止部分省政府规章的决定》修正
36	辽宁省固体废物污染环境防治办法（2004年修订）	辽宁省人民政府	2004年6月24日	辽宁省人民政府令第171号	2004年7月1日	2011年1月7日辽宁省第十一届人民政府第44次常务会议修正
37	辽宁省固体废物污染环境防治办法	辽宁省政府	2011年1月7日	辽宁省人民政府令第247号	2011年1月13日	有效
38	大连市机动车排气污染防治管理办法	大连市人民政府	2004年10月8日	大连市人民政府令第60号	2004年12月1日	有效
39	本溪市机动车污染防治办法	本溪市人民政府	2006年6月2日	本溪市人民政府令第126号	2006年7月10日	有效

序号	文献名称	发布机关	通过时间	文献编号	生效时间	当前效力
40	辽宁省海洋环境保护办法	辽宁省人民政府	2006 年 6 月 14 日	辽宁省人民政府令第 195 号	2006 年 8 月 1 日	2011 年 1 月 7 日辽宁省第十一届人民政府第 44 次常务会议修正
41	辽宁省海洋环境保护办法（2011 年修订）	辽宁省人民政府	2011 年 1 月 7 日	辽宁省人民政府令第 247 号	2011 年 1 月 13 日	根据 2011 年 11 月 30 日辽宁省第十一届人民政府第 52 次常务会议通过的《辽宁省人民政府关于废止和修改〈辽宁省城市房屋拆迁管理办法〉等 14 件省政府规章的决定》修正
42	辽宁省海洋环境保护办法（2011 年修订）	辽宁省人民政府	2011 年 11 月 30 日	辽宁省人民政府令第 269 号	2011 年 12 月 15 日	有效

一、管理机构和管理权

辽宁省渤海管理法律文件规定了统一监管和分工负责相结合的管理体制，并规定了各管理机构的职权范围。具体内容详见表 7-2、表 7-3：

表 7-2　渤海管理机构和管理权辽宁省地方法规内容简表

基本内容	文献名称	条　款
渤海管理机构和渤海管理权	辽宁省环境保护条例	第六条（规定各级人民政府对本辖区内的环境质量负责。） 第七条（要求省、市、县人民政府环境保护行政主管部门对本辖区的环境保护工作实施统一监督管理，并对其主要职责作出规定。同时规定了乡、镇人民政府和港务监督、渔政渔港监督、军队环境保护部门和各级公安、交通、铁路、民航、海洋等管理部门的环境监督和管理职责。） 第八条（要求省、市、县人民政府环境保护委员会，负责研究、贯彻、制定环境保护的方针、政策和措施，组织、协调本辖区内的环境保护工作。）
	辽宁省辽河流域水污染防治条例	第三条（规定辽河流域各级人民政府应当对本行政区域内的水环境质量负责，将辽河流域水污染防治纳入社会经济发展计划，规定各级人民政府对辽河流域的治理目标实行目标责任制。） 第四条（授权省、市人民政府根据工作需要，指定有关专门机构负责统一协调、指导辽河流域水污染防治工作。） 第五条（授权省、市、县环境保护行政主管部门对本行政区域内辽河流域水污染防治实施统一监督管理。其他相关行政管理部门及企业主管部门，协同环境保护行政主管部门做好辽河流域水污染防治工作。） 第六条（要求辽河流域县以上人民政府定期向本级人大及其常务委员会报告本行政区域内辽河流域水污染防治工作进展情况。）
	大连市环境保护条例	第三条："市及县级环境保护主管部门负责本行政区域内的环境保护工作。市、有关区和（市）县海洋主管部门对本行政区域内海洋环境依法实施监督管理。市及区（市）县人民政府有关主管部门按照各自职责，负责与环境保护有关的工作。"
	鞍山市环境保护条例	第三条："市、县（市）区人民政府应当对本辖区的环境质量负责，把环境质量和环境保护工作作为年度考核政府相关部门及其主要负责人工作目标的重要内容。市、县（市）区人民政府应当逐年提高对环境保护的投入。市、县（市）区人民政府应当每年向同级人大常委会报告环境保护工作。"
	抚顺市机动车排气污染防治条例	第三条："市环境保护行政主管部门负责对全市机动车排气污染防治工作实施统一监督管理。公安、交通、质监、工商等部门应当按照各自职责，对机动车排气污染防治实施监督管理。"

表 7-3　渤海管理管理机构和管理权辽宁省地方政府规章内容简表

基本内容	文献名称	条　款
渤海管理机构和渤海管理权	辽宁省工业废渣、废水、废气综合利用管理办法	第三条:"省、市、县(含县级市、区)计划经济委员会(或计划委员会)是工业三废综合利用的管理部门,负责本辖区工业三废综合利用规划和计划的综合平衡和下达。各级环境保护部门负责本辖区工业三废综合利用规划和计划的编制和组织实施,并负责监督检查。各级工业主管部门负责本部门工业三废综合利用的管理工作。各级财政、税务、物价等部门协同同级计划经济委员会做好本辖区工业三废综合利用的管理工作。"
	辽宁省机动车排气污染防治管理办法	第四条:"省、市、县(含县级市、区)环境保护行政管理部门,负责本行政区域内机动车排气污染防治的监督管理。公安、交通等行政管理部门根据各自的法定职责,对机动车排气污染防治实施监督管理。"
	辽宁省海洋环境保护办法	第三条:"授权沿海县以上环境保护行政主管部对本行政区域内海洋环境保护管理工作实施指导、协调和监督,并负责本行政区域内防治陆源污染物和海岸工程建设项目对海洋污染损害的防治工作。规定了沿海县以上海洋与渔业行政主管部门、海事行政主管部门和其他有关部门保护海洋环境保护的职责。" 第十五条(规定省海洋与渔业部门应当会同有关部门编制省人工鱼礁建设总体规划,报省政府批准后组织实施。)
	本溪市机动车污染防治办法	第三条:"市环境保护行政管理部门是机动车污染防治监督管理的主管部门。公安、交通、质量技术监督、工商、农业等部门,按照各自的职责依法做好机动车污染防治的监督管理工作。" 第五条:"市环保部门会同市公安机关交通管理部门、市交通管理部门建立机动车污染防治定期协调制度。市环保部门建立机动车污染监测制度,定期向社会公布全市和区域性的机动车污染监测情况和有关数据。"
	抚顺市控制大气面源污染管理办法	第四条:"市环境保护行政主管部门对全市大气面源污染防治工作实施统一监督管理。各区(含抚顺县)环境保护行政主管部门,对本辖区内大气面源污染防治实施监督管理。各级公安、交通等有关行政部门,根据各自职责对机动车排气污染防治实施监督管理。各有关行政管理部门在各自职责范围内,对大气面源污染防治实施监督管理。"

二、陆源污染防治

陆源污染是渤海污染物的最主要来源。辽宁省作为环渤海的省份，沿海各地市生产、生活中产生的废弃物伴随辽河、凌河等入海河流水体的流动汇入渤海湾，沿海地区工农业生产排放的工业废水、生活污水也主要排入渤海。具体内容详见表7-4、表7-5：

表7-4 渤海陆源污染防治辽宁省地方法规内容简表

基本内容	文献名称	条　　款
陆源污染	辽宁省环境保护条例	第二十九条（要求沿海地区各级人民政府加强对海洋环境的保护。要求依法向海洋排放、倾倒污染物、废弃物。进行海岸工程建设和海洋石油勘探开发时防止对海洋环境的污染损害。） 第三十三条（严格限制和禁止向水体排放、倾倒污染物种类。）
	辽宁省河道管理条例	第十二条（不准向河道排放各种有毒有害物质。凡向河道排放污水、废液，必须遵守相关的有关规定。对于一时达不到标准的，限期治理。排污造成损失的要赔偿经济损失。）
	辽宁省实施《水法》办法	第十三条："各单位应当加强水污染的防治工作，保护和改善水质。向河道、水库、渠道等水工程内排污、设置或者扩大排污口，排污单位在向环境保护部门申报之前，应当征得水行政主管部门的同意。"
	辽宁省乡镇企业环境保护管理条例	第十三条（规定了落后生产工艺、技术的淘汰制度，并禁止乡镇企业开采放射性矿产资源、利用放射性同位素生产各类制品。）
	辽宁省渔港管理条例	第十四条："禁止向渔港水域内排放油类、油类混合物、回填物、废弃物和其他有毒有害物质。"
	辽宁省辽河流域水污染防治条例	第二十条："在辽河流域禁止建设生产石棉制品、放射性制品的企业；禁止建设小型造纸厂、制革厂、染料厂；禁止从事土法炼砷、炼汞、炼铅锌、炼油、选金、漂染、酿造和农药、电镀、化工生产。"

基本内容	文献名称	条　款
陆源污染	辽宁省石油勘探开发环境保护管理条例	第八条（要求石油勘探开发单位采用无毒泥浆作业，并对泥浆的回收利用和泥冰、岩屑及污油的无害化处理进行了规定。） 第九条（防治石油勘探开发污染的技术操作规范。） 第十条（含油污水的处理。）
	大连市环境保护条例	第五十二条："港口、码头以及船舶制造、维修、拆卸企业等用海单位应当防止污染物、废弃物进入海域，并清除本单位用海范围内的生活垃圾和其他废弃物。滨海从事生产经营的单位和个人，应当对产生的污染物、废弃物进行处理，防止对海洋环境造成污染。"

表 7-5　渤海管理陆源污染防治辽宁省地方规章内容简表

基本内容	文献名称	条　款
陆源污染	辽宁省固体废物污染环境防治办法	第十三条（要求防止运输固体废物过程中发生散漏、流失，运输固体废物的运行线路，应当绕过城市疗养区、饮用水源保护区、自然保护区及其他环境敏感区域。） 第二十二条（要求按照规定处理生活垃圾。港口、码头及航空港，应当配套设置固体废物接收设施。）
	辽宁省海洋环境保护办法	第十八条（规定了重点海域污染物排海总量控制指标和主要污染源排放控制计划的制定。） 第二十条（要求沿海城市政府建设和完善排水管网，建设污水处理厂或者其他污水集中处理设施。并规定污水要达标排放或集中处理。） 第二十一条（要求港口、码头、石油开发以及船舶制造、维修、拆卸等用海单位防止污染物、废弃物进入海域，要清除本单位用海范围内的生活垃圾和废弃物。）

三、船源污染防治

船源污染物是渤海污染物的重要来源之一。《辽宁省渔船管理条例》和《辽宁省渔港管理条例》对于渤海船源污染作出了规定。具体内容详见表7-6：

表7-6　渤海管理船源污染防治辽宁省地方立法内容简表

基本内容	文献名称	条　　款
船源污染	辽宁省渔船管理条例	第二十九条："禁止向渔港、渔业水域倾倒垃圾或排放有毒有害物质。渔船的防污染设备须按有关的规定配备。"
	辽宁省渔港管理条例	第十四条："禁止向渔港水域内排放油类、油类混合物、回填物、废弃物和其他有毒有害物质。"

四、海洋工程污染防治

为防治海洋工程建设造成渤海环境的损害，《辽宁省环境保护条例》和《辽宁省渔港管理条例》规定了相应的措施。具体内容详见表7-7：

表7-7　渤海管理海洋工程污染防治辽宁省地方立法内容简表

基本内容	文献名称	条　　款
海洋工程污染	辽宁省环境保护条例	第二十九条："沿海地区各级人民政府应加强对海洋环境的保护。向海洋排放、倾倒污染物、废弃物，进行海岸工程建设和海洋石油勘探开发，必须依照法律的规定进行，防止对海洋环境的污染损害。"
	辽宁省渔港管理条例	第十四条："禁止向渔港水域内排放油类、油类混合物、回填物、废弃物和其他有毒有害物质。"

五、海岸工程污染防治

渤海管理辽宁省海岸工程污染防治立法文献主要有《辽宁省环境保护条例》和《辽宁省渔港管理条例》。具体内容详见表7-8：

表 7-8　渤海管理海岸工程污染防治辽宁省地方立法内容简表

基本内容	文献名称	条　款
海岸工程污染	辽宁省环境保护条例	第二十九条："沿海地区各级人民政府应加强对海洋环境的保护。向海洋排放、倾倒污染物、废弃物，进行海岸工程建设和海洋石油勘探开发，必须依照法律的规定进行，防止对海洋环境的污染损害。"
	辽宁省渔港管理条例	第十四条："禁止向渔港水域内排放油类、油类混合物、回填物、废弃物和其他有毒有害物质。"

六、放射性物质污染防治

放射性物质是渤海的重要污染物之一。辽宁省的相关立法文献规定了渤海放射性物质污染防治的禁限措施。具体内容详见表 7-9：

表 7-9　渤海管理放射性物质污染防治辽宁省地方法规内容简表

基本内容	文献名称	条　款
放射性物质污染	辽宁省石油勘探开发环境保护管理条例	第十四条（要求石油勘探开发单位按照国家有关规定严格管理开发过程中使用的放射性物质，防止造成污染和危害。） 第十六条（进一步要求石油勘探开发应当防止放射性物质对环境的污染。使用放射性物质应当划出安全防护区域，设立警戒线和辐射警示标志，由专人看守，防止非作业人员进入，并对施工的全过程进行放射性检测。）
	辽宁省乡镇企业环境保护管理条例	第十三条（禁止乡镇企业开采放射性矿产资源、利用放射性同位素生产各类制品。）

七、大气污染物质污染防治

渤海管理辽宁省大气污染物质污染防治地方法规主要有《辽宁省环境保护条例》、《辽宁省农业环境保护条例》、《辽宁省石油勘探开发环境保护管理条例》、《大连市环境保护条例》、《鞍山市环境保护条例》、《抚顺市机动车排气污染防治条例》等,地方政府规章主要有《辽宁省机动车排气污染防治管理办法》、《本溪市机动车污染防治办法》等。具体内容详见表7-10、7-11:

表 7-10　渤海管理大气污染物质污染防治辽宁省地方法规内容简表

基本内容	文献名称	条　款
大气污染物质污染渤海	辽宁省环境保护条例	第三十一条（要求各级人民政府逐步改善燃料结构,采取城市集中供热等措施,防止大气污染。规定锅炉设备的设计、制造、购销、安装、使用必须执行国家和省有关锅炉设备环境保护的规定。） 第三十二条（规定炼制石油、生产合成氨、煤气和煤炭焦化、金属冶炼过程中,排放含有硫化物气体的,必须配备脱硫装置或者采取其他脱硫措施。运输、装卸、贮存能够散发有毒有害气体或者粉尘的物质,必须采取有效防护措施,防止泄漏,污染大气和环境。）
	辽宁省农业环境保护条例	第二十三条:"农业区域内的一切排烟装置、工业窑炉和散发有害气体、粉尘的单位,须采取使用密闭的生产设施和工艺,安装净化、回收设施等有效的排烟除尘措施,防止烟尘、有害气体、工业粉尘对农业环境的污染、危害。"
	辽宁省石油勘探开发环境保护管理条例	第十一条（要求石油勘探开发单位排放废气、烟尘、粉尘符合相关规定。天然气、油田伴生气中排放的可燃性气体应当回收利用。各井、站水套炉、加热炉排放烟尘黑度不得超过林格曼一级。） 第十二条（规定石油勘探开发单位回收处理生产中排放的固体废弃物及落地油,不得采用焚烧方式处理。严禁将难以降解的有毒有害物质埋入地下。）
	辽宁省乡镇企业环境保护管理条例	第十三条（规定了落后生产工艺、设备的淘汰制度,并禁止乡镇企业开采放射性矿产资源、利用放射性同位素生产各类制品。）

基本内容	文献名称	条　款
大气污染物质污染渤海	辽宁省石油勘探开发环境保护条例	第十五条:"石油勘探开发单位应当对作业产生的天然气、油田伴生气及其他可燃性气体进行回收、处理或者综合利用。不具备回收利用条件需要向大气排放的,应当采取污染防治措施,并向所在地环境保护行政主管部门或者辽河保护区、凌河保护区管理机构申报。在油气储存、运输过程中,应当减少烃类及其他气体排放。"
	大连市环境保护条例	第三十二条:"严格限制露天从事经营性喷漆、喷塑、喷砂作业。严格限制向大气排放有毒、有害挥发性有机化合物;确需排放的,应当采取有效措施,保证污染物符合排放标准。"
	鞍山市环境保护条例	第二十三条(规定了城市建成区,燃煤供热锅炉的单台容量,要求城市集中供热管网覆盖的区域,不得新建燃煤供热锅炉。新建、扩建、改建的锅炉,应当符合城市供热规划。) 第二十七条(要求矿山企业采用先进工艺、设置除尘设施等措施。采矿场、排岩场的运输道路应当进行硬化处理,防治扬尘污染。)
	抚顺市机动车排气污染防治条例	第十七条:"市人民政府可以根据大气环境质量状况、道路交通情况和不同类别机动车排气污染程度,对机动车采取限制通行区域、通行时间等交通管理措施。"

表 7-11　渤海管理大气污染物质污染防治辽宁省地方政府规章内容简表

基本内容	文献名称	条　款
大气污染物质污染渤海	辽宁省机动车排气污染防治管理办法	第五条(规定鼓励生产使用清洁能源的机动车,推广使用经国家认定的机动车排气污染治理技术、装置及机动车油料添加剂。) 第七条(要求政府制定有利于减少机动车排气污染的城市发展规划,并采取相应措施。) 第八条(规定了污染物排放标准制度。) 第九条(禁止使用不符合国家和省油品质量标准的车用燃油。并规定了相应的技术措施。) 第十条(规定禁止生产、销售和进口污染物排放超过排放标准的机动车。) 第十一条(产品质量检验制度。)

基本内容	文献名称	条　款
大气污染物质污染渤海	辽宁省机动车排气污染防治管理办法	第十三条（要求机动车维修企业，应当按照防治大气污染的要求和国家有关技术规范进行维修，使在用机动车达到规定的污染物排放标准。）
	大连市机动车排气污染防治管理办法	第六条（机动车排气污染检测。） 第八条（要求汽车维修单位要严格按照国家规定的机动车污染物排放标准进行维修，保证车辆维修质量。） 第九条（报废车辆的处理。）
	本溪市机动车污染防治办法	第四条（要求将机动车污染防治工作应当纳入国民经济和社会发展规划。） 第八条（规定制造、改装、组装机动车及车用发动机的经营者，应当配置必要的机动车污染检测设备，经检测合格的产品方可出厂。） 第九条（禁止进口、销售超过污染物排放标准的机动车。） 第十条（规定使用者应当加强机动车的保养和维修，实行有效的污染防治措施，使机动车达到规定的排放标准。） 第十六条（要求机动车维修单位将机动车污染控制指标纳入维修质量保证内容。） 第十九条（要求车用燃油的销售者，应当在所销售的燃油中加入符合国家或地方标准的清净剂。车用柴油的销售者，应当配备能有效去除胶质、灰分等杂质的过滤设备。）
	抚顺市控制大气面源污染管理办法	第十五条（禁止露天焚烧产生有毒、有害烟尘的物质。） 第十八条（禁止机动车使用含铅汽油。） 第十九条（要求各类柴油加油站必须配备能有效去除胶质、灰份等杂质的过滤设备，经过滤后的柴油方可销售使用。） 第二十条（要求生产、销售机动车排气净化装置的单位和个人，产品必须经国家和省有关部门认定。安装使用机动车排气净化装置，应当遵守国家规定的安装使用技术要求。） 第二十三条、第二十四条（要求建筑施工过程中减少扬尘污染。） 第二十五条（要求城市垃圾清运车和运输残土、煤等车辆应采取防止遗撒、泄漏设施。） 第二十六条（规定城区内煤场、矿场、料堆、灰堆等必须采取密闭或半密闭堆放等措施，防止扬尘污染。） 第二十七条（要求锅炉使用单位，除尘器下灰必须以袋装方式收集和运输，禁止散放和随意倾倒。）

第二节　渤海资源管理辽宁省立法文献

渤海资源管理的立法文献主要涉及渤海资源管理综合性法律文件、渔业资源开发管理、矿产资源开发管理、能源资源开发管理、海域资源开发管理等五个方面。这五个方面又涉及十几部法律文献。具体而言,具体内容详见表7-12:

表7-12　渤海资源管理辽宁省地方立法文献简表

序号	文献名称	发布机关	通过时间	文献编号	生效时间	当前效力
1	辽宁省实施《野生动物保护法》办法	辽宁省人大常委会	1991 年 7 月 27 日	不详	1991 年 7 月 27 日	2004 年 6 月 30 日辽宁省第十届人大常委会第十二次会议修订
2	辽宁省实施《野生动物保护法》办法（修订）	辽宁省人大常委会	2004 年 6 月 30 日	辽宁省人大常委会公告第 16 号	2004 年 6 月 30 日	有效
3	大连市特种海产品资源保护管理条例	大连市人大常委会	1994 年 1 月 24 日	不详	1994 年 4 月 1 日	2005 年 7 月 8 日大连市第十三届人大常委会第十九次会议修订
4	大连市特种海产品资源保护管理条例（2005 年修订）	大连市人大常委会	2005 年 7 月 8 日	大连市人大常委会公告第 4 号	2005 年 9 月 1 日	2011 年 11 月 24 日辽宁省第十一届人大常委会第二十六次会议修订
5	大连市特种海产品资源保护管理条例（2011 年修订）	大连市人大常委会	2011 年 11 月 24 日	不详	2011 年 11 月 24 日	有效

序号	文献名称	发布机关	通过时间	文献编号	生效时间	当前效力
6	辽宁省实施《水法》办法	辽宁省人大常委会	1994 年 5 月 26 日	辽宁省人大常委会公告第 15 号	1994 年 5 月 26 日	1997 年 11 月 29 日辽宁省第八届人大常委会第三十一次会议修改
7	辽宁省实施《水法》办法（1997 年修订）	辽宁省人大常委会	1997 年 11 月 29 日	辽宁省人大常委会公告第 106 号	1997 年 11 月 29 日	2004 年 6 月 30 日辽宁省第十届人大常委会第十二次会议修订
8	辽宁省实施《水法》办法（2004 年修订）	辽宁省人大常委会	2004 年 6 月 30 日	辽宁省人大常委会公告第 16 号	2004 年 6 月 30 日	2006 年 1 月 13 日辽宁省第十届人大常委会第二十三次会议修订
9	辽宁省实施《水法》办法（2006 年修订）	辽宁省人大常委会	2006 年 1 月 13 日	不详	2006 年 1 月 13 日	有效
10	辽宁省渔船管理条例	辽宁省人大常委会	1996 年 9 月 28 日	不详	1996 年 9 月 28 日	2004 年 6 月 30 日辽宁省第十届人大常委会第十二次会议修订
11	辽宁省渔船管理条例（修订）	辽宁省人大常委会	2004 年 6 月 30 日	辽宁省人大常委会公告第 16 号	2004 年 6 月 30 日	有效
12	辽宁省实施《渔业法》办法	辽宁省人大常委会	2004 年 6 月 30 日	辽宁省人大常委会公告第 16 号	2004 年 6 月 30 日	根据 2006 年 1 月 13 日辽宁省第十届人大常委会第二十三次会议通过的《关于修改〈辽宁省实施〈渔业法〉办法〉修正

序号	文献名称	发布机关	通过时间	文献编号	生效时间	当前效力
13	辽宁省实施《渔业法》办法(修订)	辽宁省人大常委会	2006 年 1 月 13 日	辽宁省人大常委会公告第 32 号	2006 年 1 月 13 日	有效
14	辽宁省水产苗种管理条例	辽宁省人大常委会	2005 年 11 月 25 日	辽宁省人大常委会公告第 34 号	2006 年 1 月 1 日	根据 2010 年 7 月 30 日辽宁省第十一届人大常委会第十八次会议通过的《辽宁省人大常委会关于修改部分地方性法规的决定》修订
15	辽宁省水产苗种管理条例（修订）	辽宁省人大常委会	2010 年 7 月 30 日	辽宁省人大常委会公告第 32 号	2010 年 7 月 30 日	有效
16	大连市海域使用管理条例	大连市人大常委会	2007 年 5 月 25 日	大连市人大常委会公告第 1 号	2007 年 8 月 1 日	有效
17	辽宁省湿地保护条例	辽宁省人大常委会	2007 年 7 月 27 日	不详	2007 年 10 月 1 日	2011 年 11 月 24 日辽宁省第十一届人大常委会第二十六次会议修订
18	辽宁省湿地保护条例（修订）	辽宁省人大常委会	2011 年 11 月 24 日	辽宁省人大常委会公告第 50 号	2011 年 11 月 24 日	有效

序号	文献名称	发布机关	通过时间	文献编号	生效时间	当前效力
19	辽宁沿海经济带发展促进条例	辽宁省人大常委会	2010 年 5 月 28 日	辽宁省人大常委会公告第28号	2010 年 7 月 1 日	有效
20	辽宁省海蜇资源管理办法	辽宁省人民政府	1998 年 7 月 31 日	辽宁省人民政府令第 98 号	1998 年 7 月 31 日	2011 年 1 月 7 日辽宁省第十一届人民政府第44次常务会议修订
21	辽宁省海蜇资源管理办法（2011年修订）	辽宁省人民政府	2011 年 1 月 7 日	辽宁省人民政府令第 247 号	2011 年 1 月 13 日	2011 年 11 月 30 日辽宁省第十一届人民政府第52次常务会议修订
22	辽宁省海蜇资源管理办法（2011年修订）	辽宁省人民政府	2011 年 11 月 30 日	辽宁省人民政府令第 269 号	2011 年 12 月 15 日	有效
23	辽宁省海域使用管理办法	辽宁省人民政府	2005 年 2 月 28 日	辽宁省人民政府令第 179 号	2005 年 4 月 1 日	有效
24	辽宁省海洋环境保护办法	辽宁省人民政府	2006 年 6 月 14 日	辽宁省人民政府令第 195 号	2006 年 8 月 1 日	2011 年 1 月 7 日辽宁省第十一届人民政府第44次常务会议修正
25	辽宁省海洋环境保护办法（2011年修订）	辽宁省人民政府	2011 年 1 月 7 日	辽宁省人民政府令第 247 号	2011 年 1 月 13 日	2011 年 11 月 30 日辽宁省第十一届人民政府第52次常务会议修正

序号	文献名称	发布机关	通过时间	文献编号	生效时间	当前效力
26	辽宁省海洋环境保护办法（2011年修订）	辽宁省人民政府	2011年11月30日	辽宁省人民政府令第269号	2011年12月15日	有效

一、资源管理机构和管理权

渤海资源管理施行统一监管和分工负责相结合的管理体制，这一体制在《辽宁省水产苗种管理条例》、《辽宁省湿地保护条例》、《辽宁省实施〈渔业法〉办法》、《辽宁省实施〈野生动物保护法〉办法》、《大连市特种海产品资源保护管理条例》、《大连市海域使用管理条例》等地方法规和《辽宁省海蜇资源管理办法》、《辽宁省海域使用管理办法》等地方政府规章中得到体现。具体内容详见表7-13、7-14：

表 **7-13** 渤海管理资源管理机构和管理权辽宁省地方法规内容简表

基本内容	文献名称	条 款
资源管理机构和管理权	辽宁省水产苗种管理条例	第九条（要求省渔业行政主管部门根据渔业资源状况制定渔业资源增殖放流规划，组织实施向自然水域放流水产苗种。） 第十条（规定省渔业行政主管部门应当规划和组织建设水产原种场、良种场。）
	辽宁省湿地保护条例	第四条（规定县以上人民政府负责湿地保护工作。省、市、县林业行政主管部门负责组织、协调本行政区域内湿地、沼泽湿地的保护工作；水行政主管部门负责湖泊、河流、库塘湿地的保护工作；海洋与渔业行政主管部门负责滨海湿地的保护工作。要求国土资源、环境保护等行政管理部门按照各自职责，依法做好湿地保护相关工作。乡镇人民政府应当积极配合有关部门做好湿地保护工作。） 第十条（规定省人民政府设立湿地专家委员会，对湿地认定、湿地保护范围、湿地资源评估以及湿地保护和利用的其他活动提供技术咨询和评审意见。湿地专家委员会的具体工作由省林业

基本内容	文献名称	条　　款
资源管理机构和管理权	辽宁省湿地保护条例	行政主管部门负责组织。) 第十一条（规定县以上林业行政主管部门组织、协调相关管理部门，定期调查和动态监测湿地资源。) 第十二条（要求县以上林业行政主管部门定期汇总湿地资料。省林业行政主管部门应当定期发布湿地资源状况公报。) 第十三条（规定了重要湿地和一般湿地的名录及保护范围的制定或者调整。) 第十四条（要求设立湿地保护界标。)
	辽宁省实施《渔业法》办法	第三条："省、市、县（含县级市、区）人民政府渔业行政主管部门主管本行政区域内的渔业工作，其所属的渔政监督管理机构负责监督管理工作。财政、物价、工商、水利、交通、环保、海洋、土地等行政管理部门和公安机关，应当按照各自职责，配合渔业行政主管部门管理渔业工作。"
	辽宁省实施《野生动物保护法》办法	第四条（规定省、市、县、自治县人民政府林业、渔业行政主管部门分别负责本行政区域内陆生、水生野生动物管理工作。环保、工商等行政部门和公安机关依照有关法律、法规、规章规定的权限，配合野生动物主管部门做好野生动物的保护和管理工作。乡、民族乡人民政府根据需要设专职或者兼职人员，负责本行政区域内野生动物的保护管理工作。) 第五条（野生动物资源及其生存环境的保护施行行政领导负责制。) 第六条（重点保护的野生动物名录的制定及其调整。) 第十三条（主管部门开展野生动物资源的调查、普查和不定期抽查制度。) 第十八条（要求县以上野生动物主管部门根据当地野生动物的资源情况和繁殖期，规定禁猎期。)
	大连市特种海产品资源保护管理条例	第五条（规定市及县、区海洋渔业行政管理部门是本级人民政府负责特种海产品资源保护管理的行政主管部门。各级公安、工商行政管理等有关部门应当按照职责分工，密切配合。) 第十二条(规定了特种海产品增养殖的海域使用权批准的批准机关。)
	大连市海域使用管理条例	第四条（规定市海洋行政主管部门负责全市海域使用的监督管理；区、县海洋行政主管部门根据授权，负责本行政区毗邻海域使用的监督管理。其他相关部门积极配合。) 第五条（规定市及区、县海洋行政主管部门，编制管理范围内海域的海洋功能区划，并组织实施。)

表 7-14　渤海管理资源管理机构和管理权辽宁省地方政府规章内容简表

基本内容	文献名称	条　款
资源管理机构和管理权	辽宁省海蜇资源管理办法	第三条："省、市、县（含县级市、区）人民政府渔业行政主管部门负责本行政区域内的海蜇资源管理工作。监察部门和公安机关依照各自职责，相互配合共同做好海蜇资源管理工作。"
	辽宁省海域使用管理办法	第四条（规定省海洋行政主管部门负责全省海域使用的监督管理。沿海市、县海洋行政主管部门负责本行政区域毗邻海域使用的监督管理。海洋行政主管部门所属的中国海监机构，对本行政区域内的用海活动实施监督检查。） 第五条（授权省海洋行政主管部门按照国家有关规定，组织有关单位对海岸线进行修测。） 第六条（授权海洋行政主管部门组织初始海籍调查和变更海籍调查，核查权属，编制相关簿册和图件。） 第七条（规定了本级海洋功能区划的编制机构和审批机构。）

二、渔业资源开发管理

渤海管理辽宁省渔业资源开发管理立法文献主要有《辽宁省实施〈渔业法〉办法》、《辽宁省渔船管理条例》、《大连市特种海产品资源保护管理条例》等地方法规和地方政府规章《辽宁省海蜇资源管理办法》。具体内容详见表 7-15、7-16：

表 7-15　渤海管理渔业资源开发管理辽宁省地方立法内容简表

基本内容	文献名称	条　款
渔业资源利用与保护	辽宁省实施《渔业法》办法	第十四条（规定在水生动物洄游通道、附着区、河流、渔业港湾、滩涂等渔业水域筑坝、建闸和修建其他工程，对渔业生产有严重影响的，建设单位应当建造过鱼设施或者采取其他补救措施。） 第十五条（禁止捕捞有重要经济价值的水生动物苗种。） 第十六条（规定了禁止实施破坏渔业资源的五种违法行为。） 第十七条（禁止向渔业水域倾倒、排放有毒有害物质。）

基本内容	文献名称	条　款
渔业资源利用与保护	辽宁省实施《渔业法》办法	第十八条（禁止在渔业港湾、苗种基地、养殖区和水生动物的产卵场、索饵场从事拆船等一切破坏渔业资源的活动。）
	辽宁省渔船管理条例	第六条："非渔业生产单位和个人，不得新造、购置渔船用于近海捕捞生产。可以采取联合等多种形式，与渔业生产单位和个人共同新造、购置大功率渔船从事外海和远洋生产。" 第七条："渔业生产单位和个人，经批准新造、更新、改造、购置近海捕捞渔船，不得超过渔业行政主管部门下达的主机功率控制指标。"
	大连市特种海产品资源保护管理条例	第二条（规定了需要保护的特种海产品种类。） 第三条（规定了保护的地域范围。） 第四条（鼓励进行海产品科技研究。） 第七条（严禁在禁渔期内采捕特种海产品，并规定了特种海产品的禁渔期。） 第八条（规定了特种海产品捕采的最小规格。） 第九条（捕捞许可证制度。） 第十三条（养殖证制度。） 第十五条（要求特种海产品的增养殖生产，应当坚持管养采相结合。） 第十七条（规定了养殖海域的保护。）

表 7-16　渤海管理渔业资源开发管理辽宁省地方法规内容简表

基本内容	文献名称	条　款
渔业资源利用与保护	辽宁省海蜇资源管理办法	第六条、第七条、第八条（规定了海蜇的禁渔区和禁渔期制度。） 第九条（禁止使用小旱网和其他禁用渔具捕捞海蜇。）

三、矿产资源开发管理

渤海管理辽宁省矿产资源开发管理立法文献主要有《辽宁省实施〈水法〉办法》。具体内容详见表7-17：

表 **7-17**　渤海管理矿产资源开发管理辽宁省地方立法内容简表

基本内容	文献名称	条　款
矿产资源开发利用	辽宁省实施《水法》办法	第十条："有条件利用海水的工业，应当充分利用海水资源。"

四、能源资源开发管理

渤海管理辽宁省能源资源开发管理立法文献主要有《辽宁沿海经济带发展促进条例》。具体内容详见表7-18：

表 **7-18**　渤海管理能源资源开发管理辽宁省地方立法内容简表

基本内容	文献名称	条　款
能源资源开发利用	辽宁沿海经济带发展促进条例	第三十一条："沿海经济带开发建设应当严格实行环境影响评价制度，严格限制高污染、高排放、高能耗产业投资项目，实行严格的排污许可证和污染物总量控制制度，推进集中供热和垃圾、污水集中处理等设施建设。大力发展循环经济，推进清洁生产，加快低碳技术研发、示范和产业化，完善节能减排指标体系、监测体系和考核体系，有效利用太阳能、水能、风能等可再生能源和新能源。"

五、海域资源开发管理

渤海管理辽宁省海域资源开发管理立法文献主要有《辽宁沿海经济带发展促进条例》、《大连市海域使用管理条例》等地方法规和地方政府规章《辽宁省海洋环境保护办法》。具体内容详见表7-19、7-20：

表 7-19　渤海管理海域资源开发管理辽宁省地方法规内容简表

基本内容	文献名称	条　款
海域资源利用与保护	辽宁沿海经济带发展促进条例	第三十四条："省人民政府及沿海经济带的各市人民政府应当加强沿海经济带海域使用管理,严格执行海洋功能区划,从严控制围填海项目,统筹协调用海布局,节约、集约利用滩涂及近海海域资源。"
	大连市海域使用管理条例	第十九条（海域使用权证书制度。） 第二十条（海域使用权的取得方式。） 第二十一条（针对《海域使用管理法》施行前,已由单位或者个人经营、管理的养殖用海,属于农村集体经济组织或者村民委员会使用的,需要继续经营、管理的,规定了海域使用权证书的申请和颁发。） 第二十二条（规定了沿海农村集体经济组织或者村民委员会依据本条例第二十一条规定取得的海域使用权的承包经营制度。） 第二十四条（规定海域使用权在使用年限内可以依法转让、出租、抵押、作价入股和继承。）

表 7-20　渤海管理海域资源开发管理辽宁省地方政府规章内容简表

基本内容	文献名称	条　款
海域资源利用与保护	辽宁省海洋环境保护办法	第十二条（要求沿海县以上政府应当采取措施,加强对几种海洋区域的保护。） 第十三条（规定开发利用海洋资源应当符合海洋功能区划、海洋环境保护规划以及重点海域环境保护规划。并要求围填海项目建设采取生态保护措施。）

第三节　渤海生态保护辽宁省立法文献

渤海管理辽宁省生态保护立法文献主要涉及渤海自然保护区管理、渤海珍稀濒危物种保护、渤海生物入侵防治和渤海河口区生境保护四个方面。具体内容详见表 7-21：

表 7-21 渤海生态保护辽宁省地方立法文献简表

序号	文献名称	发布机关	通过时间	文献编号	生效时间	当前效力
1	辽宁省实施《野生动物保护法》办法	辽宁省人大常委会	1991 年 7 月 27 日	不详	1991 年 7 月 27 日	2004 年 6 月 30 日辽宁省第十届人大常委会第十二次会议修订
2	辽宁省实施《野生动物保护法》办法	辽宁省人大常委会	2004 年 6 月 30 日	辽宁省人大常委会公告第 16 号	2004 年 6 月 30 日	有效
3	大连市环境保护条例	大连市人大常委会	1991 年 7 月 27 日	不详	1991 年 8 月 15 日	2010 年 12 月 28 日大连市第十四届人大常委会第二十次会议修订
4	大连市环境保护条例（2011 年修订）	大连市人大常委会	2011 年 12 月 28 日	大连市人大常委会公告第 1 号	2011 年 3 月 1 日	有效
5	辽宁省环境保护条例	辽宁省人大常委会	1993 年 9 月 27 日	不详	1993 年 9 月 27 日	2004 年 6 月 30 日辽宁省第十届人大常委会第十二次会议第一次修订
6	辽宁省环境保护条例（2004 年修订）	辽宁省人大常委会	2004 年 6 月 30 日	辽宁省人大常委会公告第 16 号	2004 年 6 月 30 日	2006 年 1 月 13 日辽宁省第十届人大常委会第二十三次会议第二次修正
7	辽宁省环境保护条例（2006 年修订）	辽宁省人大常委会	2006 年 1 月 13 日	辽宁省人大常委会公告第 32 号	2006 年 1 月 13 日	有效

序号	文献名称	发布机关	通过时间	文献编号	生效时间	当前效力
8	辽宁省石油勘探开发环境保护管理条例	辽宁省人大常委会	1996 年 11 月 30 日	辽宁省人大常委会公告第 76 号	1997 年 1 月 1 日	废止
9	辽宁省乡镇企业环境保护管理条例	辽宁省人大常委会	1996 年 11 月 30 日	不详	1997 年 1 月 1 日	2004 年 6 月 30 日辽宁省第十届人大常委会第十二次会议第一次修正
10	辽宁省乡镇企业环境保护管理条例（2004 年修订）	辽宁省人大常委会	2004 年 6 月 30 日	辽宁省人大常委会公告第 16 号	2004 年 6 月 30 日	2006 年 1 月 13 日辽宁省第十届人大常委会第二十三次会议第二次修正
11	辽宁省乡镇企业环境保护管理条例（2006 年修订）	辽宁省人大常委会	2006 年 1 月 13 日	辽宁省人大常委会公告第 32 号	2006 年 1 月 13 日	有效
12	辽宁省农业资源综合管理与保护条例	辽宁省人大常委会	1997 年 1 月 23 日	辽宁省人大常委会公告第 77 号	1997 年 1 月 23 日	有效
13	辽宁省实施《防洪法》办法	辽宁省人大常委会	1999 年 1 月 28 日	不详	1999 年 1 月 28 日	2004 年 6 月 30 日辽宁省第十届人大常委会第十二次会议修正
14	辽宁省实施《防洪法》办法(2004)	辽宁省人大常委会	2004 年 6 月 30 日	辽宁省人大常委会公告第 16 号	2004 年 6 月 30 日	2006 年 1 月 13 日辽宁省第十届人大常委会第二十三次会议修正

序号	文献名称	发布机关	通过时间	文献编号	生效时间	当前效力
15	辽宁省实施《防洪法》办法(2006)	辽宁省人大常委会	2006 年 1 月 13 日	不详	2006 年 1 月 13 日	2007 年 5 月 25 日辽宁省第十届人大常委会第三十一次会议修正
16	辽宁省实施《防洪法》办法(2007)	辽宁省人大常委会	2007 年 5 月 25 日	不详	2007 年 5 月 25 日	有效
17	辽宁省水产苗种管理条例	辽宁省人大常委会	2005 年 11 月 25 日	辽宁省人大常委会公告第34号	2006 年 1 月 1 日	2010 年 7 月 30 日辽宁省第十一届人大常委会第十八次会议修订
18	辽宁省水产苗种管理条例（修订）	辽宁省人大常委会	2010 年 7 月 30 日	辽宁省人大常委会公告第32号	2010 年 7 月 30 日	有效
19	辽宁省湿地保护条例	辽宁省人大常委会	2007 年 7 月 27 日	不详	2007 年 10 月 1 日	2011 年 11 月 24 日辽宁省第十一届人大常委会第二十六次会议修订
20	辽宁省湿地保护条例（修订）	辽宁省人大常委会	2011 年 11 月 24 日	辽宁省人大常委会公告第50号	2011 年 11 月 24 日	有效
21	辽宁沿海经济带发展促进条例	辽宁省人大常委会	2010 年 5 月 28 日	辽宁省人大常委会公告第28号	2010 年 7 月 1 日	有效

序号	文献名称	发布机关	通过时间	文献编号	生效时间	当前效力
22	蛇岛老铁山国家级自然保护区管理办法	大连市人民政府	1997 年 7 月 18 日	大连市人民政府令第 7 号	1997 年 7 月 18 日	2009 年 7 月 31 日被《大连市人民政府关于修改 5 件市政府规章的决定》修正
23	蛇岛老铁山国家级自然保护区管理办法	大连市人民政府	2009 年 7 月 31 日	大连市人民政府令第 104 号	2009 年 10 月 1 日	有效
24	辽宁省海域使用管理办法	辽宁省人民政府	2005 年 2 月 28 日	辽宁省人民政府令第 179 号	2005 年 4 月 1 日	有效
25	辽宁省海洋环境保护办法（2006）	辽宁省人民政府	2006 年 6 月 14 日	辽宁省人民政府令第 195 号	2006 年 8 月 1 日	2011 年 1 月 7 日辽宁省第十一届人民政府第 44 次常务会议修正
26	辽宁省海洋环境保护办法（2011）	辽宁省人民政府	2011 年 1 月 7 日	辽宁省人民政府令第 247 号	2011 年 1 月 13 日	2011 年 11 月 30 日辽宁省第十一届人民政府第 52 次常务会议修正
27	辽宁省海洋环境保护办法（2011）	辽宁省人民政府	2011 年 11 月 30 日	辽宁省人民政府令第 269 号	2011 年 12 月 15 日	有效

一、自然保护区管理

辽宁省渤海自然保护区管理地方法规主要有《辽宁省环境保护条例》、《辽宁省石油勘探开发环境保护管理条例》、《辽宁省乡镇企业环境保护管理条例》、《辽宁省农业资源综合管理与保护条例》、《辽宁省湿地保护条例》、《辽宁沿海经济带发展促进条例》、《大连市环境保护条例》等,地方政府规章有《辽宁省海域使用管理办法》、《辽宁省海洋环境保护办法》、《蛇岛老铁山国家级自然保护区管理办法》等。具体内容详见表7-22、7-23：

表 7-22　渤海自然保护区管理辽宁省地方法规内容简表

基本内容	文献名称	条　款
渤海自然保护区设立与保护	辽宁省环境保护条例	第二十五条（规定本辖区具有代表性的各种类型的自然生态区域，珍稀、濒危的野生动植物自然分布区域、重要的水源涵养区域，具有重大科学文化价值的地质构造、著名溶洞和化石分布区、温泉等自然遗迹，省、市、县人民政府应采取措施加以保护，严禁破坏。） 第二十六条（要求在自然保护区内，不得建设污染环境的工业生产设施。开发旅游项目，建设服务性设施，必须进行环境影响评价。） 第三十三条（要求在生活饮用水的水源地、风景名胜区水体、重要渔业水体和其他有特殊经济文化价值的水体保护区内，不得新建排污口。在保护区附近新建排污口，要进行审批。）
	辽宁省石油勘探开发环境保护管理条例	第十六条："石油勘探开发单位在生产活动中应当采取有效措施，保证饮用水源涵养区、自然保护区、风景名胜区、重要渔业养殖区、盐业生产区等特殊保护区域不受污染和破坏。"
	辽宁省乡镇企业环境保护管理条例	第九条："乡镇企业集中建设区不准建在城镇和村屯主导上风向和居民生活区、文化教育区、水源保护区、自然保护区、风景名胜区以及其他需要特殊保护的区域内。"
	辽宁省农业资源综合管理与保护条例	第三十一条（要求在国家和地方重点保护野生动物的主要生息繁衍地区、水域，重点保护野生植物物种的集中分布区域以及具有代表性的自然生态区域，都应建立自然保护区。在其他区域以及对农用植物种质资源、优良畜禽品种资源和野生物种基因，县以上有关行政主管部门可以根据实际情况建立保护点、保存繁育点或种质基因库。）

基本内容	文献名称	条　　款
渤海自然保护区设立与保护	辽宁省湿地保护条例	第十五条（规定有代表性的自然湿地生态系统区域或者遭受破坏但经保护能够恢复的同类湿地生态系统区域；珍稀、濒危物种天然集中分布区域；国家和省重点保护鸟类及其他候鸟的主要繁殖地、栖息地或者主要迁徙停歇地；具有特殊保护价值的浅海、潮间带和沿海低地应当建立湿地自然保护区。） 第十七条（要求对列入国际和国家重要湿地名录以及位于自然保护区内的自然湿地，禁止开垦、占用或者擅自改变用途。）
	辽宁沿海经济带发展促进条例	第三十一条："省人民政府及沿海经济带的各市人民政府应当积极推进沿海经济带生态建设，加强水源涵养林、生态公益林、自然保护区、风景名胜区、重要地质遗迹、湿地生态系统、生物物种资源以及海洋生态系统的保护，确保生态安全。"
	大连市环境保护条例	第四十五条（禁止在海洋自然保护区、特别保护区、重要渔业水域、海滨风景名胜区、旅游度假区、浴场和其他需要加强海洋生态保护的重点区域新建排污口。） 第五十四条（禁止在自然保护区的核心区、缓冲区、风景名胜区、森林公园的核心景区和重要湿地内建设与环境保护无关的项目。） 第五十五条（要求本市根据自然区域具备的特殊自然生态系统，珍稀野生动、植物分布，具有特殊保护价值的地形、地貌、地质构造、自然遗迹等特点，依法建立各类自然保护区。）

表 7-23　渤海自然保护区管理辽宁省地方政府规章内容简表

基本内容	文献名称	条　款
渤海自然保护区设立与保护	辽宁省海域使用管理办法	第十九条（规定了海域使用权的取得方式。）
	辽宁省海洋环境保护办法	第十一条："具有特殊地理条件、生态系统、生物与非生物资源及海洋开发利用特殊需要的区域，可以建立海洋特别保护区。海洋特别保护区的选划、建设和管理办法，由省海洋与渔业部门根据国家有关规定制定，报省政府批准。"
	蛇岛老铁山国家级自然保护区管理办法	第二条（规定了蛇岛、老铁山国家级自然保护区的主要保护对象：蛇岛蝮蛇、候鸟及其生态环境，规定了自然保护区划分为核心区、缓冲区和实验区三个功能区。）
		第四条、第六条（规定了行政主管部门和保护和管理部门。）
		第九条（在自然保护区内禁止从事的七项活动。）
		第十条（禁止向自然保护区内排放各种污染物和废弃物。）
		第十一条（规定了自然保护区核心区、缓冲区和实验区的管理。）
		第十二条（要求自然保护区内的居民开展生态移民。）
		第十三条（要求自然保护区管理机构应当组织自然保护区内及周边居民开展生态保护知识与技能培训，优先聘用保护区内及周边居民参加保护区的管理和保护工作。）
		第十四条（针对在自然保护区内的建设，要求按照谁开发、谁保护，谁破坏、谁恢复，谁受益、谁补偿，谁污染、谁付费的原则进行生态补偿。）

二、珍稀濒危物种保护

渤海管理辽宁省珍稀濒危物种保护立法文献主要有《辽宁省实施〈野生动物保护法〉办法》《辽宁省农业资源综合管理与保护条例》《辽宁省水产苗种管理条例》《辽宁沿海经济带发展促进条例》。具体内容详见表 7-24：

表7-24　渤海管理珍稀濒危物种保护辽宁省地方立法内容简表

基本内容	文献名称	条　　款
珍稀濒危物种保护	辽宁省实施《野生动物保护法》办法	第七条："禁止任何单位和个人在自然保护区或者国家、省重点保护野生动物的栖息地、繁殖地从事破坏野生动物生息繁衍场所的行为。" 第八条（要求省野生动物主管部门将野生动物较集中的栖息地、繁殖地划为禁猎区。） 第九条（规定在自然保护区、禁猎区开发、利用自然资源或者修建工程设施的，必须征得省以上野生动物主管部门同意。） 第十条（国家或者省重点保护的野生动物受到自然灾害威胁的抢救措施。） 第十一条（病、伤、搁浅、误入海湾或者误捕国家、省重点保护的野生动物的报告制度。） 第十二条（政府补偿因保护国家和省重点保护野生动物造成的农作物或者其他损失。）
	辽宁省农业资源综合管理与保护条例	第三十一条："政府保护野生动植物及其生存生长环境；保护生物多样性和生态系统的完整性。在国家和地方重点保护野生动物的主要生息繁衍地区、水域，重点保护野生植物物种的集中分布区域以及具有代表性的自然生态区域，都应建立自然保护区。在其他区域以及对农用植物种质资源、优良畜禽品种资源和野生物种基因，县以上有关行政主管部门可以根据实际情况建立保护点、保存繁育点或种质基因库。"
	辽宁省水产苗种管理条例	第四条："水产苗种管理坚持保护与发展并重原则，保持生物多样性，积极发展名特优水产品种。"
	辽宁沿海经济带发展促进条例	第三十一条："省人民政府及沿海经济带的各市人民政府应当积极推进沿海经济带生态建设，加强水源涵养林、生态公益林、自然保护区、风景名胜区、重要地质遗迹、湿地生态系统、生物物种资源以及海洋生态系统的保护，确保生态安全。"

三、防止生物入侵

渤海管理辽宁省防止生物入侵的法律文献主要有地方法规《辽宁省湿地保护条例》《大连市环境保护条例》和地方政府规章《辽宁省海洋环境保护办法》。具体内容详见表 7-25、7-26：

表 7-25　渤海管理防止生物入侵辽宁省地方法规内容简表

基本内容	文献名称	条　款
防止生物入侵防治	辽宁省湿地保护条例	第二十三条："向重要湿地引进动植物物种，应当按照国家有关规定办理审批手续，并按照有关技术规范进行试验。湿地保护主管部门对引进物种应当进行跟踪监测，发现对湿地造成危害的，应当及时报告本级人民政府和其上一级主管部门，并采取措施，消除危害。"
	大连市环境保护条例	第五十六条："市及区（市）县人民政府有关主管部门应当加强生物多样性监视和保护，防止有害生物物种入侵和现有物种的减少；对已经侵入的有害生物物种应当及时采取措施消除。"

表 7-26　渤海管理防止生物入侵辽宁省地方政府规章内容简表

基本内容	文献名称	条　款
防止生物入侵防治	辽宁省海洋环境保护办法	第十六条："引进海洋动植物物种的，应当对物种的生物学特征、生态学习性与其他物种的种间关系以及对周围生态环境的影响进行科学论证。"

四、河口区生境保护

渤海管理辽宁省河口区生境保护法律文件主要有《辽宁省农业资源综合管理与保护条例》和《辽宁省实施〈防洪法〉办法》。具体内容详见表 7-27：

表 7-27　渤海管理河口区生境保护辽宁省地方立法内容简表

基本内容	文献名称	条　款
河口区生境保护	辽宁省农业资源综合管理与保护条例	第三十一条："政府保护野生动植物及其生存生长环境；保护生物多样性和生态系统的完整性。在国家和地方重点保护野生动物的主要生息繁衍地区、水域，重点保护野生植物物种的集中分布区域以及具有代表性的自然生态区域，都应建立自然保护区。在其他区域以及对农用植物种质资源、优良畜禽品种资源和野生物种基因，县以上有关行政主管部门可以根据实际情况建立保护点、保存繁育点或种质基因库。"
	辽宁省实施《防洪法》办法	第十条："在入海河口围海造地、开发滩涂或者从事其他活动，应当按照河口整治规划进行。"

五、湿地保护

渤海管理辽宁省湿地保护法律文献主要有《辽宁省湿地保护条例》、《辽宁沿海经济带发展促进条例》、《辽宁省海洋环境保护办法》。具体内容详见表7-28、7-29：

表 7-28　渤海管理湿地保护辽宁省地方法规内容简表

基本内容	文献名称	条　款
湿地保护	辽宁省湿地保护条例	第十八条："在湿地从事生产经营或者生态旅游活动，必须符合湿地保护规划，维护湿地资源的可持续利用；不得影响湿地生态系统基本功能和超出湿地资源的再生能力或者给野生动植物物种造成破坏性损害。禁止破坏野生动物栖息环境和野生植物生长环境。" 第十九条："在湖泊、河流、库塘、滨海湿地从事养殖、捕捞等生产经营或者生态旅游活动，应当依照相关法律、法规规定，经有关湿地保护主管部门批准。" 第二十五条（禁止任何单位和个人实施破坏湿地的行为。） 第二十六条："公民、法人和其他组织均有保护湿地的义务，对破坏、侵占湿地的行为有权检举或者控告。"

基本内容	文献名称	条　　款
湿地保护	辽宁沿海经济带发展促进条例	第三十一条："省人民政府及沿海经济带的各市人民政府应当积极推进沿海经济带生态建设，加强水源涵养林、生态公益林、自然保护区、风景名胜区、重要地质遗迹、湿地生态系统、生物物种资源以及海洋生态系统的保护，确保生态安全。"

表 7-29　渤海管理湿地保护辽宁省地方政府规章内容简表

基本内容	文献名称	条　　款
湿地保护	辽宁省海洋环境保护办法	第十二条（沿海县以上政府应当采取措施，加强对下列湿地区域的保护。）

第四节　渤海空间管理辽宁省立法文献

辽宁省渤海空间管理法律文献涉及海洋功能区管理、渤海港口管理和交通管理两个方面。具体内容详见表 7-30：

表 7-30　渤海空间管理辽宁省地方立法文献简表

序号	文献名称	发布机关	通过时间	文献编号	生效时间	当前效力
1	辽宁省渔港管理条例	辽宁省人大常委会	1997 年 9 月 27 日	辽宁省人大常委会公告第 88 号	1997 年 9 月 27 日	有效
2	辽宁省港口管理规定	辽宁省人大常委会	2004 年 11 月 26 日	辽宁省人大常委会公告第 25 号	2005 年 2 月 1 日	有效

序号	文献名称	发布机关	通过时间	文献编号	生效时间	当前效力
3	大连市海域使用管理条例	大连市人大常委会	2007年5月25日	大连市人大常委会公告第1号	2007年8月1日	有效
4	辽宁省湿地保护条例	辽宁省人大常委会	2007年7月27日	不详	2007年10月1日	2011年11月24日辽宁省第十一届人大常委会第二十六次会议修订
5	辽宁省湿地保护条例（修订）	辽宁省人大常委会	2011年11月24日	辽宁省人大常委会公告第50号	2011年11月24日	有效
6	辽宁沿海经济带发展促进条例	辽宁省人大常委会	2010年5月28日	辽宁省人大常委会公告第28号	2010年7月1日	有效
7	辽宁省海域使用管理办法	辽宁省人民政府	2005年2月28日	辽宁省人民政府令第179号	2005年4月1日	有效
8	辽宁省海洋环境保护办法（2006）	辽宁省人民政府	2006年6月14日	辽宁省人民政府令第195号	2006年8月1日	2011年1月7日辽宁省第十一届人民政府第44次常务会议修正
9	辽宁省海洋环境保护办法（2011）	辽宁省人民政府	2011年1月7日	辽宁省人民政府令第247号	2011年1月13日	2011年11月30日辽宁省第十一届人民政府第52次常务会议修正

序号	文献名称	发布机关	通过时间	文献编号	生效时间	当前效力
10	辽宁省海洋环境保护办法（2011）	辽宁省人民政府	2011年11月30日	辽宁省人民政府令第269号	2011年12月15日	有效

一、海洋功能区管理

渤海管理辽宁省海洋功能区管理立法文献主要有《辽宁省湿地保护条例》、《大连市海域使用管理条例》等地方法规和《辽宁省海域使用管理办法》、《辽宁省海洋环境保护办法》等地方政府规章。具体内容详见表7-31、7-32：

表7-31　渤海海洋功能区管理辽宁省地方法规内容简表

基本内容	文献名称	条　款
海洋功能区管理	辽宁省湿地保护条例	第六条："县以上人民政府应当将湿地保护工作纳入国民经济和社会发展规划，并制定与土地利用总体规划、水资源规划、海洋功能区划、环境保护规划相衔接的湿地保护规划。" 第三十四条："省人民政府及沿海经济带的各市人民政府应当加强沿海经济带海域使用管理，严格执行海洋功能区划。"
	大连市海域使用管理条例	第六条（规定了编制海洋功能区划应当遵循的规定和考虑的因素。） 第七条（要求港口、养殖、盐业、旅游等有关部门制定行业规划。） 第十条（要求未利用海洋功能区划确定的主导功能的项目用海，应当提交海域使用论证报告书。） 第十六条（规定了旅游功能区近海海域的划定。） 第十八条（要求对海洋功能区划确定用于养殖的海域，应当优先安排当地农村集体经济组织的成员用于发展养殖生产。） 第二十五条（规定海域使用权人应当在符合海洋功能区划的前提下，经批准改变经批准的海域用途。） 第二十八条（规定因公共利益、国家安全需要或者海洋功能区划的调整，原批准用海的人民政府可以依法收回海域使用权。） 第四十五条（要求设置入海排污口及向海域排放陆源污染物，应当符合海洋功能区划、近岸海域环境功能区划的规定。）

表 7-32　渤海海洋功能区管理辽宁省地方政府规章内容简表

基本内容	文献名称	条　款
海洋功能区管理	辽宁省海域使用管理办法	第七条（规定了本级海洋功能区划的制定和批准机构。）
	辽宁省海洋环境保护办法	第十三条（要求在符合海洋功能区划、海洋环境保护规划以及重点海域环境保护规划的前提下开发利用海洋资源。）

二、港口和交通管理

渤海管理辽宁省渤海港口和交通管理立法文献主要有《辽宁省渔港管理条例》、《辽宁省港口管理规定》、《辽宁沿海经济带发展促进条例》。具体内容详见表 7-33：

表 7-33　渤海港口和交通管理辽宁省地方立法内容简表

基本内容	文献名称	条　款
渤海港口和交通管理	辽宁省渔港管理条例	第三条（县以上人民政府的渔业行政主管部门是管理本行政区域内渔港的主管机关。） 第五条（全省渔港的统一领导、分级管理的监督管理体制。） 第七条（规定了渔港的划批。） 第十三条（禁止在渔港水域从事有碍海上交通安全的捕捞作业和养殖生产。）
	辽宁省港口管理规定	第三条（港口所在地的县级以上人民政府依法保护和合理利用港口资源。） 第四条（政府引导、鼓励国内外经济组织和个人依法投资建设、经营港口。） 第五条（规定港口工作的主管部门。） 第六条（全省港口布局规划的编制。） 第七条（主要港口、重要港口和其他港口总体规划的编制部门和批准部门。）

基本内容	文献名称	条　款
渤海港口和交通管理	辽宁省港口管理规定	第八条（编制港口布局规划和港口总体规划时进行环境影响评价。） 第九条、第十条（规定在港口总体规划区内建设港口设施，使用港口深水岸线和非深水岸线的申请审批。） 第十五条（要求加强对规划港区内土地使用的管理，禁止任何单位和个人不得建设永久性非港口设施。）
	辽宁沿海经济带发展促进条例	第二十九条："省人民政府及沿海经济带的各市人民政府应当统筹沿海经济带港口规划与建设，整合港口资源，优化港口功能分工，形成布局合理、层次分明、功能完善、共同发展的现代港口集群。"

第五节　渤海防灾减灾及科学研究管理辽宁省立法文献

辽宁省渤海防灾减灾及科学研究管理立法文献主要有渤海防灾减灾和渤海科学研究管理两部分组成。具体内容详见表7-34：

表**7-34**　渤海防灾减灾及科学研究管理辽宁省地方立法文献简表

序号	文献名称	发布机关	通过时间	文献编号	生效时间	当前效力
1	辽宁省环境保护条例（1993）	辽宁省人大常委会	1993年9月27日	不详	1993年9月27日	2004年6月30日辽宁省第十届人大常委会第十二次会议第一次修正
2	辽宁省环境保护条例（2004）	辽宁省人大常委会	2004年6月30日	辽宁省人大常委会公告第16号	2004年6月30日	2006年1月13日辽宁省第十届人大常委会第二十三次会议第二次修正

序号	文献名称	发布机关	通过时间	文献编号	生效时间	当前效力
3	辽宁省环境保护条例（2006）	辽宁省人大常委会	2006年1月13日	辽宁省人大常委会公告第32号	2006年1月13日	有效
4	大连市特种海产品资源保护管理条例	大连市人大常委会	1994年1月24日	不详	1994年4月1日	2005年7月8日大连市第十三届人大常委会第十九次会议修订
5	大连市特种海产品资源保护管理条例（2005）	大连市人大常委会	2005年7月8日	大连市人大常委会公告第4号	2005年9月1日	2011年11月24日辽宁省第十一届人大常委会第二十六次会议修正
6	大连市特种海产品资源保护管理条例（2011）	大连市人大常委会	2011年11月24日	不详	2011年11月24日	有效
7	鞍山市环境保护条例	鞍山市人大常委会	2005年1月28日	鞍山市第十三届人大常委会公告第9号	2005年5月1日	2010年10月26日鞍山市第十四届人大常委会第十九次会议修订
8	鞍山市环境保护条例（修订）	鞍山市人大常委会	2010年11月26日	鞍山市第十四届人大常委会公告第11号	2011年1月1日	有效
9	沈阳市大气污染防治条例	沈阳市人大常委会	1996年1月19日	不详	1996年3月1日	2003年6月26日沈阳市第十三届人大常委会第三次会议修订

序号	文献名称	发布机关	通过时间	文献编号	生效时间	当前效力
10	沈阳市大气污染防治条例（修订）	沈阳市人大常委会	2003 年 8 月 20 日	沈阳市人大常委会公告第 23 号	2003 年 9 月 1 日	有效
11	辽宁省湿地保护条例	辽宁省人大常委会	2007 年 7 月 27 日	不详	2007 年 10 月 1 日	2011 年 11 月 24 日辽宁省第十一届人大常委会第二十六次会议修订
12	辽宁省湿地保护条例（修订）	辽宁省人大常委会	2011 年 11 月 24 日	辽宁省人大常委会公告第 50 号	2011 年 11 月 24 日	有效
13	辽宁省海洋环境保护办法	辽宁省人民政府	2006 年 6 月 14 日	辽宁省人民政府令第 195 号	2006 年 8 月 1 日	2011 年 1 月 7 日辽宁省第十一届人民政府第 44 次常务会议修正
14	辽宁省海洋环境保护办法	辽宁省人民政府	2011 年 1 月 7 日	辽宁省人民政府令第 247 号	2011 年 1 月 13 日	2011 年 11 月 30 日辽宁省第十一届人民政府第 52 次常务会议修正
15	辽宁省海洋环境保护办法	辽宁省人民政府	2011 年 11 月 30 日	辽宁省人民政府令第 269 号	2011 年 12 月 15 日	有效

一、防灾减灾

渤海管理辽宁省防灾减灾立法文献主要有地方法规《辽宁省环境保护条例》、《辽宁沿海经济带发展促进条例》、《鞍山市环境保护条例》和地方政府规章《辽宁省海洋环境保护办法》。具体内容详见表 7-35、7-36：

表 7-35 渤海管理防灾减灾辽宁省地方法规内容简表

基本内容	文献名称	条　款
渤海防灾减灾	辽宁省环境保护条例	第四十一条（规定了排放污染物的单位和个人在可能发生或者已经发生污染事故或者其他突发性事件时，应当立即的采取应急措施。）
	辽宁沿海经济带发展促进条例	第十二条（规定省人民政府及沿海经济带的各市人民政府应当加快防洪和气象灾害防御、信息网络体系建设。）
	鞍山市环境保护条例	第十八条："红线宽度在 40 米以上的道路两侧、半径在 50 米以上的广场周边、风景名胜区和城市公园及饮用水源保护区范围内、生命线工程及可能发生严重次生灾害的设施保护范围内，不得建设污染环境的工业设施；建设其他设施的，应当按照规定编制相应的环境影响评价文件。"

表 7-36 渤海管理防灾减灾辽宁省地方政府规章内容简表

基本内容	文献名称	条　款
渤海防灾减灾	辽宁省海洋环境保护办法	第八条："沿海县以上政府应当组织有关部门和单位制定、实施防治赤潮灾害应急预案和预防风暴潮、海啸、海冰海洋灾害应急预案。沿海县以上海洋与渔业部门应当加强赤潮等海洋灾害要素的监测、监视，海洋灾害的预警、预报和信息发布。发生赤潮等海洋灾害时，应当及时向本级政府报告，并在规定时间内逐级上报省海洋与渔业部门。"

二、科学研究管理

渤海管理辽宁省科学研究管理立法文献主要有地方法规《辽宁省渔港管理条例》、《辽宁省湿地保护条例》、《沈阳市大气污染防治条例》、《大连市特种海产品资源保护管理条例》、《鞍山市环境保护条例》和地方政府规章《辽宁省海洋环境保护办法》。具体内容详见表 7-37、7-38：

表 7-37　渤海科学研究管理辽宁省地方法规内容简表

基本内容	文献名称	条　款
科学研究	辽宁省渔港管理条例	第二条："在本省渔港及渔港水域范围内航行、作业、停泊的船舶和进行开发建设、石油勘探、科学研究、保护管理以及其他活动的单位和个人，必须遵守本条例。"
	辽宁省湿地保护条例	第九条："县以上人民政府应当组织有关部门，开展湿地资源保护及利用的科学研究，积极推广湿地资源保护及利用的先进技术。"
	沈阳市大气污染防治条例	第五条："普及环境保护科学知识，提高全民环境保护意识。鼓励和支持大气污染防治的科学技术研究，推广先进适用的大气污染防治技术；鼓励和支持开发、利用太阳能、风能、水能等清洁能源。"
	大连市特种海产品资源保护管理条例	第四条："市及县（市）、区人民政府应当把特种海产品的生产和资源保护纳入国民经济发展计划，合理扩大增养殖规模，鼓励增养殖的科学技术研究，推广科学技术成果，提高特种海产品质量和增养殖技术水平。"
	鞍山市环境保护条例	第六条："鼓励和推行污染防治和生态保护工作的市场化、专业化运作，发展环保产业，鼓励发展循环经济和低碳经济，推行环境管理系列标准和清洁生产，推进环境科学研究和科技成果应用。"

表 7-38　渤海科学研究管理辽宁省地方规章内容简表

基本内容	文献名称	条　款
科学研究	辽宁省海洋环境保护办法	第三条（要求沿海县以上海洋与渔业行政主管部门组织海洋环境调查、监测、监视、评价和科学研究。） 第四条（要求政府及有关部门支持海洋环境科学技术的研究开发和先进适用技术的推广应用，鼓励单位和个人投资海洋生态环境的保护、恢复、建设和治理，广泛开展海洋环境保护的对外合作与交流，促进海洋环境保护产业的发展。） 第十一条（规定人民政府应当对保护、改善环境，防治污染和其他公害，资源综合利用，环境保护科学研究以及环境监督管理工作，做出显著成绩的单位和个人给予奖励。）

第六节　渤海管理手段类辽宁省立法文献

　　辽宁省渤海管理手段法立法文献主要包括环境影响评价、环境税费措施、公众参与和争议处理程序四个方面。具体内容详见表7-39：

表 7-39　渤海管理手段类辽宁省地方立法文献简表

序号	文献名称	发布机关	通过时间	文献编号	生效时间	当前效力
1	辽宁省实施《野生动物保护法》办法	辽宁省人大常委会	1991 年 7 月 27 日	不详	1991 年 7 月 27 日	2004 年 6 月 30 日辽宁省第十届人大常委会第十二次会议修订
2	辽宁省实施《野生动物保护法》办法（修订）	辽宁省人大常委会	2004 年 6 月 30 日	辽宁省人大常委会公告第 16 号	2004 年 6 月 30 日	有效
3	大连市环境保护条例	大连市人大常委会	1991 年 7 月 27 日	不详	1991 年 8 月 15 日	2010 年 12 月 28 日大连市第十四届人大常委会第二十次会议修订
4	大连市环境保护条例（修订）	大连市人大常委会	2011 年 12 月 28 日	大连市人大常委会公告第 1 号	2011 年 3 月 1 日	有效
5	辽宁省工业废渣、废水、废气综合利用管理办法	辽宁省人民政府	1991 年 8 月 28 日	辽宁省人民政府令第 12 号	1991 年 8 月 28 日	有效

序号	文献名称	发布机关	通过时间	文献编号	生效时间	当前效力
6	辽宁省环境保护条例	辽宁省人大常委会	1993 年 9 月 27 日	不详	1993 年 9 月 27 日	2004 年 6 月 30 日辽宁省第十届人大常委会第十二次会议第一次修正
7	辽宁省环境保护条例（2004 年修订）	辽宁省人大常委会	2004 年 6 月 30 日	辽宁省人大常委会公告第 16 号	2004 年 6 月 30 日	2006 年 1 月 13 日辽宁省第十届人大常委会第二十三次会议第二次修正
8	辽宁省环境保护条例（2006 年修订）	辽宁省人大常委会	2006 年 1 月 13 日	辽宁省人大常委会公告第 32 号	2006 年 1 月 13 日	有效
9	大连市特种海产品资源保护管理条例（1994）	大连市人大常委会	1994 年 1 月 24 日	不详	1994 年 4 月 1 日	2005 年 7 月 8 日大连市第十三届人大常委会第十九次会议修订
10	大连市特种海产品资源保护管理条例（2005）	大连市人大常委会	2005 年 7 月 8 日	大连市人大常委会公告第 4 号	2005 年 9 月 1 日	2011 年 11 月 24 日辽宁省第十一届人大常委会第二十六次会议修正
11	大连市特种海产品资源保护管理条例（2011）	大连市人大常委会	2011 年 11 月 24 日	不详	2011 年 11 月 24 日	有效
12	辽宁省农业环境保护条例（1996）	辽宁省人大常委会	1996 年 1 月 19 日	辽宁省人大常委会公告第 55 号	1996 年 1 月 19 日	1997 年 11 月 29 日辽宁省第八届人大常委会第三十一次会议修改

序号	文献名称	发布机关	通过时间	文献编号	生效时间	当前效力
13	辽宁省农业环境保护条例（1997）	辽宁省人大常委会	1997 年 11 月 29 日	不详	1997 年 11 月 29 日	2004 年 6 月 30 日辽宁省第十届人大常委会第十二次会议修正
14	辽宁省农业环境保护条例（2004）	辽宁省人大常委会	2004 年 6 月 30 日	辽宁省人大常委会公告第 16 号	2004 年 6 月 30 日	有效
15	辽宁省乡镇企业环境保护管理条例(1996)	辽宁省人大常委会	1996 年 11 月 30 日	不详	1997 年 1 月 1 日	2004 年 6 月 30 日辽宁省第十届人大常委会第十二次会议第一次修正
16	辽宁省乡镇企业环境保护管理条例(2004)	辽宁省人大常委会	2004 年 6 月 30 日	辽宁省人大常委会公告第 16 号	2004 年 6 月 30 日	2006 年 1 月 13 日辽宁省第十届人大常委会第二十三次会议第二次修正
17	辽宁省乡镇企业环境保护管理条例(2006)	辽宁省人大常委会	2006 年 1 月 13 日	辽宁省人大常委会公告第 32 号	2006 年 1 月 13 日	有效
18	辽宁省渔港管理条例	辽宁省人大常委会	1997 年 9 月 27 日	辽宁省人大常委会公告第 88 号	1997 年 9 月 27 日	有效
19	辽宁省辽河流域水污染防治条例(1997)	辽宁省人大常委会	1997 年 11 月 29 日	不详	1997 年 11 月 29 日	2004 年 6 月 30 日辽宁省第十届人大常委会第十二次会议修正

序号	文献名称	发布机关	通过时间	文献编号	生效时间	当前效力
20	辽宁省辽河流域水污染防治条例(2004)	辽宁省人大常委会	2004 年 6 月 30 日	辽宁省人大常委会公告第 16 号	2004 年 6 月 30 日	2011 年 1 月 11 日辽宁省第十一届人大常委会第二十一次会议修订
21	辽宁省辽河流域水污染防治条例(2011)	辽宁省人大常委会	2011 年 1 月 11 日	辽宁省人大常委会公告第 39 号	2011 年 4 月 1 日	有效
22	鞍山市环境保护条例	鞍山市人大常委会	2005 年 1 月 28 日	鞍山市第十三届人大常委会公告第 9 号	2005 年 5 月 1 日	2010 年 10 月 26 日鞍山市第十四届人大常委会第十九次会议修订
23	鞍山市环境保护条例(修订)	鞍山市人大常委会	2010 年 11 月 26 日	鞍山市第十四届人大常委会公告第 11 号	2011 年 1 月 1 日	有效
24	大连市海域使用管理条例	大连市人大常委会	2007 年 5 月 25 日	大连市人大常委会公告第 1 号	2007 年 8 月 1 日	有效
25	辽宁沿海经济带发展促进条例	辽宁省人大常委会	2010 年 5 月 28 日	辽宁省人大常委会公告第 28 号	2010 年 7 月 1 日	有效
26	蛇岛老铁山国家级自然保护区管理办法	大连市政府	1997 年 7 月 18 日	大连市人民政府令第 7 号	1997 年 7 月 18 日	2009 年 7 月 31 日被《大连市人民政府关于修改 5 件市政府规章的决定》修正

序号	文献名称	发布机关	通过时间	文献编号	生效时间	当前效力
27	蛇岛老铁山国家级自然保护区管理办法(修订)	大连市政府	2009 年 7 月 31 日	大连市人民政府令第 104 号	2009 年 10 月 1 日	有效
28	辽宁省海蜇资源管理办法	辽宁省人民政府	1998 年 7 月 31 日	辽宁省人民政府令第 98 号	1998 年 7 月 31 日	2011 年 1 月 7 日辽宁省第十一届人民政府第 44 次常务会议修订
29	辽宁省海蜇资源管理办法	辽宁省人民政府	2011 年 1 月 7 日	辽宁省人民政府令第 247 号	2011 年 1 月 13 日	2011 年 11 月 30 日辽宁省第十一届人民政府第 52 次常务会议修订
30	辽宁省海蜇资源管理办法（修订）	辽宁省人民政府	2011 年 11 月 30 日	辽宁省人民政府令第 269 号	2011 年 12 月 15 日	有效
31	辽宁省海域使用管理办法	辽宁省人民政府	2005 年 2 月 28 日	辽宁省人民政府令第 179 号	2005 年 4 月 1 日	有效
32	本溪市机动车污染防治办法	本溪市人民政府	2006 年 6 月 2 日	本溪市人民政府令第 126 号	2006 年 7 月 10 日	有效
33	辽宁省海洋环境保护办法 (2006)	辽宁省人民政府	2006 年 6 月 14 日	辽宁省人民政府令第 195 号	2006 年 8 月 1 日	2011 年 1 月 7 日辽宁省第十一届人民政府第 44 次常务会议修正
34	辽宁省海洋环境保护办法 (2011)	辽宁省人民政府	2011 年 1 月 7 日	辽宁省人民政府令第 247 号	2011 年 1 月 13 日	2011 年 11 月 30 日辽宁省第十一届人民政府第 52 次常务会议修正

序号	文献名称	发布机关	通过时间	文献编号	生效时间	当前效力
35	辽宁省海洋环境保护办法（2011）	辽宁省人民政府	2011 年 11 月 30 日	辽宁省人民政府令第 269 号	2011 年 12 月 15 日	有效

一、环境影响评价

渤海管理辽宁省环境影响评价立法文献主要有地方法规《辽宁省环境保护条例》《辽宁省乡镇企业环境保护管理条例》《辽宁省辽河流域水污染防治条例》《辽宁沿海经济带发展促进条例》《大连市环境保护条例》《鞍山市环境保护条例》和地方政府规章《辽宁省海洋环境保护办法》《蛇岛老铁山国家级自然保护区管理办法》。具体内容详见表 7-40、7-41：

表 7-40　渤海环境影响评价辽宁省地方法规内容简表

基本内容	文献名称	条　　款
环境影响评价	辽宁省环境保护条例	第十九条（规定了建设项目环境影响评价制度。）
	辽宁省乡镇企业环境保护管理条例	第十四条（要求乡镇企业从事农业综合开发、森林开发，交通及水利工程建设，风景资源开发、矿产资源开发、动植物资源开发、荒地、草原和湿地开垦等影响环境和自然生态的建设项目，必须执行环境影响评价制度。）
	辽宁省辽河流域水污染防治条例	第十六条："在辽河流域新建、改建、扩建建设项目，必须按照所在地水体环境功能要求进行环境影响评价。"
	辽宁沿海经济带发展促进条例	第三十一条（沿海经济带开发建设应当严格实行环境影响评价制度。）

基本内容	文献名称	条　　款
环境影响评价	大连市环境保护条例	第十四条（环境保护工作依法实行规划环境影响评价、建设项目环境影响评价和新建、改建、扩建各类产业聚集区环境影响评价制度。） 第十五条（规定了环境保护主管部门对建设项目环境影响评价文件不予审批的四种情形。） 第十六条（规定了环境监理制度。） 第十八条（要求有环境风险隐患的重点企业竣工投产后定期进行环境影响后评价。） 第四十八条（要求新建、改建、扩建海洋工程项目，应当依法编制环境影响评价文件。）
	鞍山市环境保护条例	第十四条（要求建设单位按照国家《建设项目环境影响评价分类管理名录》组织编制环境影响评价文件，并对报批程序作出了具体规定。）

表 7-41　渤海环境影响评价辽宁省地方政府规章内容简表

基本内容	文献名称	条　　款
环境影响评价	辽宁省海洋环境保护办法	第二十四条："海岸工程、海洋工程建设项目在可行性研究阶段，应当依法编制环境影响报告书。海岸工程建设项目环境影响报告书经海洋与渔业部门提出审核意见后，报环保部门审查批准。海洋工程建设项目环境影响报告书经海洋与渔业部门核准后，报环保部门备案。" 第二十五条（规定了不同部门批准用海的海洋工程建设项目，应当分别报送不同的审批部门。） 第二十六条："海岸工程、海洋工程建设项目环境影响报告书未经审查批准、审核或者核准，项目审批部门不得批准其建设，建设单位不得开工建设。"
	蛇岛老铁山国家级自然保护区管理办法	第七条（市环境保护部门组织编制自然保护区总体规划应当进行环境影响评价，并征求有关单位、专家和公众的意见。）

二、环境税费

渤海管理辽宁省环境税费立法文献主要有《辽宁省环境保护条例》、《大连市海域使用管理条例》等地方法规和《辽宁省实施〈野生动物保护法〉办法》、《辽宁省海蜇资源管理办法》、《辽宁省海域使用管理办法》、《辽宁省海域使用管理办法》、《辽宁省工业废渣、废水、废气综合利用管理办法》、《辽宁省海洋环境保护办法》、《本溪市机动车污染防治办法》等地方政府规章。具体内容详见表7-42、7-43：

表 7-42　渤海管理环境税费辽宁省地方法规内容简表

基本内容	文献名称	条　款
环境税费	辽宁省环境保护条例	第三十八条（要求向水体排放污染物的单位和个人，依法缴纳排污费。） 第四十条（规定了环保部门可以征收1倍以上超标准排污费的三种情形。）
	辽宁省实施《野生动物保护法》办法	第二十八条（要求经营、利用野生动物或者其产品的，应当缴纳野生动物资源保护管理费。） 第十九条（从事捕捞业的单位和个人，应当向渔业行政主管部门交纳渔业资源增殖保护费和专项品种增殖保护费。）
	大连市海域使用管理条例	第三十条（要求海域使用权人应当依法向海洋行政主管部门缴纳海域使用金。） 第三十一条（规定海域使用金可以依法申请减缴或者免缴。减缴、免缴海域使用金的程序，按照财政、海洋行政主管部门的规定执行。）

表 7-43　渤海管理环境税费辽宁省地方政府规章内容简表

基本内容	文献名称	条　款
环境税费	辽宁省海蜇资源管理办法	第十一条："捕捞海蜇的单位和个人应当缴纳海蜇专项资源增殖保护费。海蜇专项资源增殖保护费在领取海蜇专项捕捞许可证时缴纳。"

基本内容	文献名称	条　　款
环境税费	辽宁省海域使用管理办法	第二十四条："国家实行海域有偿使用制度。海域使用金的征收、减免和使用，按照国家和省有关规定执行。"
	辽宁省工业废渣、废水、废气综合利用管理办法	第九条（规定按本办法附件《工业三废综合利用目录》的规定对企业、事业单位综合利用工业三废实行优惠政策。）
	辽宁省海洋环境保护办法	第十九条："直接向海洋排放污染物的单位和个人，必须按照国家和省有关规定缴纳排污费。排污费应当全额上缴财政，专项用于海洋环境污染的整治，不得挪作他用。"
	本溪市机动车污染防治办法	第十一条："排污者应当依法缴纳排污费。"

三、公众参与

地方法规《大连市环境保护条例》、《鞍山市环境保护条例》和地方政府规章《辽宁省海洋环境保护办法》、《蛇岛老铁山国家级自然保护区管理办法》规定了渤海管理公众参与制度。具体内容详见表7-44、7-45：

表7-44　渤海管理公众参与辽宁省地方法规内容简表

基本内容	文献名称	条　　款
环境保护公众参与	大连市环境保护条例	第四十八条："新建、改建、扩建海洋工程项目，应当依法编制环境影响评价文件。海洋主管部门在核准环境影响评价文件前，应当举行论证会、听证会或者采取其他形式征求有关专家和公众的意见。"
	鞍山市环境保护条例	第七条："市、县（市）区人民政府应当普及环境保护法律知识，鼓励公众参与环境保护。各新闻媒体应当发挥舆论宣传和监督作用。一切单位和个人都有保护环境的义务，有权对污染和破坏环境的行为进行检举和控告。"

表 7-45　渤海管理公众参与辽宁省地方政府规章内容简表

基本内容	文献名称	条　款
环境保护公众参与	辽宁省海洋环境保护办法	第二十八条："海岸工程、海洋工程建设项目可能对海洋环境造成重大影响的，环保部门、海洋与渔业部门在环境影响报告书审查批准、审核或者核准前，应当举行论证会、听证会或者采取其他形式征求有关专家、公众的意见。"
	蛇岛老铁山国家级自然保护区管理办法	第七条："市环境保护部门组织编制自然保护区总体规划并组织实施。编制自然保护区总体规划应当进行环境影响评价，并征求有关单位、专家和公众的意见。"

四、环境争议处理

渤海管理辽宁省环境争议处理立法文献主要有《辽宁省环境保护条例》、《辽宁省农业环境保护条例》、《辽宁省渔港管理条例》、《大连市特种海产品资源保护管理条例》。具体内容详见表 7-46：

表 7-46　渤海管理环境争议处理辽宁省地方立法内容简表

基本内容	文献名称	条　款
环境争议	辽宁省环境保护条例	第十八条："跨市、县行政区域的环境污染和环境破坏的防治管理工作，由有关市、县人民政府协商解决。协商不成的，由共同的上级人民政府处理。"
	辽宁省农业环境保护条例	第十五条："跨行政区域的农业环境污染和破坏的防治工作，由有关地方人民政府协商解决，或由共同的上级人民政府处理。"
	辽宁省渔港管理条例	第八条："对渔港认定及其所有权、使用权有争议的，由县以上人民政府确认。在争议解决之前，任何一方不得改变渔港现状，不得损坏渔港设施。"

基本内容	文献名称	条　　款
环境争议	大连市特种海产品资源保护管理条例	第十四条:"增养殖海域使用权的争议,由当事人协商解决;协商不成的,由县级以上人民政府海洋渔业行政主管部门进行调解;当事人也可以直接向人民法院提起诉讼。增养殖海域使用权争议解决之前,任何一方不得破坏增养殖生产。"

下　篇
渤海管理非滨海地方立法文献研究

第八章　渤海管理河南省
立法文献研究

第一节　渤海污染防治河南省立法文献

众所周知,我国关于污染防治方面的法律法规的制定,虽然较发达国家的相关立法来说起步较晚,但是对比其他的环保法律诸如《清洁生产促进法》、《自然保护区条例》等,我们在污染防治方面颁布的法律还是比较早的。如《固体废物污染环境防治法》、《水污染防治法》等,与之相对应各省市也纷纷依据各自的具体情况制定了相关的污染防治法律法规。河南省与污染防治相关的地方性法规以及政府规章颁布的也比较多,与渤海相关的就有近四十部,下面将以简表的形式对它们进行简单的介绍。具体内容详见表8-1、8-2:

表8-1　渤海污染防治河南省地方法规文献简表

序号	文献名称	发布机关	通过时间	文献编号	生效时间	当前效力
1	河南省人大常委会关于进一步加强水污染防治工作的决议	河南省第十届人大常委会第十八次会议通过	2005年7月30日	不详	2005年7月30日	有效
2	郑州市城市饮用水源保护和污染防治条例	郑州市第十一届人大常委会第七次会议通过	1999年11月25日	不详	2000年1月1日	有效

序号	文献名称	发布机关	通过时间	文献编号	生效时间	当前效力
3	洛阳市陆浑水库饮用水水源保护条例	洛阳市第十二届人大常委会第二十二次会议通过	2006 年 11 月 1 日	不详	2007 年 1 月 1 日	有效

表 8-2　渤海污染防治河南省政府规章文献简表

序号	文献名称	发布机关	通过时间	文献编号	生效时间	当前效力
1	河南省户包治理小流域责任制若干规定	河南省人民政府	1984 年 6 月 15 日	不详	1984 年 6 月 15 日	依据河南省人民政府豫政〔1998〕16 号修订
2	河南省污染源限期治理管理办法	河南省人民政府	1996 年 1 月 20 日	河南省人民政府令第 24 号	1996 年 1 月 20 日	根据 2005 河南省人民政府令第 90 号修订
3	河南省环境污染防治设施监督管理办法	河南省人民政府	1999 年 11 月 11 日	河南省人民政府令第 52 号	1999 年 11 月 11 日	有效
4	河南省人民政府关于进一步加快城市污水处理设施建设和加强运营管理的通知	河南省人民政府	2001 年 12 月 7 日	河南省人民政府令 2001 年第 69 号	2001 年 12 月 7 日	有效
5	河南省环境监测管理办法	河南省人民政府	2002 年 4 月 11 日	河南省人民政府令第 68 号	2002 年 5 月 1 日	有效

序号	文献名称	发布机关	通过时间	文献编号	生效时间	当前效力
6	河南省重大危险源监督管理办法	河南省人民政府	2007 年 11 月 21 日	河南省人民政府令 2007 年 第 112 号	2008 年 1 月 1 日	有效
7	河南省水路交通管理办法	河南省人民政府	2011 年 2 月 27 日	河南省人民政府令 2011 年 第 138 号	2011 年 5 月 1 日	有效
8	郑州市重点污染源在线监测系统管理暂行办法	郑州市人民政府	2003 年 1 月 17 日	郑 政 文 [2003] 第 8 号	2003 年 1 月 17 日	有效
9	郑州市人民政府关于印发郑州市污染物减排工作奖励办法的通知	郑州市人民政府	2007 年 9 月 21 日	郑 政 文 [2007] 第 169 号	2007 年 9 月 21 日	有效
10	郑州市人民政府关于印发郑州市城市集中式饮用水水源地环境保护规范的通知	郑州市人民政府	2009 年 1 月 6 日	郑政 [2009] 第 6 号	2009 年 1 月 6 日	有效
11	郑州市人民政府关于进一步加强环境管理的实施意见	郑州市人民政府	2011 年 7 月 29 日	郑政 [2011] 第 62 号	2011 年 7 月 29 日	有效
12	洛阳市人民政府关于印发洛阳市陆浑水库饮用水水源地水质达标实施方案的通知	洛阳市人民政府	2008 年 12 月 9 日	洛政 [2008] 第 144 号	2008 年 12 月 9 日	有效
13	洛阳市城区河流垂钓管理规定（试行）	洛阳市人民政府	2009 年 6 月 5 日	洛阳市人民政府令第 105 号	2009 年 8 月 1 日	有效

序号	文献名称	发布机关	通过时间	文献编号	生效时间	当前效力
14	洛阳市人民政府关于批转洛阳市涧河瀍河流域环境专项整治实施方案的通知	洛阳市人民政府	2010年6月29日	洛政[2010]第56号	2010年6月29日	有效
15	洛阳市人民政府关于印发洛阳市城市区及重点流域新改扩建建设项目环境保护管理规定的通知	洛阳市人民政府	2011年3月2日	洛政[2011]第29号	2011年3月2日	有效
16	洛阳市人民政府关于印发洛阳市举报违法排放水污染物行为的奖励暂行办法的通知	洛阳市人民政府	2011年4月2日	洛政[2011]第43号	2011.年4月2日	有效
17	河南省城市生活垃圾处理管理办法	河南省人民政府	2009年4月28日	河南省人民政府令2009年第125号	2009年6月15日	有效
18	河南省人民政府办公厅关于印发河南省水环境生态补偿暂行办法的通知	河南省人民政府办公厅	2010年1月27日	豫政办[2010]第9号	2010年1月27号	有效

以上是河南省在与渤海相关的污染防治方面的地方性法规和政府规章。下面将以《水污染防治法》的体系为蓝本,通过表格的形式对这个法规和规章进行内容的梳理。具体内容详见表8-3:

表 8-3　渤海污染防治河南省地方立法内容简表

基本内容	文献名称	条　　款
水污染防治标准和规划	洛阳市人民政府关于批转洛阳市涧河瀍河流域环境专项整治实施方案的通知	四（整治要求和标准。）
	洛阳市人民政府关于印发洛阳市城市区及重点流域新改扩建建设项目环境保护管理规定的通知	三（黄河、伊河、洛河主河道外延 2000 米范围内控制新建建设项目。） 四（在上述区域、流域内已建成项目按照政府综合整治方案要求，实行逐步搬迁、淘汰机制，对燃用原煤、重油的锅炉、窑炉等设备逐步改用清洁能源。） 五（在上述区域、流域内已经完成规划环评的产业集聚区，其新建项目以规划环评批复为准。）
	河南省污染源限期治理管理办法	第五条："县级以上人民政府，应将重点污染区域及污染源限期治理规划纳入国民经济和社会发展计划及年度工作责任目标，采取有效措施，确保污染治理规划的实施。""污染源限期治理应坚持综合治理、重点支持和谁污染、谁治理的原则。"
	郑州市人民政府关于进一步加强环境管理的实施意见	五（制定完善经济政策，积极开展环境有偿治理和资源有偿使用工作。）
	河南省人民政府办公厅关于印发河南省水环境生态补偿暂行办法的通知	第四条："按照省政府与省辖市政府签订的年度环保责任目标，考核因子为化学需氧量和氨氮。根据水质变化及实际需要，考核因子可适当增加。" 第五条："根据水污染防治要求和治理成本，确定生态补偿标准为化学需氧量每吨 2500 元，氨氮每吨 10000 元。" 第六条："生态补偿金由各考核监测断面的超标污染物通量与生态补偿标准确定，超标污染物通量由考核断面水质浓度监测值与考核断面水质浓度责任目标值的差值乘以周考核断面水量确定。"
	郑州市人民政府关于进一步加强环境管理的实施意见	三（强化部门行政监督，多措并举加强环境管理。）

基本内容	文献名称	条　　款
水污染的监督管理	郑州市重点污染源在线监测系统管理暂行办法	第四条（本市企、事业单位存在大气污染源、水污染源的，必须安装在线监测系统。） 第五条："排污单位必须选择使用进入国家环境保护总局《自动环境监测仪器合格产品准入名录》内的仪器设备，使用能够与环保部门的监控网络联结的网络软件。在线监测系统安装方案须报市环保局在线监测系统安装工作办公室，经审查批准后方可实施。"
	河南省环境污染防治设施监督管理办法	第四条："任何单位和个人都有保护防治设施的义务，并有权对破坏或擅自关闭、拆除、闲置及不正常使用防治设施的单位和个人进行检举和控告。" 第五条："各级人民政府应当把防治设施的管理作为环境保护目标责任制的重要内容，并应采取有效措施，保障本辖区内所有污染源排放的污染物达到国家和地方规定标准。"
	河南省环境监测管理办法	第十条（环境保护行政主管部门所属的环境监测机构负责分级组织实施的环境监测活动。）
	河南省重大危险源监督管理办法	第十条："生产经营单位应当定期对重大危险源的工艺参数、危险物质进行检测，对重要设备设施进行检验，对安全状况进行检查，作好记录，建立档案。" 第十一条："生产经营单位应当制定重大危险源应急救援预案，报送县级以上人民政府安全生产监督管理部门备案，并定期组织演练。"
工业及城镇水污染防治	河南省城市生活垃圾处理管理办法	第十九条："城市生活垃圾处理场所排放的污水、废气、残渣应当符合国家有关污染物排放标准。处理场所在排放污染物期间，处置单位应当定期对处置设施和污染物排放情况进行检测，检测内容、检测方法应当符合国家有关标准，并向所在省辖市、县（市）人民政府环境卫生主管部门提交检测报告。"
	河南省人民政府关于进一步加快城市污水处理设施建设和加强运营管理的通知	二（高标准规划，高质量建设，确保污水处理厂按期建成和投入运营。）

基本内容	文献名称	条　款
工业及城镇水污染防治	河南省人民政府关于进一步加快城市污水处理设施建设和加强运营管理的通知	四（多渠道筹集资金，确保城市污水处理设施建设和正常运营。）
农业和农村水污染防治	河南省户包治理小流域责任制若干规定	四（开发治理小流域，承包者要按照规划要求，全面完成综合治理项目，既要治山、治坡，又要治沟、治滩，既要注意生物措施，搞好草、灌、乔结合，又要因害设防，采取必要的工程措施。使工程措施与生物措施相结合，建立起水土保持防护体系，最大限度地利用水土资源。）
船舶水污染防治	河南省水路交通管理办法	第十二条（禁止在航道、港口水域从事的活动。） 第二十四条："水路运输经营者应当遵守水污染防治的法律、法规，保持船舶航行、停泊水域的环境卫生，不得违反规定排放、倾倒废弃物、污染物。"
饮用水源和其他特殊水体的保护	郑州市城市饮用水源保护和污染防治条例	第五条："城市饮用水源的保护和污染防治实行统一规划、分工负责、防治结合的原则。" 第六条："市人民政府应当加强对城市饮用水源保护和污染防治工作的领导，组织协调有关部门做好城市饮用水源保护和污染防治的监督管理工作。" 第十三条："城市饮用水地表水源一级保护区的水质应当达到国家规定的地面水环境质量标准Ⅱ类水标准。"
	洛阳市陆浑水库饮用水水源保护条例	第三条："市人民政府应当采取措施，促进陆浑水库饮用水水源保护管理工作。" 第四条："市环境保护行政主管部门对陆浑水库饮用水水源污染防治实施统一监督管理。"
	洛阳市城区河流垂钓管理规定（试行）	第二条："本规定所称城区河流，包括洛河、伊河、瀍河、涧河流经本市城市区的部分及新区水系（含各种人工湖）。"

基本内容	文献名称	条　款
污染事故处理机制	河南省污染源限期治理管理办法	第三条："本办法所称污染源限期治理是指对造成环境污染的排污单位，规定其在一定的期限内，采用有效的措施，消除或减轻污染，使所排放的污染物达到排放标准、总量控制指标或规定的治理目标。"第四条（对造成环境严重污染的排污单位，实行限期治理。）
	河南省重大危险源监督管理办法	第十一条："生产经营单位应当制定重大危险源应急救援预案，报送县级以上人民政府安全生产监督管理部门备案，并定期组织演练。"
奖励措施	郑州市人民政府关于印发郑州市污染物减排工作奖励办法的通知	七："对外排废水经深度治理的重点排污单位（已申请环保专项资金的除外），经环保部门验收合格，主要污染物排放标准优于国家或地方排放标准10%—20%的企业，市政府一次性奖励10万元；优于国家或地方排放标准20%—50%的，奖励20万元；优于国家或地方排放标准50%以上的，奖励30万元。"
	洛阳市人民政府关于印发洛阳市举报违法排放水污染物行为的奖励暂行办法的通知	第四条（鼓励公众积极举报本市行政区域内涉废水排污单位和个人的涉水环境违法行为。）

第二节　渤海生态保护河南省立法文献

关于河南省的生态保护立法，具体分为五个部分，分别是森林保护立法、草原（草地）保护立法、水土流失防治立法、湿地保护立法、水资源调节立法五个方面，在其中以水资源调节立法为最多，有二十几部；森林保护立法次之，有十余部；水土流失预防立法和草原保护立法最少只有一两部。以下将对其进行梳理研究。

一、森林保护

河南省涉及森林资源保护和管理的法律除了与国家法律相对应的一些地

方性法规如《河南省实施〈森林法〉办法》等相关配套的法规外，主要集中于城市园林和绿化建设以及森林资源的流转管理方面，这其中又以城市地方政府和人大出台的法规和规章居多，比如说《洛阳市城市绿化条例》、《郑州市生态林管理条例》、《郑州市城市园林绿化建设管理条例实施细则》、《郑州市全民义务植树实施办法》等。下面将以表格的形式梳理这些法规、规章的名称和具体内容。具体内容详见表 8-4、8-5、8-6：

表 8-4　渤海生态保护河南省地方法规文献简表

序号	文献名称	发布机关	通过时间	文献编号	生效时间	当前效力
1	洛阳市城市绿化条例	洛阳市人大常委会	1995 年 9 月 15 日	不详	1996 年 3 月 1 日	有效
2	河南省林地保护管理条例	河南省人大常委会	1995 年 5 月 30 日	不详	1999 年 7 月 1 日	根据 2005 年 1 月 14 日河南省第十届人大常委会第十三次会议修正
3	河南省义务植树条例	河南省人大常委会	2003 年 9 月 27 日	河南省人大常委会公告第 6 号	2003 年 12 月 1 日	有效
4	河南省实施《森林法》办法	河南省人大常委会	2001 年 1 月 13 日	不详	2001 年 5 月 1 日	根据 2005 年 2 月 14 日河南省第十届人大常委会第十三次会议修正
5	郑州市生态林管理条例	郑州市人大常委会	2007 年 12 月 3 日	不详	2008 年 1 月 1 日	有效

表 8-5   渤海生态保护河南省政府规章文献简表

序号	文献名称	发布机关	通过时间	文献编号	生效时间	当前效力
1	郑州市城市园林绿化建设管理条例实施细则(2006)	郑州市人民政府	2006 年 10 月 11 日	郑州市人民政府令第 153 号	2006 年 12 月 1 日	有效
2	郑州市全民义务植树实施办法	郑州市人民政府	2002 年 11 月 20 日	郑州市人政府令第 112 号	2003 年 1 月 1 日	有效
3	郑州市城市园林绿化建设管理条例实施细则	郑州市人民政府	1993 年 3 月 9 日	郑州市政府令第 35 号	1993 年 3 月 9 日	废止
4	河南省森林资源流转管理办法	河南省人民政府	2010 年 1 月 14 日	河南省人民政府令第 130 号	2010 年 3 月 1 日	有效

表 8-6   渤海生态保护河南省地方立法内容简表

基本内容	文献名称	条　　款
森林管理与采伐	河南省森林资源流转管理办法	第七条（可以依法流转的森林资源。） 第八条（森林资源不得流转的情形。） 第九条（国有森林资源和集体森林资源进行流转的，流转期限不得超过 70 年。）
	郑州市城市园林绿化建设管理条例实施细则	第十八条："城市绿地的养护责任单位应当建立健全管理制度，严格执行绿化养护技术规程，保持树木花草繁茂，园容整洁、优美，设施完好。"
	洛阳市城市绿化条例	第十七条（森林管理权限划分。） 第十八条："城市绿地应当按责任范围适时进行养护管理，保持树木花草繁茂，设施完好。"

基本内容	文献名称	条　　款
森林管理与采伐	河南省林地保护管理条例	第八条："林地的所有权分为国家所有和集体所有。" 第十一条："用材林、经济林、薪炭林的林地使用权，用材林、经济林、薪炭林的采伐迹地、火烧迹地的林地使用权，以及国家规定的其他林地使用权，可以依法转让，也可以依法作价入股或者作为合资、合作造林、经营林木的出资、合作条件。但不得将林地改变为非林地。"
	河南省实施《森林法》办法	第五条（森林、林木权属的确定。）
森林规划与保护	河南省林地保护管理条例	第十四条："县级以上人民政府林业行政主管部门应当组织编制本行政区域内的林地建设、保护、利用规划，征得同级土地行政主管部门同意，纳入土地利用总体规划，经依法批准后实施，并报上一级人民政府林业行政主管部门备案。" 第二十条："未成林造林地、幼林地和封山育林区，应当实行封闭管理，禁止放牧、砍柴和非抚育性修枝。" 第十八条："任何单位和个人，不得擅自毁林开垦和毁林采矿、采石、采砂、取土、造墓、修筑工程设施及其他造成毁坏林地的行为。"
	洛阳市城市绿化条例	第九条："城市规划和建设，必须留足绿化用地面积。" 第十条："城市规划和建设所设置的管线应与树木及其他绿化设施保持一定的距离。设置管线对树木生长有影响时，建设单位应当采取保护措施。" 第十一条："机关、部队、学校、企业、事业单位应根据城市绿化规划，制定和实施本单位的绿化规划。城市绿化行政主管部门应及时指导、督促、检查各单位绿化规划的制定与实施。" 第十二条："工程建设项目的附属绿化工程设计方案，按照基本建设程序审批时，必须有城市人民政府城市绿化行政主管部门参加审查。"

基本内容	文献名称	条　　款
森林规划与保护	河南省实施《森林法》办法	第十八条："根据国家规定划定的天然林保护区，实行退耕还林（草）、封山绿化、承包造林等措施，加强对天然林保护。具体保护管理办法由省人民政府制定。" 第十九条："有森林防火任务的各级人民政府应当按照'预防为主、积极消灭'的方针，建立健全森林防火指挥机构，制定森林防火措施，做好森林防火的预防和扑救工作。" 第二十二条："凡调运森林植物的种子、苗木、繁殖材料以及国家和省规定的其他应施检疫的森林植物、植物产品的，应当按照国务院《植物检疫条例》等有关法律、法规的规定检疫。不得重复进行检疫。"
	郑州市生态林管理条例	第九条："市林业行政主管部门和相关县（市、区）人民政府应当按照生态林年度建设计划确定的面积、地点、树种、成活率、时间等要求组织造林。" 第二十五条："市、县（市、区）林业行政主管部门应当建立生态林病虫害测报网络，加强病虫害的预测预报和森林植物检疫工作，控制病虫害的传播和蔓延。" 第二十六条："市、县（市、区）林业行政主管部门应当按照生态林工程类别设置明显的保护标志和警示牌。"
植树造林	河南省义务植树条例	第五条："每年三月为我省义务植树月。县级以上人民政府绿化委员会也可以根据当地气候条件、义务植树的任务量，决定在适宜植树的其他月份开展义务植树活动。" 第八条："县级以上人民政府应当因地制宜，统筹安排，制定义务植树规划，建立义务植树基地。县级以上人民政府绿化委员会应当根据义务植树规划，制定年度实施计划，并把基地义务植树作为义务植树活动的主要组织形式。"
	郑州市全民义务植树实施办法	第六条（城市居民义务植树的重点是营造城市近郊生态防护林和参加城市公共绿地建设。） 第七条（有植树义务的公民，平原地区每人每年应义务植树3棵，山区、丘陵区、沙荒区每人每年应义务植树5棵。） 第八条（义务植树的组织实施。）

基本内容	文献名称	条　款
植树造林	洛阳市城市绿化条例	第十三条："市、县（市）人民政府统一组织义务植树，规划植树区域，下达义务植树任务。" 第十四条："每年3月和11月为我市城市义务植树月。" 第十五条："凡年满十一岁的城市居民，男至六十岁，女至五十五岁，除丧失劳动能力者外，每人每年义务植树三棵，或完成相应劳动量的育苗、管护和其他绿化任务。"
	河南省实施《森林法》办法	第三十一条（提倡实行封山育林。） 第三十三条（以政府投资为主的重点造林工程，应当实行招标投标制度。） 第三十二条："鼓励单位和个人通过承包、拍卖、租赁等形式在宜林荒山荒地及村旁、水旁、路旁和村内隙地上按照当地人民政府的造林规划造林。"

二、草原（草地）保护

河南省地处华北平原，气候以温带大陆性气候为主，降水量相对较多，且河南省是一个人口大省，产粮大省，是小麦的主产区之一，这些因素就导致了河南几乎没有成片的草原，大部分土地被用作耕地、林地和城市建设发展用地。在拥有地方立法权的郑州和洛阳两地，更是以工业为主要的经济支柱，所以总体来说对草原、草地立法保护的紧迫性就相对较低，笔者几乎没有发现专门保护草原的地方性立法和政府规章，有个别的条款零星地散布于其他的一些地方性法规和规章之中，且规定比较笼统，法规、规章整理的意义不大，故在此就不加整理了。

三、水土流失防治

河南省专门规范水土流失的法律法规也相对较少，主要有《河南省实施〈水土保持法〉的决定》、《河南省户包治理小流域责任制若干规定》等两三部地方性法规和政府规章，下面就以简表的形式对其进行梳理。具体内容详见表8-7、8-8、8-9：

表 8-7　渤海管理水土流失防治河南省地方法规文献简表

序号	文献名称	发布机关	通过时间	文献编号	生效时间	当前效力
1	河南省实施《水土保持法》的决定	河南省人大常委会	1993 年 8 月 16 日	不详	1993 年 10 月 1 日	已被 1997 年 5 月 23 日河南省第八届人大常委会第二十六次会议通过的《河南省实施〈水土保持法〉的决定》修改

表 8-8　渤海管理水土流失防治河南省地方政府规章文献简表

序号	文献名称	发布机关	通过时间	文献编号	生效时间	当前效力
1	郑州市人民政府关于抓好郑州市风沙源治理及嵩山山脉水源涵养林工程建设的通知	郑州市人民政府	2003 年 6 月 18 日	郑政文〔2003〕第 149 号	2003 年 6 月 18 日	有效
2	河南省户包治理小流域责任制若干规定	河南省人民政府	1984 年 6 月 15 日	不详	1984 年 6 月 15 日	有效

表 8-9　渤海管理水土流失防治河南省地方立法内容简表

管理事务	立法文献	条　款
预防和治理	河南省实施《水土保持法》的决定	第十条："各级人民政府应当加强水土流失的预防工作，组织全民开展植树造林、种草活动，增加植被面积。" 第十一条："在水土流失严重、草场少的地区，各级人民政府及有关主管部门应当采取措施，推行牧畜圈养，改变野外放牧习惯。" 第十二条（禁止在二十五度以上陡坡地开垦种植农作物。）

管理事务	立法文献	条　　款
预防和治理	河南省户包治理小流域责任制若干规定	一（以户承包治理小流域，山权、地权归国家或集体所有，使用权归承包者，由承包户申请，群众讨论，村民委员会批准，乡政府备案，签订合同，县政府发给《小流域治理使用证》。坚持谁承包、谁治理、谁管护、谁受益的原则。）
监测和监督	河南省实施《水土保持法》的决定	第二十七条："省人民政府水行政主管部门建立水土保持监测网络，对全省水土流失动态进行监测预报，并予以公告。公告内容主要包括水土流失的面积、分布状况、流失程度，造成的危害及其发展趋势，水土流失预防情况及效益。"
	郑州市人民政府关于抓好郑州市风沙源治理及嵩山山脉水源涵养林工程建设的通知	五（加强监督检查，搞好建设管护。）

四、湿地保护

河南省湿地面积占总的面积的百分比很小，所以河南省人民代表大会和河南省人民政府针对全省范围内制定湿地保护相关法律法规的紧迫性不足，没有制定出相关的法律法规，而拥有地方立法权的郑州和洛阳制定的湿地保护法律也相对较少，笔者搜集的相关地方性法规和政府规章主要集中于郑州市，而且郑州市颁布的这些专门保护湿地的地方性法规和政府规章又集中于风景区的保护方面。具体内容详见表 8-10、8-11、8-12：

表 8-10　渤海管理湿地保护河南省地方法规文献简表

序号	文献名称	发布机关	通过时间	文献编号	生效时间	当前效力
1	郑州市市区滨河公园建设管理条例	郑州市人大常委会	2005 年 9 月 30 日	2005 年 5 月 18 日郑州市第十二届人大常委会第十一次会议通过	2005 年 11 月 1 日	有效

表 8-11　渤海管理湿地保护河南省地方政府规章文献简表

序号	文献名称	发布机关	通过时间	文献编号	生效时间	当前效力
1	郑州市黄河风景名胜区管理暂行办法	郑州市人民政府	2003 年 9 月 1 日	郑州市人民政府令第 129 号	2003 年 10 月 1 日	废止
2	郑州黄河湿地自然保护区管理办法	郑州市人民政府	2008 年 5 月 15 日	郑州市人民政府令第 175 号	2008 年 8 月 1 日	有效
3	郑州市黄河风景名胜区管理暂行办法 (2009)	郑州市人民政府	2009 年 6 月 17 日	郑州市人民政府令第 182 号	2009 年 7 月 1 日	有效

表 8-12　渤海管理湿地保护河南省地方立法内容简表

基本内容	文献名称	条　款
湿地保护规划与管理	郑州市市区滨河公园建设管理条例	第二章（规划与建设。）

基本内容	文献名称	条　款
湿地保护规划与管理	郑州市黄河风景名胜区管理暂行办法	第十四条："景区管理机构应当加强对景区景物、名胜古迹、古树名木、地质遗迹的保护，并建立档案，设置标志，制定保护措施。" 第十六条："景区管理机构负责景区内园林绿化的建设、养护和管理工作。" 第十七条："景区内的旅游车船应当使用清洁燃料。" 第十八条："在景区内的居民和游览者应当爱护景区内的林木植被、野生植被和各项设施，遵守各项管理制度。"
	郑州黄河湿地自然保护区管理办法	第二章（湿地保护规划。） 第三章（保护管理措施。）

五、水资源调节

河南省地处华北平原，自古以来就是重要的农耕地区，农业相对发达，近些年来河南省的工业也取得了长足的发展，不论工业发展还是农业发展都离不开水资源，河南省又是人口大省，城市用水和农村用水也是政府重点关注的对象，水资源的季节性调节以及水灾害的防治等等问题都促使河南省人民代表大会、河南省人民政府以及地方各级人民代表大会和市政府出台相关的水资源地方性立法和政府规章，这些地方性法规和政府规章相对较多，且内容多集中于城市供水、水灾害的防治、节约用水、水资源的监督管理等方面。下面将通过表格的形式对相关的内容进行梳理。具体内容详见表 8-13、8-14、8-15：

表 8-13　渤海管理水资源调节河南省地方法规文献简表

序号	文献名称	发布机关	通过时间	文献编号	生效时间	当前效力
1	河南省实施《防洪法》办法	河南省人大常委会	2000 年 7 月 29 日	不详	2000 年 8 月 10 日	有效

序号	文献名称	发布机关	通过时间	文献编号	生效时间	当前效力
2	河南省水文管理条例	河南省人大常委会	2005 年 5 月 26 日	不详	2005 年 10 月 1 日	有效
3	河南省节约用水管理条例	河南省第十届人大常委会第九次会议通过	2004 年 5 月 28 日	不详	2004 年 9 月 1 日	有效
4	郑州市城市供水管理条例	郑州市人大常委会	1994 年 6 月 23 日	不详	1994 年 6 月 23 日	1996 年 10 月 31 日郑州市十届人大常委会第二十五次会议第一次修改，2001 年 3 月 30 日河南省第九届人大常委会批准第二次修订
5	郑州市城市节约用水管理条例	郑州市人大第十一届常委会第十四次会议通过	2001 年 3 月 30 日	不详	2001 年 5 月 1 日	被 2006 年 12 月 1 日起施行的《郑州市节约用水条例》废止
6	郑州市水资源管理条例	郑州市人大常委会	2003 年 5 月 29 日	不详	2003 年 8 月 1 日	有效
7	郑州市节约用水条例	郑州市人大常委会	2006 年 12 月 1 日	不详	2007 年 2 月 1 日	有效
8	洛阳市水资源管理条例	洛阳市人大常委会	2008 年 11 月 28 日	不详	2009 年 2 月 1 日	有效

序号	文献名称	发布机关	通过时间	文献编号	生效时间	当前效力
9	洛阳市节约用水条例	洛阳市人大常委会	2010 年 11 月 26 日	不详	2011 年 1 月 1 日	有效
10	河南省水利工程管理条例	河南省第八届人大常委会第二十七次会议通过	1997 年 7 月 25 日	不详	1997 年 10 月 1 日	有效

表 8-14　渤海管理水资源调节河南省地方政府规章文献简表

序号	文献名称	发布机关	通过时间	文献编号	生效时间	当前效力
1	河南省《水库大坝安全管理条例》实施细则	河南省人民政府	1993 年 6 月 25 日	不详	1993 年 6 月 25 日	有效
2	河南省实施《防汛条例》细则	河南省人民政府	1993 年 11 月 27 日	河南省人民政府令第 4 号	1993 年 11 月 27 日	有效
3	河南省城市供水管理办法	河南省人民政府	1997 年 1 月 5 日	不详	1997 年 1 月 5 日	有效
4	河南省水利工程供水价格管理办法	河南省人民政府	2002 年 1 月 7 日	河南省人民政府令第 63 号	2002 年 3 月 1 日	有效
5	郑州市城市饮用水二次供水设施管理办法	郑州市人民政府	1992 年 8 月 8 日	不详	1992 年 8 月 8 日	有效
6	郑州市城市节约用水管理办法	郑州市人民政府	1995 年 6 月 16 日	郑州市政府令第 51 号	1995 年 6 月 16 日	有效

序号	文献名称	发布机关	通过时间	文献编号	生效时间	当前效力
7	郑州市城市供水管理条例实施细则	郑州市人民政府	1995年12月15日	郑州市人民政府令第54号	1995年12月15日	废止
8	郑州市城市供水管理条例实施细则（2003）	郑州市人民政府	2003年7月11日	郑州市人民政府令第126号	2003年9月1日	有效
9	洛阳市城市饮用水二次供水管理办法	洛阳市人民政府	1997年10月31日	洛阳市人民政府令第31号	1997年10月31日	有效
10	洛阳市城市供水管理办法	洛阳市人民政府	2001年12月17日	洛阳市人民政府第56号	2002年1月1日	根据2005年7月26日颁布的《洛阳市城市供水管理办法》修订
11	洛阳市人民政府关于强化水资源管理的意见	洛阳市人民政府	2011年1月28日	洛政〔2011〕11号	2011年1月28日	有效
12	河南省《河道管理条例》实施办法	河南省人民政府	1992年8月15日	河南省人民政府令第37号发布	1992年8月15日	有效

表 8-15　渤海管理水资源调节河南省地方立法内容简表

基本内容	文献名称	条　款
水资源保护和利用规划	河南省实施《防洪法》办法	第七条（全省治涝规划由省水行政主管部门制定。） 第八条："防洪规划确定的河道整治计划用地和规划建设的堤防用地范围内的土地，以及防洪规划确定的扩大或开辟的人工排洪道用地范围内的土地依法划定为规划保留区，并由县级以上人民政府予以公告。" 第九条："在河道和水库管理范围内修建防洪工程和其他水工程、水电站等，应当符合防洪规划要求，并经有关水行政主管部门签署规划同意书后，方能按照基本建设程序报批。"
	河南省水文管理条例	第五条："省人民政府水行政主管部门按照国民经济发展总体规划的要求，组织编制全省的水文规划，报省人民政府批准。" 第六条："省水文机构应当根据全省的水文规划，组织编制水文专业规划，报省人民政府水行政主管部门批准。" 第七条："全省的水文规划和水文专业规划经批准后，由省水文机构负责组织实施。" 第八条："全省水文站网由省人民政府水行政主管部门按照国家和全省的水文规划组织建设，省水文机构实施管理。"
	洛阳市城市供水管理办法	第六条（城市供水规划应当纳入城市总体规划。） 第七条："新建、改建、扩建工程项目需增加用水的，其项目总概算应当包括供水工程建设投资。" 第八条："新建、改建、扩建城市供水工程，应当经城市供水行政主管部门审查同意。涉及取水许可的，按有关规定执行。" 第九条："城市供水工程的设计、施工，应当由有相应资质的设计、施工单位承担，并遵守国家有关技术规范。"
水资源工程设施相关的规划与建设	河南省城市供水管理办法	第十四条："城市人民政府应当多渠道筹集建设资金，按照城市供水发展规划和城市发展需要，及时新建、扩建、改建城市供水工程，增加城市供水能力，满足城市生活、生产和其他各项建设用水需要。" 第十五条："城市供水工程的建设，应当按照城市供水发展规划及其年度建设计划进行。" 第十六条："新建、扩建、改建城市供水工程，按国家规定的基本建设程序报批后，方可进行建设。"

基本内容	文献名称	条　　款
水资源工程设施相关的规划与建设	郑州市城市供水管理条例	第十七条："城市供水应当在挖掘现有设备潜力的基础上，有计划地更新改造和新建供水设施，提高综合供水能力和供水水质。" 第十八条："城市供水设施建设应当纳入城市规划、国民经济和社会发展计划，并按计划分步实施，配套建设。" 第十九条："城市供水设施建设资金，除国家投资外，可以采用地方自筹、利用国内外贷款等办法解决。"
	郑州市城市供水管理条例	第十七条："城市供水应当在挖掘现有设备潜力的基础上，有计划地更新改造和新建供水设施，提高综合供水能力和供水水质。"
	郑州市城市饮用水二次供水设施管理办法	第五条："二次供水设施的设计方案应经市自来水公司审查同意。" 第六条："二次供水设施建成后，经市自来水公司验收合格，由市自来水公司发给《二次供水设施准用证书》，并抄报卫生防疫机构备案。"
	郑州市城市供水管理条例实施细则（2003）	第七条："城市供水设施建设应当编制科学的发展规划及年度建设计划，并按计划分步实施，配套建设。" 第八条："城市供水设施建设坚持新建和更新改造并重，提高综合供水能力，使城市供水设施与城市经济和社会发展相适应。" 第九条："城市建设行政主管部门每年应根据需要将城市供水设施建设和更新改造的投资，纳入当年城市建设维护费投资计划。"
	河南省水利工程管理条例	第九条："各级水行政主管部门应当根据流域规划和区域规划，编制水利工程建设专业规划，报同级人民政府批准，并报上一级水行政主管部门备案。" 第十条："兴建（包括新建、改建、扩建，下同）水利工程，应当符合规划要求，遵守国家规定的基本建设程序和本条例的有关规定。" 第十一条："兴建大型水利工程、跨市（地）的水利工程和涉及其他市（地）利益的水利工程，须经省水行政主管部门审批。"

基本内容	文献名称	条　　款
水资源的安全保障	河南省节约用水管理条例	第二十八条:"各级人民政府发展计划、财政、水行政主管部门应当逐年增加节水专项资金的投入,支持发展节水灌溉、节水技术研究、节水工程的建设和改造以及污水处理和回用设施的建设。专项资金应当专款专用,不得挪用。" 第二十九条:"对农业节水项目及含有节水措施的农业开发项目,有关部门应当优先立项。"
	郑州市水资源管理条例	第三十一条:"排放污染物的单位或者个人应当严格执行水污染防治法律、法规、规章,做到达标排放。禁止超标排污。" 第三十二条:"在河道、湖泊、水库、渠道设置或者扩大排污口的,排污单位在向环境保护行政主管部门申报之前,应当经水行政主管部门同意。" 第三十三条:"填埋生活垃圾及危险废物应有相应的防渗措施和渗出液的处理措施。禁止利用渗井、渗坑、裂隙、溶洞等排放、倾倒含有毒污染物的废水、含病原体的污水和其他废弃物。" 第三十四条:"农业行政主管部门应当指导农民科学使用化肥和农药,防止有害残留物污染水资源。"
	洛阳市城市饮用水二次供水管理办法	第八条:"新建的二次供水设施,供水前必须清洗消毒,水质经检验符合国家规定标准后,方可供水。" 第九条:"二次供水设施不得擅自与城市供水管网直接连通,确需直接连通的,应当征得城市公共供水企业同意,并安装逆止阀门。"
	河南省《河道管理条例》实施办法	第二十四条(在河道管理范围内禁止进行的活动。) 第二十五条(在堤防和护堤地内禁止进行的活动。) 第二十七条:"在河道管理范围内进行下列活动,必须报经河道主管机关批准,涉及其他部门的,由河道主管机关会同有关部门批准。" 第二十八条:"根据堤防的重要程度、堤基土质条件等,河道主管机关报经县级以上人民政府批准,在与河道管理范围相连地域划定堤防安全保护区。"
水资源工程设施的保障与维护	河南省实施《防洪法》办法	第二十条:"防洪工程设施建设应当严格按照有关法律、法规和技术标准进行设计、施工、监理和验收,确保工程质量。" 第二十一条:"大中城市,重要的铁路、公路干线,航空港,大型骨干企业等,应当列为防洪重点,确保安全。" 第二十二条:"各级人民政府应当组织有关部门加强对水库大坝的定期检查和监督管理。"

基本内容	文献名称	条　款
水资源工程设施的保障与维护	河南省《水库大坝安全管理条例》实施细则	第二十五条："大坝及水文、测量、通信、动力、照明、道路、桥梁、消防、房屋等设施受国家保护，任何单位和个人不得侵占、破坏。" 第二十六条："禁止在坝体修建码头、渠道及危害工程安全、有碍管理的建筑物。"
	河南省城市供水管理办法	第三十五条："城市供水企业对城市供水专用的水库、引水渠道、取水口、水源、井群、泵站、水厂、管道、闸门、消防栓、水表、公用水站等设施，应当进行定期检查和维修，保证安全供水。"
	河南省水利工程管理条例	第二十五条："水利工程应当根据保证工程安全和维修养护需要，划定管理范围。" 第二十九条（对水利工程及附属设施应当严加保护。） 第二十八条："水利工程管理单位应当加强对工程设施的管理和维护，确保工程安全正常运行。"
水灾害的预防与治理	河南省实施《防洪法》办法	第二十八条："对河道、水库管理范围内阻碍行洪的障碍物，按照谁设障、谁清障的原则，由防汛指挥机构责令限期清除；逾期不清除的，由防汛指挥机构组织强行清除，所需费用由设障者承担。"
	河南省实施《防汛条例》细则	第十一条："县级以上人民政府，应当根据流域综合规划、防洪工程实际状况和国家规定的或省确定的防洪标准，制定防汛工作方案（包括防御一般洪水和超标准洪水措施）。"
水资源的监测	河南省水文管理条例	第十二条（水文情报预报实行向社会统一发布制度。） 第十三条："省人民政府防汛抗旱指挥机构确定的承担报汛任务的测站，应当准确及时地向县级以上人民政府防汛抗旱指挥机构提供水文情报预报。" 第十四条："广播、电视、报纸、网络等新闻媒体，应当按照国家有关规定和防汛抗旱的要求，及时播发、刊登水文情报预报信息。" 第十五条："进行水文监测，应当依照国家有关标准和技术规范实施。"

基本内容	文献名称	条　款
水资源的科学计算与收费	河南省水文管理条例	第十七条："水文分析计算由取得相应资质的单位实施。全省和区域性的水文分析计算工作由省水文机构实施。" 第十八条："省水文机构应当建立全省水文数据库，并负责全省水文资料的收集、整理和汇总、审定、储存工作，保证水文资料的完整性、可靠性、代表性、一致性。"
	河南省城市供水管理办法	第三十一条："生产、经营、生活等用水实行分表计量收费，用水量未达到水表底度的，按规定的底度标准收取水费。生产、经营、生活等混合用水的，按其中的最高水价计收水费。" 第三十二条："因水表发生故障或者由于其他原因无法抄表计量的，按前3个月平均用水量或水表额定流量计收水费。" 第三十三条："城市供水水表应当经法定的计量检定机构检定合格后，安装使用。在用水表应按规定的周期定检，费用由产权所有者承担。"
	河南省水利工程供水价格管理办法	第六条："水利工程供水价格应当根据国家经济政策和当地水资源状况，按照成本补偿、合理收益、公平负担的原则核定。" 第七条（水利工程供水价格由供水生产成本、费用、税金和利润构成。） 第八条（水利工程供水价格应当按照不同的供水用途分别核定。） 第十六条（水利工程水费采用货币计价、货币结算的办法，但农业用水也可以采用实物计价、货币结算的办法。） 第十八条（水利工程供水应当按照实际供水量计收水费。）
	洛阳市水资源管理条例	第二十三条："取水单位和个人应当缴纳水资源费。法律、法规另有规定的除外。" 第二十四条："取水单位和个人应当按照批准的年度取水计划取水。超计划取水的，对超过部分累进收取水资源费，具体标准按照国家、省有关规定执行。" 第二十五条："取水审批机关确定水资源费缴纳数额后，应当向取水单位和个人送达水资源费缴纳通知单，取水单位和个人应当自收到缴纳通知单之日起七日内办理缴纳手续。"
节约用水	河南省节约用水管理条例	第十六条："新建、改建、扩建的建设项目设计最大用水量达到县级以上人民政府水行政主管部门规定的数额，应当在建设前编制用水、节水评估报告；直接取用江河、湖泊、水库或者地下水资源的，应当编制水资源论证报告。建设项目可行性报告应当附具用水、节水评估报告或者水资源论证报告。"

基本内容	文献名称	条　　款
节约用水	郑州市城市供水管理条例	第四十条（城市用水实行计划管理；用水量大的单位属计划管理用户。）
	郑州市节约用水条例	第二十二条："鼓励、支持节约用水科学技术研究和节约用水设施、设备、器具的研制开发，推广应用先进技术，提高节约用水科学技术水平。" 第二十三条："新建、改建、扩建工程应当按规定进行用水、节水评估；直接取用地表水或地下水的，应当进行水资源论证。" 第二十四条："禁止生产、销售国家明令淘汰的耗水量高的设备、产品。" 第二十五条："用水单位应当采取循环用水、一水多用、综合利用及废水处理回用等措施，降低用水单耗，提高水的重复利用率。"
	洛阳市水资源管理条例	第三十一条："新建、扩建、改建建设项目，应当制定节水措施方案，配套建设节水设施。节水设施应当与主体工程同时设计、同时施工、同时投入使用。" 第三十二条："用水单位应当采取循环用水，一水多用、综合利用及废水处理回用等措施，降低用水单耗，提高水的重复利用率。""对用水单耗高于用水定额的单位，水行政主管部门不得新增其用水指标。"
	洛阳市节约用水条例	第二十六条："新建、改建、扩建建设项目，应当制定节约用水措施方案，配套建设节水设施。节水设施应当与主体工程同时设计、同时施工、同时投入使用，具体管理办法由市人民政府另行制定。" 第二十七条："建设项目竣工后，节约用水管理机构应当参加对配套建设的节水设施的竣工验收。节水设施未经验收或者验收不合格的，不得擅自投入使用。"
	洛阳市人民政府关于强化水资源管理的意见	一（强化水资源管理的紧迫性和总体要求。） 二（高效用水，严格水资源利用总量控制。） 三（科学用水，加快调整用水结构。）

第三节　渤海管理手段类河南省立法文献

与前面的水环境污染防治和水资源保护利用等相关的实体性的地方新法规和政府规章相比，手段性的地方性法规和政府规章相对较少，主要包括《河南省取水许可制度和水资源费征收管理办法》、《河南省城市污水处理费使用管理办法》等，下面将以表格的形式进行简单的梳理。具体内容详见表8-16。

表 8-16　渤海管理手段类河南省地方立法文献简表

序号	文献名称	发布机关	通过时间	文献编号	生效时间	当前效力
1	河南省水政监察规定	河南省人民政府	1998 年 11 月 11 日	不详	1998 年 11 月 11 日	有效
2	河南省取水许可制度和水资源费征收管理办法	河南省人民政府	2000 年 12 月 15 日	不详	2001 年 1 月 1 日	废止
3	河南省城市污水处理费征收使用管理办法	河南省人民政府	2005 年 9 月 5 日	河南省人民政府令第 94 号	2005 年 10 月 1 日	有效
4	河南省取水许可制度和水资源费征收管理办法	河南省人民政府	2009 年 5 月 15 日	河南省人民政府令第 126 号	2009 年 7 月 1 日	有效
5	河南省人民政府关于批转河南省黄河取水许可总量控制指标细化方案的通知	河南省人民政府	2009 年 6 月 27 日	豫政 [2009] 46 号	2009 年 6 月 27 日	有效
7	河南省人民政府关于批转河南省突发环境事件应急预案的通知	河南省人民政府	2010 年 3 月 29 日	豫政 [2010] 第 41 号	2010 年 3 月 29 日	有效

序号	文献名称	发布机关	通过时间	文献编号	生效时间	当前效力
8	河南省人民政府关于批转省环保局《河南省突发环境事件应急预案》的通知	河南省人民政府	2007年9月3日	豫政〔2007〕66号	2007年9月3日	废止
6	河南省人民政府关于加大城市污水处理费征收力度促进城市污水处理产业化发展的通知	河南省人民政府	2003年7月18日	不详	2003年7月18日	有效
7	河南省城市污水处理费征收使用管理办法	河南省人民政府	2005年9月5日	河南省人民政府令2005年第94号	2005年10月1日	有效

表 8-17 渤海管理手段类河南省地方立法内容简表

基本内容	文献名称	条款
使用水资源缴费和水资源许可	河南省人民政府关于批转河南省黄河取水许可总量控制指标细化方案的通知	一（国家分配给我省耗水指标55.4亿立方米，其中黄河干流35.67亿立方米，黄河支流19.73亿立方米。） 二（耗水指标与取水许可指标。）
	河南省取水许可制度和水资源费征收管理办法	第八条（县级以上水行政主管部门应当自收到取水申请之日起5个工作日内对申请材料进行审查。） 第九条："审批机关应当自受理取水申请之日起30个工作日内决定批准或者不批准。决定批准的，应当同时签发取水申请批准文件。""要严格控制取用城市规划区地下水。"
	河南省人民政府关于批转河南省黄河取水许可总量控制指标细化方案的通知	一（总量控制指标。） 二（耗水指标与取水许可指标。）

基本内容	文献名称	条　　款
排污收费制度	河南省城市污水处理费征收使用管理办法	第二条:"本办法适用于本省行政区域内城市污水处理费的征收、使用和管理。" 第三条:"凡在本省行政区域内向城市污水集中处理设施及排水管网排放污、废水的单位和个人,应当按照本办法的规定缴纳城市污水处理费。"
涉水违法案件管辖权和执法权划分	河南省水政监察规定	第七条(县级以上水行政主管部门的水政监察职责。) 第九条:"水政监察人员依法执行职务时,应当佩戴水政监察的统一标志,出示省政府统一制发的《行政执法证》。" 第十条 (水事违法案件由违法行为发生地的县级水行政主管部门管辖。) 第十一条:"上级水行政主管部门可以查处下级水行政主管部门管辖的水事违法案件,也可以将其立案的案件交由下级水行政主管部门查处。" 第十二条:"管辖权不明或者管辖权有争议的水事违法案件,由其共同的上一级水行政主管部门指定管辖。""超越管辖权受理水事违法案件的,所作出的行政处罚或行政处理决定无效。"

第九章　渤海管理山西省
立法文献研究

　　山西省位于太行山以西,黄河以东,与渤海隔河北、北京、天津相望,途经其境内的黄河与海河将其与渤海紧密地联系在一起。因此,研究山西省的相关立法文献毋庸置疑会对渤海管理起到相关的借鉴作用,本章从污染防治立法、生态保护立法、管理手段类立法几个方面对山西省的立法文献进行介绍与梳理。

第一节　渤海污染防治山西省立法文献

　　污染防治立法包括水污染防治法、大气污染防治法、土壤污染防治法、海洋污染防治法、噪声污染防治法、固体废弃物污染防治法等。海河与黄河作为注入渤海的河流,显然研究水污染防治法对渤海具有重要作用,与渤海污染防治相关的山西省水污染防治的地方法规主要有《山西省汾河流域水污染防治条例》、《山西省丹河流域水污染防治条例》、《山西省桃河流域水污染防治条例》、《太原市晋祠泉域水资源保护条例》、《太原市兰村泉域水资源保护条例》、《山西省泉域水资源保护条例》、《大同市饮用水水源保护条例》。此外还有有关大气污染防治的立法《山西省大气污染防治条例》。有关渤海管理污染防治山西省地方法规立法文献具体内容详见表9-1:

表 **9-1**　渤海污染防治山西省地方立法文献简表

序号	文献名称	发布机关	通过时间	文献编号	生效时间	当前效力
1	山西省汾河流域水污染防治条例	山西省第七届人大常委会第十次会议通过	1989 年 7 月 19 日	不详	1990 年 1 月 1 日	山西省第十届人大常委会第十四次会议修订
2	太原市晋祠泉域水资源保护条例	太原市第八届人大常委会第二十八次会议通过	1990 年 12 月 1 日	不详	1991 年 2 月 2 日	太原市第十一届人大常委会第十三次会议修订
3	太原市兰村泉域水资源保护条例	山西省太原市第九届人大常委会第二十五次会议通过	1995 年 4 月 28 日	不详	1995 年 7 月 20 日	太原市第十一届人大常委会第十三次会议修订
4	山西省丹河流域水污染防治条例	山西省第八届人大常委会第二十三次会议通过	1996 年 8 月 1 日	不详	1996 年 8 月 1 日	有效
5	山西省大气污染防治条例	山西省第八届人大常委会第二十五次会议通过	1996 年 12 月 3 日	不详	1996 年 12 月 3 日	有效
6	山西省桃河流域水污染防治条例	山西省第九届人大常委会第十二次会议通过	1999 年 9 月 26 日	不详	1999 年 9 月 26 日	有效
7	山西省泉域水资源保护条例	山西省第八届人大常委会第三十次会议通过	1997 年 9 月 28 日	不详	1998 年 1 月 1 日	有效

序号	文献名称	发布机关	通过时间	文献编号	生效时间	当前效力
8	大同市饮用水水源保护条例	大同市第十二届人大常委会第四十次会议通过	2008 年 6 月 19 日	不详	2009 年 1 月 1 日	有效

以下将从水污染防治和水资源保护两个方面对渤海管理污染防治山西省立法文献内容简表进行梳理。

一、水污染防治

山西省水污染防治立法的文献主要有《山西省汾河流域水污染防治条例》、《山西省丹河流域水污染防治条例》、《山西省桃河流域水污染防治条例》，还有大气污染防治立法文献《山西省大气污染防治条例》。这些立法文献确立起了监督管理体制、污染防治措施、法律责任制度等。具体内容详见表9-2：

表9-2　渤海管理水污染防治山西省地方立法内容简表

基本内容	文献名称	条款
水环境保护目标责任制制度	山西省丹河流域水污染防治条例	第三条："省人民政府和晋城市人民政府及其有关县级人民政府对本行政区内丹河流域的水环境质量负责，把丹河流域水污染防治纳入国民经济和社会发展规划及年度计划，认真组织实施。"
	山西省大气污染防治条例	第四条："各级人民政府及其主要领导人要依法履行大气环境保护的职责，组织完成大气污染防治任务。"
	山西省汾河流域水污染防治条例	第九条："省人民政府和汾河流域市、县（市、区）人民政府，应当对本行政区域内汾河流域的水环境质量负责。"
水污染防治监督与管理	山西省丹河流域水污染防治条例	第四条："省人民政府和晋城市人民政府及其有关县级人民政府的环境保护行政主管部门，对本行政区内丹河流域的水污染防治实施统一监督管理；其他有关部门，结合各自的职责，协同环境保护行政主管部门对本行政区内的丹河流域水污染防治实施监督管理。"

基本内容	文献名称	条　款
水污染防治监督与管理	山西省大气污染防治条例	第六条："县级以上人民政府环境保护行政主管部门对本行政区域大气污染防治实施统一监督管理。""公安、交通、铁道管理部门根据各自的职责，依法对机动车船污染大气进行监督管理。"
	山西省桃河流域水污染防治条例	第四条："桃河流域县级以上人民政府环境保护行政主管部门对本行政区内的桃河流域水污染防治实行统一监督管理。其他有关部门，按照各自的职责，协同环境保护行政主管部门对本行政区内的桃河流域水污染防治实施监督管理。"
	山西省汾河流域水污染防治条例	第三条："省人民政府环境保护行政主管部门负责汾河流域水污染防治工作的统一监督管理。""汾河流域市、县（市、区）人民政府环境保护行政主管部门负责本行政区域内汾河水域水污染防治工作的统一监督管理。"
环境标准制度	山西省丹河流域水污染防治条例	第八条："丹河流域的水污染防治，应根据省人民政府下达的水体功能要求，按照丹河流域水污染防治规划，实行污染物浓度控制和总量控制。排放污染物单位的总量控制指标按有关规定下达。""凡向丹河北王庄桥以上河段、任庄水库库区、水东桥以下河段和郭壁泉域排放废水的单位，不得超过国家综合污水排放一级标准。""凡向丹河北王庄桥以下至寨沟河段、任庄水库以下至水东桥河段排放废水的单位，不得超过国家综合污水排放二级标准。""凡向丹河支流白水河排放废水的单位，不得超过国家综合污水排放三级标准。"
	山西省桃河流域水污染防治条例	第十七条："根据桃河不同河段的水体功能、水质状况和地理位置，按照水域使用目的和保护目标，将其划分为三类。""源头寿阳县土陉岭至阳泉市赛鱼段，包括山南水库，为源头水保护区，执行国家地面水环境质量Ⅰ类水域功能标准。""阳泉市赛鱼至平定县岩会段，为一般工业用水区及人体非直接接触的娱乐用水区，执行国家地面水环境质量Ⅳ类水域功能标准。""平定县岩会至娘子关段，包括娘子关泉域，为集中式生活饮用水水源地一级保护区，执行国家地面水环境质量Ⅱ类水域功能标准。"

基本内容	文献名称	条　款
"三同时"制度	山西省丹河流域水污染防治条例	第十四条："任何单位和个人均有责任保护水污染防治设施和水环境保护工程。未经环境保护行政主管部门同意，不得擅自拆除或停运污染防治设施。"
	山西省大气污染防治条例	第十二条："建有大气污染防治设施的单位，应确保防治设施与生产设施按设计同步运行，其防治设施需拆除或闲置的，必须有相应的防治措施，并应征得环境保护行政主管部门同意。"
	山西省汾河流域水污染防治条例	第十六条："建设项目中防治水污染的设施，必须与主体工程同时设计、同时施工、同时投产使用。防治水污染的设施必须经过环境保护行政主管部门验收，达不到规定要求的，该建设项目不准投入生产或者使用。"
突发性事故应急制度	山西省丹河流域水污染防治条例	第十九条："排污单位发生突然事件造成或者经监测可能造成水污染事故的，必须立即采取应急措施，通报可能遭受水污染危害的单位和居民，同时向当地环境保护行政主管部门报告，并妥善处理。"
	山西省大气污染防治条例	第十五条："凡有可能发生事故或其他突发性事件而造成大气污染事故的单位，必须制定应急防范措施。""造成大气污染事故、危害人体健康的单位，应当立即采取防治大气污染危害的应急措施，同时通报可能受到危害的单位和居民，进行必要的疏散和防护，并报告当地环境保护行政主管部门，接受调查处理。当地环境保护行政主管部门应尽快对事故进行调查处理。"
	山西省桃河流域水污染防治条例	第十四条："排污单位发生突然事件造成或可能造成水污染事故的，必须立即采取应急措施，同时通报可能受到水污染危害的单位和居民，并及时向当地环境保护行政主管部门报告。当地环境保护行政主管部门应同时向当地人民政府和上一级环境保护行政主管部门报告，并妥善处理。"
现场检查制度	山西省桃河流域水污染防治条例	第十三条："环境保护行政主管部门应定期或不定期检查水污染防治设施的运行状况。对不能达到治污要求的，应提出整改意见，由使用者在限期内整改。水污染防治设施须保持正常运行，不得擅自停用、拆除或转让。"

二、水资源保护

山西省水资源保护的立法文献主要有《太原市晋祠泉域水资源保护条例》、《太原市兰村泉域水资源保护条例》《山西省泉域水资源保护条例》《大同市饮用水水源保护条例》。上述立法文献确立了水资源保护法的特殊的原则和制度。具体内容详见表9-3：

表 9-3　渤海管理水资源保护山西省地方立法内容简表

基本内容	文献名称	条　　款
开发利用与保护生态相结合原则	山西省泉域水资源保护条例	第四条："泉域水资源保护应遵循统一规划、分级管理、全面保护、合理开发、持续利用的原则，实现经济效益、社会效益、环境效益的统一。"
居民生活用水优先原则	山西省泉域水资源保护条例	第十三条："泉域水资源的开发利用，须优先满足城乡居民生活用水。"
计划用水原则	山西省泉域水资源保护条例	第十八条："泉域取水实行总量控制，不得超过规划确定的可开采总量，并应符合井点总体布局和取水层位的要求。在超采区和禁止取水区，禁止新打水井取用地下水。"
	太原市兰村泉域水资源保护条例	第八条："在兰村泉域保护区，开采地下水实行总量控制，年度计划开采总量，由市水行政主管部门会同地质矿产行政主管部门、城市建设行政主管部门确定，报市人民政府批准后实施。"
水资源开发利用规划制度	山西省泉域水资源保护条例	第十二条："开发利用泉域水资源，须进行科学考察和调查评价，并制定泉域水资源开发利用规划。"
水污染限期治理制度	山西省泉域水资源保护条例	第十六条："任何单位从事生产经营活动，造成泉域水资源污染的，必须采取有效措施，限期治理。"
	太原市兰村泉域水资源保护条例	第十四条："在兰村泉域保护区，不得在奥陶系区域水位以下进行疏干采矿，凡平均排水量大于国家采矿排水指标的，应限期治理。"

基本内容	文献名称	条　　款
水污染限期治理制度	太原市晋祠泉域水资源保护条例	第十六条："在晋祠泉域保护区内进行勘探、采矿、兴建工程、排放污水、堆存垃圾废渣等活动，不得污染水资源和影响晋祠泉出流；凡造成泉域水体污染或者影响晋祠泉出流的，须限期治理。"
分区管理制度	太原市兰村泉域水资源保护条例	第四条："兰村泉域保护区，按照水文地质特征和水资源保护的要求，划分为一级保护区、二级保护区、三级保护区，实行分区保护与管理。"
	太原市晋祠泉域水资源保护条例	第五条："晋祠泉域保护区按照水文地质特征和水资源保护的要求，划分为一级保护区、二级保护区、三级保护区，实行分区保护和管理。"
	大同市饮用水水源保护条例	第七条："饮用水水源分地表水水源和地下水水源。"
用水收费制度	太原市晋祠泉域水资源保护条例	第十九条："在晋祠泉域保护区内取用地下水、地表水和采矿排水的单位或者个人，须按照规定缴纳水资源费。由晋祠泉域水资源管理机构或者县（市、区）水行政主管部门征收。"

第二节　渤海生态保护山西省立法文献

一、森林保护

为了保护和扩大森林资源，改善生态环境，山西省制定和发布了一系列森林保护的地方性法规和规章。渤海管理山西省森林保护地方法规主要有：《山西省实施〈森林法〉的办法》《太原市森林防火条例》《太原市天然林保护条例》《太原市东西山绿化条例》。具体内容详见表9-4：

表9-4　渤海管理森林保护山西省地方法规文献简表

序号	文献名称	发布机关	通过时间	文献编号	生效时间	当前效力
1	《山西省实施〈森林法〉的办法》	山西省第六届人大常委会第二十七次会议通过	1987年12月16日	不详	1987年12月16日	山西省第九届人大常委会第二十四次会议修正
2	太原市森林防火条例	太原市第八届人大常委会第二十一次会议通过	1989年12月29日	不详	1990年5月9日	太原市第十一届人大常委会第二十七次会议修正
3	太原市天然林保护条例	太原市第十届人大常委会第二十六次会议通过	2000年8月25日	不详	2000年9月27日	有效
4	太原市东西山绿化条例	太原市第十一届人大常委会第三十一次会议通过	2005年12月17日	不详	2006年5月1日	有效

　　渤海管理山西省森林保护政府规章主要有《山西省实施〈森林防火条例〉办法》、《山西省森林公园管理办法》、《太原市东西山林地林木认养办法》。具体内容详见表9-5、9-6：

表 9-5　渤海管理森林保护山西省地方政府规章文献简表

序号	文献名称	发布机关	通过时间	文献编号	生效时间	当前效力
1	《山西省实施〈森林防火条例〉办法》	山西省人民政府	1992 年 12 月 16 日	山西省人民政府第 36 号令	1992 年 12 月 16 日	山西省人民政府 1997 年 10 月 5 日根据《山西省人民政府关于修改〈山西省实施森林防火条例办法〉的决定》修正
2	山西省森林病虫害防治实施办法	山西省人民政府第 31 次常务会议通过	1997 年 9 月 16 日	山西省人民政府第 88 号令	1997 年 9 月 16 日	有效
3	山西省森林公园管理办法	山西省人民政府第 4 次常务会议通过	2000 年 4 月 20 日	山西省人民政府第 142 号	2000 年 5 月 25 日	有效

上述立法文献确立了森林保护、森林经营、植树造林、森林采伐一系列的法律原则与制度,具体内容详见表 9-6:

表 9-6　渤海管理森林保护山西省地方立法内容简表

基本内容	文献名称	条　款
森林资源所有权	《山西省实施〈森林法〉的办法》	第八条:"森林资源属于全民所有,由法律规定属于集体所有的除外。"
森林防火责任制度	《山西省实施〈森林法〉的办法》	第二十三条:"各级人民政府设立护林防火指挥机构,负责护林防火工作。森林经营单位和林区村民委员会建立群众护林防火组织,划定护林防火责任区,落实护林防火责任制。"

基本内容	文献名称	条　款
森林防火责任制度	《山西省实施〈森林防火条例〉办法》	第三条："各级人民政府对森林防火工作实行行政领导负责制。各森林经营（实验）局、林场以及驻林区和林缘地区的单位在当地人民政府的领导下，对森林防火工作实行单位行政领导负责制。"
	太原市森林防火条例	第四条："森林防火工作实行市、县（市、区）、乡（镇）三级政府行政领导负责制。""各级林业主管部门、森林经营单位及有林地、林木的单位，都应在当地人民政府的统一领导下，实行部门和单位领导负责制。"
森林虫害防治制度	《山西省实施〈森林法〉的办法》	第三十条："各级林业主管部门建立健全森林病虫害防治检疫机构，加强森林病虫预测预报，建立病虫测报网络，监测和报告病虫发生动态。必须做好林木种子、苗木、木材的检疫工作，控制病虫害的传播和蔓延。"
	山西省森林病虫害防治实施办法	第四条："森林病虫害防治实行谁经营、谁防治的责任制度。"
珍贵木材的出口禁限制度	《山西省实施〈森林法〉的办法》	第三十二条："保护野生动物和林区内野生植物资源，拯救濒临灭绝的动植物物种。禁止猎捕、采集国家和省规定保护的野生动物和林区内野生植物。因特殊需要猎捕、采集的，按国家和省有关规定办理。"
森林保护同经济社会发展相协调原则	山西省森林公园管理办法	第四条："森林公园的开发、建设和管理，应坚持对森林资源的有效保护，合理开发和永续利用，与旅游业的发展相适应，实现森林资源社会、生态和经济效益相统一的原则。"
	太原市天然林保护条例	第四条："市、县（市、区）人民政府应当把天然林保护工作纳入国民经济和社会发展计划，所需经费由同级财政予以保障。"
	太原市东西山绿化条例	第五条："市人民政府应当制定东西山绿化总体规划，并将东西山绿化工作纳入国民经济和社会发展规划。""市、有关区（县）人民政府应当将东西山公益林建设作为省城重点绿化工程，设立专项资金，所需经费列入本级财政预算。"

二、草原（草地）保护

山西省位于黄土高原地区，关于草原（草地）的立法文献较少，仅有《山西省封山禁牧办法》。具体内容详见表9-7：

表 9-7　渤海管理草原（草地）保护山西省地方政府规章文献简表

序号	文献名称	发布机关	通过时间	文献编号	生效时间	当前效力
1	山西省封山禁牧办法	山西省人民政府第110次常务会议通过	2007 年 8 月 30 日	山西省人民政府令第 210 号	2007 年 10 月 1 日	有效

《山西省封山禁牧办法》对草原（草地）保护做了详尽的规定，具体内容详见表9-8：

表 9-8　渤海管理草原（草地）保护山西省地方立法内容简表

基本内容	文献名称	条　　款
生态保护的指导思想	山西省封山禁牧办法	第一条："为保护和改善生态环境，巩固造林绿化成果，实现经济社会和生态环境的协调发展，根据《森林法》、《草原法》等有关法律、法规，结合本省实际，制定本办法。"
生态和保护农民利益相结合的原则	山西省封山禁牧办法	第三条："封山禁牧应当坚持统筹规划、以封为主、禁牧与圈养、恢复生态和保护农民利益相结合的原则。"
草原监督管理	山西省封山禁牧办法	第四条："县级以上人民政府林业行政主管部门负责封山禁牧的监督管理工作。""县级以上人民政府畜牧行政主管部门负责舍饲圈养及草地的监督管理工作。"

三、水土流失防治

山西省位于黄土高原地区，水土流失较为严重，制定了较为完善的法律法规，渤海管理水土流失防治地方法规主要有：《山西省实施〈水土保持法〉办法》、

《大同市水土保持管理办法》、《太原市水土保持条例》。具体内容详见表9-9：

表9-9　渤海管理水土流失防治山西省地方法规立法文献简表

序号	文献名称	发布机关	通过时间	文献编号	生效时间	当前效力
1	《山西省实施〈水土保持法〉办法》	山西省第八届人大常委会第十次会议通过	1994 年 7 月 21 日	不详	1994 年 7 月 21 日	山西省第八届人大常委会第三十一次会议修订
2	大同市水土保持管理办法	山西省大同市第十届人大常委会第十七次会议通过	1995 年 12 月 21 日	不详	1996 年 1 月 19 日	大同市第十届人大常委会第三十一次会议修订
3	太原市水土保持条例	太原市第十届人大常委会第十一次会议通过	1998 年 8 月 29 日	不详	1998 年 8 月 29 日	有效

渤海管理山西省水土流失防治政府规章主要有：《山西省开发建设河保偏地区水土保持实施办法（试行）》。具体内容详见表9-10：

表9-10　渤海管理水土流失防治山西省政府规章立法文献简表

序号	文献名称	发布机关	通过时间	文献编号	生效时间	当前效力
1	山西省开发建设河保偏地区水土保持实施办法（试行）	山西省人民政府第 28 次常务会议通过	1989 年 12 月 22 日	山西省人民政府第 15 号	1990 年 1 月 1 日	1997 年 10 月 5 日根据《山西省人民政府关于修改〈山西省开发建设河保偏地区水土保持实施办法（试行）〉的决定》修正

以上立法文献规定了草原资源产权制度、草原资源监督管理制度、草原资源法律责任。具体内容详见表 9-11：

表 9-11　渤海管理水土流失防治山西省地方立法内容简表

基本内容	文献名称	条　款
谁开发谁保护，谁造成水土流失谁治理的原则	山西省实施《水土保持法》办法	第三条："各级人民政府对水土保持工作应坚持谁管理的范围谁组织防治，谁开发谁保护，谁造成水土流失谁治理的原则。"
	山西省开发建设河保偏地区水土保持实施办法（试行）	第三条："防治水土流失，实行谁开发谁保护、谁造成水土流失谁治理的原则。"
	太原市水土保持条例	第三条："水土保持工作坚持预防为主，全面规划，综合防治，因地制宜，加强管理，注重效益的方针；坚持保水保土并重，谁开发谁保护，谁造成流失谁治理，谁治理谁受益的原则。"
水土保持规划制度	大同市水土保持管理办法	第五条："各级人民政府应把水土保持规划纳入同级人民政府国民经济发展计划。水土资源的开发利用应按水土保持规划进行。"
	山西省开发建设河保偏地区水土保持实施办法（试行）	第六条："河保偏地区的国土规划和水土保持规划应根据《规定》和本办法的规定进行修订和完善。"
	太原市水土保持条例	第六条："市、县（市、区）人民政府应当将水土保持规划纳入国民经济和社会发展计划，并与城市总体规划相协调。"
水土保持目标责任制	大同市水土保持管理办法	第六条："市、县（区）人民政府应定期向同级人大常委会报告水土保持工作，并建立政府行政首长任期内的水土保持目标责任制。"
	山西省实施《水土保持法》办法	第四条："各级人民政府应建立水土保持目标责任制，并认真组织实施。"

基本内容	文献名称	条　款
水土保持目标责任制	太原市水土保持条例	第四条："各级人民政府应当实行水土流失防治目标责任制，采取措施做好水土流失防治工作。"
水土流失监测和公告制度	大同市水土保持管理办法	第八条："市水土保持监督管理机构应健全水土保持监测网络，对本区域内的水土流失动态进行监测预报，并予以公告。"
水土保持方案制度	大同市水土保持管理办法	第十五条："采伐水土保持林木，应持有林业主管部门核发的采伐许可证，并制定采伐迹地的水土保持方案，该方案须报县级人民政府水行政主管部门批准后，方可采伐。"
	山西省开发建设河保偏地区水土保持实施办法（试行）	第七条："新建和扩建的工矿企业以及个人从事采矿、冶炼、烧制砖瓦和石灰等活动，凡可能造成水土流失的，大中型企业应编制水土保持方案报告书，小型企业和个人应填写水土保持方案审定书。"
	太原市水土保持条例	第十二条："在山区、丘陵区修建铁路、公路、水工程，开办矿山企业、电力企业和其他大中型工业企业，必须编报《水土保持方案报告书》，并经市级以上水行政主管部门审查批准后，方可办理立项、征地手续。"
"三同时"制度	大同市水土保持管理办法	第十七条："建设项目中的水土保持设施，须与主体工程同时设计、同时施工、同时投产使用。建设工程竣工验收时，应由水行政主管部门同时验收水土保持设施，验收不合格的，所建工程不得投产使用。"
	山西省实施《水土保持法》办法	第十一条："前款建设项目中的水土保持设施，必须与主体工程同时设计、同时施工、同时投产使用。建设工程竣工验收时，应当同时验收水土保持设施，并有水行政主管部门参加、签署意见。水土保持设施经验收不合格的，建设工程不得投产使用。"
	山西省开发建设河保偏地区水土保持实施办法（试行）	第八条："建设项目的水土保持工程设施，应当与主体工程同时设计、同时施工、同时验收。建设项目竣工后，未经水土保持监督机构签署验收合格意见的，不得交付使用。"

基本内容	文献名称	条　款
水土流失治理的行政代执行制度	大同市水土保持管理办法	第十九条："因生产建设损坏原地貌植被的，必须缴纳水土流失补偿费，并按批准的水土保持方案限期进行治理。有能力和技术的单位可自行治理；不能或不便治理的单位或个人应缴纳水土流失治理费，由市、县（区）水土保持监督管理机构实行分级管理，市水行政主管部门统一安排治理。"
	山西省实施《水土保持法》办法	第十三条："从事开发建设和生产活动损坏原地貌植被和水土保持设施的，应缴纳水土流失补偿费，并按批准的水土保持方案进行防治。""水土流失补偿费的缴纳标准和使用管理办法，由省人民政府制定。"
	山西省开发建设河保偏地区水土保持实施办法（试行）	第十条："凡在山区、丘陵区等易于造成水土流失的地区从事采矿、筑路、修建电厂、冶炼、烧制砖瓦和石灰等生产建设活动的单位和个人，应依据占地面积和破坏地貌面积每平方米一次性交纳 0.2 元至 0.4 元的水土流失补偿费。"
开展和鼓励水土保持活动	大同市水土保持管理办法	第十一条："各级人民政府应对本辖区内的水土资源进行综合考察，科学管理，组织植树造林，鼓励种草，发挥水土资源综合效益，保持和改善生态环境。"
	太原市水土保持条例	第十七条："基本建设和生产过程中产生的土、石、废渣、煤矸石、粉煤灰、尾矿、尾渣，应按批准的水土保持方案定点贮存，覆土造田，造林种草。"
水土保持专项基金制度	山西省实施《水土保持法》办法	第五条："各级人民政府应根据国家有关规定，在资金、能源、粮食、税收等方面对水土流失防治实行扶持政策，并鼓励水土流失地区的农业集体经济组织和农民对水土流失的防治增加投入。省人民政府设立水土保持专项基金，并制定使用管理办法。"
划定水土流失重点防治区制度	山西省实施《水土保持法》办法	第十六条："重点流域的水土流失治理工程，实行项目审批制度。治理单位应建立项目责任制和技术档案，进行填图验收并设立标志。"

基本内容	文献名称	条　款
划定水土流失重点防治区制度	太原市水土保持条例	第七条:"西山地区为本市水土流失的重点防治区。其范围:东起汾河,西至古交市东边界,北起上兰村,南至姚村。其中,天龙山、晋祠、太山、龙山、崛围山等旅游风景区及西山林区为重点预防保护区;东社、西铭、金胜等地区为重点监督区;马头水、姚村、化客头、王封等乡为重点治理区。"

四、水资源调节

山西省拥有丰富的水源,水资源的合理调节对渤海管理具有重要的意义,目前有关水资源调节的山西省地方法规立法文献主要有:《山西省水资源管理条例》、《太原市水资源管理办法》、《大同市水资源管理办法》、《太原市城市供水管理办法》、《太原市城市节约用水条例》、《大同市城市节约用水管理条例》、《山西省城市供水和节约用水管理条例》、《大同市城市供水条例》。具体内容详见表9-12:

表9-12　渤海管理水资源调节山西省地方法规文献简表

序号	文献名称	发布机关	通过时间	文献编号	生效时间	当前效力
1	山西省水资源管理条例	山西省第五届人大常委会第十七次会议批准	1982年10月29日	不详	1982年10月29日	山西省第十届人大常委会第三十四次会议修订
2	太原市水资源管理办法	太原市第八届人大常委会第九次会议通过	1988年4月30日	不详	1988年11月30日	太原市第十一届人大常委会第十三次会议修订

序号	文献名称	发布机关	通过时间	文献编号	生效时间	当前效力
3	大同市水资源管理办法	大同市第八届人大常委会第二十六次会议通过	1989年12月29日	不详	1990年7月19日	大同市第十届人大常委会第三十三次会议修订
4	太原市城市供水管理办法	太原市第十届人大常委会第十七次会议通过	1999年6月25日	不详	1999年8月16日	有效
5	太原市城市节约用水条例	太原市第九届人大常委会第三十四次会议通过	1996年8月30日	不详	1996年12月3日	太原市第十一届人大常委会第十三次会议修订
6	大同市城市节约用水管理条例	大同市第十届人大常委会第二十五次会议通过	1996年10月17日	不详	1996年12月3日	大同市第十一届人大常委会第三十五次会议修订
7	山西省城市供水和节约用水管理条例	山西省第九届人大常委会第十四次会议通过	2000年1月18日	不详	2000年1月18日	有效
8	大同市城市供水条例	大同市第十二届人大常委会第二十六次会议通过	2006年10月27日	不详	2006年11月30日	大同市第十二届人大常委会第二十六次会议修订

有关渤海管理山西省水资源调节的政府规章主要有:《大同市城市供水管理办法》、《山西省实施〈城市节约用水管理规定〉办法》、《大同市城市节约用水管理暂行办法》。具体内容详见表9-13:

表 9-13　渤海管理水资源调节山西省地方政府规章文献简表

序号	文献名称	发布机关	通过时间	文献编号	生效时间	当前效力
1	大同市城市供水管理办法	大同市人民政府	1982 年 4 月 10 日	同政发〔1991〕82 号	1982 年 4 月 10 日	1991 年 12 月 3 日大同市政府修订
2	山西省实施《城市节约用水管理规定》办法	山西省人民政府	1990 年 12 月 18 日	山西省人民政府令第 22 号	1990 年 12 月 18 日	1997 年 10 月 25 日根据《山西省人民政府〈关于修改山西省实施"城市节约用水管理规定"办法〉修正
3	大同市城市节约用水管理暂行办法	大同市人民政府	1991 年 12 月 6 日	同政发〔1991〕89 号	1992 年 1 月 1 日	有效

以下将从水资源管理、城市节约用水、城市供水三个方面渤海管理水资源调节山西省立法文献进行内容简表梳理。

（一）水资源管理

山西省水资源管理的立法文献主要有《山西省水资源管理条例》《太原市水资源管理办法》《大同市水资源管理办法》，这些立法文献确立了水资源规划、水资源管理、用水收费等制度。具体内容详见表 9-14：

表 9-14　渤海水资源管理山西省地方立法内容简表

基本内容	文献名称	条　　款
水资源开发利用规划制度	山西省水资源管理条例	第十条："各级水资源管理委员会应根据国民经济和社会发展的需要，组织编制所辖地区和流域的水资源综合开发利用规划，以取得最优的社会经济效果的原则，统筹兼顾各项事业的合理要求，统一安排地表水和地下水资源，妥善处理需要

基本内容	文献名称	条　　款
水资源开发利用规划制度	山西省水资源管理条例	与可能，当前与长远，局部与全局，上游与下游，以及各部门、各地区之间的关系，充分利用水资源，保护和改善生态环境。"
	太原市水资源管理办法	第七条："开发、利用、节约、保护水资源和防治水环境灾害，应当统一制定规划。规划分为综合规划和专业规划。""水资源综合规划应当与国民经济和社会发展规划、土地利用总体规划、城市总体规划、农业资源开发利用规划和环境保护规划相协调。"
	大同市水资源管理办法	第八条："开发利用水资源，应当根据流域或区域规划制定综合规划和专业规划。"
用水收费制度	山西省水资源管理条例	第二十条："各供水部门为维持供水工程的不断再生产，应按供水成本和有关政策确定水价向用户收取水费。收取标准，根据不同情况，工业和城镇生活用水，每吨收水费六分至一角，农田灌溉用水，每吨收水费八厘至一分五厘（机电灌溉根据能源消耗适当增加）。"
	大同市水资源管理办法	第二十二条："城镇居民用水应当按户装表，计量收费。"
征收水资源费制度	山西省水资源管理条例	第十九条："各级水资源主管部门，对拥有自备水源工程的单位，按取水量多少，向拥有自备水源工程的单位征收水资源费。征收标准，每吨定为三至六分。农村人畜吃水，农田灌溉，暂不征收水资源费。"
	太原市水资源管理办法	第三十七条："直接取用地表水、地下水、采矿排水的单位或者个人，应当缴纳水资源费。但家庭生活和零星散养、圈养畜禽饮用等少量取水的除外。""矿泉水和地热水等稀有水资源的水资源费应当高于其他水资源费。"
	大同市水资源管理办法	第三十四条："水资源实行有偿使用。对利用水工程或机械提水设施直接从地下和地表取水以及采矿排水的，由市、县（区）水行政主管部门征收水资源费。"
用水总量控制和定额管理相结合的制度	太原市水资源管理办法	第二十九条："用水实行总量控制和定额管理相结合的制度，根据省政府制定的行业用水定额、经济技术条件以及水量分配方案，由市发展和改革主管部门会同同级水行政主管部门确定可供使用的水量，制定年度用水计划，并实施水量统一调配。"

基本内容	文献名称	条　　款
水资源管理保护巡查制度	太原市水资源管理办法	第四十一条："市、县（市、区）水行政主管部门应当建立水资源管理保护巡查制度，加强对水资源开发、利用、节约和保护的日常监督检查，并依法对违法违规行为进行查处。"
统一管理与分级、分部门相结合的制度	太原市水资源管理办法	第五条："市水行政主管部门负责全市水资源的统一管理和监督工作；县（市、区）水行政主管部门负责本行政区域内水资源的统一管理和监督工作。""市泉域水资源管理机构负责本泉域范围内水资源的管理和监督工作。""市、县（市、区）人民政府有关部门按照职责分工，负责本行政区域内水资源开发、利用、节约和保护的有关工作。""水行政主管部门和市泉域水资源管理机构管理泉域范围内水资源的职责划分，由市人民政府规定。"
	大同市水资源管理办法	第五条："本市对水资源实行统一管理与分级、分部门管理相结合的制度。市水行政主管部门负责本市水资源的统一管理、规划、开发、利用、保护和调配工作；负责本市取水许可制度的组织实施和监督管理；归口管理本市节约用水工作，城市规划区内的节约用水工作由建设行政主管部门负责，业务上受市行政主管部门的指导。"
水资源管理的"三同时"制度	大同市水资源管理办法	第二十三条："新建、改建、扩建的工矿企业应选用节水型的生产工艺和设备，节水工程与主体工程应同时设计、同时施工、同时投产。复用率未达标的改、扩建企业，不得新增取水量，并限期达标。"

（二）城市节约用水

山西省城市节约用水的立法文献主要有《山西省城市供水和节约用水管理条例》《山西省实施〈城市节约用水管理规定〉办法》《大同市城市节约用水管理暂行办法》《太原市城市节约用水条例》《大同市城市节约用水管理条例》。具体内容详见表9-15：

表 9-15　渤海管理城市节约用水山西省地方立法内容简表

基本内容	文献名称	条　款
定额管理制度	山西省城市供水和节约用水管理条例	第二十一条（城市用水实行定额管理制度。）
	山西省实施《城市节约用水管理规定》办法	第十二条："城市用水实行定额管理，对超计划用水的单位和个人，在合理定额的基础上，实行累进加价收费。"
	太原市城市节约用水条例	第十八条："建设行政主管部门应当依据省人民政府公布的行业综合用水定额，结合本市实际，加强对行业综合用水定额和单项用水定额的管理。"
	大同市城市节约用水管理条例	第十一条："市城市节约用水行政主管部门应当依据省政府公布的行业综合用水定额，结合本市实际，加强对行业综合用水定额和单项用水定额的管理。"
节约用水"三同时"制度	山西省城市供水和节约用水管理条例	第二十六条："新建、改建、扩建的工程项目，应当配套建设相应的节约用水设施，并与主体工程同时设计、同时施工、同时使用。县级以上人民政府建设行政主管部门应当参加节约用水设施的竣工验收。"
	太原市城市节约用水条例	第八条："新建、改建、扩建工程项目应当制订节水措施方案，配套建设节水设施，节水设施应当与主体工程同时设计、同时施工、同时投产使用。节水措施方案应当向建设行政主管部门备案。建设项目竣工后，建设行政主管部门应当对节约用水设施进行验收。未经验收或者验收不合格的，不得投产使用，供水企业不得供水。""建成后的节约用水设施，未经批准不得停止使用。"
	大同市城市节约用水管理条例	第二十三条："新建、扩建、改建的建设项目的节水设施，应当与主体工程同时设计、同时施工、同时投入使用。""建设项目竣工后，市城市节约用水行政主管部门应当参与综合验收。节水设施未经验收或验收不合格的不得投入使用，供水部门不得为其供水。"

基本内容	文献名称	条　款
节约用水"三同时"制度	大同市城市节约用水管理暂行办法	第十五条:"新建、改建、扩建的建设项目,必须坚持节水工程与主体工程同时设计、同时施工、同时投产使用的原则,不得选用国家已明令淘汰的用水设备和器具。"
节约用水计划管理制度	山西省实施《城市节约用水管理规定》办法	第四条:"各市、县人民政府应当在制定城市供水发展规划的同时,制定节约用水发展规划和节约用水年度计划,加强节约用水的计划管理。"
	太原市城市节约用水条例	第十一条:"城市用水实行计划管理。""建设行政主管部门应当会同有关部门组织制定城市节约用水规划,报市人民政府批准后实施;未经批准机关同意任何单位和个人不得随意变更。"
	大同市城市节约用水管理条例	第十条:"市城市节约用水行政主管部门根据市水行政主管部门和发展计划主管部门制定的水资源统筹规划和年度用水计划,制定本城市节约用水发展规划和节约用水年度计划,报市人民政府批准后实行。"
	大同市城市节约用水管理暂行办法	第六条:"本市实行计划用水,厉行节约用水。市城市建设行政主管部门根据市政府制定的城市供水发展规划,制定节约用水发展规划和节约用水年度计划。"
水资源重复利用制度	山西省实施《城市节约用水管理规定》办法	第六条:"各级城市建设行政主管部门应积极组织开展污水资源化的研究和开发。凡有污水处理厂的城市,应做好污水回用工作,提高水的重复利用率。新建生活小区应同时建设中水道。已建的生活小区有条件的应推广中水道。"
	太原市城市节约用水条例	第十三条:"政府和企业应当加强污水净化处理设施的建设,提高水的重复利用率。工业用水重复利用率达不到要求的,应当扣减计划用水指标。"
	大同市城市节约用水管理暂行办法	第十六条:"在保证用水质量标准的前提下,逐步推行污水回用,达到分质供水,实现污水资源化。新建生活小区须同时建设中水道,已建的生活小区应逐步使用中水道。"

基本内容	文献名称	条　　款
节约用水 宣传教育	太原市城市节约用水条例	第五条:"市、县(市)人民政府应当加强对城市节约用水工作的管理,开展城市节约用水宣传教育,提高公民的节约用水意识。""任何单位和个人都有节约用水的义务,并有权对违反节约用水的行为进行检举。"
	大同市城市节约用水管理条例	第五条:"各级人民政府和用水单位,应当开展节水周活动,认真做好城市节约用水的宣传教育工作,提高公民节约用水意识。"
	大同市城市节约用水管理暂行办法	第五条:"各级人民政府、各行政主管部门和各用水单位,应深入开展节约用水宣传教育。任何单位和个人必须遵守节约用水的法律、法规和规定,并有权对违法行为进行检举。"
排水收费制度	太原市城市节约用水条例	第二十一条:"城市排水设施实行有偿使用。排水有计量的,按照实际排水量收费;排水无计量的,按用水量的百分之八十收费。"
居民生活用水优先原则	大同市城市节约用水管理条例	第三条:"本市实行计划用水,厉行节约用水,并优先保障城市居民生活用水,统筹兼顾工业和其他用水。"
取水收费制度	大同市城市节约用水管理条例	第二十七条:"单位用水应当安装计量水表,住户应当安装分户计量水表,计量水表应当经法定计量检测单位检测合格,并按照国家规定的周期进行检定。城市居民生活用水按户计量收费,不得实行用水包费制,逐步实行阶梯式计量水价。"
	大同市城市节约用水管理暂行办法	第十七条:"城市居民生活用水按户装表,计量收费,不得实行用水包费。新建住宅装表费用列入设计概算。"

(三)城市供水

山西省城市供水的立法文献主要有《太原市城市供水管理办法》、《大同市城市供水管理办法》、《大同市城市供水条例》、《山西省城市供水和节约用水管理条例》。具体内容详见表9-16:

表 9-16　渤海管理城市供水山西省地方立法内容简表

基本内容	文献名称	条　　款
城市供水规划制度	山西省城市供水和节约用水管理条例	第五条："县级以上人民政府应当组织建设、城市规划、水和地质矿产等行政主管部门共同编制城市供水水源开发利用规划，并将其作为城市供水发展规划的组成部分，纳入城市总体规划。"
城市饮用水水源保护和管理	山西省城市供水和节约用水管理条例	第六条："县级以上人民政府建设、水、环境保护、地质矿产、卫生等行政主管部门应当按照各自职责加强对城市饮用水水源的保护和管理。"
	太原市城市供水管理办法	第十条："城市饮用水水源保护区内不得新建、改建、扩建可能污染城市供水水源的工程。严重污染水源的企业，须限期治理或者搬迁。"
生活用水保本微利、生产和经营用水合理计价的原则	山西省城市供水和节约用水管理条例	第十八条："城市供水价格应当按照生活用水保本微利、生产和经营用水合理计价的原则制定，逐步实行科学的计量收费办法。"
居民生活用水优先原则	太原市城市供水管理办法	第四条："城市供水应当坚持合理开发水源和计划用水、节约用水相结合，优先保障生活用水，统筹兼顾工业用水和其他用水的原则。"
	大同市城市供水条例	第五条："城市供水应当坚持合理开发水源和计划用水、节约用水相结合，优先保障居民生活用水，统筹兼顾生产经营用水和其他用水。"
	大同市城市供水管理办法	第五条："城市供水实行计划用水，节约用水；优先城镇居民生活用水；统筹安排工业用水和其他用水的原则。"
城市供水工程规划制度	太原市城市供水管理办法	第十二条："城市供水工程建设应当按照城市供水发展规划及其年度建设计划进行。新建、改建、扩建城市供水工程应当按规定权限，经市、县（市）建设行政主管部门以及有关行政主管部门审核批准。"

基本内容	文献名称	条　款
城市供水工程规划制度	大同市城市供水条例	第七条："城市供水工程建设，应当纳入城市基础设施建设规划，坚持政府、企业投资相结合的方针，按照城市供水发展规划及其年度建设计划进行。"
	大同市城市供水管理办法	第八条："用户申请用水应向供水单位提出书面申请，递交有关资料。供水单位依据城市供水专业规划和技术要求，确定管径、管材、水表口径等，经市规划、建设、市政、交通、节水等部门办理有关手续，验收合格后方可供水，其工程费用由申请用水的单位负责。"
城市供水收费制度	太原市城市供水管理办法	第二十六条："居民用水应当抄表到户，计量收费。新建居民住宅须在住宅单元的公共部位分户安装计量水表。现有居民供水通过改造逐步实行抄表到户。"
	大同市城市供水条例	第二十三条："使用城市供水应当根据不同用水性质类别分装水表计量，分别计收水费。分装水表计量确有困难的，城市供水企业根据其不同用水性质类别的用水量，确定用水比例，按比例计收水费；不分装水表计量，又不按城市供水企业确定的用水比例交费的，按其中最高类别水价计收水费。"
	大同市城市供水管理办法	第二十五条："供水单位按月到户抄表，以水表示值计收水费。用户的分表由用户自行查收。各分表与总表的水量差额，由各用户分摊。"
"水表出户、一户一表、抄表到户"的管理制度	大同市城市供水条例	第十一条："城市供水推行'水表出户、一户一表、抄表到户'的管理制度。""水表未出户的现有住宅物业，应当按照'水表出户、一户一表、抄表到户'规定分步改造。"
	大同市城市供水管理办法	第十条："用户用水，一律装表计量。以供水单位划定范围为户，一户一表，不查收分户水表及水费。新建住宅应按规定安装单元表和户总表。"

基本内容	文献名称	条　　款
城市供水水质标准制度	大同市城市供水条例	第十八条："城市自来水供水企业和自建设施对外供水的企业，应当建立健全水质检测制度，按照国家规定的检测项目和检测频率对供水水质进行检测，确保城市供水水质符合国家标准。"
	太原市城市供水管理办法	第二十条："城市公共供水企业和自建设施对外供水的企业，应当建立健全水质检测制度，按照国家规定的检测项目和检测频率对供水水质进行检测，确保城市供水水质符合国家生活饮用水卫生标准，并定期向社会公布。"
城市供水价格听证制度和公告制度	大同市城市供水条例	第二十二条："城市供水价格实行政府定价管理，逐步实行阶梯水价。""制定城市供水价格，应当按照用水性质分类定价，实行听证制度和公告制度。"

第三节　渤海管理手段类山西省立法文献

手段法对渤海管理山西省立法同样具有重要意义。目前有关手段类山西省地方法规立法文献主要有:《太原市矿山地质环境治理恢复保证金管理办法》。具体内容详见表9-17：

表9-17　渤海管理手段类山西省地方法规文献简表

序号	文献名称	发布机关	通过时间	文献编号	生效时间	当前效力
1	太原市矿山地质环境治理恢复保证金管理办法	太原市第十二届人大常委会第二十六次会议通过	2010 年 10 月 21 日	不详	2011 年 5 月 1 日	有效

有关手段类山西省政府规章立法文献主要有:《山西省水利工程水费标准和管理办法(试行)》、《大同市实施取水许可制度的规定》、《山西省水利工程水费核定计收和管理办法》、《山西省排放污染物许可证管理办法》、《大同市矿山地质灾害防治保证金制度实施办法》、《山西省社会资金建设新水源工程办法》、《太原市东西山林地林木认养办法》。具体内容详见表9-18:

表 9-18　渤海管理手段类山西省地方政府规章文献简表

序号	文献名称	发布机关	通过时间	文献编号	生效时间	当前效力
1	山西省水利工程水费标准和管理办法(试行)	山西省人民政府	1989年11月26日	山西省人民政府令第14号	1990年1月1日	失效
2	大同市实施取水许可制度的规定	大同市人民政府	1991年12月24日	同政发[1991]88号	1992年1月1日	有效
3	山西省水利工程水费核定计收和管理办法	山西省人民政府第12次常务会议通过	1996年6月12日	山西省人民政府令第76号	1996年8月1日	有效
4	山西省排放污染物许可证管理办法	山西省人民政府第十一次常务会议通过	2003年10月20日	山西省人民政府令第167号	2004年1月1日	有效
5	大同市矿山地质灾害防治保证金制度实施办法	大同市人民政府	2005年2月5日	不详	2005年3月1日	有效
6	山西省社会资金建设新水源工程办法	山西省人民政府第98次常务会议通过	2007年3月21日	山西省人民政府令第204号	2007年5月10日	有效
7	太原市东西山林地林木认养办法	太原市人民政府第18次常务会议通过	2008年12月4日	太原市政府令第68号	2009年2月1日	有效

以下将从环境影响评价、税费管理、排污许可、公众参与几个方面对其进行梳理。

一、环境影响评价

环境影响评价是指对环境有重要影响的行为,事先对其进行分析、预测和评估,提出预防或者减轻不良影响的措施。山西省环境影响评价的立法文献主要是前面提及的实体法:《山西省丹河流域水污染防治条例》《山西省大气污染防治条例》。具体内容详见表9-19:

表 **9-19**　渤海管理环境影响评价山西省地方立法内容简表

基本内容	文献名称	条　款
环境影响评价制度	山西省丹河流域水污染防治条例	第七条:"新建、扩建、改建和技术改造建设项目,必须遵守国家环境保护的有关规定,进行环境影响评价,做到主体工程与水污染防治设施同时设计、同时施工、同时投产使用。"
	山西省大气污染防治条例	第十一条:"新建、扩建、改建向大气排放污染物的建设项目必须依据国家和省有关建设项目环境管理的规定,进行环境影响评价,编制环境影响报告书,按规定程序经环境保护行政主管部门批准后,计划、土地、建设等部门方可办理有关投资、征地、建设等手续。"

二、税费管理

税费管理主要是通过经济手段来进行环境的预防与保护。山西省税费管理的立法文献主要有:《山西省水利工程水费核定计收和管理办法》《山西省水利工程水费标准和管理办法(试行)》《山西省社会资金建设新水源工程办法》、《太原市矿山地质环境治理恢复保证金管理办法》《大同市矿山地质灾害防治保证金制度实施办法》,还有前面的实体法:《太原市城市节约用水条例》《大同市城市节约用水管理条例》《大同市城市节约用水管理暂行办法》。具体内容详见表9-20:

表 9-20　渤海管理税费管理山西省地方立法内容简表

基本内容	文献名称	条　　款
累进加价收费制度	太原市城市节约用水条例	第十四条："对超计划用水实行累进加价收费制度。"
	大同市城市节约用水管理条例	第十三条："用水单位应当向市城市节约用水行政主管部门申请办理用水计划。未取得用水计划或超出用水计划的，应当缴纳超计划用水累进加价水费。"
	大同市城市节约用水管理暂行办法	第十二条："市节约用水办公室逐月考核各用水单位的用水计划，节奖超罚。对超计划用水的单位和个人，按下列规定累进加价收费：超计划用水百分之十以下的，超出部分按水价的十倍收费；百分之二十以下的，按二十倍收费；百分之三十以下的，按三十倍收费；百分之四十以下的，按四十倍收费；百分之四十以上的，按五十倍收费。"
水费计收	山西省水利工程水费标准和管理办法（试行）	第十五条："水库库区移民的农业用水按第六条规定标准的三分之一计收水费，乡镇企业的用水按第八条规定标准的二分之一计收水费，人畜饮水，免收水费。"
	山西省水利工程水费核定计收和管理办法	第七条："农业用水实行计量水费和基本（注册）水费相结合的办法，凡在灌区注册的配水面积，按其配水保证程度，每年每 667 平方米缴纳基本水费 1.5—3 元。"
新水源工程的投资分摊	山西省社会资金建设新水源工程办法	第八条："新水源工程的投资分摊比例采取按库容比例分摊投资和按效益比例分摊投资两种办法。政府投资比例按国家有关规定执行。"
保证金制度	太原市矿山地质环境治理恢复保证金管理办法	第三条："本办法所称矿山地质环境治理恢复保证金（以下简称保证金），是指为保证采矿权人履行矿山地质环境治理恢复义务而由其缴存的资金。""保证金及其所产生利息属采矿权人所有。"
	大同市矿山地质灾害防治保证金制度实施办法	第四条："保证金归采矿权人所有。""保证金实行集中收缴，专项管理。"

三、环境许可

环境许可是指国家环境管理机关根据公民、法人或者其他组织的申请,经依法审查,准予其从事涉及生态环境保护与资源开发利用等事项活动的行为。山西省环境许可的立法文献主要有:《山西省排放污染物许可证管理办法》《大同市实施取水许可制度的规定》。还有上两节提到的法规、规章:《山西省桃河流域水污染防治条例》《山西省泉域水资源保护条例》《太原市兰村泉域水资源保护条例》《太原市晋祠泉域水资源保护条例》《山西省水资源管理条例》、《太原市水资源管理办法》《大同市水资源管理办法》、山西省实施《城市节约用水管理规定》办法、《太原市城市节约用水条例》《大同市城市节约用水管理条例》《太原市城市供水管理办法》《大同市城市供水条例》等。具体内容详见表 9-21:

表 9-21　渤海管理环境许可山西省地方立法内容简表

基本内容	文献名称	条　款
排污许可制度	山西省桃河流域水污染防治条例	第九条:"排污单位必须向当地环境保护行政主管部门办理排污申报登记手续,经审核符合污染物排放标准及污染物排放总量指标的,领取排污许可证,并严格按许可证规定排放。"
取水许可制度	山西省泉域水资源保护条例	第十七条:"在泉域范围内取水,须依照国务院发布的《取水许可制度实施办法》和有关规定,办理取水许可审批手续。"
	太原市兰村泉域水资源保护条例	第九条:"在兰村泉域保护区,取用地下水、泉水和区间水,必须按国务院《取水许可制度实施办法》的规定,领取取水许可证,并按取水许可限量取水。"
	太原市晋祠泉域水资源保护条例	第十条:"在晋祠泉域保护区内取用地下水、地表水的单位或者个人,须向县(市、区)水行政主管部门提出申请,经晋祠泉域水资源管理机构审核,报市水行政主管部门批准,并领取取水许可证。"

基本内容	文献名称	条　　款
取水许可制度	太原市水资源管理办法	第十一条："任何单位或者个人凿井开采地下水的，应当向市、县（市、区）水行政主管部门提出申请，经审查批准，可以进行水源勘探、工程设计和施工；工程竣工经验收合格领取取水许可证后，方可投入使用。在泉域保护区范围内的，应当经泉域水资源管理机构审核。"
	大同市水资源管理办法	第十条："对水资源实行取水许可制度，经审批同意直接从地表、地下取水的单位和个人，取水工程经验收合格后，依照有关规定向市、县（区）水行政主管部门申请办理取水许可证。""农村人畜饮水和农业引洪灌溉，暂不需要申请办理取水许可证。"
	山西省实施《城市节约用水管理规定》办法	第九条："自建供水设施取用地下水和地表水增加用水量的单位，须经城市建设行政主管部门核准，然后按规定申请取水许可。"
	太原市城市节约用水条例	第十二条："城市用水实行持证用水制度。"
	大同市城市节约用水管理条例	第二十四条："工业生产用水应当循环使用，一水多用，在保证用水质量标准的前提下，提高水的重复利用率。生产过程中的间接冷却水，应当回收利用。工业用水的重复利用率低于百分之五十的，不得再增加用水量；工业用水的重复利用率低于百分之七十的，必须限期达标。"
	大同市实施取水许可制度的规定	第六条："新建、扩建、改建日均取地下水量在1000立方米以上的取水工程，按取水预申请和申请两个阶段办理取水许可。"
城市供水经营许可制度	山西省城市供水和节约用水管理条例	第十三条："城市供水单位必须经资质审查合格并到工商行政管理机关登记注册后，方可从事经营活动。"
	太原市城市供水管理办法	第十九条："城市公共供水企业和自建设施对外供水的企业，必须经建设行政主管部门进行资质审查合格，并经工商行政管理机关登记注册后，方可从事经营活动。"
	大同市城市供水条例	第十六条："城市自来水供水企业和自建设施对外供水的企业，应当取得相应资质，并经工商行政管理机关登记注册后，方可从事经营活动。"

四、公众参与

公众参与是指公众有权通过一定的程序和途径参与环境保护活动,监督环境资源的开发利用、环境管理部门的管理工作和环境保护法律法规的遵守和执行。山西省公众参与的立法文献主要是前面提及的实体法中的个别条款,涉及水污染的公众参与和森林保护的公众参与,主要有:《山西省丹河流域水污染防治条例》《山西省大气污染防治条例》《山西省桃河流域水污染防治条例》《山西省汾河流域水污染防治条例》《山西省实施〈森林法〉的办法》等。具体内容详见表9-22:

表9-22　渤海管理公众参与山西省地方立法内容简表

基本内容	文献名称	条　　款
公众参与原则	山西省丹河流域水污染防治条例	第五条:"任何单位和个人均有责任保护丹河流域水环境,并有权对污染水环境的行为进行监督、检举和控告。"
	山西省大气污染防治条例	第七条:"一切单位和个人都有保护大气环境的义务,并有权对污染大气环境的单位和个人进行检举和控告。"
	山西省桃河流域水污染防治条例	第七条:"一切单位和个人都有保护桃河流域水环境的义务,有监督、检举和控告一切污染、破坏桃河流域水环境的权利。"
	山西省汾河流域水污染防治条例	第四条:"任何单位和个人都有责任保护汾河流域的水环境,并有权对污染汾河流域水环境的行为进行监督、检举和控告。"
全民植树义务	山西省实施《森林法》的办法	第四十二条:"每年3月12日至4月12日为全省义务植树期。各级人民政府可根据当地情况,适时组织和领导全民义务植树运动,保质保量完成义务植树任务。"

第十章　渤海管理陕西省立法文献研究

虽然陕西省距渤海尚远,但由于环境的整体性和关联性特点,且注入渤海的黄河流经陕西省,并有支流在陕西省汇入黄河,因而陕西省的相关环境管理制度和立法情况对于渤海管理关系重大。本章就来研究梳理一下陕西省与渤海管理有关的立法文献。主要包括综合性立法文献、污染防治立法文献、生态保护立法文献及相关手段类立法文献等。

第一节　渤海污染防治陕西省立法文献

陕西省在 1981 年就出台了《陕西省排放污染物收费试行办法》,之后不断通过的关于污染防治的立法文献大约有 30 部,涉及水污染防治、大气污染防治、机动车污染防治、固体废弃物及噪声污染防治等各方面。污染防治方面涉及的制度比较多,主要的比如排污许可制度、三同时制度、环境影响评价制度、谁污染谁治理、限期整改治理制度及排污总量控制等制度。具体内容详见表 10-1、10-2:

表 10-1　渤海污染防治陕西省地方法规文献简表

序号	文献名称	发布机关	通过时间	文献编号	生效时间	当前效力
1	陕西省渭河流域水污染防治条例	陕西省第九届人大常委会第四次会议通过	1998 年 8 月 22 日	陕西省人大常委会公告第五号	1998 年 8 月 22 日	有效

序号	文献名称	发布机关	通过时间	文献编号	生效时间	当前效力
2	陕西省汉江丹江流域水污染防治条例	陕西省第十届人大常委会第二十二次会议通过	2005年12月3日	陕西省人大常委会公告第四十七号	2006年3月1日	有效
3	西安市城市饮用水源污染防治管理条例	西安市第十一届人大常委会第二十八次会议通过	1996年9月3日	不详	2010年9月29日	根据2010年7月15日西安市第十四届人大常委会第二十三次会议修正
4	西安市大气污染防治条例	西安市第十三届人大常委会第十八次会议通过，陕西省第十届人大常委会第十八次会议批准	2005年3月30日	不详	2005年7月1日	有效
5	西安市机动车排气污染防治条例	西安市第十四届人大常委会第十五次会议通过，陕西省第十一届人大常委会第八次会议批准	2009年5月27日	不详	2009年9月1日	有效

表 10-2　渤海污染防治陕西省地方规章文献简表

序号	文献名称	发布机关	通过时间	文献编号	生效时间	当前效力
1	陕西省《环境噪声污染防治条例》实施办法	陕西省人民政府	1990 年 4 月 2 日	不详	1990 年 4 月 2 日	被 2002 年 3 月 1 日《陕西省人民政府关于废止和修订部分省政府规章和省政府及办公厅规范性文件的通知》废止
2	陕西省环境污染限期治理项目管理办法	陕西省人民政府	1995 年 8 月 11 日	陕西省人民政府令第 20 号	1995 年 8 月 11 日	有效
3	陕西省人民政府办公厅关于印发陕西省渭河流域城镇污水处理设施建设规划的通知	陕西省人民政府办公厅	2004 年 5 月 8 日	陕政办发〔2004〕36 号	2004 年 5 月 8 日	有效
4	陕西省政府办公厅关于印发渭河流域水污染防治实施方案的通知	陕西省人民政府办公厅	2004 年 12 月 5 日	陕政办发〔2004〕122 号	2004 年 12 月 5 日	有效
5	陕西省入河排污口监督管理细则	陕西省水利厅	2006 年 11 月 5 日	陕水发〔2006〕36 号	2006 年 11 月 5 日	有效
6	陕西省人民政府办公厅关于印发《陕西省渭河流域水污染补偿实施方案（试行）》的通知	陕西省人民政府办公厅	2009 年 12 月 10 日	陕政办发〔2009〕159 号	2009 年 12 月 10 日	有效

序号	文献名称	发布机关	通过时间	文献编号	生效时间	当前效力
7	西安市禁止运送有毒化学物品车辆经108国道黑河流域段通行暂行规定	陕西省西安市人民政府	2001年5月10日	西安市人民政府令第13号	2008年3月20日	根据2008年3月20日西安市人民政府《关于修改〈西安市禁止运送有毒化学物品车辆经108国道黑河流域段通行暂行规定〉的决定》修正)
8	西安市人民政府办公厅关于加强剧毒杀鼠剂和高毒农药管理工作的通知	西安市人民政府办公厅	2002年1月10日	市政办发[2003]3号	2001年1月10日	有效
9	西安市人民政府关于治理餐饮洗浴业烟尘、油烟污染的通告	陕西省西安市人民政府第10次常务会议通过	2002年11月25日	市政告字[2002]7号	2002年11月25日	有效
10	西安市建筑垃圾管理办法	陕西省西安市人民政府第18次常务会议通过	2003年3月31日	西安市人民政府令第15号	2003年5月20日	有效
11	西安市机动车辆排气污染防治管理办法	陕西省西安市人民政府31次常务会议通过	2003年8月21日	西安市人民政府令第18号	2003年10月20日	有效

序号	文献名称	发布机关	通过时间	文献编号	生效时间	当前效力
12	西安市城市机动车辆清洗管理办法	陕西省西安市人民政府	2002 年 12 月 9 日	西安市人民政府令第 41 号	2004 年 8 月 15 日	根据市人民政府 2004 年 8 月 15 日《关于修改〈西安市城市机动车辆清洗管理办法〉的决定》修正
13	西安市秸秆禁烧和综合利用管理办法	陕西省西安市人民政府办公厅	2005 年 6 月 2 日	市政办发〔2005〕118 号	2005 年 6 月 2 日	有效
14	西安市人民政府关于印发西安市渭河水污染防治综合整治实施方案的通知	陕西省西安市人民政府	2006 年 3 月 23 日	市政发〔2006〕23 号	2006 年 3 月 23 日	有效
15	西安市人民政府办公厅转发市环保局关于西安市 2006 年燃煤烟尘污染治理实施方案的通知	西安市人民政府办公厅	2006 年 3 月 23 日	市政办发〔2006〕56 号	2006 年 3 月 23 日	有效
16	西安市人民政府办公厅关于印发西安市造纸业污染整治工作方案的通知	西安市人民政府办公厅	2006 年 5 月 11 日	市政办发〔2006〕100 号	2006 年 5 月 11 日	有效
17	渭河流域（西安段）水污染防治工作实施意见	陕西省西安市人民政府	2007 年 4 月 29 日	市政发〔2007〕55 号	2007 年 4 月 29 日	有效

序号	文献名称	发布机关	通过时间	文献编号	生效时间	当前效力
18	西安市餐饮业污水专项整治实施方案	陕西省西安市人民政府办公厅	2008 年 3 月 19 日	市政办发〔2008〕58 号	2008 年 3 月 19 日	有效
19	陕西省西安市商业贸易局关于做好限制使用塑料购物袋有关事项的通知	陕西省西安市商业贸易局	2008 年 4 月 23 日	市商发（2008）89 号	2008 年 4 月 23 日	有效
20	西安市人民政府办公厅关于印发西安市 2008 年造纸行业污染整治意见的通知	西安市人民政府办公厅	2008 年 5 月 27 日	市政办发〔2008〕105 号 不详	2008 年 5 月 27 日	有效
21	西安市人民政府办公厅关于印发西安市渭河流域水污染防治考核办法（试行）的通知	西安市人民政府办公厅	2010 年 8 月 6 日	市政办发〔2010〕149 号	2010 年 8 月 6 日	有效
22	西安市人民政府办公厅关于印发黑河水源地集中整治专项行动实施方案的通知	西安市人民政府办公厅	2010 年 8 月 31 日	市政办发〔2010〕163 号	2010 年 8 月 31 日	有效
23	西安市人民政府办公厅关于印发西安市 2010 年冬季蓝天保卫战实施方案的通知	西安事人民政府办公厅	2010 年 11 月 26 日	市政办发〔2010〕228 号	2010 年 11 月 26 日	有效

序号	文献名称	发布机关	通过时间	文献编号	生效时间	当前效力
24	西安市人民政府办公厅关于印发黑河水源地集中整治专项行动实施方案的通知	西安市人民政府办公厅	2010年8月31日	市政办发[2010]163号	2010年8月31日	有效

　　陕西省关于污染防治的地方法规和规章立法文献的主要内容可以归纳为一系列原则和制度。比如，污染总量控制制度、三同时制度、排污许可制度、环境影响评价制度、限期治理制度等。具体内容详见表10-3：

表 10-3　渤海污染防治陕西省地方立法内容简表

基本内容	文献名称	条　　款
预防为主，防治结合；总量控制；谁污染谁治理	陕西省渭河流域水污染防治条例	第三条："渭河流域水污染防治工作，贯彻预防为主、防治结合、综合治理的方针，实行全面规划、分级负责、分段管理和总量控制与浓度控制相结合、集中治理与分散治理相结合、谁污染谁治理的原则。"
	陕西省汉江丹江流域水污染防治条例	第三条："汉江、丹江流域水污染防治坚持预防为主、防治结合，从源头防治污染、保护生态环境和谁污染谁治理的原则。""汉江、丹江流域水污染防治工作实行统一规划、综合治理、分级负责、分段管理和排污总量控制与环境容量控制相结合的制度。"
	陕西省环境污染限期治理项目管理办法	第十六条："限期治理按照'谁污染谁治理'的原则，所需资金由企业、事业单位自筹解决。"
环境影响评价制度	陕西省渭河流域水污染防治条例	第十七条："凡在渭河流域建设直接或间接向水体排放污染物的项目，必须经环境保护行政主管部门组织环境影响评价并审查同意后，方可按有关审批程序报批。""建设项目竣工后，其水污染防治设施必须经环境保护行政主管部门检查验收，确认符合环境影响评价报告要求后，该建设项目方可投入使用。"

基本内容	文献名称	条　款
环境影响评价制度	陕西省汉江丹江流域水污染防治条例	第九条："在汉江、丹江流域新建、改建、扩建的工业、工程项目，应当依法进行环境影响评价，符合环境影响评价要求，并经规定程序批准后，方可开工建设和生产。"
	陕西省《环境噪声污染防治条例》实施办法	第十条："新建、扩建、改建工程和技术改造项目，凡建成后会产生环境噪声污染的，其环境影响评价必须有噪声影响评价内容。噪声防治设施必须与主体工程同时设计、同时施工、同时投产。否则，不准建设，不准投产使用。未经环境保护行政主管部门批准，不得擅自拆除或闲置噪声污染防治设施。"
	西安市城市饮用水源污染防治管理条例	第三十条："在城市饮用水源保护区及周围新建、扩建、改建的建设项目，必须进行环境保护影响评价，经环境保护行政管理部门同意后，方可办理建设项目的其他审批手续。"
"三同时"制度	陕西省渭河流域水污染防治条例	第十七条："新建、扩建、改建项目，其水污染防治设施必须与主体工程同时设计、同时施工、同时投产使用。"
	陕西省汉江丹江流域水污染防治条例	第十条："建设项目中的水污染处理设施，进行集群综合处理的，必须与建设项目同时配套建设；建设项目单体处理的，必须与建设项目同时设计、同时施工、同时投入使用。""水污染物处理设施应当保持正常运行，不得擅自拆除或者停运、闲置。"
	陕西省《环境噪声污染防治条例》实施办法	第十条："新建、扩建、改建工程和技术改造项目，凡建成后会产生环境噪声污染的，其环境影响评价必须有噪声影响评价内容。噪声防治设施必须与主体工程同时设计、同时施工、同时投产。否则，不准建设，不准投产使用。未经环境保护行政主管部门批准，不得擅自拆除或闲置噪声污染防治设施。"
	西安市大气污染防治条例	第七条："燃气工程的消防及安全设施应当与主体工程同时设计、同时施工、同时投入生产与使用。"
	西安市人民政府关于治理餐饮洗浴业烟尘、油烟污染的通告	三："所有新、改、扩建的餐饮业，必须严格执行国家《建设项目环境保护管理条例》，实施油烟治理设施与餐饮炉灶主体同时设计、同时施工、同时运行的环保'三同时'制度。"

基本内容	文献名称	条　款
排污许可制度	陕西省渭河流域水污染防治条例	第十八条:"向渭河流域排放污染物的单位,必须按规定向县级以上环境保护行政主管部门办理排污申报登记手续,经审核领取《排污许可证》后,方可按规定的排放总量和标准排放污染物。排污单位应当按国家规定缴纳排污费。"
	陕西省汉江丹江流域水污染防治条例	第二十二条:"省水污染物排放总量控制计划确定的重点排污单位应当向省环境保护行政主管部门申领排污许可证,其他排污单位应当按照规定向市、县(区)环境保护行政主管部门申领排污许可证。""环境保护行政主管部门应当按照《行政许可法》规定的期限和程序发放排污许可证。"
	陕西省入河排污口监督管理细则	第六条:"设置入河排污口的单位(下称排污单位),在排污口设置前应向有管辖权的县级以上地方人民政府水行政主管部门提出入河排污口设置申请,并应提交材料。"
限期治理(整改)制度	陕西省渭河流域水污染防治条例	第二十二条:"凡排污单位超总量、超标准排放水污染物的,应当按国家规定缴纳超标排污费,并由县级以上人民政府或者其环境保护行政主管部门责令限期治理,排污单位必须按期完成治理任务。"
	陕西省汉江丹江流域水污染防治条例	第九条:"已有的工业、工程项目应当依法进行污染防治,对造成水污染严重的生产企业和矿山企业,应当限期治理,治理不达标的,应当限期转产或者依法关闭。"
	陕西省《环境噪声污染防治条例》实施办法	第十一条:"特殊住宅区、居民区、文教区、疗养区、风景名胜区禁止新建、扩建、改建产生环境噪声污染的项目,对现有噪声超标的单位,当地环境保护行政主管部门要分别情况,报经同级人民政府批准后,令其限期治理、转产或搬迁。"
	陕西省环境污染限期治理项目管理办法	第二条:"本办法所称限期治理,系指对严重污染环境的单位,采取限定时间、治理内容及指标进行强制性的治理。被限期治理单位必须在限定的期限内按要求完成治理任务。" 第六条(限期治理项目的重点。)

基本内容	文献名称	条　　款
限期治理（整改）制度	陕西省入河排污口监督管理细则	第十七条："入河排污口试运行后三个月内，排污单位应当委托有计量认证资质的水质监测单位进行不少于三次的监测，并将监测资料报送有管辖权的县级以上地方人民政府水行政主管部门。经核查不符合设置要求的，限期整改。"
	西安市大气污染防治条例	第十五条："瓶装液化气供应站点不符合前款规定条件的，由燃气行政主管部门责令限期整改；整改不合格的，予以取缔。"
排污收费制度（污水处理费）	陕西省渭河流域水污染防治条例	第二十四条："向城市污水集中处理设施排放污水的，应当按国家规定缴纳污水集中处理费。"
超标排污费	陕西省《环境噪声污染防治条例》实施办法	第七条："凡产生工业噪声和施工噪声污染的单位和个人，都应采取有效措施控制噪声，使其不超过国家规定的环境噪声排放标准，并向当地人民政府的环境保护行政主管部门申报噪声源的种类、数目、强度，不得拒报或谎报。超过环境噪声排放标准的，除应负责治理，消除噪声污染外，并应向环境保护行政主管部门缴纳超标排污费。"
	陕西省环境污染限期治理项目管理办法	第二十条："违反本办法，有下列行为之一的，由县以上环境保护行政主管部门加征一至五倍超标排污费，直至完成限期治理项目验收合格为止，同时可处罚款。"
水源保护	西安市城市饮用水源污染防治管理条例	第十一条（在城市饮用水地下水源一级保护区内，除遵守二级保护区的禁止性规定外，还应禁止的行为。）
将污染防治纳入国民经济和社会发展计划	陕西省渭河流域水污染防治条例	第四条："省人民政府和渭河流域县级以上人民政府应当把渭河流域水污染综合防治项目纳入国民经济和社会发展规划，并在年度计划内予以安排。"
	西安市大气污染防治条例	第五条："市、区、县人民政府应当将燃气的发展纳入国民经济和社会发展计划。"

基本内容	文献名称	条　　款
排污权交易	陕西省人民政府办公厅关于印发《陕西省渭河流域水污染补偿实施方案（试行）》的通知	十三："本方案自 2010 年 1 月 1 日起施行。待条件成熟后，渭河流域将由目前的断面化学需氧量浓度考核逐步过渡为污染物排放总量考核，并实施排污权交易。"
排污总量控制	陕西省渭河流域水污染防治条例	第十九条："渭河流域水污染防治实行水污染物排放总量（以下简称排污总量）控制和浓度控制制度。"
	陕西省汉江丹江流域水污染防治条例	第十九条："汉江、丹江流域实行水污染物排放总量控制制度。市、县（区）环境保护行政主管部门根据省水污染物排放总量控制计划，对本行政区域内排污单位的水污染物排放量实行监督管理。"
	陕西省人民政府办公厅关于印发渭河流域水污染防治实施方案的通知	四（工作措施与要求。）
	渭河流域（西安段）水污染防治工作实施意见	三（渭河流域西安段水污染防治措施。）
	西安市机动车排气污染防治条例	第六条："市、区县人民政府应当改善道路交通状况，发展公共交通事业，健全机动车监督管理体系，控制机动车排气污染总量。"
清洁生产	陕西省汉江丹江流域水污染防治条例	第九条："汉江、丹江流域的市、县（区）人民政府应当结合本行政区域水污染防治规划和汉江、丹江流域水环境功能区划，合理规划产业发展和城乡建设布局，调整产业结构，推行清洁生产。"
	陕西省人民政府办公厅关于印发渭河流域水污染防治实施方案的通知	四（工作措施与要求。）

基本内容	文献名称	条　　款
清洁生产	西安市人民政府关于印发西安市渭河水污染防治综合整治实施方案的通知	六（工作措施与要求。）
排气污染检测	西安市机动车辆排气污染防治管理办法	第六条："除国家规定的免检车型外，新车办理入户必须进行排气污染检测，符合国家标准的方可办理有关入户手续。"第七条："机动车年度审验必须将排气污染检测列为必检项目，符合国家排气标准的，方可通过年度审验。"
	西安市机动车排气污染防治条例	第十九条："在用机动车应当进行排气污染定期检测。对不同种类或用途的在用机动车实施不同的排气污染定期检测周期。排气污染定期检测周期应当与机动车安全技术检验周期、综合性能检测周期相同。"
奖励制度	陕西省渭河流域水污染防治条例	第七条："县级以上人民政府对防治渭河流域水污染作出显著成绩的单位和个人，应当予以表彰和奖励。"
	陕西省汉江丹江流域水污染防治条例	第七条："各级人民政府和有关部门对在汉江、丹江流域水污染防治工作中做出显著成绩的单位或者个人，应当给予表彰奖励。"
	西安市机动车排气污染防治条例	第八条："市人民政府应当对在机动车排气污染防治工作中做出突出成绩的单位和个人给予表彰和奖励。"
举报制度	陕西省渭河流域水污染防治条例	第七条："一切单位和个人都有保护渭河流域水环境的义务，并有权对污染和破坏渭河流域水环境的行为进行检举和控告。"
	陕西省汉江丹江流域水污染防治条例	第七条："任何单位和个人有保护汉江、丹江流域水环境的义务，有权对污染和破坏汉江、丹江流域水环境的行为检举和控告。受理机关和部门应当按照有关规定予以处理。"
	西安市大气污染防治条例	第二十七条："燃气行政主管部门应当建立举报和投诉制度，公开举报电话、信箱或者电子邮箱，受理有关燃气安全、收费标准和服务质量的举报和投诉，并及时予以处理。"

基本内容	文献名称	条　款
举报制度	西安市人民政府关于印发西安市渭河水污染防治综合整治实施方案的通知	六（设立有奖举报制度，加强公众监督。）
	西安市机动车排气污染防治条例	第十八条："任何单位和个人有权对机动车排气污染行为进行投诉和举报。经查证属实的，环境保护行政管理部门可以对投诉举报人进行表彰和奖励。"

第二节　渤海生态保护陕西省立法文献

陕西省关于渤海生态保护的立法文献，主要涉及森林、草原、湿地和水资源调节等方面，其中前三者文献比较少，在三到五部之间，有关水资源调节的立法文献相对来说多一些，在二十部左右。在内容方面主要包括涵养保护水源、保护森林与草原、节约用水、防治水土流失等。具体内容详见表 10-4、10-5：

表 10-4　渤海生态保护陕西省地方法规文献简表

序号	文献名称	发布机关	通过时间	文献编号	生效时间	当前效力
1	陕西省森林管理条例	陕西省第七届人大常委会第二十一次会议通过	1991 年 5 月 17 日	陕西省人大常委会公告第 27 号	2004 年 8 月 3 日	2000 年 12 月 2 日陕西省第九届人大常委会第十九次会议修正，2004 年 8 月 3 日陕西省第十届人大常委会第十二次会议根据《陕西省人大常委会关于修改〈陕西省实施〈义务教育法〉办法〉等 30 部省地方性法规的决定》修正
2	陕西省封山禁牧条例	陕西省第十届人大常委会第三十四次会议通过	2007 年 11 月 24 日	陕西省人大常委会公告第 81 号	2008 年 3 月 1 日	有效
3	陕西省实施《草原法》办法	陕西省第八届人大常委会第九次会议通过	1994 年 11 月 5 日	陕西省人大常委会公告[十一届]第 21 号	2009 年 10 月 1 日	2009 年 7 月 24 日陕西省第十一届人大常委会第九次会议修订
4	西安市城市绿化管理条例	西安市第十届人大常委会第二十次会议通过，陕西省第七届人大常委会第二十八次会议批准	1990 年 12 月 28 日	不详	2004 年 8 月 3 日	1999 年 11 月 30 日陕西省第九届人大常委会第十二次会议第二次修正

序号	文献名称	发布机关	通过时间	文献编号	生效时间	当前效力
5	西安市城市园林条例	西安市第十一届人大常委会第二十二次会议通过，陕西省第八届人大常委会第十六次会议批准	1995 年 12 月 29 日	不详	2004 年 8 月 3 日	1999 年 11 月 30 日陕西省第九届人大常委会第十二次会议第二次修正
6	陕西省实施《水土保持法》办法	陕西省第八届人大常委会第四次会议通过	1994 年 1 月 10 日	陕西省人大常委会公告［第七十四号］	2007 年 7 月 28 日	2004 年 8 月 3 日陕西省第十届人大常委会第十二次会议修正，2007 年 7 月 28 日陕西省第十届人大常委会第三十二次会议修正
7	陕西省城市饮用水水源保护区环境保护条例	陕西省第九届人大常委会第二十八次会议通过	2002 年 3 月 28 日	陕西省第九届人大常委会公告第四十七号	2002 年 3 月 28 日	有效
8	陕西省水文管理条例	陕西省人大常委会	2005 年 6 月 2 日	陕西省人大常委会公告第三十六号	2005 年 7 月 1 日	有效
9	陕西省水资源管理条例	陕西省第七届人大常委会第十九次会议通过	1991 年 1 月 29 日	不详	1991 年 1 月 29 日	废止

序号	文献名称	发布机关	通过时间	文献编号	生效时间	当前效力
10	陕西省实施《水法》办法	陕西省第十届人大常委会第二十六次会议通过	2006 年 8 月 4 日	陕西省人大常委会公告第 54 号	2006 年 10 月 1 日	有效
11	陕西省城乡供水用水条例	陕西省第十一届人大常委会第三次会议通过	2008 年 7 月 30 日	陕西省人大常委会公告[十一届]第五号	2008 年 10 月 1 日	有效
12	西安市城市节约用水条例	西安市第十一届人大常委会第十次会议通过，陕西省第八届人大常委会第五次会议批准	1993 年 12 月 30 日	西安市人大常委会公告第 86 号	2006 年 8 月 31 日	根据 2006 年 5 月 24 日西安市第十三届人大常委会第二十八次会议通过，2006 年 8 月 4 日陕西省第十届人大常委会第二十六次会议批准的关于修改《西安市城市节约用水条例》的决定修正
13	西安市黑河引水系统保护条例	西安市第十三届人大常委会第二十一次会议通过	2005 年 6 月 2 日	西安市人大常委会公告第 67 号	2005 年 8 月 1 日	有效
14	西安市地下水资源管理条例	西安市第十四届人大常委会第五次会议通过	2007 年 11 月 24	西安市人大常委会公告第 18 号	2008 年 1 月 1 日	有效

表 10-5　渤海生态保护陕西省地方规章文献简表

序号	文献名称	发布机关	通过时间	文献编号	生效时间	当前效力
1	陕西省实施《森林防火条例》办法	陕西省人民政府	1991 年 5 月 18 日	不详	2011 年 2 月 25 日	2011 年 2 月 25 日被陕西省人民政府办公厅关于修改部分省政府规章的通知修订
2	陕西省人民政府贯彻《国务院关于完善退耕还林政策》的意见	陕西省人民政府	2008 年 1 月 2 日	陕政发[2008]2 号	2008 年 1 月 2 日	有效
3	陕西省煤炭石油天然气资源开采水土流失补偿费征收使用管理办法	陕西省人民政府	2008 年 11 月 4 日	陕政发[2008]54 号	2009 年 1 月 1 日	有效
4	西安市实施《水土保持法》办法	陕西省西安市人民政府	1999 年 5 月 31 日	西安市人民政府令第 46 号	2004 年 8 月 15 日	根据市人民政府 2004 年 8 月 15 日《关于修改〈西安市实施〈水土保持法〉办法〉的决定》修正
5	陕西省淤地坝建设管理办法	陕西省人民政府	1997 年 12 月 15 日	陕西省人民政府令第 46 号	1997 年 12 月 15 日	有效

序号	文献名称	发布机关	通过时间	文献编号	生效时间	当前效力
6	西安市人民政府办公厅转发市旅游局关于《西安市温泉旅游开发整顿方案》的通知	西安市人民政府办公厅	2003年9月1日	市政办发〔2003〕168号	2003年9月1日	有效
7	西安市人民政府关于印发浐灞河流域综合治理区治理工作若干规定的通知	陕西省西安市人民政府	2005年4月11日	市政发〔2005〕40号	2005年4月11日	有效
8	2011年渭河西安辖区防洪预案	西安市人民政府办公厅	2011年5月19日	市政办发〔2011〕83号	2011年5月19日	有效
9	关于发展民办水利事业的暂行规定	陕西省人民政府	1995年5月26日	陕政发〔1995〕38号	1995年5月26日	有效
10	陕西省实施《防汛条例》细则	陕西省人民政府	1995年10月4日	陕西省人民政府令第23号	1995年10月4日	已被2011年2月25日陕西省人民政府办公厅关于修改部分省政府规章的通知宣布失效
11	陕西省取水许可证制度实施细则	陕西省人民政府	1995年5月1日	陕西省人民政府令第31号	2004年4月1日	2004年2月25日根据《陕西省人民政府关于修改〈陕西省取水许可制度实施细则〉的决定》修改

序号	文献名称	发布机关	通过时间	文献编号	生效时间	当前效力
12	陕西省石头河水库西安供水工程管理办法	陕西省人民政府省人民政府第 4 次常务会议通过	1997 年 3 月 19 日	陕西省人民政府令第 42 号	1997 年 3 月 19 日	被 2009 年 2 月 1 日施行的《陕西省石头河水库引水系统保护管理办法》废止
13	陕西省节约用水办法	省政府 2003 年第 11 次常务会议通过	2003 年 9 月 2 日	陕西省人民政府令第 91 号	2003 年 11 月 1 日	有效
14	西安市水资源管理办法	陕西省西安市人民政府	2002 年 11 月 13 日	西安市人民政府令第 3 号	2004 年 8 月 15 日	根据西安市人民政府 2004 年 6 月 4 日第 51 次常务会议通过的《关于修改〈西安市水资源管理办法〉的决定》修改
15	西安市黑河引水管渠保护管理办法	西安市人民政府 2004 年 6 月 4 日第 51 次常务会议通过	1999 年 1 月 21 日	西安市人民政府令第 47 号	2004 年 8 月 15 日	根据西安市人民政府 2004 年 8 月 15 日西安市人民政府令第 47 号《关于修改〈西安市黑河引水管渠保护管理办法〉的决定》修正

序号	文献名称	发布机关	通过时间	文献编号	生效时间	当前效力
16	西安市生活饮用水二次供水管理和卫生监督规定	西安市人民政府	1995年3月22日	不详	2004年8月15日（西安市人民政府令第34号）	根据西安市人民政府2000年4月20日《关于修改〈西安市生活饮用水二次供水管理和卫生监督规定〉的决定》修正，根据西安市人民政府2004年8月15日《关于修改〈西安市生活饮用水二次供水管理和卫生监督规定〉的决定》修正）
17	西安市人民政府办公厅关于印发《西安市供水应急预案》的通知	西安市人民政府办公厅	2010年8月16日	市政办发[2010]152号	2010年8月16日	有效
18	西安市水资源管理办法	陕西省西安人民政府	2002年11月13日	西安市人民政府令第3号	2004年8月15日	根据西安市人民政府2004年6月4日第51次常务会议通过的《关于修改〈西安市水资源管理办法〉的决定》修改

序号	文献名称	发布机关	通过时间	文献编号	生效时间	当前效力
19	西安市黑河引水管渠保护管理办法	西安市人民政府2004年6月4日第51次常务会议通过	1999年1月21日	西安市人民政府令第47号	2004年8月15日	根据2004年8月15日西安市人民政府令第47号《关于修改〈西安市黑河引水管渠保护管理办法〉的决定》修正

在生态保护方面，陕西省地方法规和规章关于水资源调节的内容涉及最多，与渤海治理相关的内容相对的也较森林保护等多，其中关于水资源的可持续利用、水资源的保护与节约等是重点。具体内容详见表10-6：

表10-6　渤海生态保护陕西省地方立法内容简表

基本内容	文献名称	条　　款
森林可持续利用	陕西省森林管理条例	第五条："林业建设实行以营林为基础，普遍护林，大力造林，采育结合，永续利用的方针。"
	陕西省封山禁牧条例	第三条："封山禁牧应当遵循统筹规划、保护优先、封育结合、严格管理和可持续发展的原则。"
划定水源涵养林，水土保持林	陕西省森林管理条例	第九条（省重点防护林中的水源涵养林、水土保持林和防风固沙林的范围。）
相应区域内禁止的活动	陕西省森林管理条例	第十九条："进入林区从事非林业生产经营活动的，应当经县级以上林业行政主管部门或者其授权的经营管理单位同意。"
	陕西省封山禁牧条例	第十三条（单位和个人在封山禁牧区域内禁止的活动。）

基本内容	文献名称	条　　款
植树造林	陕西省森林管理条例	第二十七条："各级人民政府应当按照植树造林规划，确定本地区森林覆盖率的奋斗目标，适时动员和组织全民义务植树，开展植树造林活动。""鼓励单位和个人投资造林。"
退耕还林	陕西省森林管理条例	第二十九条："二十五度以上的坡地应当植树种草。""二十五度以上的坡耕地应当按照当地人民政府制定的退耕还林还草规划，逐步退耕，植树种草。"
草地保护	陕西省实施《草原法》办法	第三十八条："本省退化、沙化、水土流失严重、退耕还草地以及生态脆弱的草原实行禁牧。县级草原行政主管部门划定禁牧区，报本级人民政府批准实施。县级草原行政主管部门根据有利于草原生态恢复和草原再生的需要，可以划定草原休牧区、轮牧区，报本级人民政府批准后实施，并向社会公告。" 第四十条："禁止开垦草原。对有沙化趋势、需要改善生态环境的已垦草原，应当有计划、有步骤地退耕还草；对水土流失严重，已造成沙化、盐碱化和荒漠化的已垦草原，应当限期退耕还草。" 第四十二条："禁止向草原倾倒垃圾、废渣或者排放油、污水以及其他破坏草原植被的有害物质。"
绿化用地所占面积	西安市城市绿化管理条例	第九条（建设工程项目的绿化用地，所占建设用地的面积。） 第十条（新建、扩建城市道路，绿地率应当符合的规定。）
	西安市城市园林条例	第十二条："新建、扩建公园或者改造公园，除水面外，其绿地面积不低于陆地面积的百分之七十。旧城改造、新区开发应当按照规划建设园林项目，其建设资金应当纳入建设工程总投资预算。园林项目必须与工程项目同时设计，同时建设，同时验收。"
原则与方针	陕西省实施《水土保持法》办法	第三条："水土保持工作实行预防为主、全面规划、综合防治、因地制宜、加强管理、注重效益的方针，坚持谁开发谁保护、谁造成水土流失谁治理、谁损坏水土保持措施谁补偿的原则。"

基本内容	文献名称	条　款
预防水土流失	陕西省实施《水土保持法》办法	第八条:"各级人民政府应根据水土保持规划开展植树造林、种草和封山育林育草。对水源涵养林、水土保持林、防风固沙林只准进行抚育和更新性质的采伐。在水土流失严重、草场少的地区,要改自由放牧为轮牧或舍饲。禁止毁林开荒、烧山开荒和在陡坡地、干旱地区、草原、牧场、固定或半固定沙区铲草皮、挖树根,破坏表土层和植被。"
	西安市实施《水土保持法》办法	第六条:"崩塌滑坡危险区、泥石流易发区、文物保护区、自然风景区、基本农田保护区、水源地保护区以及水土保持林、水源涵养林等区域,划为水土保持重点预防保护区。""禁止在重点预防保护区内取土、挖砂、开山炸石、采矿、陡坡开荒、采伐林木(进行抚育更新性质的采伐除外)。"
水土流失的治理	陕西省实施《水土保持法》办法	第十九条:"水土流失治理坚持全面规划、综合治理、规模治理、连续治理。实行工程措施、生物措施与水土保持耕作措施相结合,治理与开发利用相结合,提高经济效益。""在水力侵蚀地区,以小流域为单元,因害设防,采取打坝淤地、建库蓄水、兴修梯田、植树种草,建立山水田林路村综合防治体系,发展流域经济,控制水土流失。""在风力侵蚀地区,实行水治和植治相结合,采取开发水源、引水拉沙造地、成片造林种草、设置人工沙障和网格林带等措施,建立防风固沙防护体系,控制风沙危害。"
	西安市实施《水土保持法》办法	第八条:"水土流失严重的地区,划为重点治理区。""重点治理区内严格控制露天采矿、取土、挖砂、采伐林木、烧制砖瓦、采石、陡坡开荒、滥牧等活动。""各级人民政府应当根据水土保持法的规定,安排专项资金对重点治理区进行综合治理。"
淤地坝建设的原则和范围及禁止活动	陕西省淤地坝建设管理办法	第三条:"淤地坝建设和管理坚持谁修建、谁受益、谁管护和谁占用、谁补偿的原则。" 第十六条(淤地坝的管护范围。) 第十七条(在淤地坝管护范围内禁止的活动。)

基本内容	文献名称	条　　款
温泉区排污与节约用水	西安市人民政府办公厅转发市旅游局关于《西安市温泉旅游开发整顿方案》的通知	四（整顿的措施。）
将水资源调节保护纳入国民经济与社会发展计划	陕西省城市饮用水水源保护区环境保护条例	第四条："各级人民政府应当把城市饮用水水源保护区的环境保护纳入国民经济和社会发展计划，保证饮用水水源保护区的水质符合规定标准。"
	陕西省水资源管理条例	第六条："各级人民政府应当加强水资源开发、利用、节约、保护和管理工作，将水利基础设施建设纳入本级国民经济和社会发展规划，完善资金投入机制。"
	陕西省实施《水法》办法	第六条（经费保障。）
	陕西省城乡供水用水条例	第三条："县级以上人民政府应当将城乡供水事业纳入国民经济和社会发展规划，保障城乡生活、生产用水的需要。"
	陕西省节约用水办法	第四条："各级人民政府应当加强对节约用水的管理，把节约用水工作纳入本地区国民经济和社会发展计划，组织开展节约用水的宣传教育、科学研究和技术推广，推动全社会节约用水工作。"
	西安市城市节约用水条例	第五条："市人民政府应当把节约用水纳入国民经济和社会发展计划。根据城市总体规划，编制城市节约用水规划，有关部门应当制定本行业节约用水规划。"
水资源的可持续利用	陕西省水资源管理条例	第十四条："开发利用水资源，应当统筹安排地表水和地下水，遵循总量控制、合理开发、可持续利用的原则。"
	陕西省实施《水法》办法	第十三条（水资源开发利用原则。）

基本内容	文献名称	条　款
保护水源，划定饮用水水源保护区	陕西省城市饮用水水源保护区环境保护条例	第七条："城市饮用水水源保护区按照水源类别分为地表水水源保护区、地下水水源保护区。地表水水源保护区又分为江河水源保护区和湖泊、水库水源保护区，其陆域从水域正常水位线起计算"。"饮用水水源保护区一般实行三级保护，按照防护要求，分别划分为一级保护区、二级保护区和准保户区。"
	陕西省水资源管理条例	第二十三条："全省实行饮用水水源保护区制度。省人民政府应当划定饮用水水源保护区。""禁止在饮用水水源保护区内设置排污口。""禁止在饮用水水源保护区内从事影响饮用水水量、水质的活动。"
	陕西省实施《水法》办法	第二十三条（饮用水水源保护。）
	西安市黑河引水系统保护条例	第十六条（黑河引水系统水源保护区的划分。）
节水设施建造的三同时制度	陕西省水资源管理条例	第四十一条："新建、改建、扩建建设项目，应当制定节约用水措施方案，配套建设节水设施。节水设施应当与主体工程同时设计、同时施工、同时投产使用。节水设施竣工后，验收合格的方可投入使用。"
	陕西省实施《水法》办法	第四十条（三同时制度。）
工业、农业及综合节约用水	陕西省水资源管理条例	第三十八条："县级以上人民政府应当支持现有水利工程的节水改造，健全节水配套设施，推广节水栽培技术和节水灌溉，发展节水型农业和生态农业。" 第三十九条："工业企业应当采用节水新工艺、新技术和新设备，进行节约用水技术改造；推行清洁生产，采用循环用水、综合利用及中水回用等设施，降低用水单耗，提高水的重复利用率。"
	陕西省实施《水法》办法	第三十六条（节水规划。） 第三十七条（农业节水。） 第三十八条（工业节水。）

基本内容	文献名称	条　　款
工业、农业及综合节约用水	陕西省节约用水办法	第二十三条："工业企业应当按照本行业节约用水工艺和技术指导目录采用新技术、新工艺和新设备，进行节水技术改造。" 第二十八条："农业节约用水项目及含有节约用水措施的农业开发项目，有关部门应当重点扶持，优先立项。农业灌溉用水应当装置用水计量设施，做到斗渠计量控制，按用水量收取水费。"
	西安市城市节约用水条例	第六条："市人民政府应当加强节约用水宣传教育工作，提高公民的节约用水意识，鼓励和支持城市节约用水的科学技术研究，推广先进节约用水技术，培育和发展节约用水企业，提高城市节约用水的科学技术水平，努力建设节水型城市。""用水单位和个人应当积极采用节约用水先进技术，降低水的消耗量，加强水的再利用和循环利用，提高水的重复利用率。"
	西安市水资源管理办法	第八条："开发利用水资源应当坚持开源与节流并重、节流优先的原则。工业用水应采取重复利用的措施，提高水的重复利用率，将重复用水纳入用水计划。农业用水，应努力发展节水灌溉，提高灌溉水的利用系数。生活等用水，应推广节水器具，抑制跑、冒、滴、漏，推行中水利用。对地下热水，应加强用水计划管理，通过超计划用水加价收取水资源费的办法促进节约使用。"
开采矿藏及工程建造的环境影响评价中应包含对地下水的影响评价	陕西省水资源管理条例	第二十八条："开采矿藏或者建设地下工程的环境影响评价文件中应当包括对地下水影响评价的内容。"
	陕西省实施《水法》办法	第二十条（地下水保护。）

第三节　渤海管理手段类陕西省立法文献

相比较前两节，手段类立法文献则比较单薄了，主要是关于收费和环境影响评价及考核办法这三个方面。具有代表性的比如《陕西省城市污水处理费收缴办法》和《陕西省实施〈环境影响评价法〉办法》，内容也主要是与收费有关的。具体内容详见表10-7、10-8：

表 10-7　渤海管理手段类陕西省地方法规文献简表

序号	文献名称	发布机关	通过时间	文献编号	生效时间	当前效力
1	陕西省排放污染物收费试行办法	陕西省第五届人大常委会第七次会议通过	1981 年 3 月 7 日	不详	1981 年 3 月 7 日	1982 年 10 月 31 日失效
2	陕西省实施《环境影响评价法》办法	陕西省第十届人大常委会第二十八次会议通过	2006 年 12 月 3 日	陕西省人大常委会公告第六十三号	2007 年 4 月 1 日	有效
3	西安市人民政府关于印发西安市环境空气质量管理考核暂行办法的通知	陕西省西安市人民政府第 14 届 154 次常务会议审议通过	2011 年 8 月 1 日	西安市政发 [2011] 60 号	2011 年 10 月 1 日	有效

表 10-8　渤海管理手段类陕西省地方规章文献简表

序号	文献名称	发布机关	通过时间	文献编号	生效时间	当前效力
1	陕西省城市污水处理费收缴办法	陕西省人民政府 2004 年第 11 次常务会议通过	2004 年 6 月 9 日	陕西省人民政府令第 99 号	2004 年 8 月 1 日	有效

序号	文献名称	发布机关	通过时间	文献编号	生效时间	当前效力
2	陕西省人民政府关于修改《陕西省水资源费征收办法》的决定	陕西省人民政府2004年第1次常务会议通过	2004年2月25日	陕西省人民政府令第95号	2008年11月1日	2008年10月20日根据《陕西省人民政府关于修改〈陕西省水资源费征收办法〉的决定》修改
3	陕西省水利建设基金筹集和使用管理办法	陕西省人民政府2006年第19次常务会议通过	2006年12月2日	陕西省人民政府令第116号	2006年12月2日	有效
4	陕西省西安市人民政府关于切实做好水资源费征收管理工作的通知	陕西省西安市人民政府	2006年10月18日	市政发〔2006〕97号	2006年10月18日	有效
5	西安市人民政府关于调整水资源费征收标准和范围的通知	西安市人民政府	2010年3月23日	市政发〔2010〕29号	2010年3月23日	有效
6	西安市人民政府办公厅关于印发西安市渭河流域水污染防治考核办法（试行）的通知	西安市人民政府办公厅	2010年8月6日	市政办发〔2010〕149号	2010年8月6日	有效

陕西省相关手段类立法文献的重点内容包括排污收费制度、环境影响评价

制度等。具体内容详见表 10-9：

表 10-9　渤海管理手段类陕西省地方立法内容简表

基本内容	文献名称	条　款
排污收费制度	陕西省排放污染物收费试行办法	第二条："在本省有排放污染物的一切企业、事业单位和机关、团体、部队，必须执行国家颁发的《工业"三废"排放试行标准》、《放射防护规定》等有关标准和规定。凡排放污染物超过国家标准和违反有关规定者，一律按本办法收取排污费。"
	陕西省城市污水处理费收缴办法	第二条："在本省行政区域内向城市污水集中处理设施排放污（废）水的单位和个人，应按本办法缴纳城市污水处理费。已缴纳城市污水处理费的，不再缴纳排污费和排水设施有偿使用费。"
使用水资源缴费	陕西省水资源费征收办法	第二条："凡在本省行政区域内利用取水工程或设施直接从地下、江河、湖泊、水库取水的单位和个人（以下简称取水户），应当依照本办法缴纳水资源费。"
额外缴纳费用的情况	陕西省排放污染物收费试行办法	第八条："有下列情况之一者，根据具体情况，按照以上有关款收费标准加倍收费：（一）有治理设施，因管理不善或弃而不用，继续污染环境者；（二）有污水管道而将污水排入雨水管道者；（三）用稀释方法降低排放污染物的浓度或隐瞒排放情况而逃避收费者；（四）限期治理的项目，条件已经具备而到期未予治理者；（五）采用渗井、渗坑排放有毒有害污水者（不论是否超过标准）。"
	陕西省城市污水处理费收缴办法	第八条："用水户必须按月缴纳城市污水处理费，逾期缴纳的，按日加收 2‰的滞纳金。"
	陕西省水资源费征收办法	第六条："取水户应当按照水行政主管部门批准的用水计划取水。超计划取水的，实行累进加价征收水资源费。超计划取水量在 20% 以内的（含 20%），其超计划部分按征收标准的 2 倍计收；超计划取水 20—40% 的（含 40%），其超计划部分按征收标准的 3 倍计收；超计划取水 40% 以上的，其超计划部分按征收标准的 5 倍计收。"

基本内容	文献名称	条 款
环境影响评价中的公众参与	陕西省水利建设基金筹集和使用管理办法	第十三条："水利建设基金应按时缴纳,逾期不缴的除限期追缴外,从滞纳之日起按日加收 2‰ 的滞纳金,并入水利建设基金。对拒不缴纳的单位和个人,征收部门可持'专用扣缴通知书'通知当地银行扣缴。"
	陕西省实施《环境影响评价法》办法	第三十四条："规划编制部门、建设单位或者其委托的环境影响评价机构在环境影响评价过程中,应当征求公众意见。""规划编制部门、建设单位或者其委托的环境影响评价机构征求公众意见的期限不得少于十日,并采用便利公众知悉的方式公布环境影响报告书、环境影响报告表等相关信息。" 第三十五条："征求公众意见可采取发放调查表、召开座谈会、举办听证会、论证会等形式。""征求公众意见,应当综合考虑地域、职业、专业、受影响程度等因素,合理选择被征求意见的公民、法人或者其他组织。""被征求意见的公众中应当包括受建设项目影响的公民、法人或者其他组织的代表。"
奖惩制度	陕西省排放污染物收费试行办法	第十六条："有下列情况之一者,给予精神鼓励和物质奖励:奖惩制度(一)积极采取措施,对治理污染、保护环境有显著成效的单位和个人;(二)对环保科研,监测工作贡献较大的单位和个人;(三)对'三废'进行综合利用有显著成绩,或经过努力使各项污染物的指标基本上达到国家排放标准的单位和个人。"
	西安市人民政府关于印发西安市环境空气质量管理考核暂行办法的通知	第五条："区县、开发区月度二级以上优良天数与上年同期对比,每减少一天罚缴 20 万元,每增加一天奖励 25 万元。市环保局负责对奖惩金进行核定、核算,市财政局负责奖惩金的收缴和管理。"
	西安市人民政府办公厅关于印发西安市渭河流域水污染防治考核办法(试行)的通知	第五条："当各区县水体考核断面水质超出规定的污染控制指标时,由市财政局向各区县扣缴奖惩资金。(一)水体考核断面考核因子超标 10mg/L 以内时扣缴 10 万元;(二)水体考核断面考核因子超标 10-20mg/L 时扣缴 20 万元;(三)水体考核断面考核因子超标 20-50mg/L 时扣缴 50 万元;(四)水体考核断面考核因子超标值大于 50mg/L 时,在扣缴 50 万元的基础上,每超标 1mg/L 追加扣缴 5 万元。"

第十一章　渤海管理内蒙古自治区
立法文献研究

第一节　渤海污染防治内蒙古自治区立法文献

渤海拥有丰富的海洋资源,其污染问题也日渐突出。内蒙古自治区虽非环渤海省市,但对于渤海污染防治也起着举足轻重的影响。目前,有关渤海污染防治内蒙古自治区立法主要有《内蒙古自治区环境保护条例》《包头市环境综合整治条例》《内蒙古自治区征收排污费实施办法》《内蒙古自治区人民政府关于印发〈内蒙古自治区城市污水处理费征收使用管理办法〉的通知》《内蒙古自治区城镇污水处理厂运行监督管理办法》《包头市实施大气氟化物排放许可证管理办法》《包头市城市饮用水源保护区污染防治管理办法》《包头市大气污染防治条例》。这些地方法规规章为促进渤海资源的合理开发与可持续利用提供了法律基础。具体内容详见表11-1、11-2:

表 11-1　渤海污染防治内蒙古自治区地方法规文献简表

序号	文献名称	发布机关	通过时间	文献编号	生效时间	当前效力
1	包头市环境综合整治条例	内蒙古自治区人大常委会	1991 年 8 月 31 日	第五届全国人大常委会令（五届第 9 号）	1992 年 1 月 1 日	1999 年 12 月 25 日第九届全国人大常委会第十三次会议修订

序号	文献名称	发布机关	通过时间	文献编号	生效时间	当前效力
2	内蒙古自治区环境保护条例	内蒙古自治区人大常委会	2002 年 3 月 21 日	内蒙古自治区第九届人大常委会公告第 72 号	2002 年 3 月 21 日	有效
3	包头市大气污染防治条例	包头市第十二届人大常委会第二十四次会议通过	2006 年 9 月 28 日	包头市人大常委会公告第 24 号	2007 年 3 月 1 日	有效

表 11-2　渤海污染防治内蒙古自治区地方政府规章文献简表

序号	文献名称	发布机关	通过时间	文献编号	生效时间	当前效力
1	内蒙古自治区征收排污费实施办法	内蒙古自治区人民政府	1991 年 5 月 23 日	内蒙古自治区人民政府令（第 33 号）	1991 年 5 月 23 日	有效
2	内蒙古自治区人民政府关于印发《内蒙古自治区城市污水处理费征收使用管理办法》的通知	内蒙古自治区人民政府	2008 年 8 月 27 日	内政发〔2008〕77 号	2008 年 8 月 27 日	有效
3	内蒙古自治区城镇污水处理厂运行监督管理办法	内蒙古自治区人民政府第七次常务会议审议通过	2010 年 8 月 25 日	内蒙古自治区人民政府令（第 174 号）	2010 年 11 月 1 日	有效
4	包头市实施大气氟化物排放许可证管理办法	内蒙古自治区包头市人民政府	1992 年 4 月 16 日	包头市人民政府令（第 35 号）	1992 年 4 月 16 日	有效

序号	文献名称	发布机关	通过时间	文献编号	生效时间	当前效力
5	包头市城市饮用水源保护区污染防治管理办法	内蒙古自治区包头市人民政府	1994 年 12 月 15 日	包头市人民政府令（第68号）	1994 年 12 月 15 日	有效

以下将从渤海水污染防治方面对渤海污染防治内蒙古自治区立法文献做内容的梳理研究。

内蒙古自治区属于水资源匮乏地区，总体水资源缺乏，土地面积占全国的12.3%，水资源量仅为全国的1.86%，保护好珍贵的水资源对内蒙古的发展至关重要。同时，内蒙古又是国家实施重点流域水污染防治的重点地区，在国家实施的9个重点流域水污染防治规划中占了4个。松花江、海河、辽河、黄河中上游四大流域内蒙古段涉及多个盟市、旗县，共有163个项目列入水污染防治规划。

内蒙古自治区涉及水污染防治的法律主要包括《包头市环境综合整治条例》、《包头市城市饮用水源保护区污染防治管理办法》、《内蒙古自治区城镇污水处理厂运行监督管理办法》等等。它们具有较强的针对性，主要规定了水体污染防治和污水排放等内容，减轻了内蒙古自治区境内河流的污染现状，改善了水质。具体内容详见表11-3：

表 11-3　渤海污染防治内蒙古自治区地方立法内容简表

基本内容	文献名称	条　款
水体污染防治	包头市环境综合整治条例（修正）	第二十三条（分类管理制度。）
	包头市城市饮用水源保护区污染防治管理办法	第九条："禁止向保护区水域及陆域倾倒有毒有害工业废渣、城市垃圾及其他废弃物。" 第十一条（饮用水地下水源保护区的划分。） 第十七条："加强水质监测工作，建立地表水系、地下水系监测网。"

基本内容	文献名称	条　款
污水排放	包头市环境综合整治条例（修正）	第二十四条："对含有毒有害物质的废水，必须净化处理，达到排放标准或总量控制标准后方可排放。废水排放方式和地点，须经城市建设行政主管部门同意后，由环境保护行政主管部门批准。" 第二十五条（城市污水集中处理，农业主管部门对污水灌溉进行监督。）
	内蒙古自治区环境保护条例	第二十八条："工业排水应清污水分流，分别处理，循环使用。" "含有国家规定的第一类污染物之一的废水，应采取闭路循环和回收措施，禁止稀释排放。"
	内蒙古自治区人民政府关于印发《内蒙古自治区城市污水处理费征收使用管理办法》的通知	第二章（污水处理费的征收。） 第三章（污水处理费的使用。） 第四章（污水处理费的管理。）
	内蒙古自治区城镇污水处理厂运行监督管理办法	第三条（征收污水处理费和适当的财政补贴。） 第五条（城镇污水再生利用。） 第十一条："城镇污水处理厂的出水水质应当符合国家污染物排放标准和环境影响评价批复标准。" 第十五条（污水处理厂运行记录和台账管理制度。） 第十六条："城镇污水处理厂应当保持连续运行，不得擅自停运。"

第二节　渤海生态保护内蒙古自治区立法文献

在渤海生态保护方面，内蒙古自治区也发挥着重要作用。目前，有关渤海生态保护内蒙古自治区立法主要集中在森林保护、草原（草地）保护、水土流失防治、湿地保护以及水资源调节这几方面，以下将分别阐述。

一、森林保护

为了保护和扩大森林资源，改善生态环境，内蒙古自治区制定和发布了一系列森林保护的地方性法规和规章。渤海管理内蒙古自治区森林保护地方法规主要有:《内蒙古自治区森林管理条例》、《鄂伦春自治旗森林防火条例》、《内蒙古自治区森林草原防火条例》等。具体内容详见表11-4:

表 11-4　渤海森林保护内蒙古自治区地方法规文献简表

序号	文献名称	发布机关	通过时间	文献编号	生效时间	当前效力
1	内蒙古自治区森林管理条例(试行)	内蒙古自治区第六届人大常委会第九次会议通过	1984 年 12 月 22 日	内蒙古自治区人大常委会令第 3 号	1985 年 1 月 1 日	失效
2	内蒙古自治区森林管理条例	内蒙古自治区第六届人大常委会第二十次会议通过	1986 年 12 月 27 日	不详	1986 年 12 月 27 日	有效
3	鄂伦春自治旗森林防火条例	1998 年 3 月 27 日鄂伦春自治旗第十届人大第六次会议通过,2001 年 4 月 6 日内蒙古自治区第九届人大常委会第二十二次会议批准	1998 年 3 月 27 日	不详	2001 年 4 月 6 日	有效
4	内蒙古自治区森林草原防火条例	内蒙古自治区第十届人大常委会第八次会议通过	2004 年 3 月 26 日	内蒙古自治区第十届人大常委会公告第 13 号	2004 年 4 月 15 日	有效

渤海管理内蒙古自治区森林保护政府规章主要有《内蒙古自治区实施〈森林法〉办法》、《内蒙古自治区天然林资源保护工程管理办法》以及《内蒙古自治区退耕还林管理办法》。具体内容详见表11-5:

表 11-5　渤海森林保护内蒙古自治区地方政府规章文献简表

序号	文献名称	发布机关	通过时间	文献编号	生效时间	当前效力
1	内蒙古自治区实施《森林法》办法	内蒙古自治区第九届人大常委会第十七次会议通过	2000 年 8 月 6 日	内蒙古自治区第九届人大常委会公告第 44 号	2000 年 8 月 6 日	有效
2	内蒙古自治区天然林资源保护工程管理办法（试行）	内蒙古自治区人民政府办公厅	2001 年 7 月 13 日	内政办发 [2001] 第 26 号	2001 年 7 月 13 日	有效
3	内蒙古自治区退耕还林管理办法	内蒙古自治区人民政府第八次常务会议通过	2007 年 9 月 27 日	内蒙古自治区人民政府令第 153 号	2007 年 12 月 1 日	有效

　　以下将从森林保护、植树造林、森林经营管理、森林采伐、森林防火方面对渤海生态保护内蒙古自治区森林保护文献做内容的梳理研究。具体内容详见表 11-6：

表 11-6　渤海森林保护内蒙古自治区地方立法内容简表

基本内容	文献名称	条　款
森林保护	内蒙古自治区森林管理条例	第二十四条："根据森林资源分布情况，配备武装森林警察部队，由自治区林业主管部门领导，在护林防火工作上受自治区和所在地护林防火指挥部指挥。" 第二十五条："各级人民政府应当按照'预防为主'，'积极消灭'的方针，采取有效措施，切实做好森林火灾的预防和扑救工作。" 第二十六条（森林病虫害的防治与森林植物的检疫。） 第二十八条（划定自然保护区，加强保护管理。）

基本内容	文献名称	条　　款
森林保护	内蒙古自治区实施《森林法》办法	第三条："林业建设应当贯彻以营林为基础，普遍护林，大力造林，采育结合，永续利用的方针；坚持谁建设、谁所有、谁受益的原则。" 第四条："自治区实行各级人民政府保护和发展森林资源目标责任制。" 第八条："禁止开垦林地和毁林采石、采砂、采土以及其他毁林行为。" 第八条："禁止在幼林地、特种用途林、生态灌木林内砍柴、放牧。在其他有林地内砍柴、放牧的，应当经其所有者、使用者同意，并不得造成林木的毁坏。" 第十一条（自然保护区、森林公园、天然林保护区的地区内由当地人民政府组织退耕移牧。） 第十二条（森林防火责任制。）
	内蒙古自治区天然林资源保护工程管理办法（试行）	第五条（加强公益林建设的后期管理。） 第六条（落实森林管护责任制，切实加强森林管护。） 第九条（加强科技支撑。）
植树造林	内蒙古自治区森林管理条例	第三十二条："制定以'三北'防护林体系建设为重点的植树造林规化，加快绿化步伐。" 第三十三条："植树造林要实行个体、集体、国家一齐上，以家庭经营为主的方针。" 第三十七条："新造幼林地和其他适宜封山育林的地方，由当地人民政府组织封山育林。"
	内蒙古自治区实施《森林法》办法	第十四条："因地制宜地确定本行政区域的森林覆盖率目标和造林树种及林种比例，并组织实施。" 第十五条（每年4月为全区造林绿化月。） 第十六条（自治区依法实行公民义务植树制度。） 第二十条第三款："禁止在封山、封沙育林区采伐林木、砍柴、放牧和从事对林木、植被有破坏作用的活动。"

基本内容	文献名称	条　款
森林经营管理	内蒙古自治区实施《森林法》办法	第二十四条："森林实行生态公益林、商品林分类经营。" 第二十七条："经营森林公园和开发森林旅游项目，需要进行景点和设施建设的，必须按照批准的规划设计进行，落实保护措施，不得造成森林资源和森林景观的破坏。" 第二十九条（森林、林木和林地所有权和使用权发生争议的处理。） 第三十二条："任何单位和个人不得擅自改变林地用途，确需改变的，必须经旗县级以上人民政府林业主管部门审核同意，依照土地管理法律、法规办理用途变更手续。" 第三十四条（森林植被恢复费。）
森林采伐	内蒙古自治区森林管理条例	第三十八条第三款："除用材林的成熟林和过熟林蓄积量超过用材林的总蓄积量三分之二的国营林业局以外，都要根据用材林的消耗量低于生长量的原则，核定森林年采伐限额。" 第四十一条："采伐林木必须申请采伐许可证，按许可证的规定进行采伐；农牧民采伐自留地和房前屋后个人所有的零星林木除外。"
	内蒙古自治区实施《森林法》办法	第三十五条（年森林采伐限额制度。） 第三十八条："灌木经营管理以发挥生态效益为主，采伐利用为辅。"
森林防火	鄂伦春自治旗森林防火条例	第三条（"预防为主、积极消灭"的方针。） 第八条（自治旗设立森林防火指挥部。） 第十六条："根据森林防火实际需要，自治旗人民政府可以决定提前进入或者推迟结束森林防火期和森林防火戒严期。"
	内蒙古自治区森林草原防火条例	第十五条："各级人民政府负责组织划定森林草原防火责任区，确定森林草原防火责任单位，建立健全森林草原防火责任制度并定期进行检查。" 第十七条（森林草原防火宣传教育。）

二、草原（草地）保护

内蒙古自治区拥有 11.82 亿亩草地，占全区国土面积的 67%，占全国草地面积的 20%。内蒙古草地是欧亚大陆草原的重要组成部分，也是目前世界上草地类型最多、保持最完整的草地之一。因此，用好、管好、建设好草地资源，使

它地尽其力、永续利用,是造福子孙后代的长远大计。具体内容详见表11-7、11-8:

表 11-7 渤海草原(草地)保护内蒙古自治区地方法规文献简表

序号	文献名称	发布机关	通过时间	文献编号	生效时间	当前效力
1	内蒙古自治区草原管理条例(试行)	内蒙古自治区第六届人大常委会第二次会议通过	1983年7月21日	不详	1983年9月1日	失效
2	鄂温克族自治旗草原管理条例	鄂温克族自治旗第九届人大第二次会议通过	2000年3月29日	不详	2001年11月21日	有效
3	内蒙古自治区草原管理条例	内蒙古自治区第十届人大常委会第十二次会议修订通过	2004年11月26日	内蒙古自治区第十届人大常委会公告20号	2005年1月1日	有效
4	内蒙古自治区森林草原防火条例	内蒙古自治区第十届人大常委会第八次会议通过	2004年3月26日	内蒙古自治区第十届人大常委会公告第13号	2004年4月15日	有效
5	内蒙古自治区锡林郭勒草原国家级自然保护区管理条例	内蒙古自治区第九届人大常委会第二十二次会议通过	2001年4月6日	内蒙古自治区第九届人大常委会公告第58号	2001年4月6日	2010年9月17日内蒙古自治区第十一届人大常委会第十七次会议修正

序号	文献名称	发布机关	通过时间	文献编号	生效时间	当前效力
6	包头市赛汗塔拉城中草原保护条例	包头市第十二届人大常委会第二十九次会议通过	2007 年 5月 30 日	不详	2007 年 8月 3 日	有效

表 11-8　渤海草原（草地）保护内蒙古自治区地方规章文献简表

序号	文献名称	发布机关	通过时间	文献编号	生效时间	当前效力
1	内蒙古自治区草原管理实施细则	自治区人民政府 1998 年 第五次常务会议通过	1998 年 8月 4 日	内蒙古自治区人民政府令第86 号	1998 年 8月 4 日	有效
2	内蒙古自治区草畜平衡暂行规定	内蒙古自治区人民政府第五次常务会议通过	2000 年 6月 28 日	内蒙古自治区人民政府令第104 号	2000 年 8月 1 日	有效
3	内蒙古自治区天然草原植被恢复建设与保护项目管理办法（试行）	内蒙古自治区人民政府办公厅	2001 年 7月 13 日	内政办发[2001]第 26 号	2001 年 7月 13 日	有效
4	内蒙古自治区草原管理条例实施细则	2006 年 1 月12 日自治区人民政府第 2 次常务会议讨论通过	2006 年 1月 12 日	内蒙古自治区人民政府令第145 号	2006 年 5月 1 日	有效

　　以下将从草原保护、草原权属、草原规划、草原建设、草原利用方面对渤海生态保护内蒙古自治区草原（草地）保护立法文献做内容的梳理研究。具体内容详见表 11-9：

表 11-9　渤海草原（草地）保护内蒙古自治区地方立法内容简表

基本内容	文献名称	条　款
草原保护	内蒙古自治区草原管理条例	第二十九条（禁止开垦草原。） 第三十条："自治区对草原实行以草定畜、草畜平衡制度。" 第三十二条："自治区依法实行退耕、退牧还草和禁牧、休牧制度。" 第四十一条："各级人民政府应当加强草原生态环境的管理，防止废水、废气、废渣及其他污染源对草原的污染。""造成草原生态环境污染的，当事人应当接受调查处理，并立即采取补救措施。"
	内蒙古自治区草原管理实施细则	第四十条："自治区对严重退化、沙化、盐碱化、石漠化的草原和生态脆弱区的草原，实行禁牧、休牧制度。" 第四十六条："旗县级以上人民政府应当建立草原防火责任制。"
	包头市赛汗塔拉城中草原保护条例	第三条（统一规划、严格保护、依法管理、永续利用的原则。）
草原权属	内蒙古自治区草原管理条例	第八条："自治区行政区域内的草原，属于国家所有和集体所有。" 第十一条："草原承包经营权可以按照平等协商、自愿、有偿的原则依法流转。" 第十三条第一款："草原所有权、使用权的争议，由当事人协商解决；协商不成的，由有关人民政府处理；当事人对处理决定不服的，可以依法向人民法院起诉。"
	鄂温克族自治旗草原管理条例	第七条："草原所有者，可以将草原划分承包给单位或者个人使用。" 第八条："依法拥有的草原所有权、使用权和承包经营权受法律保护，任何单位和个人不得侵犯。"
	内蒙古自治区草原管理条例实施细则	第十二条："草原承包经营权流转的方式包括转包、出租、互换、转让或者其他方式。"

基本内容	文献名称	条　款
草原规划	内蒙古自治区草原管理条例	第十四条（对草原保护、建设、利用实行规划制度。） 第十五条（建立草原调查制度。） 第十六条（建立草原统计制度。） 第十七条（建立草原生产与生态监测预警系统。）
草原建设	内蒙古自治区草原管理条例	第十八条："各级人民政府鼓励单位和个人投资建设草原，按照谁投资、谁受益的原则，保护草原投资建设者的合法权益。" 第二十一条："各级人民政府应当按照草原保护、建设、利用规划，对退化、沙化、盐碱化、荒漠化和水土流失的草原，划定治理区，组织专项治理。"
	内蒙古自治区天然草原植被恢复建设与保护项目管理办法（试行）	第二十条："各级草原技术推广单位要及时总结建设经验，完善改进治理模式，提高科技含量，逐步扩大建设规模。"
草原利用	内蒙古自治区草原管理条例	第二十五条："国家和自治区为了公共利益的需要，依照法律征收或者征用草原的，应当支付草原补偿费、安置补助费和附着物补偿费。" 第二十六条："临时占用草原的期限不得超过两年，不得在临时占用的草原上修建永久性建筑物和构筑物。" 第十八条（严禁任何单位和个人违法开垦草原。）
	包头市赛汗塔拉城中草原保护条例	第十三条（城中草原资源实行有偿使用。）
	鄂温克族自治旗草原管理条例	第十一条（自治旗实行草原有偿使用制度。）
	内蒙古自治区锡林郭勒草原国家级自然保护区管理条例	第十条："禁止在自然保护区内进行砍伐、猎捕、采药、开垦、烧荒、挖沙取土等活动。自然保护区内已经开垦的草原，必须退耕还草，坚持草畜平衡，不得超载过牧。"

基本内容	文献名称	条　　款
草原利用	内蒙古自治区森林草原防火条例	第十五条，"各级人民政府负责组织划定森林草原防火责任区，确定森林草原防火责任单位，建立健全森林草原防火责任制度并定期进行检查。" 第十七条（森林草原防火宣传教育。）

三、水土流失防治

内蒙古自治区目前已累计完成水土流失治理面积 6.74 万平方公里，但水土流失仍然严重，今后的治理任务十分艰巨。该区是全国水土流失严重省区之一，全区土壤侵蚀面积 79.28 万平方公里，占该区国土总面积的 67%。为防治水土流失，渤海管理内蒙古自治区地方法规与规章主要有：《内蒙古自治区实施〈水土保持法〉办法》、《内蒙古自治区实施〈防洪法〉办法》、《包头市水土保持条例》。具体内容详见表 11-10、11-11：

表 11-10　渤海水土流失防治内蒙古自治区地方法规文献简表

序号	文献名称	发布机关	通过时间	文献编号	生效时间	当前效力
1	包头市水土保持条例	包头市第十二届人大常委会第十九次会议通过	2005 年 11 月 25 日	不详	2006 年 4 月 1 日	有效

表 11-11　渤海水土流失防治内蒙古自治区政府规章文献简表

序号	文献名称	发布机关	通过时间	文献编号	生效时间	当前效力
1	内蒙古自治区实施《水土保持法》办法	内蒙古自治区第八届人大常委会第四次会议通过	1993 年 10 月 30 日	内蒙古自治区第八届人大常委会公告第 60 号	1993 年 10 月 30 日	内蒙古自治区第十一届人大常委会第十三次会议修订

序号	文献名称	发布机关	通过时间	文献编号	生效时间	当前效力
2	内蒙古自治区实施《防洪法》办法	内蒙古自治区第九届人大常委会第十二次会议通过	1999 年 11 月 29 日	不详	1999 年 11 月 29 日	有效

以下将从预防与保护、治理与开发这两方面对渤海生态保护内蒙古自治区水土流失防治立法文献做内容的梳理研究。具体内容详见表 11-12：

表 11-12　渤海水土流失防治内蒙古自治区地方立法内容简表

基本内容	文献名称	条　款
预防与保护	内蒙古自治区实施水土保持法》办法	第九条："全民植树种草，有计划地封山固沙、育林育草，因地制宜营造各种防护林，加强草牧场的管理保护与饲草料基地建设。" 第十二条："林区采伐林木应当选用有利于保护生态环境的采伐方式与集材方式。" 第十四条："建设项目中的水土保持设施，必须与项目主体工程同时设计，同时施工，同时投入使用。"
	包头市水土保持条例	第九条："市和旗县区人民政府应当采取措施，扩大植被覆盖面，加强植被及水土保持工程设施的建设、维护和管理，防止水土流失。市和旗县区人民政府应当按照建设节水型城市的要求，兴建雨水集蓄利用工程，做好蓄水保土工作。" 第十条："在重点预防保护区内植树造林、种草、封山育林、轮封轮牧。" 第十五条（水土保持方案分为《水土保持方案报告书》、《水土保持方案报告表》。）
	内蒙古自治区实施《防洪法》办法	第九条："山洪多发地区的旗县级以上人民政府，应当组织水行政主管部门和有关部门划定重点防治区，采取生态建设和工程防护措施，治理隐患，并加强水文、气象观测、预警、预报，制定和落实避险方案。"

基本内容	文献名称	条　款
治理与开发	内蒙古自治区实施水土保持法》办法	第十七条第二款："水土流失治理应当与开发利用水土资源、发展当地生产相结合，建立农、牧、林、渔、果生产基地，在发挥综合效益的基础上，注重实行综合治理，提高经济效益。" 第十九条："修建水平梯田、营造水土保持防护林、整治排水系统和采取其他蓄水保土耕作措施，控制水土流失。"
	内蒙古自治区实施《防洪法》办法	第十二条（防治洪水应当蓄泄兼施，标本兼治，工程与生物措施并用。） 第十五条（河道管理按照水系统一管理和分级管理相结合的原则实施。）
	包头市水土保持条例	第二十三条："各级人民政府制订的重点治理区的治理方案，应当明确治理目标、治理责任，组织力量进行集中、连片、综合治理。"

四、湿地保护

内蒙古湿地类型齐全，面积在全国占第三位，是国家湿地资源分布较多的省区。做好湿地保护管理工作，事关国家生态建设和内蒙古经济社会可持续发展大局。具体内容详见表 11-13：

表 11-13　渤海湿地保护内蒙古自治区地方法规文献简表

序号	文献名称	发布机关	通过时间	文献编号	生效时间	当前效力
1	包头市湿地保护条例	包头市第十三届人大常委会第十八次会议通过	2010 年 6 月 30 日	包头市第十三届人大常委会公告第 12 号	2010 年 9 月 17 日	有效
2	内蒙古自治区湿地保护条例	内蒙古自治区第十届人大常委会第二十八次会议通过	2007 年 5 月 31 日	内蒙古自治区第十届人大常委会公告（第 48 号）	2007 年 9 月 1 日	有效

序号	文献名称	发布机关	通过时间	文献编号	生效时间	当前效力
3	包头市南海子湿地自然保护区条例	包头市第十二届人大常委会第三十二次会议通过	2007 年 11 月 22 日	包头市人大常委会公告（第 2 号）	2008 年 4 月 3 日	有效

　　以下将从湿地保护、湿地利用两方面对渤海生态保护内蒙古自治区湿地保护立法文献做内容的梳理研究。具体内容详见表 11-14：

表 11-14　渤海湿地保护内蒙古自治区地方立法内容简表

基本内容	文献名称	条　　款
湿地保护	包头市湿地保护条例	第十六条（湿地补水机制，定期或者有计划地补水。）
	包头市南海子湿地自然保护区条例	第四条（全面保护、生态优先、永续利用的原则。）
	内蒙古自治区湿地保护条例	第四条（保护优先、科学规划、合理利用和持续发展原则。） 第十九条（湿地生态效益补偿制度。）
湿地利用	包头市南海子湿地自然保护区条例	第十二条："湿地资源实行有偿使用，收益用于湿地资源保护、基础设施维护和日常管理。"
	包头市湿地保护条例	第二十五条："按照湿地保护规划利用湿地资源，应当维护湿地资源的可持续利用，不得改变湿地生态系统基本功能，不得超出湿地资源的再生能力或者损害野生动植物物种，不得破坏野生动物的栖息环境。"

五、水资源调节

　　内蒙古自治区拥有丰富的水源，水资源的合理调节对渤海管理具有重要的意义，目前有关水资源调节的内蒙古自治区地方法规立法文献主要有：《包头市城市供水管理条例》、《内蒙古自治区农村牧区饮用水供水条例》、《呼和浩特市城市供热、供水、燃气、公共交通管理条例》《包头市水资源管理条例》《包头市供水条例》。具体内容详见表 11-15：

表 11-15　渤海水资源调节内蒙古自治区地方法规文献简表

序号	文献名称	发布机关	通过时间	文献编号	生效时间	当前效力
1	包头市城市供水管理条例	包头市第九届人大常委会第三十次会议通过	1992 年 9 月 25 日	包头市人大常委会公告（第 4 号）	1993 年 10 月 30 日	有效
2	内蒙古自治区农村牧区饮用水供水条例	内蒙古自治区第十一届人大常委会第十九次会议通过	2010 年 12 月 2 日	内蒙古自治区第十一届人大常委会公告（第 21 号）	2011 年 1 月 1 日	有效
3	呼和浩特市城市供热、供水、燃气、公共交通管理条例	呼和浩特市第十一届人大常委会第二十三次会议通过	2002 年 1 月 17 日	不详	2002 年 5 月 1 日	有效
4	包头市水资源管理条例	包头市第十届人大常委会第十七次会议通过	1995 年 7 月 28 日	包头市十三届人大常委会公告（第 20 号）	1995 年 11 月 17 日	2003 年 5 月 27 日内蒙古自治区第十届人大常委会第三次会议批准修订
5	包头市供水条例	包头市第十三届人大常委会第二十次会议通过	2010 年 9 月 30 日	包头市人大常委会公告（第 4 号）	2010 年 12 月 2 日	有效

　　有关渤海管理内蒙古自治区水资源调节的政府规章主要有：《呼和浩特市水资源管理办法（修正）》《内蒙古自治区城市供水实施办法》《内蒙古自治区

取水许可和水资源费征收管理实施办法》等等。具体内容详见表 11-16：

表 11-16　渤海水资源调节内蒙古自治区地方规章文献简表

序号	文献名称	发布机关	通过时间	文献编号	生效时间	当前效力
1	呼和浩特市水资源管理办法（修正）	呼和浩特市第九届人大常委会第二十三次会议通过	1992 年 10 月 30 日	不详	1994 年 1 月 14 日	1997 年 9 月 24 日内蒙古自治区第八届人大常委会第二十八次会议修正
2	内蒙古自治区人大常委会关于批准《呼和浩特人大常委会关于修改〈呼和浩特市水资源管理办法〉的决定》的决议	内蒙古自治区第八届人大常委会第二十八次会议通过	1997 年 9 月 24 日	内蒙古自治区第九届人大常委会公告第 44 号	1997 年 9 月 24 日	有效
3	内蒙古自治区实施《水法》办法（2004 年修正）	内蒙古自治区第七届人大常委会第二十次会议通过	1991 年 4 月 20 日	内蒙古自治区人大常委会公告 第 15 号	2004 年 8 月 1 日	有效
4	内蒙古自治区城市供水实施办法	内蒙古自治区人民政府第十五次常务会议通过	1998 年 11 月 25 日	内蒙古自治区人民政府令第 93 号	1998 年 11 月 25 日	有效
5	内蒙古自治区取水许可和水资源费征收管理实施办法	自治区人民政府第 12 次常务会议通过	2007 年 12 月 28 日	内蒙古自治区人民政府令第 155 号	2008 年 3 月 1 日	有效

序号	文献名称	发布机关	通过时间	文献编号	生效时间	当前效力
6	呼和浩特市节约用水管理办法	呼和浩特市人民政府第55次常务会议通过	2002年9月27日	呼和浩特市人民政府令第21号	2002年12月20日	有效
7	包头市节约用水管理办法	包头市人民政府第16次常务会议审议通过	2005年12月28日	包头市人民政府令第108号公布	2006年3月1日	有效

以下将从供水、用水以及水资源开发利用三方面对渤海生态保护内蒙古自治区水资源调节立法文献做内容的梳理研究。具体内容详见表11-17：

表 11-17　渤海水资源调节内蒙古自治区地方立法内容简表

基本内容	文献名称	条　　款
供水	包头市城市供水管理条例	第四条（开发新水源和计划用水、节约用水相结合的原则。）
	内蒙古自治区农村牧区饮用水供水条例	第二十九条（农村牧区饮用水供水实行有偿使用制度。）
	内蒙古自治区城市供水实施办法	第四条（开发水源和计划用水、节约用水相结合的原则。） 第十八条（水质检测制度。）
	呼和浩特市城市供热、供水、燃气、公共交通管理条例	第二十六条（保护水源、合理开发与计划用水、节约用水相结合，保障供水与确保水质相结合的原则。）
	包头市供水条例	第四条："供水应当遵循统一规划、合理布局、确保安全、综合利用、厉行节约、规范服务的原则。坚持优先保障居民生活用水，统筹兼顾生产、经营、建设用水的方针。" 第三十八条（供水实行许可经营制度。）

基本内容	文献名称	条　　款
用水	包头市城市供水管理条例	第二十三条（企业与用户签订供水合同。）
	呼和浩特市水资源管理办法（修正）	第十九条（取水许可制度。）
	内蒙古自治区实施《水法》办法（2004年修正）	第三条（取水许可制度和有偿使用制度。） 第十六条（取水许可证实行年度审验制度。） 第三十条（总量控制和定额管理相结合的制度。）
	呼和浩特市节约用水管理办法	第三条："水资源管理贯彻开源与节流并重的方针，实行取水许可制度和水资源有偿使用制度；用水实行总量控制和定额管理相结合的制度。" 第十一条："用水人应当根据用水计划制定节水目标和节水措施，建立用水记录、用水统计分析制度和管水制度。"
	包头市水资源管理条例	第二十七条（用水实行总量控制和定额管理相结合的制度。） 第三十一条："新建、扩建、改建的建设项目，应当制定节水措施方案，配套建设节水设施。节水设施与主体工程同时设计、同时施工、同时投产。"
	包头市供水条例	第五十三条（供水价格实行政府定价。） 第五十六条（非居民用水户实行总量控制和定额管理相结合的制度。）
	包头市节约用水管理办法	第四条："节约用水遵循统筹规划、因地制宜、高效利用的原则，实行用水总量控制和定额管理相结合的制度。" 第十八条："鼓励开发与利用非传统水资源，积极发展节水型农业、工业和服务业，严格限制高耗水项目建设。" 第二十六条（工业用水单位实行水平衡测试制度。）
水资源开发利用	呼和浩特市水资源管理办法（修正）	第十条："在水资源调查评价的基础上，实行统一规划，加强监督管理，坚持采补平衡的原则。" 第十二条："对河道的开发利用和保护，实行统一管理与分级、分部门管理相结合的原则。"

基本内容	文献名称	条　　款
水资源开发利用	呼和浩特市节约用水管理办法	第三十四条（取水许可证实行年度审验制度。）
	包头市水资源管理条例	第三条："开发、利用、节约、保护水资源和防治水害应当全面规划、统筹兼顾、标本兼治，优先开发利用地表水，合理开发利用地下水，坚持开源与节流相结合、节流优先和污水处理再利用的原则。" 第十一条（取水实行许可制度。） 第二十条（水资源实行有偿使用制度。） 第三十七条（《取水许可证》实行年度审验制度。）

第三节　渤海管理手段类内蒙古自治区立法文献

有关渤海管理内蒙古自治区手段类立法主要有《内蒙古自治区实施〈森林法〉办法》、《内蒙古自治区义务植树条例》、《内蒙古自治区征收排污费实施办法》、《内蒙古自治区草原管理条例实施细则》、《包头市环境综合整治条例》、《包头市三废资源综合利用规定》、《包头市环境保护条例》、《包头市水资源管理条例》以及《呼和浩特市水土保持条例》。具体内容详见表 11-18：

表 11-18　渤海管理手段类内蒙古自治区地方立法文献简表

序号	文献名称	发布机关	通过时间	文献编号	生效时间	当前效力
1	包头市环境综合整治条例	内蒙古自治区第六届人大常委会第十九次会议通过	1986 年 11 月 4 日	不详	1986 年 11 月 4 日	1991 年 8 月 3 日包头市第九届人大常委会第二十二次会议修正

序号	文献名称	发布机关	通过时间	文献编号	生效时间	当前效力
2	内蒙古自治区义务植树条例	内蒙古自治区第十一届人民代表大会常务委员会公告第十四号	2009 年 11 月 27 日	内蒙古自治区第十一届人民代表大会常务委员会通过	2010 年 2 月 1 日	有效
3	呼和浩特市水土保持条例	呼和浩特市第十一届人民代表大会常务委员会第二十八次会议通过	2002 年 4 月 26 日	不详	2002 年 5 月 25 日	有效
4	包头市环境保护条例	包头市第十一届人民代表大会常务委员会第三十六次会议通过	2003 年 2 月 28	包头市十三届人大常委会公告第 20 号	2003 年 5 月 27 日	有效
5	包头市水资源管理条例	包头市第十届人民代表大会常务委员会第十七次会议通过	1995 年 7 月 28 日	不详	1995 年 11 月 17 日	2003 年 5 月 27 日内蒙古自治区第十届人民代表大会常务委员会第三次会议批准修订
6	包头市义务植树条例	包头市第十三届人民代表大会常务委员会第八次会议通过	2009 年 1 月 5 日	包头市第十三届人民代表大会常务委员会公告第 4 号公布	2009 年 7 月 1 日	有效
7	包头市湿地保护条例	包头市第十三届人民代表大会常务委员会第十八次会议通过	2010 年 6 月 30 日	包头市第十三届人民代表大会常务委员会公告第 12 号	2010 年 9 月 17 日	有效

序号	文献名称	发布机关	通过时间	文献编号	生效时间	当前效力
8	内蒙古自治区实施《森林法》办法	内蒙古自治区第九届人民代表大会常务委员会第十七次会议通过	2000年8月6日	内蒙古自治区第九届人民代表大会常务委员会公告第44号	2000年8月6日	有效
9	内蒙古自治区征收排污费实施办法	自治区人民政府第十一次常务会议通过	1991年5月23日	内蒙古自治区人民政府令第33号	1991年5月23日	有效
10	内蒙古自治区草原管理条例实施细则	内蒙古自治区人民政府第五次常务会议通过	1998年6月17日	内蒙古自治区人民政府令第86号	1998年6月17日	2006年1月12日内蒙古自治区人民政府第2次常务会议修订
11	包头市三废资源综合利用规定	内蒙古自治区包头市人民政府	1994年11月23日	包头市人民政府令第67号	1994年11月23日	有效

以下将从环境影响评价、税费措施、公众参与以及争议处理手段方面对渤海管理内蒙古自治区手段类立法文献做内容的梳理研究。具体内容详见表11-19：

表 11-19 渤海管理手段类内蒙古自治区地方立法内容简表

基本内容	文献名称	条 款
环境影响评价	包头市环境综合整治条例	第八条:"凡新建、扩建、改建和技术改造项目必须编制环境影响说明或者环境影响报告书,由环境保护行政主管部门审批;凡从事对环境有影响的新建、改建、扩建和技术改造项目,污染防治设施与主体工程必须同时设计、同时施工、同时投产使用,排放污染物必须达到国家和地方规定的排放标准。"
	内蒙古自治区草原管理条例实施细则	第四十七条(在草原上从事建设活动的,应当进行环境影响评价,其环境保护措施、生态恢复工程应当与主体工程同时设计、同时施工、同时投入使用。)
	包头市环境保护条例	第十条(建设对环境有影响的项目或者设施的单位和个人,按照分类管理的要求,必须编制环境影响报告书、报告表或者填报环境影响登记备案表,报有审批权的环境保护行政主管部门审批。)
税费措施	包头市环境综合整治条例	第十一条(排放污染物的单位,要按照国家和地方的有关规定缴纳排污费和超标准排污费。)
	内蒙古自治区实施《森林法》办法	第三十四条(经依法批准征占用林地进行勘察、开采矿藏和各项工程建设,应当依法缴纳森林植被恢复费。)
	内蒙古自治区征收排污费实施办法	第十一条(企业缴纳的排污费,可以计入生产成本或流通费用。) 第十三条:"排污费收入纳入各级财政预算,按专项资金管理,用于环境保护支出,年度终了结余部分可结转下年使用,不得用于其他开支。"
	呼和浩特市水土保持条例	第二十四条:"单位或者个人从事自然资源开发、生产建设和其他活动,破坏具有水土保持功能的地形、地貌、植被或者生物措施、工程措施等水土保持设施,使原有水土保持功能降低或者丧失的,应当按照规定缴纳水土保持设施补偿费。"

基本内容	文献名称	条　　款
税费措施	包头市三废资源综合利用规定	第八条（排放"三废"的企业，产生可利用废弃物但未进行利用的，对产生的企业收缴"三废"资源补偿费，"三废"资源补偿费由市环境保护行政主管部门收缴。）
	包头市水资源管理条例	第二十六条（新建、改建或者扩建的工程建设项目，施工需要降低水位排水的，建设单位应当到水行政主管部门登记，按规定缴纳水资源费。）
公众参与	内蒙古自治区义务植树条例	第三条（已满十一周岁未满十八周岁的未成年人，应当根据实际情况，有组织的参加以保护生态环境为主的绿化活动或者力所能及的义务植树。）
	包头市义务植树条例	第七条（任何单位和个人对义务栽植树木和设施的破坏行为，有权制止和举报。）
	包头市湿地保护条例	第八条（任何单位和个人都有保护湿地的义务，对破坏或者侵占湿地的行为有检举、控告的权利。）
争议处理程序	内蒙古自治区实施《森林法》办法	第三十条（因草原证与林权证重复发放，造成森林、林木、林地权属和土地用途争议的，按照下列规定处理： （一）同一人民政府重复发证造成争议的，由该人民政府处理； （二）上级人民政府与下级人民政府重复发证造成争议的，由上级人民政府处理； （三）国务院林业主管部门与地方人民政府重复发证造成争议的，由自治区人民政府提出意见，报国务院处理。）

第十二章 渤海管理宁夏回族自治区立法文献研究

　　宁夏回族自治区虽是非滨海省份,在渤海管理中却具有相当重要的作用,"母亲河"黄河流经此区域的诸多地方,所经之处不仅孕育生灵,而且哺育世世代代的华夏儿女,黄河水最终注入渤海,所经之处的环境状况不仅关系到渤海管理,也关系到全人类的环境权益。自 20 世纪 80 年代,宁夏回族自治区人大常委会、政府就开始制定保护、改善环境的法规、规章等,自治区的国民经济和社会发展规划纲要、政府工作报告等也都有环境保护的内容,研究这些立法、其他规范性文件,对健全与完善渤海管理具有必要性与可行性。

第一节 渤海管理宁夏回族自治区综合性立法文献

　　宁夏回族自治区一直致力于环境综合性立法的制定,对环境与资源保护的各个方面都进行了比较详细的规定,而且审时度势对其进行修订、废止等。目前有关综合性立法包括环境法体系中具有"综合性基本法"地位的《宁夏回族自治区环境保护条例》和《宁夏回族自治区草原管理条例》、《宁夏回族自治区土地管理条例》、《宁夏回族自治区矿产资源管理条例》、《宁夏回族自治区节约能源条例》、《宁夏回族自治区气象条例》、《宁夏回族自治区林地管理办法》、《宁夏回族自治区自然保护区管理办法》等。这些立法为宁夏回族自治区的环境保护提供了保障与依据。具体内容详见表 12-1、12-2:

表 12-1　渤海管理宁夏回族自治区综合性立法地方法规文献简表

序号	文献名称	发布机关	通过时间	文献编号	生效时间	当前效力
1	宁夏回族自治区环境保护条例	宁夏回族自治区第六届人大常委会第十二次会议通过	1990 年 4 月 17 日	不详	1990 年 4 月 17 日	已被《宁夏回族自治区人大常委会 2006 年 3 月 31 日关于修改〈宁夏回族自治区矿产资源管理条例〉等 12 件地方性法规的决定》修订
2	宁夏回族自治区环境保护条例	宁夏回族自治区第九届人大常委会第二十一次会议通过	2006 年 3 月 31 日	宁夏回族自治区人大常委会公告第 30 号	2006 年 3 月 31 日	已被宁夏回族自治区第十届人大常委会第十四次会议修订
3	宁夏回族自治区环境保护条例	宁夏回族自治区第十届人大常委会第十四次会议修订	2009 年 11 月 19 日	宁夏回族自治区人大常委会公第六十八号	2010 年 1 月 1 日	有效
4	宁夏回族自治区农业环境保护条例	宁夏回族自治区第七届人大常委会第十次会议通过	1994 年 12 月 15 日	宁人常 [1994] 23 号	1994 年 12 月 15 日	有效
5	宁夏回族自治区草原管理试行条例	宁夏回族自治区第五届人大常委会第三次会议通过	1983 年 9 月 12 日	不详	1984 年 1 月 1 日	宁夏回族自治区第七届人大常委会第十次会议通过的《宁夏回族自治区草原管理条例》废止

序号	文献名称	发布机关	通过时间	文献编号	生效时间	当前效力
6	宁夏回族自治区草原管理条例	宁夏回族自治区第七届人大常委会第十次会议通过	1994年12月15日	不详	1994年12月15日	已被宁夏回族自治区第九届人大常委会第十九次会议第一次修订
7	宁夏回族自治区草原管理条例	宁夏回族自治区第九届人大常委会第十九次会议第一次修订	2005年11月16日	宁人常[2005]26号	2006年1月1日	有效
8	宁夏回族自治区土地管理暂行条例	宁夏回族自治区第五届人大常委会第四次会议通过	1983年12月24日	不详	1984年5月1日	已被宁夏回族自治区人大常委会1990年10月28日通过的《宁夏回族自治区实施〈土地管理法〉办法》废止
9	宁夏回族自治区实施《土地管理法》办法	宁夏回族自治区人大常委会1990年12月28日通过	1990年12月28日	不详	1990年12月28日	本法规已被《宁夏回族自治区人大常委会1997年10月17日关于修改八件地方性法规的决定》修正；最终被宁夏回族自治区第八届人大常委会第十六次会议通过的《宁夏回族自治区土地管理条例》废止

序号	文献名称	发布机关	通过时间	文献编号	生效时间	当前效力
10	宁夏回族自治区土地管理条例	宁夏回族自治区第八届人大常委会第十六次会议通过	2000年11月17日	不详	2001年1月1日	有效
11	宁夏回族自治区矿产资源管理条例	宁夏回族自治区五届人大常委会第二十六次会议通过	1987年11月28日	不详	1987年11月28日	已被宁夏回族自治区第八届人大常委会第八次会议修订
12	宁夏回族自治区矿产资源管理条例	宁夏回族自治区第八届人大常委会第八次会议修订	1999年8月13日	不详	1999年8月13日	已被《宁夏回族自治区人大常委会关于修改〈宁夏回族自治区矿产资源管理条例〉等12件地方性法规的决定》修订
13	宁夏回族自治区矿产资源管理条例	宁夏回族自治区人大常委会修订	2006年3月31日	不详	2006年3月31日	有效
14	银川市矿产资源管理办法	宁夏回族自治区银川市第十届人大常委会第十次会议通过；宁夏回族自治区第七届人大常委会第十九次会议批准通过	1995年11月30日	不详	1996年7月1日	有效

序号	文献名称	发布机关	通过时间	文献编号	生效时间	当前效力
15	宁夏回族自治区节约能源条例	宁夏回族自治区第八届人大常委会第二十次会议通过	2001 年 7 月 20 日	不详	2001 年 10 月 1 日	已被宁夏回族自治区第十届人大常委会第十二次会议通过的《宁夏回族自治区实施〈节约能源法〉办法》废止
16	宁夏回族自治区实施《节约能源法》办法	宁夏回族自治区第十届人大常委会第十二次会议通过	2009 年 9 月 30 日	宁人常[2009]64 号	2009 年 11 月 1 日	有效
17	宁夏回族自治区气象条例	宁夏回族自治区第八届人大常委会第二十次会议通过	2001 年 7 月 20 日	不详	2001 年 10 月 1 日	有效
18	宁夏回族自治区节约用水条例	宁夏回族自治区第九届人大常委会第二十七次会议通过	2007 年 3 月 29 日	宁人常[2007]39 号)	2007 年 5 月 1 日	有效
19	宁夏回族自治区湿地保护条例	宁夏回族自治区第十届人大常委会第五次会议通过	2008 年 9 月 19 日	宁人常[2008]51 号	2008 年 11 月 1 日	有效
20	宁夏回族自治区防沙治沙条例	宁夏回族自治区第十届人大常委会第二十次会议	2010 年 10 月 15	宁人常[2010]77 号	2010 年 12 月 1 日	有效

序号	文献名称	发布机关	通过时间	文献编号	生效时间	当前效力
21	宁夏回族自治区环境教育条例	宁夏回族自治区第十届人大常委会第二十七次会议通过	2011年12月1日	不详	2012年1月1日	有效

表 12-2　渤海管理宁夏回族自治区综合性立法地方规章文献简表

序号	文献名称	发布机关	通过时间	文献编号	生效时间	当前效力
1	宁夏回族自治区林地管理办法	宁夏回族自治区政府	1993年8月7日	宁政发[1993]80号	1993年8月7日	已被宁夏回族自治区人民政府2005年第五十八次常务会议讨论通过《宁夏回族自治区林地管理办法》废止
2	宁夏回族自治区林地管理办法	宁夏回族自治区人民政府2005年第五十八次常务会议讨论通过	2005年5月23日	宁政发[2005]78号	2005年8月1日	有效
3	宁夏回族自治区自然保护区管理办法	宁夏回族自治区人民政府2002年第九十三次常务会议讨论通过	2002年7月24日	宁政发[2002]48号	2002年10月1日	有效

以上综合性立法明确规定了环境保护的原则、制度、监督管理体制、法律责任等重要内容。以下将从这四个方面对渤海管理宁夏回族自治区综合性立法文

献做内容的梳理研究。

一、环境保护原则

环境法的基本原则贯穿于整个环境法体系,是环境法建立时由立法者注入其中的原则和精神,在环境法体系中影响范围比较大的环境法的基本原则,包括环境保护同经济、社会发展协调原则,预防为主、防治结合、综合治理原则,污染者付费原则,公众参与原则。宁夏回族自治区的地方立法也贯彻了环境法的基本原则,具体内容详见表12-3:

表 12-3　渤海管理环境保护基本原则宁夏回族自治区地方立法内容简表

基本内容	文献名称	条　　款
环境保护同经济、社会发展协调原则	宁夏回族自治区环境保护条例（1990）	第五条:"环境保护工作同经济建设和社会发展相协调。"
预防为主、防治结合、综合治理原则	宁夏回族自治区环境保护条例（1990）	第四条:"坚持综合防治污染,以防为主,防治结合。" 第六条:"在本自治区范围内,实行环境保护目标责任制、城市环境综合治理定量考核、排放污染物申报登记和污染限期治理的制度。" 第十九条:"新建、扩建和改建的建设项目,要做到防治污染的设施与主体工程同时设计、同时施工、同时投产使用,防止产生新污染。"
	宁夏回族自治区环境保护条例（2006）	第十九条:"新建、扩建和改建的建设项目,要做到防治污染的设施与主体工程同时设计、同时施工、同时投产使用,防止产生新污染。"
	宁夏回族自治区环境保护条例（2010）	第八条:"自治区依法实施下列环境保护制度:(一)环境影响评价制度;(二)建设项目需要配套建设的环境保护设施应当与主体工程同时设计、同时施工、同时投产使用的制度;(三)主要污染物排放总量控制制度;(四)排污申报、许可、审核和收费制度;(五)限期治理制度。" 第十条:"县级以上人民政府应当加强污染源自动监控、信息传输与统计、环境质量监测等方面的建设。

基本内容	文献名称	条 款
预防为主、防治结合、综合治理原则	宁夏回族自治区环境保护条例（2010）	建立环境监测预警体系，配备监测设施设备和专业技术人员，提高污染源监督性监测和应急监测能力。" 第十五条："排污单位应当向有管辖权的环境保护行政主管部门申请领取污染物排放许可证或者污染物排放临时许可证。""未取得污染物排放许可证或者污染物排放临时许可证的排污单位，不得排放污染物。" "排污单位应当按照许可证核定的污染物种类、控制指标和规定的方式排放污染物。"
	宁夏回族自治区农业环境保护条例（1994）	第八条："县级以上人民政府农业行政主管部门，对农业环境监督管理的主要职责是：（四）组织农业环境调查、监测，负责农业环境质量评价和农业环境污染防治；（五）对污染和破坏农业环境的行为进行监督检查，协同环境保护行政主管部门处理农业环境污染事故和纠纷，依照法律、法规和本条例规定行使处罚权。" 第十条："县级以上人民政府农业行政主管部门所设的农业环境保护监测机构，应当按有关规定参加环境监测网络，负责本行政区域内的农业环境监测，受环境保护行政主管部门和农业行政主管部门委托，承担农业环境污染事故的调查、监测，受当事人委托对农业环境污染造成的损害进行评估。"
污染者付费原则	宁夏回族自治区环境保护条例（1990）	第四条："坚持谁污染环境谁治理。" 第二十四条："排放污染物的企业事业单位，必须依照国务院环境保护行政主管部门的规定申报登记。""排放污染物超过国家或自治区规定的污染物排放标准的企业事业单位，应依照国家规定缴纳超标准排污费，并负责治理。向水体排放污染物的企业事业单位，应依照国家规定缴纳排污费和超标准排污费，并负责治理。"
	宁夏回族自治区环境保护条例（2010）	第十七条："禁止超过国家、地方污染物排放标准排放污染物。""排放污染物超过国家或者自治区规定的排放标准，或者超过主要污染物和其他重点污染物排放总量控制指标，或者对环境造成严重污染的排污单位，应当进行限期治理。"

基本内容	文献名称	条　款
公众参与原则	宁夏回族自治区环境保护条例（1990）	第八条："一切单位和个人，都有享受良好环境的权利和保护环境的义务。对污染和破坏环境的行为有权进行检举和控告。"
	宁夏回族自治区环境保护条例（2006）	第八条："一切单位和个人，都有享受良好环境的权利和保护环境的义务。对污染和破坏环境的行为有权进行检举和控告。"
	宁夏回族自治区环境保护条例（2010）	第五条："各级人民政府应当组织开展全民环境保护教育，提高全社会环境保护意识，鼓励公民和各类社会组织参与环境保护事业。" 第七条："任何组织和个人有享受良好环境的权利和履行保护环境的义务，有权检举、控告违反环境保护法律法规的行为，有权对环境保护工作提出意见和建议。""县级以上人民政府对在环境保护中做出突出贡献的单位和个人，应当给予表彰和奖励。"
	宁夏回族自治区草原管理条例（1994）	第六条："任何单位和个人都有保护草原的义务，并有对破坏草原的行为进行检举和控告的权利。" 第七条："对在草原保护、管理、建设、利用和科技工作中成绩显著的单位和个人，由县级以上人民政府予以表彰或奖励。"
	宁夏回族自治区草原管理条例（2005）	第五条："对在草原管理、保护、建设、合理利用和科学研究等工作中做出显著成绩的单位和个人，各级人民政府和有关部门应当予以表彰和奖励。"
	宁夏回族自治区农业环境保护条例（1994）	第五条："任何单位和个人都有保护农业环境的义务，并有权对污染和破坏农业环境的行为进行检举和控告。" 第六条："对保护和改善农业环境做出显著成绩的单位和个人，由县级以上人民政府给予表彰和奖励。"
	宁夏回族自治区节约能源条例（2001）	第八条："各级人民政府、各企业事业单位应当加强节能宣传和教育，普及节能科学知识，增强全民的节能意识。""任何单位和个人都应当履行节能义务，有权检举浪费能源的行为。"

基本内容	文献名称	条　　款
公众参与原则	宁夏回族自治区节约用水条例（2007）	第六条："任何单位和个人都有节约用水的义务。县级以上人民政府对在节约用水工作中做出突出贡献的单位和个人应当给予表彰和奖励。"
	宁夏回族自治区湿地保护条例（2008）	第八条："鼓励单位和个人开展湿地保护研究，推广应用湿地保护先进技术。" 第九条："县级以上人民政府应当加强湿地保护的宣传教育工作，增强公民湿地保护意识，对在湿地保护工作中做出突出成绩的单位和个人给予表彰奖励。" 第十条："任何单位和个人都有保护湿地资源的义务，对破坏侵占湿地资源的行为有检举的权利。"

二、环境保护制度

为贯彻实施环境法基本法律制度，宁夏回族自治区的综合性立法中作了具体规定，用以调整环境保护主要领域中某项或某类环境工作或环境活动所产生的社会关系，主要包括环境影响评价制度、排污收费制度、"三同时"制度、排污申报制度与排污许可证制度、环境标准制度、环境监测制度、限期治理制度等。具体内容详见表12-4：

表 12-4　渤海环境保护制度宁夏回族自治区地方立法内容简表

基本内容	文献名称	条　　款
环境影响评价制度	宁夏回族自治区环境保护条例（1990）	第十九条："新建、扩建和改建的建设项目，要做到防治污染的设施与主体工程同时设计、同时施工、同时投产使用，防止产生新污染"，"可能产生污染的建设项目，应编报环境影响报告书。" 第八条："自治区依法实施下列环境保护制度：（一）环境影响评价制度。"

基本内容	文献名称	条 款
环境影响评价制度	宁夏回族自治区环境保护条例（2006）	第十九条："新建、扩建和改建的建设项目，要做到防治污染的设施与主体工程同时设计、同时施工、同时投产使用，防止产生新污染。（一）可能产生污染的建设项目，应编制环境影响报告书，报环境保护行政主管部门批准。未经环境保护行政主管部门批准环境影响报告书的建设项目，发展和改革部门不得核准该建设项目设计任务书。"
	宁夏回族自治区环境保护条例（2010）	第十一条："建设项目的环境影响评价文件未经依法审查批准的，该项目审批部门不得批准建设，建设单位不得开工建设。" 第十三条："有下列情形之一的流域、区域，环境保护行政主管部门应当暂停审批该流域、区域的建设项目环境影响评价文件，但防治污染、节能减排和循环经济项目除外。" 第三十四条："环境保护行政主管部门应当会同有关部门组织开展生态环境质量调查，进行生态环境质量分析和评估。""单位和个人开发利用自然资源，应当依法进行环境保护影响评价。对开发利用过程中产生的污染物和废弃物进行综合治理，采取有效措施防治扬尘、粉尘，妥善处理尾矿、矸石等，防止对环境以及土壤和水的污染，破坏生态环境。"
环境保护目标责任制	宁夏回族自治区环境保护条例（1990）	第六条："在本自治区范围内，实行环境保护目标责任制。"
	宁夏回族自治区环境保护条例（2010）	第四条："自治区实行环境保护目标责任制，将环境保护目标责任制完成情况作为对各级人民政府及其主要负责人工作考核评价的内容。""上级人民政府对下一级人民政府落实环境保护目标责任制的情况进行考核。考核结果应当向社会公布。"
排污申报制度与排污许可证制度	宁夏回族自治区环境保护条例（1990）	第六条："在本自治区范围内，实行排放污染物申报登记。" 第二十四条："排放污染物的企业事业单位，必须依照国务院环境保护行政主管部门的规定申报登记。"

基本内容	文献名称	条　　款
排污申报制度与排污许可证制度	宁夏回族自治区环境保护条例（2010）	第八条："自治区依法实施下列环境保护制度：（四）排污申报、许可、审核和收费制度。" 第十五条："排污单位应当向有管辖权的环境保护行政主管部门申请领取污染物排放许可证或者污染物排放临时许可证。""未取得污染物排放许可证或者污染物排放临时许可证的排污单位，不得排放污染物。""排污单位应当按照许可证核定的污染物种类、控制指标和规定的方式排放污染物。"
污染物排放总量控制制度	宁夏回族自治区环境保护条例（2010）	第八条："自治区依法实施下列环境保护制度：（三）主要污染物排放总量控制制度。"
限期治理制度	宁夏回族自治区环境保护条例（1990）	第六条："在本自治区范围内，实行污染限期治理的制度。" 第二十一条："对造成环境严重污染的企业事业单位，限期治理。"
	宁夏回族自治区环境保护条例（2010）	第八条："自治区依法实施下列环境保护制度：（五）限期治理制度。" 第十七条："排放污染物超过国家或者自治区规定的排放标准，或者超过主要污染物和其他重点污染物排放总量控制指标，或者对环境造成严重污染的排污单位，应当进行限期治理。""规定了国家重点监控的企业和其他排污单位的限期治理。" 第十八条（限期治理的期限规定；限期治理期间的限制活动。） 第十九条："限期治理期间，环境保护行政主管部门应当收回被决定限期治理的排污单位的污染物排放许可证，核发污染物排放临时许可证。排污单位应当按期完成限期治理任务，经验收合格，重新申请取得污染物排放许可证后，方可恢复正常生产。"
环境监测制度	宁夏回族自治区环境保护条例（1990）	第十一条："自治区环境保护行政主管部门的主要监督管理职责：（五）会同有关部门组织环境监测网络，建立健全环境监测制度和规范，调查和预测本区环境质量状况及发展趋势，并向本级人民政府提出污染防治的对策和措施。"

基本内容	文献名称	条　款
环境监测制度	宁夏回族自治区环境保护条例（2010）	第十条："县级以上人民政府应当加强污染源自动监控、信息传输与统计、环境质量监测等方面的建设。建立环境监测预警体系，配备监测设施设备和专业技术人员，提高污染源监督性监测和应急监测能力。"
"三同时"制度	宁夏回族自治区环境保护条例（1990）	第十九条："新建、扩建和改建的建设项目，要做到防治污染的设施与主体工程同时设计、同时施工、同时投产使用，防止产生新污染。"
	宁夏回族自治区环境保护条例（2010）	第八条："自治区依法实施下列环境保护制度：（二）建设项目需要配套建设的环境保护设施应当与主体工程同时设计、同时施工、同时投产使用的制度。"
防止污染转嫁、转移制度	宁夏回族自治区环境保护条例（1990）	第二十二条："任何单位都不得将污染环境严重的生产设备转移给没有污染防治能力的单位使用。"
环境污染与破坏事故的报告及处理制度	宁夏回族自治区环境保护条例（1990）	第二十三条："因发生事故或其他突然性事件造成或可能造成污染事故的单位，必须立即采取有效措施处理，及时通知可能受到污染危害的单位和居民，并向当地环境保护行政主管部门和有关部门报告，接受调查处理。"
环境标准制度	宁夏回族自治区环境保护条例（2010）	第十七条："禁止超过国家、地方污染物排放标准排放污染物。"

三、环境监督管理制度

环境监督管理体制是国家有关环境监督管理机构设置、行政隶属关系和管理权限划分等方面的组织体系和制度。宁夏回族自治区综合性立法有关于环境监督管理体制的规定，包括环境监督管理机构和环境监督管理机构的职责。具体内容详见表12-5：

表 12-5　渤海环境监督管理制度宁夏回族自治区地方立法内容简表

基本内容	文献名称	条　　款
环境监督管理体制	宁夏回族自治区环境保护条例(2006)	第十条："自治区人民政府环境保护行政主管部门统一监督管理全自治区的环境保护工作。""市、县人民政府环境保护行政主管部门统一监督管理本辖区的环境保护工作。""各级公安、交通、铁道、民航管理部门，依照有关法律、法规的规定对环境污染防治实施监督管理。""县级以上人民政府的土地、矿产、林业、水利等行政主管部门，依照有关法律、法规的规定对资源的保护实施监督管理。" 第十一条："自治区环境保护行政主管部门的主要监督管理职责。" 第十二条："市、县环境保护行政主管部门的主要监督管理职责。"
	宁夏回族自治区环境保护条例(2010)	第六条："县级以上人民政府环境保护行政主管部门对环境保护工作实行统一监督管理，可以委托其所属的环境执法监察机构负责具体环境监察工作。""发展和改革、财政、住房和城乡建设、国土资源、农牧、水利、林业、公安、经济和信息化、质量监督等有关行政管理部门依照各自职责，依法做好相关的环境保护监督管理工作。"
	宁夏回族自治区农业环境保护条例(1994)	第七条："县级以上人民政府环境保护行政主管部门，对本行政区的环境保护工作实施统一监督管理。""县级以上人民政府农业行政主管部门对本行政区的农业环境保护工作实施监督管理。""县级以上人民政府土地、水利、林业、畜牧、农垦、地矿等有关行政主管部门，依照有关法律、法规的规定，协同农业行政主管部门对职责范围内的农业环境保护工作实施监督管理。" 第八条："县级以上人民政府农业行政主管部门，对农业环境监督管理的主要职责。"
	宁夏回族自治区土地管理暂行条例(1983)	第五条："全区县级以上各级土地管理部门，是同级人民政府管理土地的职能部门。各有关单位，要积极协同土地管理部门管好、用好土地。"

基本内容	文献名称	条 款
环境监督管理体制	宁夏回族自治区土地管理条例（2000）	第四条："自治区人民政府土地行政主管部门统一负责全区土地的管理和监督工作。行署、设区的市（以下简称市）、县和不设区的市（以下简称县）、市辖区人民政府土地行政主管部门，按照本条例的规定，负责本行政区域内的土地管理和监督工作。乡（镇）人民政府，负责本行政区域内土地管理的有关工作。土地行政主管部门在履行监督检查职责时，公安、监察、银行等部门应当依法予以配合。"
	宁夏回族自治区矿产资源管理条例（1987）	第六条："自治区人民政府地质矿产主管部门主管全区矿产资源勘查、开采的监督管理工作，自治区人民政府有关主管部门协助自治区地质矿产主管部门进行矿产资源勘查、开采的监督管理工作。""市、县（市）人民政府地质矿产主管部门主管本市、县（市）属地方国营矿山企业、乡镇集体矿山企业、个体采矿以及除国营矿山企业以外的全民所有制小型矿山企业（简称其他矿山企业、下同）采矿的监督管理工作。市、县（市）人民政府有关主管部门协助同级地质矿产主管部门进行矿产资源开采的监督管理工作。"
	宁夏回族自治区实施《节约能源法》办法	第四条："各级人民政府应当加强对节能工作的领导、协调、监督和检查，推动节能工作。""自治区人民政府经济和信息化委员会（以下简称自治区节能行政主管部门）负责本行政区域内的节能监督管理工作。""自治区节能行政主管部门所属的节能监察机构具体负责节能方面的日常监督检查工作。""设区的市和县（市、区）人民政府节能行政主管部门负责本行政区域内节能监督管理工作。" 第五条："县级以上人民政府发展和改革、住房和城乡建设、交通运输、科技、财政、农牧、国土资源、环保、质监、统计等部门在各自的职责范围内，负责节能监督管理工作，并接受同级节能行政主管部门的指导。"
	宁夏回族自治区气象条例	第三条："县级以上气象主管机构在上级气象主管机构和本级人民政府领导下，负责本行政区域内的气象工作，并对其他部门的气象工作实施行业管理。"

基本内容	文献名称	条　款
环境监督管理体制	宁夏回族自治区环境教育条例	第八条："县级以上人民政府负责本行政区域内的环境教育工作的统一规划，并组织实施。""县级以上人民政府设立环境教育委员会，由本级政府相关部门组成，负责组织、协调、指导、监督、检查本行政区域内的环境教育工作。""环境教育委员会的日常工作由同级环境保护主管部门负责。" 第九条："自治区人民政府环境教育委员会成员单位的职责。" 第十条："工会、共青团、妇联、科协以及其他社会团体应当结合各自工作，开展多种形式的环境教育活动。"
	宁夏回族自治区湿地保护条例	第五条："湿地保护实行综合协调、分部门实施的湿地保护管理体制。""县级以上人民政府林业行政主管部门为湿地保护的行政主管部门，负责湿地保护的组织、协调和监督管理工作。""发展和改革、水利、建设、农牧、国土资源、环境保护和旅游、农垦等有关行政管理部门和单位应当依照职责分工，做好湿地保护和管理工作。"
	宁夏回族自治区林地管理办法(2005)	第四条："县级以上人民政府林业行政主管部门负责本行政区域内林地的规划、建设、保护和利用工作。""国土资源、农牧、农垦、建设、水利、公安、交通、环保等部门在各自职责范围内协同林业行政主管部门做好林地管理工作。"
	宁夏回族自治区自然保护区管理办法	第五条："自治区对自然保护区实行综合管理与有关行政主管部门管理相结合的管理体制。""县级以上环境保护行政主管部门是自然保护区的综合管理部门。""县级以上林业、农牧、国土资源、水利等行政主管部门是自然保护区的有关行政主管部门。""自然保护区管理机构负责自然保护区的具体管理工作。" 第六条（自然保护区综合管理部门的主要职责。） 第七条（自然保护区有关行政主管部门的主要职责。） 第八条（自然保护区管理机构的主要职责。）

四、环境法律责任

环境法律责任是违法者对其环境违法行为所应承担的具有强制性的法律后果，包括环境行政责任、环境民事责任、环境刑事责任三种法律责任形式。具体内容详见表 12-6：

表 12-6　渤海管理环境法律责任宁夏回族自治区地方立法内容简表

基本内容	文献名称	条　　款
环境行政责任	宁夏回族自治区环境保护条例（1990）	第三十二条至第四十条（环境行政责任。）
	宁夏回族自治区环境保护条例（2010）	第四十五条至第五十二条（环境行政责任。）
	宁夏回族自治区草原管理试行条例（1983）	第十四条（环境行政责任。）
	宁夏回族自治区草原管理条例（1994）	第三十三条至第四十三条（环境行政责任。）
	宁夏回族自治区草原管理条例（2006）	第四十二条至第四十六条（环境行政责任。）
	宁夏回族自治区节约用水条例	第四十二条至第四十八条（环境行政责任。）
	宁夏回族自治区湿地保护条例	第三十九条至第四十五条（环境行政责任。）
	宁夏回族自治区林地管理办法	第三十九条至第四十五条（环境行政责任。）
环境民事责任	宁夏回族自治区草原管理试行条例（1983）	第十四条（环境民事责任。）
	宁夏回族自治区草原管理条例（1994）	第三十三条至第三十六条、第三十九条（环境民事责任。）
	宁夏回族自治区草原管理条例（2006）	第四十三至第四十六（环境民事责任。）
	宁夏回族自治区节约用水条例	第四十五条（环境民事责任。）
	宁夏回族自治区林地管理办法	第四十条、第四十一条（环境民事责任。）
环境刑事责任	宁夏回族自治区环境保护条例（1990）	第四十一条（环境刑事责任。）
	宁夏回族自治区环境保护条例（2010）	第五十三条（环境刑事责任。）

基本内容	文献名称	条　　款
环境刑事责任	宁夏回族自治区草原管理试行条例（1983）	第十四条（环境刑事责任。）
	宁夏回族自治区草原管理条例（2006）	第四十七、第四十九、第五十一条（环境刑事责任。）
	宁夏回族自治区节约用水条例	第四十八条（环境刑事责任。）
	宁夏回族自治区湿地保护条例	第四十四条（环境刑事责任。）
	宁夏回族自治区林地管理办法	第四十五条（环境刑事责任。）

第二节　渤海污染防治宁夏回族自治区立法文献

环境污染防治法是环境法律体系的重要组成部分，在环境与资源保护单行法规中，污染防治法占的比重最大。经过许多年的发展，污染防治法从零星分散逐步走向体系化、规范化。宁夏回族自治区制定的有关污染防治方面的法规、规章对防治污染、保护环境起到了非常重要的作用。具体内容详见表 12-7、12-8：

表 12-7　渤海污染防治宁夏回族自治区地方法规文献简表

序号	文献名称	发布机关	通过时间	文献编号	生效时间	当前效力
1	宁夏回族自治区环境保护条例	宁夏回族自治区第六届人大常委会第十二次会议通过	1990年4月17日	不详	1990年4月17日	已被《宁夏回族自治区人大常委会2006年3月31日关于修改〈宁夏回族自治区矿产资源管理条例〉等12件地方性法规的决定》修订

序号	文献名称	发布机关	通过时间	文献编号	生效时间	当前效力
2	宁夏回族自治区实施《水法》办法	宁夏回族自治区第七届人大常委会第二次会议通过	1993年8月21日	不详	1994年1月1日	已被宁夏回族自治区第十届人大常委会第五次会议通过修订
3	宁夏回族自治区农业环境保护条例	宁夏回族自治区第七届人大常委会第十次会议通过	1994年12月15日	宁人常[1994]23号	1994年12月15日	有效
4	宁夏回族自治区环境保护条例	宁夏回族自治区第九届人大常委会第二十一次会议通过	2006年3月31日	宁夏回族自治区人大常委会公告第三十号	2006年3月31日	已被宁夏回族自治区第十届人大常委会第十四次会议修订
5	宁夏回族自治区实施《水法》办法	宁夏回族自治区第七届人大常委会第二次会议通过；宁夏回族自治区第十届人大常委会第五次会议修订	2008年9月19日	宁人常[2008]52号	2008年11月1日	有效
6	宁夏回族自治区环境保护条例	宁夏回族自治区第十届人大常委会第十四次会议修订	2009年11月19日	宁夏回族自治区人大常委会公告第六十八号	2010年1月1日	有效

表 12-8　渤海污染防治宁夏回族自治区地方政府规章文献简表

序号	文献名称	发布机关	通过时间	文献编号	生效时间	当前效力
1	宁夏回族自治区污染源治理专项基金有偿使用实施办法	宁夏回族自治区人民政府	1989年10月10日	宁政发[1989]111号	1989年10月10日	已被宁夏回族自治区人民政府2007年第一百零一次常务会议审议通过的《宁夏回族自治区人民政府关于废止和宣布失效部分政府规章的决定》废止
2	宁夏回族自治区饮用天然矿泉水资源管理办法	宁夏回族自治区人民政府	1996年1月5日	不详	1996年1月5日	有效
3	宁夏回族自治区环境污染限期治理项目管理办法	宁夏回族自治区人民政府	1997年12月31日	宁政发[1997]133号	1997年12月31日	有效
4	宁夏回族自治区第一次污染源普查方案	宁夏回族自治区人民政府	2007年11月30日	宁政发[2007]162号	2007年11月30日	有效
5	宁夏回族自治区危险废物管理办法	宁夏回族自治区人民政府2011年第八十九次常务会议讨论通过	2011年2月27日	宁政发[2011]32号	2011年4月1日	有效

序号	文献名称	发布机关	通过时间	文献编号	生效时间	当前效力
6	银川市饮用水水源保护区污染防治管理规定	银川市人民政府2001年第三十四次常务会议审议通过	2001年9月13日	银政发[2001]121号	2001年12月1日	已被银川市人民政府2007年第七十七次常务会议审议通过的《银川市饮用水水源保护区污染防治管理办法》废止
7	银川市饮用水水源保护区污染防治管理办法	银川市人民政府2007年第七十七次常务会议审议通过	不详	银政发[2007]29号	2007年12月2日	有效
8	银川市工业固体废物污染环境防治管理办法	银川市人民政府2009年第三十九次常务会议审议通过	2009年8月25日	银川市人民政府令[2009]4号	2009年10月1日	有效
9	中卫市取水许可及水资源费征收管理办法	中卫市人民政府2005年第三十七次常务会议讨论通过	2005年8月31日	不详	2005年10月1日	已被《中卫市人民政府关于印发〈中卫市取水许可及水资源费征收管理实施办法〉的通知》废止
10	中卫市取水许可及水资源费征收管理实施办法	中卫市人民政府2009第五十六次常务会议研究同意	2009年4月22日	不详	2009年5月1日	有效

一、污染防治综合

宁夏回族自治区的立法中,没有一部污染防治的综合性立法。大量的相关法规散见于自治区人大、政府制定的地方性法规、规章中。1990年通过了《宁夏回族自治区环境保护条例》,其大部分的规定都与防治污染相关,其第四章就是防止污染,规定了防止污染的"三同时"制度、环境影响评价制度、限期治理制度、防止污染转嫁、转移制度、环境污染与破坏事故的报告及处理制度、排污申报制度与排污许可证制度等。2009年的修改增加了防止污染的新规定,为宁夏回族自治区污染防治法的发展提供了坚实的基础和法律依据。其他污染防治的法律有《宁夏回族自治区实施〈水法〉办法》、《宁夏回族自治区烟尘污染防治办法》、《宁夏回族自治区防治辐射污染环境管理办法》、《银川市工业固体废物污染环境防治管理办法》、《银川市噪声管理暂行条例》等等。针对渤海管理的目的,本节的第二部分将重点梳理宁夏回族自治区水污染防治的相关立法情况。

二、水污染防治

宁夏回族自治区没有一部防治水污染的综合性专门法规,有关水污染防治的规定散见于自治区人大、政府制定的地方性法规、规章中。主要有《宁夏回族自治区环境保护条例》、《宁夏回族自治区实施〈水法〉办法》、《银川市饮用水水源保护区污染防治管理规定》等。这些立法大都规定了水污染物排放标准制度、水污染防治规划制度、饮用水资源保护制度、重点流域水污染防治责任制、征收税费制度等。这些制度的规范化实施有助于防治水污染,改善水质,保护水资源。具体内容详见表12-9:

表12-9 渤海水污染防治宁夏回族自治区地方立法内容简表

基本内容	文献名称	条 款
水污染物排放标准制度	宁夏回族自治区环境保护条例(2010)	第三十三条:"水污染物排放标准,国家未作规定的,制定地方水污染物排放标准;国家已作规定的,可以制定严于国家水污染物排放标准的地方水污染排放标准。"

基本内容	文献名称	条　　款
水污染防治规划制度	宁夏回族自治区环境保护条例(2010)	第三十三条："自治区人民政府应当组织编制黄河宁夏段流域水污染防治规划。"
饮用水资源保护制度	宁夏回族自治区水工程管理条例	第十七条："禁止在饮用水水源保护区内设置排污口。"
	宁夏回族自治区环境保护条例(2010)	第三十二条："在饮用水源保护区环境保护行政主管部门和相关行政管理部门应当严格限制审批建设项目。"
	宁夏回族自治区实施《水法》办法（2008）	第三十三条："禁止在饮用水水源保护区内设置排污口。""禁止在饮用水水源保护区内排放、倾倒污物、建设对水源污染严重的项目或者从事其他影响饮用水水量、水质的活动。"
	宁夏回族自治区饮用天然矿泉水资源管理办法	第十条："已开发的矿泉水水源地，开发单位应当按照国家有关矿泉水勘探的要求，建立卫生防护带。"
	银川市饮用水水源保护区污染防治管理规定	第九条："饮用水水源一级保护区内，禁止的行为。"第十条："饮用水水源二级保护区内，应当遵守的有关规定。"
	银川市饮用水水源保护区污染防治管理办法	第三章（饮用水水源保护区的污染防治。）第四章（监督管理职责。）第五章（法律责任。）
重点流域水污染防治责任制	宁夏黄河流域跨市界断面水质考核暂行办法	第一条："为进一步促进我区重点流域水污染防治责任制的落实，切实改善以黄河干流水质为重点的流域水环境质量。"
征收税费制度	宁夏回族自治区环境保护条例(2010)	第三十五条："开发利用自然资源的单位和个人，造成生态环境破坏的，应当缴纳生态环境补偿费，用于保护和恢复生态环境。""生态环境补偿费征收管理办法，由自治区人民政府制定。"
	宁夏回族自治区水资源费征收使用管理办法	第二条："在本自治区行政区域内直接从河流、湖泊或者地下取水的单位和个人，均按本办法规定缴纳水资源费。"

基本内容	文献名称	条　款
征收税费制度	宁夏回族自治区取水许可和水资源费征收管理实施办法	第二条："在本自治区行政区域内利用取水工程或者设施直接从河流、湖泊、水库或者地下取用水资源的单位和个人，除本办法第五条规定的情形外，都应当按照《条例》和本办法的规定申请领取取水许可证，并缴纳水资源费。"

第三节　渤海生态保护宁夏回族自治区立法文献

我国的生态保护立法尚处于一种割据状态，已制定、实施的生态保护专门法很少，有关生态保护的法律规范大多确立于自然资源法及其他相关法律、法规、行政规范性文件中。宁夏回族自治区有关生态保护的规定也散见于其他地方性法规、规章中，具体内容详见表 12-10、12-11：

表 12-10　渤海生态保护宁夏回族自治区地方法规文献简表

序号	文献名称	发布机关	通过时间	文献编号	生效时间	当前效力
1	宁夏回族自治区天然林区保护暂行办法	宁夏回族自治区第四届人大第四次会议通过	1982年7月1日	不详	1982年7月1日	已被宁夏回族自治区人大常委会关于废止《宁夏回族自治区天然林区保护暂行办法》的决定废止
2	宁夏回族自治区水利管理条例	宁夏回族自治区第四届人大常委会第十八次会议通过	1983年2月26日	不详	不详	已被宁夏回族自治区第八届人大常委会第二十九次会议通过的《宁夏回族自治区水工程管理条例》废止

序号	文献名称	发布机关	通过时间	文献编号	生效时间	当前效力
3	宁夏回族自治区草原管理试行条例	宁夏回族自治区第五届人大常委会第三次会议通过	1983年9月12日	不详	1984年1月1日	已被宁夏回族自治区第九届人大常委会第十九次会议第一次修订
4	宁夏回族自治区环境保护条例	宁夏回族自治区第六届人大常委会第十二次会议通过	1990年4月17日	不详	1990年4月17日	已被《宁夏回族自治区人大常委会2006年3月31日关于修改〈宁夏回族自治区矿产资源管理条例〉等12件地方性法规的决定》修订
5	宁夏回族自治区实施《水法》办法	宁夏回族自治区第七届人大常委会第二次会议通过	1993年8月21日	不详	1994年1月1日	已被宁夏回族自治区第十届人大常委会第五次会议通过修订
6	宁夏回族自治区实施《水土保持法》办法	宁夏回族自治区第七届人大常委会第七次会议	1994年6月16日	宁人常[1994]5号	1994年6月16日	已被宁夏回族自治区第七届人大常委会第二十七次会议通过的《宁夏回族自治区人大常委会关于修改八件地方性法规的决定》修订
7	宁夏回族自治区草原管理条例	宁夏回族自治区第七届人大常委会第十次会议通过	1994年12月15日	不详	1994年12月15日	已被宁夏回族自治区第九届人大常委会第十九次会议第一次修订

序号	文献名称	发布机关	通过时间	文献编号	生效时间	当前效力
8	宁夏回族自治区实施《水土保持法》办法	宁夏回族自治区第七届人大常委会第二十七次会议通过	1997年10月17日	不详	不详	有效
9	宁夏回族自治区水工程管理条例	宁夏回族自治区第八届人大常委会第二十九次会议通过	2002年11月7日	不详	2003年1月1日	有效
10	宁夏回族自治区草原管理条例	宁夏回族自治区第七届人大常委会第十次会议通过；宁夏回族自治区第九届人大常委会第十九次会议第一次修订	2005年11月16日	宁人常[2005]26号	2006年1月1日	有效
11	宁夏回族自治区六盘山、贺兰山、罗山国家级自然保护区条例	宁夏回族自治区第九届人大常委会第二十一次会议通过	2006年3月31日	不详	2006年5月1日	有效
12	宁夏回族自治区环境保护条例	宁夏回族自治区第九届人大常委会第二十一次会议通过	2006年3月31日	宁夏回族自治区人大常委会公告第三十号	2006年3月31日	已被宁夏回族自治区第十届人大常委会第十四次会议修订

序号	文献名称	发布机关	通过时间	文献编号	生效时间	当前效力
13	宁夏回族自治区节约用水条例	宁夏回族自治区第九届人大常委会第二十七次会议通过	2007年3月29日	宁人常〔2007〕39号	2007年5月1日	有效
14	宁夏回族自治区湿地保护条例	宁夏回族自治区第十届人大常委会第五次会议通过	2008年9月19日	宁人常〔2008〕51号	2008年11月1日	有效
15	宁夏回族自治区实施《水法》办法	宁夏回族自治区第七届人大常委会第二次会议通过；宁夏回族自治区第十届人大常委会第五次会议修订	2008年9月19日	宁人常〔2008〕52号	2008年11月1日	有效
16	宁夏回族自治区环境保护条例	宁夏回族自治区第十届人大常委会第十四次会议修订	2009年11月19日	宁夏回族自治区人大常委会公告第六十八号	2010年1月1日	有效
17	宁夏回族自治区防沙治沙条例	宁夏回族自治区第十届人大常委会第二十次会议	2010年10月15	宁人常〔2010〕77号	2010年12月1日	有效

序号	文献名称	发布机关	通过时间	文献编号	生效时间	当前效力
18	宁夏回族自治区禁牧封育条例	宁夏回族自治区第十届人大常委会第二十二次会议	2011年1月7日	宁人常[2011]85号	2011年3月1日	有效
19	宁夏回族自治区抗旱防汛条例	宁夏回族自治区第十届人大常委会第二十六次会议	2011年9月18日	宁人常[2011]93号	2011年11月1日	有效
20	银川市城市供水节水管理条例	银川市第十一届人大常委会第二十五次会议通过；宁夏回族自治区第九届人大常委会第二次会议批准	2002年11月28日	不详	2003年5月10日	有效
21	银川市水资源管理条例	银川市第十二届人大常委会第十三次会议通过；宁夏回族自治区第九届人大常委会第二十一次会议批准	2005年12月28日	不详	2006年5月1日	有效

表 12-11　渤海生态保护宁夏回族自治区地方规章文献简表

序号	文献名称	发布机关	通过时间	文献编号	生效时间	当前效力
1	宁夏回族自治区城市节约用水管理办法	宁夏回族自治区人民政府	1992 年 1 月 16 日	宁 政 发 [1992] 5 号	1992 年 1 月 16 日	已被 2007 年 10 月 31 日通过的《宁夏回族自治区人民政府关于废止和宣布失效部分政府规章的决定》宣布失效
2	宁夏回族自治区矿产和地下水勘探报告审批办法	宁夏回族自治区人民政府	1992 年 1 月 20	宁 政 发 [1992] 8 号	1992 年 1 月 20	已被 2001 年 12 月 26 日通过的《宁夏回族自治区人民政府关于废止 2000 年底以前发布的部分政府规章的决定》废止
3	宁夏回族自治区林地管理办法	宁夏回族自治区人民政府	1993 年 8 月 7 日	宁 政 发 [1993] 80 号	1993 年 8 月 7 日	已被宁夏回族自治区人民政府 2005 年第五十八次常务会议讨论通过《宁夏回族自治区林地管理办法》废止
4	宁夏回族自治区甘草资源保护管理办法	宁夏回族自治区人民政府	1994 年 2 月 22 日	宁 政 发 [1994] 21 号	1994 年 2 月 22 日	有效
5	宁夏回族自治区生产建设项目水土保持方案报批管理规定	宁夏回族自治区人民政府	1994 年 9 月 10 日	宁 政 发 [1994] 104 号	1994 年 9 月 10 日	已被 2007 年 10 月 31 日通过的《宁夏回族自治区人民政府关于废止和宣布失效部分政府规章的决定》宣布废止

序号	文献名称	发布机关	通过时间	文献编号	生效时间	当前效力
6	宁夏回族自治区饮用天然矿泉水资源管理办法	宁夏回族自治区人民政府	1996 年 1 月 5 日	不详	1996 年 1 月 5 日	有效
7	宁夏回族自治区水利建设基金筹集和使用管理实施细则	宁夏回族自治区人民政府颁布（财政厅、计委、水利厅制定）	1998 年 6 月 22 日	宁政发〔1998〕38 号	1998 年 1 月 1 日	本细则自 1998 年 1 月 1 日起实行，到 2010 年 12 月 31 日止
8	宁夏回族自治区取水许可制度实施细则	宁夏回族自治区人民政府 1999 年第三十五次常务会议讨论通过	1999 年 12 月 2 日	宁政发〔1999〕11 号	1999 年 12 月 8 日	已被宁夏回族自治区人民政府 2008 年第六次常务会议讨论通过的《宁夏回族自治区取水许可和水资源费征收管理实施办法》废止
9	宁夏回族自治区人民政府关于禁止采集和销售发菜制止滥挖甘草和麻黄草有关问题的通知	宁夏回族自治区人民政府	2000 年 7 月 21 日	宁政发〔2000〕65 号	2000 年 7 月 21 日	有效

序号	文献名称	发布机关	通过时间	文献编号	生效时间	当前效力
10	宁夏回族自治区自然保护区管理办法	宁夏回族自治区人民政府2002年第九十三次常务会议讨论通过	2002年7月24日	宁政发〔2002〕48号	2002年10月1日	有效
11	宁夏回族自治区水资源费征收使用管理办法	宁夏回族自治区人民政府	2004年1月21日	宁政发〔2004〕63号	2004年4月1日	已被《宁夏回族自治区取水许可和水资源费征收管理实施办法》废止
12	宁夏回族自治区林地管理办法	宁夏回族自治区人民政府2005年第五十八次常务会议讨论通过	2005年5月23日	宁政发〔2005〕78号	2005年8月1日	有效
13	宁夏回族自治区取水许可和水资源费征收管理实施办法	宁夏回族自治区人民政府2008年第六次常务会议讨论通过	2008年6月18日	宁政发〔2008〕年6号	2008年8月1日	有效
14	宁夏回族自治区黄河宁夏段水量调度办法	宁夏回族自治区人民政府	2009年10月28日	宁政发〔2009〕119号	2009年10月28日	有效

序号	文献名称	发布机关	通过时间	文献编号	生效时间	当前效力
15	宁夏回族自治区艾依河管理办法	宁夏回族自治区人民政府	2009 年 10 月 28 日	宁政发〔2009〕120 号	2009 年 10 月 28 日	有效
16	银川市农村集中式饮用水水源地规范化管理规定	银川市人民政府	不详	银政办发〔2010〕2 号	2010 年 2 月 5 日	有效
17	中卫市取水许可及水资源费征收管理办法	中卫市人民政府 2005 年第三十七次常务会议讨论通过	2005 年 8 月 31 日	不详	2005 年 10 月 1 日	已被《中卫市人民政府关于印发〈中卫市取水许可及水资源费征收管理实施办法〉的通知》废止
18	银川市实施《水土保持法》办法	银川市人民政府 1998 年第七十六次常务会议审议通过	1998 年 10 月 29 日	银政发〔1998〕105 号	1998 年 11 月 11 日	有效
19	银川市水工程管理办法	银川市人民政府 2001 年第二十三次常务会议审议通过	2001 年 1 月 4 日	不详	2001 年 3 月 2 日	有效

序号	文献名称	发布机关	通过时间	文献编号	生效时间	当前效力
20	银川市饮用水水源保护区污染防治管理规定	银川市人民政府2001年第三十四次常务会议审议通过	2001年9月13日	银政发[2001]121号	2001年12月1日	已被银川市人民政府2007年第七十七次常务会议审议通过的《银川市饮用水水源保护区污染防治管理办法》废止
21	银川市饮用水水源保护区污染防治管理办法	银川市人民政府2007年第七十七次常务会议审议通过	不详	银政发[2007]29号	2007年12月2日	有效
22	银川市农村集中式饮用水水源地规范化管理规定	银川市人民政府	不详	银政办发[2010]2号	2010年2月5日	有效
23	中卫市取水许可及水资源费征收管理办法	中卫市人民政府2005年第三十七次常务会议讨论通过	2005年8月31日	不详	2005年10月1日	已被《中卫市人民政府关于印发〈中卫市取水许可及水资源费征收管理实施办法〉的通知》废止
24	中卫市取水许可及水资源费征收管理实施办法	中卫市人民政府2009年第56次常务会议研究同意	2009年4月22日	不详	2009年5月1日	有效

一、森林资源保护

为了加强对林地的保护管理,合理利用林地,宁夏回族自治区森林资源保护的立法有《宁夏回族自治区林地管理办法》(1993)、《宁夏回族自治区林地管理办法》(2005)、《宁夏回族自治区天然林区保护暂行办法》、《宁夏回族自治区自然保护区管理办法》、《宁夏回族自治区自然保护区监督检查考核办法(试行)》、《宁夏回族自治区六盘山、贺兰山、罗山国家级自然保护区条例》、《宁夏回族自治区禁牧封育条例》、《宁夏回族自治区环境保护条例》等。这些立法文献规定了林地的行政主体制度、林地产权管理制度、林地保护制度、林地保护利用规划制度、植树造林制度、林地管理制度等,这些规定为森林资源保护提供了重要的法律基础。具体内容详见表12-12:

表12-12　渤海森林资源保护宁夏回族自治区地方立法内容简表

基本内容	文献名称	条　款
林地的行政主体制度	宁夏回族自治区林地管理办法(2005)	第四条:"县级以上人民政府林业行政主管部门负责本行政区域内林地的规划、建设、保护和利用工作。" 第四条第二款:"国土资源、农牧、农垦、建设、水利、公安、交通、环保等部门在各自职责范围内协同林业行政主管部门做好林地管理工作。"
林地产权管理制度	宁夏回族自治区林地管理办法(2005)	第二章(林地登记管理制度。)
林地保护制度	宁夏回族自治区林地管理办法(2005)	第三章(林地保护和利用。)
	宁夏回族自治区禁牧封育条例	第十五条:"县级以上人民政府应当增加草原、林地建设投入,支持、鼓励单位和个人采取补播、补种、围栏等措施,改良、培育草原、林地,恢复生态植被。"
林地保护利用规划制度	宁夏回族自治区林地管理办法(2005)	第二十条(林地保护利用规划。)

基本内容	文献名称	条　　款
植树造林制度	宁夏回族自治区林地管理办法（2005）	第二十九条："鼓励单位和个人利用宜林荒地植树造林。"
林地管理制度	宁夏回族自治区林地管理办法（2005）	第三十条："严禁乱批滥占林地，严格控制各类建设工程使用林地，确保林地面积总量不减少。" 第三十一条："确需征收、征用或者占用林地的，应当按照审批权限。" 第三十七条："征收、征用或者占用林地的单位和个人，应当按照国家和自治区规定的标准预缴森林植被恢复费，并对被征、占用林地单位和个人支付林地补偿费、林木及地上附着物补偿费、安置补助费。临时占用林地的还应当按照土地复垦的有关规定对使用后的林地进行复垦或者缴纳复垦费。" 第三十八条（森林植被恢复费专款专用。）
林地自然保护区制度	宁夏回族自治区林地管理办法（2005）	第二十八条："利用林地建立风景名胜区和森林公园的，按照国务院颁布的《风景名胜区管理暂行条例》和林业部制定的《森林公园管理办法》的规定执行。" "严格控制在风景名胜区、森林公园和其他林地上扩建、兴建人造景观和其他建筑设施。确需修建的，应当利用原使用地和非宜林地。"
	宁夏回族自治区环境保护条例（2010）	第三十二条："县级以上人民政府应当将自然保护区、风景名胜区、湖泊湿地和封山围栏禁牧、退耕还林还草、小流域治理和其他需要保护的生态区域，划定为生态功能保护区，采取措施防止生态环境破坏和荒漠化、沙化，恢复生态。禁止在生态功能保护区内从事可能导致生态功能退化的开发建设活动。" 第三十七条："自治区严格保护野生动物、植物及水生生物，保护生物的多样性。""禁止非法捕猎、杀害、采集、采伐、加工、买卖、运输野生动物、植物及水生生物。"
林地资源法律责任	宁夏回族自治区林地管理办法（2005）	第五章（罚则。）

二、草原（草地）资源保护

草原是国家的重要自然资源，为了管理、保护、利用和建设好草原，宁夏回族自治区制定的有关立法有 1983 年通过的《宁夏回族自治区草原管理试行条例》，此条例被《宁夏回族自治区草原管理条例》废止。宁夏回族自治区第九届人大常委会第十九次会议对此条例进行了第一次修订。其他有关草地资源保护的立法有《宁夏回族自治区甘草资源保护管理办法》、《宁夏回族自治区禁牧封育条例》、《宁夏回族自治区人民政府关于禁止采集和销售发菜制止滥挖甘草和麻黄草有关问题的通知》等。这些立法文献规定了草原资源产权制度、草原资源监督管理制度等。具体内容详见表 12-13：

表 12-13　渤海草原（草地）资源保护宁夏回族自治区地方立法内容简表

基本内容	文献名称	条　款
草原权属制度	宁夏回族自治区草原管理条例（2005）	第六条："草原权属的确定依据《草原法》的有关规定执行，法律、行政法规未作规定的，按照本条例的规定执行。"
草原权属登记制度	宁夏回族自治区草原管理条例（2005）	第八条："依法登记的草原所有权和使用权受法律保护，任何单位和个人不得侵占、买卖或者以其他形式非法转让草原。"
草原承包经营权	宁夏回族自治区草原管理条例（2005）	第九条："各级人民政府应当完善草原承包经营责任制。" 第十一条（草原承包经营权受法律保护。） 第十二条："承包经营草原，发包方和承包方应当签订书面合同。"
草原行政管理制度	宁夏回族自治区草原管理条例（2005）	第四条："自治区人民政府草原行政主管部门负责自治区行政区域内的草原监督管理工作。""市、县（市、区）人民政府草原行政主管部门负责本行政区域内的草原监督管理工作。""乡（镇）人民政府应当加强对本行政区域内草原保护、建设和利用情况的监督检查，根据需要可以设立专职或者兼职人员负责具体监督检查工作。""林业、环保、国土资源、水利、公安、工商等部门应当按照各自的职责，依法做好草原保护、建设及其管理工作。"

基本内容	文献名称	条　　款
草原规划制度	宁夏回族自治区草原管理条例（2005）	第十三条："自治区对草原保护、建设、利用实行统一规划制度。"
草原调查制度	宁夏回族自治区草原管理条例（2005）	第十四条（自治区建立草原调查制度。）
草原等级评定制度	宁夏回族自治区草原管理条例（2005）	第十五条："自治区人民政府草原行政主管部门应当会同自治区国土资源、环保、水利、林业等有关部门根据国家草原等级评定标准制定自治区草原等级评定标准。""县级以上人民政府草原行政主管部门应当根据草原调查结果、草原的质量，依据自治区草原等级评定标准，对草原进行评等定级。"
草原统计制度	宁夏回族自治区草原管理条例（2005）	第十六条（自治区建立草原统计制度。）
草原生产、生态监测预警制度	宁夏回族自治区草原管理条例（2005）	第十七条（自治区建立草原生产、生态监测预警系统。）
以草定畜、草畜平衡制度	宁夏回族自治区草原管理条例（2005）	第二十条："草原承包经营者应当以草定畜，合理利用草原，不得超过草原行政主管部门核定的载畜量。" 第二十一条："市、县（市、区）人民政府草原行政主管部门，应当结合当地实际情况，根据载畜量标准，定期核定草原载畜量，并制定草畜平衡计划，报自治区人民政府草原行政主管部门核准后实施。"
禁牧、休牧制度	宁夏回族自治区草原管理条例（2005）	第二十三条："草原承包经营者应当遵守县级以上人民政府建立的季节性休牧和划区轮牧制度，合理配置畜群，均衡利用草原。不得在休牧期和轮牧区抢牧、滥牧。" 第三十一条（自治区建立和实施禁牧制度。）

基本内容	文献名称	条　　款
禁牧、休牧制度	宁夏回族自治区禁牧封育条例	第四条："禁牧封育工作应当遵循统筹规划、保护优先、封育结合、注重实效的原则。" 第八条："自治区人民政府应当根据草原、林地生态预警监测情况，决定在一定时期内对全区或者部分地区的草原和林地禁止放牧。具体禁牧的时间、范围及其解除办法由自治区人民政府决定。"
牲畜圈养制度	宁夏回族自治区草原管理条例（2005）	第二十四条（提倡牲畜圈养。）
基本草原保护制度	宁夏回族自治区草原管理条例（2005）	第二十八条（自治区实行基本草原保护制度。）
草原监督检查制度	宁夏回族自治区草原管理条例（2005）	第六章（监督检查。）

三、水土流失防治

为预防和治理水土流失，保护和合理利用水土资源，减轻水、旱、风沙灾害，改善生态环境，发展生产，宁夏回族自治区有关水土流失的立法有《宁夏回族自治区实施〈水土保持法〉办法》(此办法在 1997 年 10 月 17 日宁夏回族自治区第七届人大常委会第二十七次会议进行了修定)、《银川市实施〈水土保持法〉办法》《宁夏回族自治区生产建设项目水土保持方案报批管理规定》。以上立法规定了水土流失防治中的水土保持法"三同时"制度、水土流失防治的管制制度、水土流失防治目标责任制、水土保持监测制度、水土保持的三大措施、生产建设项目水土保持方案报批管理等，具体内容详见表 12-14：

表 12-14　渤海水土流失防治宁夏回族自治区地方立法内容简表

基本内容	文献名称	条　　款
水土保持法"三同时"制度	宁夏回族自治区实施《水土保持法》办法（1997）	第十七条："建设项目中的水土保持设施，必须与主体工程同时设计、同时施工、同时投入使用。"
	银川市实施《水土保持法》办法	第十五条："建设项目中的水土保持设施必须与主体工程同时设计，同时施工，同时投入使用。"
水土流失防治的法律管制制度	宁夏回族自治区实施《水土保持法》办法（1997）	第四条："自治区人民政府水行政主管部门主管全区的水土保持工作。""行署和市、县（市、区）人民政府水行政主管部门主管本辖区内的水土保持工作。""各级水行政主管部门设置的水土保持机构行使水行政主管部门对水土保持工作的职权。"
	银川市实施《水土保持法》办法	第六条："银川市人民政府水行政主管部门主管本行政区域内的水土保持工作，各县（区）人民政府水行政主管部门主管本辖区内的水土保持工作。"
水土流失防治目标责任制	宁夏回族自治区实施《水土保持法》办法（1997）	第六条："各级人民政府实行水土流失防治目标责任制，组织和协调各有关部门做好预防、治理水土流失工作。"
水土保持监测制度	宁夏回族自治区实施《水土保持法》办法（1997）	第二十五条："自治区水行政主管部门建立水土保持监测网络，对水土流失动态进行监测，并定期公告。"
	银川市实施《水土保持法》办法	第二十二条："各级水行政主管部门应当建立水土保持监测网络，对水土流失动态进行监测，并定期公告。"
水土保持的三大措施	宁夏回族自治区实施《水土保持法》办法（1997）	第二十条："治理水土流失，应'实行生物措施、耕作措施与工程措施相结合'。"
	银川市实施《水土保持法》办法	第十八条："治理水土流失，应'实行生物措施、耕作措施与工程措施相结合'。"

基本内容	文献名称	条　　款
生产建设项目水土保持方案报批管理	宁夏回族自治区实施《水土保持法》办法（1997）	第十五条："在山区、丘陵区、风沙区、干旱草原区修建铁路、公路、水工程，开办矿山、电力、建材和其他工业企业，在建设项目环境影响报告书（表）中，必须有水行政主管部门同意的水土保持方案，方可向环境保护行政主管部门报送环境影响报告书（表）。""在山区、丘陵区、风沙区开办乡镇集体矿山企业和个体申请采矿，必须填写'水土保持方案报告表'，经县级以上人民政府水行政主管部门批准后，方可申请办理采矿批准手续。""经批准的水土保持方案，不得擅自改动；确需修改时，须经原批准单位同意。""本办法实施前已开工的在建或者建成项目，发生或者可能造成水土流失的，生产建设单位必须按照水行政主管部门规定的时间补报水土保持方案，并组织实施。"
	银川市实施《水土保持法》办法	第十三条："在山区、风沙区、干旱草原区修建铁路、公路、水利工程，开办矿山、电力、建材和其他工业企业，在建设项目环境影响报告书（表）中，必须编制水土保持方案报告书，报水行政主管部门审核批准，领取《水土保持方案合格证》后，方可向环境保护行政主管部门报送环境影响报告书（表），否则，计划主管部门不予立项。"
	宁夏回族自治区生产建设项目水土保持方案报批管理规定	第二条："凡在本自治区行政区域内的山区、丘陵区、风沙区从事自然资源开发、生产建设的单位和个人，均须向县级以上人民政府水行政主管部门申报水土保持方案。"

四、湿地保护

为了加强湿地保护，维护湿地生态功能，促进湿地资源的可持续利用，根据有关法律、法规的规定，结合自治区实际，2008年9月19日宁夏回族自治区第十届人大常委会第五次会议通过了《宁夏回族自治区湿地保护条例》。此条例规定了湿地保护的管理体制、评审制度、调查制度、监测制度、规划制度等。具体内容详见表12-15：

表 12-15　渤海湿地保护宁夏回族自治区地方立法内容简表

基本内容	文献名称	条　款
湿地保护的管理体制	宁夏回族自治区湿地保护条例	第五条："湿地保护实行综合协调、分部门实施的湿地保护管理体制。"
湿地评审制度	宁夏回族自治区湿地保护条例	第六条："县级以上人民政府应当建立湿地评审制度。"
湿地调查制度	宁夏回族自治区湿地保护条例	第六条（县级以上人民政府应当"组织有关部门定期开展对湿地资源的调查"。）
湿地监测制度	宁夏回族自治区湿地保护条例	第六条（县级以上人民政府应当"监测湿地资源保护状况"。）
湿地管理信息交流制度	宁夏回族自治区湿地保护条例	第六条（县级以上人民政府应当"建立湿地管理信息交流制度"。）
湿地规划制度	宁夏回族自治区湿地保护条例	第二章（湿地规划。）

五、水资源调节

人多水少、水资源时空分布不均是我国的基本国情水情。为了合理开发利用和保护水资源，充分发挥水利效益，防治水害，充分发挥水资源的综合效益，适应国民经济发展和人民生活的需要，需加强水利管理、完善水资源调节。有关宁夏回族自治区水资源调节的立法主要有《宁夏回族自治区水利管理条例》、《宁夏回族自治区水工程管理条例》、《银川市水工程管理办法》、《宁夏回族自治区实施〈水法〉办法》、《宁夏回族自治区实施〈水土保持法〉办法》、《宁夏回族自治区城市节约用水管理办法》、《宁夏回族自治区节约用水条例》、《宁夏回族自治区黄河水权转换实施细则》、《银川市城市供水节水管理条例》等。以上有关水资源调节的立法中，规定了诸多的水事法律制度，主要有：水资源权属制度、水资源管理制度、水资源规划制度、开发利用制度、水资源、水域与水工程保护制度、水资源配置与节约用水制度、水事纠纷处理与执法监督检查制度、法律责任制度等。具体内容详见表 12-16：

表 12-16　渤海水资源调节宁夏回族自治区地方立法内容简表

基本内容	文献名称	条　　款
水资源权属制度	宁夏回族自治区实施《水法》办法（2008）	第三条（水资源的所有权制度。）
水资源管理制度	宁夏回族自治区实施《水法》办法（2008）	第九条："自治区人民政府水行政主管部门负责全区水资源的统一管理和监督工作。""设区的市、县（市、区）人民政府水行政主管部门按照规定的权限，负责本行政区域内水资源的管理和监督工作。" 第十条："县级以上人民政府有关部门按照职责分工，负责本行政区域内水资源开发、利用、节约和保护的有关工作。"
取水许可制度	宁夏回族自治区实施《水法》办法（2008）	第三条："自治区对水资源实行取水许可制度和有偿使用制度。但农村集体经济组织及其成员使用本集体经济组织的水塘、水库中的水的除外。"
	宁夏回族自治区取水许可制度实施细则	第三条："县级以上人民政府水行政主管部门按照权限范围负责本行政区域内取水许可证的审批、发放和管理工作。" 第四条（取水许可实行分级限额管理。） 第十一条："新建、改建、扩建的建设项目，需要申请取水许可的，应当按有关规定报批。"
	宁夏回族自治区取水许可和水资源费征收管理实施办法	第三条："县级以上人民政府水行政主管部门按照分级管理权限，负责取水许可和水资源费征收管理制度的组织实施和监督管理。""财政、审计、价格主管部门应当按照各自的职责，对水资源费的征收和使用实施监督。" 第六条（取水许可实行分级审批。） 第十一条（取水单位或者个人应当缴纳水资源费。） 第二十二条（县级以上人民政府水行政主管部门负责监督检查。）
水资源有偿使用制度	宁夏回族自治区实施《水法》办法（2008）	第三条："自治区对水资源实行有偿使用制度。但农村集体经济组织及其成员使用本集体经济组织的水塘、水库中的水的除外。"

基本内容	文献名称	条　　款
水资源规划制度	宁夏回族自治区实施《水法》办法（2008）	第十一条："自治区人民政府水行政主管部门应当根据经济社会发展需要和水资源开发利用现状组织编制全区水资源综合规划，对开发、利用、节约、保护水资源和防治水害作出总体部署，报自治区人民政府批准后实施。" 第十二条："黄河干流宁夏段流域综合规划，由自治区人民政府编制，依法报国务院批准；黄河干流宁夏段流域专业规划和黄河一级支流宁夏段流域水资源的区域综合规划，由自治区人民政府水行政主管部门会同有关部门和设区的市人民政府编制，报自治区人民政府批准。""跨县（市、区）河流流域综合规划和区域规划，由设区的市人民政府水行政主管部门会同同级有关部门和县级人民政府编制，报设区的市人民政府批准，并报自治区人民政府水行政主管部门备案。""前两款规定以外的其他河流、湖泊的流域综合规划和区域规划由县级人民政府水行政主管部门会同同级有关部门编制，报本级人民政府批准，并报上一级人民政府水行政主管部门备案。"
开发利用制度	宁夏回族自治区实施《水法》办法（2008）	第三章（对水资源开发利用做了比较全面的规定，包括水资源开发利用的原则、鼓励和支持收集、开发、利用雨水、微咸水和再生水，充分发挥水资源的综合效益等。）
水资源、水域与水工程保护制度	宁夏回族自治区实施《水法》办法（2008）	第二十三条（维护水体自然进化能力制度。） 第二十四条、第二十五条（地下水开采禁限制度。） 第三十三条（饮用水资源保护制度。） 第三十四条（城乡饮用水安全保障的应急预案制度。）
	宁夏回族自治区水利管理条例	第三条："国家投资修建的水利工程，属国家所有，由国家管理；民办公助或社、队自筹资金修建的水利工程，属集体所有，由集体管理。" 第四条："各级水利部门是同级人民政府管理水利工程的职能机构，是水利工程管理单位的主管机关。""国家管理的水利工程属哪一级行政单位领导，即由哪一级人民政府建立管理机构。集体管理的由社、队设管理机构或专管人员。" 第五条（水利管理实行统一领导，分级管理。）

基本内容	文献名称	条　　款
水资源、水域与水工程保护制度	宁夏回族自治区水利管理条例	第六条（水利管理单位的基本任务；水利管理人员的职责。） 第九条（各类水利工程的保护范围。） 第十三条（按计划分配水量。） 第十四条（用水单位要向水利管理单位编报用水计划。） 第十五条（加强统一管理，实行计划用水。） 第十七条（水利管理单位，要加强经济核算，改善经营管理，扩大和提高经济收益，实现自给有余。） 第十八条（水利管理单位负责向用水户征收水费和征用水利工。）
	宁夏回族自治区水利建设基金筹集和使用管理实施细则	第二条："水利建设基金是用于水利建设的专项资金，由自治区级水利建设基金和市县级水利建设基金组成。" 第三条（自治区级水利建设基金的来源。） 第四条（市县级水利建设基金的来源。） 第五条（水利建设基金征收。） 第六条（水利建设基金首先要用于现有的水利工程建设。） 第七条（水利建设基金属于政府性基金，纳入同级财政预算管理，专款专用。） 第八条（自治区和市县财政部门要建立健全水利建设基金的收支核算和日常管理制度。）
	宁夏回族自治区水工程管理条例	第二条："本条例适用于自治区行政区域内的水工程及其附属设施的建设、管理与保护。" 第三条："县级以上人民政府水行政主管部门按照规定的权限负责本行政区域内水工程的统一管理与监督。" 第四条："各级人民政府应当将水工程的建设列入本级国民经济和社会发展计划。" 第八条："水工程附属设施，应当与主体工程同时设计、同时施工、同时投入使用。" 第九条："水工程建设项目应当按照国家有关规定，实行项目法人责任制、招标投标制和监理制。" 第十一条："各级人民政府或者水行政主管部门应当确定辖区内水工程管理的责任主体。""取得水工程所有权或者经营权的单位和个人，是水工程管理的责任主体。"

基本内容	文献名称	条　款
水资源配置与节约用水制度	宁夏回族自治区实施《水法》办法（2008）	第三十六条（水资源配置的管理制度。） 第三十七条："水量分配与调度应当遵循水权管理、统一分配、统一调度的原则。" 第三十八条、第三十九条（申请取水证，缴纳水资源费。） 第四十二条（水工程供水价格。） 第四十三条（水使用权分配和转让制度。） 第四十八条："节约用水的水价调控机制，实行用水计量收费和超定额用水累进加价制度。"
	宁夏回族自治区城市节约用水管理办法	第三条（城市实行计划用水和节约用水。） 第四条："自治区城乡建设厅主管全区城市节约用水工作，业务上受自治区水行政主管部门的指导。""自治区其他有关部门按照自治区人民政府规定的职责分工，负责本行业的节约用水管理工作。""各行署、市、县（区）人民政府城市建设行政主管部门和有关行业行政主管部门，根据职责分工，负责本行政区域内城市节约用水管理工作。" 第五条："各级城市建设行政主管部门应当设立城市节约用水管理机构，具体负责城市节约用水管理工作。" 第六条（自治区城市节约用水管理机构的主要职责。） 第九条："各节约用水管理机构应根据当地的水资源统筹规划、城市供水发展规划和供水企业能力制定城市用水计划。" 第十三条："各城市在制定城市供水发展规划的同时，应制定节约用水发展规划，并根据节约用水发展规划制定节约用水年度计划。"
	宁夏回族自治区节约用水条例	第四条（节约用水的管理体制。） 第七条（节水规划。） 第十二条（用水定额标准。） 第十三条："制定本行政区域年度用水计划，对本行政区域内的年度用水实行总量控制。" 第十八条（供水单位应当建立供水统计制度；取水户应建立节约用水管理制度。） 第十九条（农业供用水管理体制。）

基本内容	文献名称	条　　款
水资源配置与节约用水制度	宁夏回族自治区节约用水条例	第二十条："采用工程节水与农艺节水的方法，推广节水灌溉方式和技术。" 第二十四条："节约用水设施必须与主体工程同时设计，同时施工，同时投产。"
水事纠纷处理与执法监督检查制度	宁夏回族自治区实施《水法》办法（2008）	第六章（水事纠纷的处理与执法监督检查。）
法律责任制度	宁夏回族自治区实施《水法》办法（2008）	第七章（法律责任。）

第四节　渤海管理手段类宁夏回族自治区立法文献

手段法对于环境法来说，有着重要的意义。手段法应当成为环境法制建设的重要内容，应当在环境法体系中占据重要地位，成为环境法的立法、研究和宣传的重要课题。有关渤海管理宁夏回族自治区手段类立法文献具体内容详见表12-17、12-18：

表 12-17　渤海管理手段类宁夏回族自治区地方法规文献简表

序号	文献名称	发布机关	通过时间	文献编号	生效时间	当前效力
1	宁夏回族自治区草原管理试行条例	宁夏回族自治区第五届人大常委会第三次会议通过	1983年9月12日	不详	1984年1月1日	被宁夏回族自治区第七届人大常委会第十次会议通过的《宁夏回族自治区草原管理条例》废止

序号	文献名称	发布机关	通过时间	文献编号	生效时间	当前效力
2	宁夏回族自治区环境保护条例	宁夏回族自治区第六届人大常委会第十二次会议通过	1990 年 4 月 17 日	不详	1990 年 4 月 17 日	被《宁夏回族自治区人大常委会 2006 年 3 月 31 日关于修改〈宁夏回族自治区矿产资源管理条例〉等 12 件地方性法规的决定》修订
3	宁夏回族自治区农业环境保护条例	宁夏回族自治区第七届人大常委会第十次会议通过	1994 年 12 月 15 日	宁人常[1994]23 号	1994 年 12 月 15 日	有效
4	宁夏回族自治区草原管理条例	宁夏回族自治区第七届人大常务委员会第十次会议通过	1994 年 12 月 15 日	不详	1994 年 12 月 15 日	被宁夏回族自治区第九届人大常委会第十九次会议第一次修订
5	宁夏回族自治区水工程管理条例	宁夏回族自治区第八届人大常委会第二十九次会议通过	2002 年 11 月 7 日	不详	2003 年 1 月 1 日	有效
6	宁夏回族自治区草原管理条例	宁夏回族自治区第九届人大常委会第十九次会议第一次修订	2005 年 11 月 16 日	宁人常[2005]26 号	2006 年 1 月 1 日	有效

序号	文献名称	发布机关	通过时间	文献编号	生效时间	当前效力
7	宁夏回族自治区环境保护条例	宁夏回族自治区第九届人大常委会第二十一次会议通过	2006年3月31日	宁夏回族自治区人大常委会公告第三十号	2006年3月31日	被宁夏回族自治区第十届人大常委会第十四次会议修订
8	宁夏回族自治区节约用水条例	宁夏回族自治区第九届人大常委会第二十七次会议通过	2007年3月29日	宁人常[2007]39号	2007年5月1日	有效
9	宁夏回族自治区湿地保护条例	宁夏回族自治区第十届人大常委会第五次会议通过	2008年9月19日	宁人常[2008]51号	2008年11月1日	有效
10	中卫市取水许可及水资源费征收管理实施办法	中卫市人民政府2009年第五十六次常务会议研究同意	2009年04月22日	不详	2009年5月1日	有效
11	宁夏回族自治区环境保护条例	宁夏回族自治区第十届人大常委会第十四次会议修订	2009年11月19日	宁夏回族自治区人大常委会公告第六十八号	2010年1月1日	有效
12	宁夏回族自治区防沙治沙条例	宁夏回族自治区第十届人大常委会第二十次会议	2010年10月15	宁人常[2010]77号	2010年12月1日	有效

序号	文献名称	发布机关	通过时间	文献编号	生效时间	当前效力
13	宁夏回族自治区环境教育条例	宁夏回族自治区第十届人大常委会第二十七次会议通过	2011 年12 月 1日	不详	2012 年 1月 1 日	有效

表 12-18　渤海管理手段类宁夏回族自治区地方规章文献简表

序号	文献名称	发布机关	通过时间	文献编号	生效时间	当前效力
1	宁夏回族自治区林地管理办法	宁夏回族自治区政府	1993 年 8月 7 日	宁 政 发 [1993] 80 号	1993 年 8月 7 日	被宁夏回族自治区人民政府 2005 年 第五十八次常务会议讨论通过的《宁夏回族自治区林地管理办法》废止
2	宁夏回族自治区水利建设基金筹集和使用管理实施细则	宁夏回族自治区人民政府颁布（财政厅、计委、水利厅制定）	1998 年 6月 22 日	宁 政 发 [1998] 38 号	1998 年 1月 1 日	本 细 则 自 1998 年 1 月 1日起实行，到 2010 年 12 月 31 日止
3	宁夏回族自治区自然保护区管理办法	宁夏回族自治区人民政府 2002 年 第九十三次常务会议讨论通过	2002 年 7月 24 日	宁 政 发 [2002] 48 号	2002 年 10 月 1 日	有效

序号	文献名称	发布机关	通过时间	文献编号	生效时间	当前效力
4	宁夏回族自治区水资源费征收使用管理办法	宁夏回族自治区人民政府	2004年1月21日	宁政发〔2004〕63号	2004年4月1日	被《宁夏回族自治区取水许可和水资源费征收管理实施办法》废止
5	宁夏回族自治区林地管理办法	宁夏回族自治区人民政府2005年第五十八次常务会议讨论通过	2005年5月23日	宁政发〔2005〕78号	2005年8月1日	有效
6	中卫市取水许可及水资源费征收管理办法	中卫市人民政府2005年第三十七次常务会议讨论通过	2005年8月31日	不详	2005年10月1日	被《中卫市人民政府关于印发〈中卫市取水许可及水资源费征收管理实施办法〉的通知》废止
7	宁夏回族自治区取水许可和水资源费征收管理实施办法	宁夏回族自治区人民政府2008年第六次常务会议讨论通过	2008年6月18日	宁政发〔2008〕年6号	2008年8月1日	有效

一、环境影响评价

宁夏回族自治区立法中没有专门的环境影响评价法,有关环境影响评价的规定散见于自治区人大常委会、政府制定的地方性法规、规章中。主要包括《宁夏回族自治区环境保护条例》《宁夏回族自治区水工程管理条例》《宁夏回族自治区湿地保护条例》等。环境影响评价的范围包括建设项目环境影响评价和规划环境影响评价,以下将从这两个方面对环境影响评价制度进行内容梳理研究,具体内容详见表12-19:

表 12-19　渤海环境影响评价宁夏回族自治区地方立法内容简表

基本内容	文献名称	条　　款
建设项目环境影响评价	宁夏回族自治区环境保护条例 (1990)	第八条："自治区依法实施下列环境保护制度：（一）环境影响评价制度。" 第十一条（自治区环境保护行政主管部门的主要监督管理职责。） 第十二条（市、县环境保护行政主管部门的主要监督管理职责。） 第十九条："新建、扩建和改建的建设项目，要做到防治污染的设施与主体工程同时设计、同时施工、同时投产使用，防止产生新污染。"
	宁夏回族自治区环境保护条例 (2006)	第十九条："新建、扩建和改建的建设项目，要做到防治污染的设施与主体工程同时设计、同时施工、同时投产使用，防止产生新污染。"
	宁夏回族自治区环境保护条例 (2010)	第十一条："建设项目的环境影响评价文件未经依法审查批准的，该项目审批部门不得批准建设，建设单位不得开工建设。" 第十三条："有下列情形之一的流域、区域，环境保护行政主管部门应当暂停审批该流域、区域的建设项目环境影响评价文件，但防治污染、节能减排和循环经济项目除外。" 第三十四条："环境保护行政主管部门应当会同有关部门组织开展生态环境质量调查，进行生态环境质量分析和评估。""单位和个人开发利用自然资源，应当依法进行环境保护影响评价。对开发利用过程中产生的污染物和废弃物进行综合治理，采取有效措施防治扬尘、粉尘，妥善处理尾矿、矸石等，防止对环境以及土壤和水的污染，破坏生态环境。"
	宁夏回族自治区水工程管理条例	第十七条："禁止在饮用水水源保护区内设置排污口。""在河道、灌溉渠道、排水沟道新建、改建或者扩大排污口的，应当经过有管辖权的水行政主管部门同意，由环境保护行政主管部门负责对该项目的环境影响报告书进行审批。"

基本内容	文献名称	条　款
规划环境影响评价	宁夏回族自治区湿地保护条例	第十四条："建立自治区级湿地保护区，经自治区人民政府林业行政主管部门组织有关部门和专业人员评审后，由自治区人民政府环境保护、水行政主管部门对环境影响评价报告和水资源影响评估报告进行审查，报自治区人民政府批准。""建立设区的市、县级湿地保护区，经林业行政主管部门组织有关部门和专业人员评审后，由环境保护、水行政主管部门对环境影响评价报告和水资源影响评估报告进行审查，经本级人民政府批准后，报上一级人民政府环境保护行政主管部门和林业行政主管部门备案。"

二、公众参与

宁夏回族自治区的立法中有关公众参与的立法文献主要有《宁夏回族自治区环境保护条例》、《宁夏回族自治区水工程管理条例》、《宁夏回族自治区湿地保护条例》等。以上法规、规章中有关公众参与的规定，主要包括公民的环境义务、行使检举和控告权以及应受到的表彰和鼓励等。具体内容详见表12-20：

表 12-20　渤海管理公众参与宁夏回族自治区地方立法内容简表

基本内容	文献名称	条　款
环境义务	宁夏回族自治区环境保护条例（1990）	第八条："一切单位和个人，都有享受良好环境的权利和保护环境的义务。"
	宁夏回族自治区环境保护条例（2006）	第八条："一切单位和个人，都有享受良好环境的权利和保护环境的义务。"
	宁夏回族自治区环境保护条例（2010）	第五条（各级人民政府鼓励公民和各类社会组织参与环境保护事业。） 第七条："任何组织和个人有享受良好环境的权利和履行保护环境的义务。"

基本内容	文献名称	条　　款
环境义务	宁夏回族自治区草原管理条例（1994）	第六条："任何单位和个人都有保护草原的义务。"
	宁夏回族自治区农业环境保护条例（1994）	第五条："任何单位和个人都有保护农业环境的义务。"
	宁夏回族自治区节约用水条例（2007）	第六条："任何单位和个人都有节约用水的义务。"
	宁夏回族自治区湿地保护条例（2008）	第十条："任何单位和个人都有保护湿地资源的义务。"
检举和控告权	宁夏回族自治区环境保护条例（1990）	第八条（一切单位和个人对污染和破坏环境的行为有权进行检举和控告。）
	宁夏回族自治区环境保护条例（2006）	第八条（一切单位和个人对污染和破坏环境的行为有权进行检举和控告。）
	宁夏回族自治区环境保护条例（2010）	第七条（任何组织和个人有权检举、控告违反环境保护法律法规的行为，有权对环境保护工作提出意见和建议。）
	宁夏回族自治区草原管理条例（1994）	第六条（任何单位和个人有对破坏草原的行为进行检举和控告的权利。）
	宁夏回族自治区农业环境保护条例（1994）	第五条（任何单位和个人都有权对污染和破坏农业环境的行为进行检举和控告。）
	宁夏回族自治区节约能源条例（2001）	第八条（任何单位和个人都有权检举浪费能源的行为。）
	宁夏回族自治区湿地保护条例（2008）	第十条（任何单位和个人都有对破坏侵占湿地资源的行为有检举的权利。）
表彰和鼓励	宁夏回族自治区草原管理条例（1994）	第七条："对在草原保护、管理、建设、利用和科技工作中成绩显著的单位和个人，由县级以上人民政府予以表彰或奖励。"

基本内容	文献名称	条　　款
表彰和鼓励	宁夏回族自治区草原管理条例（2005）	第五条："对在草原管理、保护、建设、合理利用和科学研究等工作中做出显著成绩的单位和个人，各级人民政府和有关部门应当予以表彰和奖励。"
	宁夏回族自治区农业环境保护条例（1994）	第六条："对保护和改善农业环境做出显著成绩的单位和个人，由县级以上人民政府给予表彰和奖励。"
	宁夏回族自治区节约用水条例（2007）	第六条："县级以上人民政府对在节约用水工作中做出突出贡献的单位和个人应当给予表彰和奖励。"
	宁夏回族自治区湿地保护条例（2008）	第九条（县级以上人民政府对在湿地保护工作中做出突出成绩的单位和个人给予表彰奖励。）
环境教育	宁夏回族自治区节约能源条例（2001）	第八条："各级人民政府、各企业事业单位应当加强节能宣传和教育，普及节能科学知识，增强全民的节能意识。"
	宁夏回族自治区湿地保护条例（2008）	第九条："县级以上人民政府应当加强湿地保护的宣传教育工作，增强公民湿地保护意识。"
	宁夏回族自治区环境教育条例	第四条："环境教育的对象是有接受教育能力的公民。" 第三章（学校环境教育。） 第四章（社会环境教育。）

三、争议处理程序

宁夏回族自治区的立法中有关争议处理程序的规定散见于人大常委会、政府制定的地方法规、规章中。有关宁夏回族自治区争议处理程序的立法文献主要有《宁夏回族自治区环境保护条例》、《宁夏回族自治区实施〈水法〉办法》、《宁夏回族自治区节约用水条例》等根据纠纷发生的原因，可以把环境纠纷分为环境污染纠纷和自然资源纠纷，接下来将从这两个方面对争议处理程序进行内容简表介绍。具体内容详见表 12-21：

表 12-21　渤海管理争议处理程序宁夏回族自治区地方立法内容简表

基本内容	文献名称	条　款
环境污染纠纷的行政处理	宁夏回族自治区环境保护条例（1990）	第四十条："当事人对行政处罚决定不服的，可在接到处罚决定之日起十五日内向作出处罚决定的机关的上一级机关申请复议，也可以直接向人民法院起诉；对复议决定不服的，可在接到复议决定之日起十五日内向人民法院起诉。逾期不申请复议、也不向人民法院起诉、又不履行处罚决定的，由作出处罚决定的机关申请人民法院强制执行。"
	宁夏回族自治区农业环境保护条例	第三十条："当事人对行政处罚决定不服的，可以在接到处罚通知之日起十五日内，向作出处罚决定机关的上一级机关申请复议；对复议决定不服的，可以在接到复议决定之日起十五日内，向人民法院起诉。当事人也可以在接到处罚通知之日起十五日内，直接向人民法院起诉。当事人逾期不申请复议、也不起诉、又不履行处罚决定的，由作出处罚决定的机关申请人民法院强制执行。"
	宁夏回族自治区环境保护条例（2006）	第四十条："当事人对行政处罚决定不服的，可在接到处罚决定之日起十五日内向作出处罚决定的机关的上一级机关申请复议，也可以直接向人民法院起诉；对复议决定不服的，可在接到复议决定之日起十五日内向人民法院起诉。逾期不申请复议、也不向人民法院起诉、又不履行处罚决定的，由作出处罚决定的机关申请人民法院强制执行。"
自然资源纠纷的行政处理	宁夏回族自治区实施《水法》办法（1993）	第四十三条："当事人对行政处罚决定不服的，可以在接到处罚决定之日起 15 日内，向作出处罚决定机关的上一级机关申请复议；对复议决定不服的，可以在接到复议决定之日起 15 日内，向人民法院起诉。当事人也可以在接到处罚决定通知之日起 15 日内，直接向人民法院起诉。当事人逾期不申请复议或者不向人民法院起诉又不履行处罚决定的，由作出处罚决定的机关申请人民法院强制执行。"

基本内容	文献名称	条　款
自然资源纠纷的行政处理	宁夏回族自治区实施《水法》办法（2008）	第四十九条："各级人民政府及有关部门应当采取措施，预防和制止水事纠纷。""水事纠纷可以协商解决；当事人不愿意协商或者协商解决不成的，可以申请县级以上人民政府或者水行政主管部门调解，也可以直接向人民法院提起民事诉讼；调解不成的，可以向人民法院提起民事诉讼。""乡镇人民政府应当及时调解本乡镇的水事纠纷，配合水行政主管部门调解水事纠纷。""在水事纠纷解决前，当事人不得单方面改变现状。"
	宁夏回族自治区节约用水条例	第四十七条："当事人对行政处罚机关作出的行政处罚决定不服的，可以依法申请行政复议或提起行政诉讼。逾期不申请复议，也不提起诉讼，又不履行处罚决定的，由作出行政处罚决定的机关申请人民法院强制执行。"
	宁夏回族自治区湿地保护条例	第四十五条："当事人对行政处罚决定不服的，可以依法申请行政复议或者提起行政诉讼。"
	宁夏回族自治区林地管理办法	第四十三条："当事人对林业行政主管部门的具体行政行为不服的，可以依法申请行政复议或者向人民法院提起行政诉讼。"

第十三章 渤海管理甘肃省立法文献研究

黄河作为流入渤海的主要内陆河流之一,它的开发利用和保护状况直接影响着渤海的综合管理。而甘肃省又是黄河的主要流经地之一,黄河在甘肃境内有黄河干流、渭河、泾河、洮河、湟水等五个水系,流域面积14.5万平方公里,流经甘肃省甘南、临夏、白银、兰州等州市,因此研究甘肃省有关黄河水系生态环境保护的立法文献对于渤海的综合管理和保护有重大的意义。这些立法文献主要涉及污染防治、生态保护尤其是水资源的保护以及其他有关管理手段方面的内容,下面将通过文献简表和内容简表的形式进行梳理研究,以期为渤海管理提供参考。

第一节 渤海污染防治甘肃省立法文献

据黄委会上游水文资源局调查资料显示:甘肃省境内入黄一级支流的主要污染物有COD(化学耗氧物)、氨氮、挥发酚、石油类、生产生活污水等,这些污染物质严重地破坏了黄河的生态系统,加大了渤海的治理难度。可见,污染防治尤其是水和大气污染防治对于维护黄河以及渤海水环境的健康发挥着重要作用。

甘肃省有关污染防治的立法主要有《甘肃省关于征收超标排污费的若干规定》、《兰州市实施大气污染防治法办法》、《甘肃省重点工业污染源环境管理办法》、《兰州市城市生活饮用水源保护和污染防治办法》、《甘肃省水路交通管理条例》、《甘肃省建设厅关于加快全省城镇水业发展的若干意见》、《兰州市实施大气污染防治法办法》、《甘肃省资源综合利用条例》、《甘肃省人民政府办公厅批转省环保局关于甘肃省"十一五"主要污染物总量减排规划的通知》、《兰州市城市生活饮用水源保护和污染防治办法》、《关于印发兰州市"十二五"节能减排发展规划的通知》等。具体内容详见表 13-1、13-2：

表 13-1　渤海污染防治甘肃省地方法规文献简表

序号	文献名称	发布机关	通过时间	文献编号	生效时间	当前效力
1	兰州市实施大气污染防治法办法	兰州市第十届人大常委会第十七次会议通过	1990 年 4 月 28 日	不详	1990 年 4 月 28 日	2006 年 10 月 12 日兰州市第十三届人大常委会第三十次会议修订
2	兰州市城市生活饮用水源保护和污染防治办法	甘肃省第八届人大常委会第二十八次会议通过	1997 年 7 月 30 日	不详	1997 年 7 月 30 日	2010 年 10 月 12 日兰州市第十四届人大常委会第二十六次会议修订
3	甘肃省水路交通管理条例	甘肃省第九届人大常委会第六次会议通过	1998 年 9 月 28 日	甘肃省人大常委会公告（第 4 号）	1998 年 9 月 28 日	2004 年 6 月 4 日甘肃省第十届人大常委会第十次会议第一次修正
4	甘肃省水路交通管理条例	甘肃省第十届人大常委会第十次会议通过	2004 年 6 月 4 日	不详	1998 年 9 月 28 日	2010 年 9 月 29 日甘肃省第十一届人大常委会第十七次会议第二次修正
5	兰州市实施大气污染防治法办法	兰州市第十三届人大常委会第三十次会议审议通过	2006 年 10 月 12 日	兰州市人大常委会公告（第 7 号）	2006 年 11 月 1 日	有效
6	甘肃省资源综合利用条例	甘肃省第十届人大常委会第二十九次会议通过	2007 年 5 月 31 日	甘肃省人大常委会公告（第 48 号）	2007 年 7 月 1 日	有效

序号	文献名称	发布机关	通过时间	文献编号	生效时间	当前效力
7	甘肃省水路交通管理条例	甘肃省第十一届人大常委会第十七次会议通过	2010年9月29日	甘肃省第十一届人大常委会公告（第34号）	1998年9月28日	有效
8	兰州市城市生活饮用水源保护和污染防治办法	甘肃省第十一届人大常委会第十八次会议批准	2010年11月30日	兰州市人大常委会公告（第10号）	1997年7月30日	有效

表 13-2　渤海污染防治甘肃省地方政府规章文献简表

序号	文献名称	发布机关	通过时间	文献编号	生效时间	当前效力
1	甘肃省关于征收超标排污费的若干规定	甘肃省人民政府	1985年6月17日	甘政发[1985]114号	1985年7月1日	失效
2	甘肃省重点工业污染源环境管理办法	甘肃省人民政府	1994年11月14日	甘环[1994]054号	1995年1月1日	有效
3	甘肃省建设厅关于加快全省城镇水业发展的若干意见	甘肃省建设厅	2005年6月1日	甘建城[2005]179号	2005年6月1日	有效
4	甘肃省人民政府办公厅关于落实国务院高耗能高污染行业检查组检查意见的通知	甘肃省人民政府办公厅	2007年7月18日	甘政办发[2007]101号	2007年7月18日	有效

序号	文献名称	发布机关	通过时间	文献编号	生效时间	当前效力
5	甘肃省人民政府办公厅批转省发改委等部门关于促进全省城市污水处理项目建设及产业化运营意见的通知	甘肃省人民政府办公厅	2008 年 2 月 1 日	甘政办发[2008]11 号	2008 年 2 月 1 日	有效
6	甘肃省人民政府办公厅批转省环保局关于甘肃省"十一五"主要污染物总量减排规划的通知	甘肃省人民政府办公厅	2008 年 2 月 27 日	甘政办发[2008]19 号	2008 年 2 月 27 日	有效
7	甘肃省人民政府关于对污染减排重点项目实施预警监控的通知	甘肃省人民政府	2010 年 8 月 19 日	甘政发[2011]66 号	2010 年 8 月 19 日	有效
8	关于进一步推进甘肃环境保护工作的意见	环境保护部	2010 年 12 月 6 日	不详	2010 年 12 月 6 日	有效
9	甘肃省人民政府关于进一步推进"十二五"污染减排工作的意见	甘肃省人民政府	2011 年 6 月 21 日	甘政发[2011]75 号	2011 年 6 月 21 日	有效
10	关于印发兰州市"十二五"环境保护规划的通知	甘肃省兰州市人民政府办公厅	2011 年 6 月 29 日	不详	2011 年 6 月 29 日	有效
11	甘肃省人民政府办公厅关于印发甘肃省实行最严格的水资源管理制度办法的通知	甘肃省人民政府办公厅	2011 年 6 月 22 日	甘政办发[2011]155 号	2011 年 7 月 1 日	有效

序号	文献名称	发布机关	通过时间	文献编号	生效时间	当前效力
12	关于印发兰州市"十二五"节能减排发展规划的通知	甘肃省兰州市人民政府办公厅	2011年7月5日	不详	2011年7月5日	有效

下面将从水污染防治和大气污染防治两个方面对渤海管理甘肃省污染防治立法文献做内容的梳理研究。

一、水污染防治

根据黄河甘肃段的水污染防治调研报告的数据可知，黄河甘肃段是整个甘肃省经济社会发展的最重要流域，该流域内人口密集，工业布局集中，水污染问题普遍存在，饮用水安全问题和工业污水处理问题迫在眉睫，因此黄河甘肃段的水污染防治是确保整个黄河流域乃至渤海水域生态安全的系统工程。

甘肃省涉及水污染防治的立法主要包括《甘肃省水路交通管理条例》、《甘肃省人民政府办公厅关于印发甘肃省实行最严格的水资源管理制度办法的通知》、《甘肃省建设厅关于加快全省城镇水业发展的若干意见》、《甘肃省人民政府办公厅关于落实国务院高耗能高污染行业检查组检查意见的通知》、《兰州市城市生活饮用水源保护和污染防治办法》、《关于进一步推进甘肃环境保护工作的意见》等等。这些立法主要规定了入河排污口的管理整治、污水处理能力的提高、废水的利用等内容，减轻了甘肃省境内河流的污染现状，改善了水质。具体内容详见表13-3：

表13-3　渤海水污染防治甘肃省地方立法内容简表

基本内容	文献名称	条款
甘肃省入渤海河流水污染防治	甘肃省资源综合利用条例	第十八条："县级以上人民政府应当制定水资源综合利用办法，推进节水型社会建设。企业应当按照国家和省、市（州）、县（市、区）水资源综合利用规划的要求，加强废水污染治理，充分利用废水资源，实行循环用水和一水多用，提高水重复利用率。"

基本内容	文献名称	条　　款
甘肃省入渤海河流水污染防治	甘肃省人民政府办公厅关于印发甘肃省实行最严格的水资源管理制度办法的通知	第三十一条（省水行政主管部门负责编制全省入河排污口布设规划。） 第三十二条："各级水行政主管部门应当按照管理权限，组织开展重点入河排污口整治和规范化管理。"
	甘肃省建设厅关于加快全省城镇水业发展的若干意见	十二（按照国家城市供水、污水处理产业化发展的要求，抓紧做好 2006 年到 2010 年城市供水、节水、污水处理项目的前期工作，为今后鼓励和吸引国内外投资者投资、经营城市供水、污水处理设施提供项目储备，为建设节水型城市，实施中长期发展规划而提供项目储备。）
	甘肃省人民政府办公厅关于落实国务院高耗能高污染行业检查组检查意见的通知	三（加快配套管网建设，完善运行机制，提高污水处理能力。）
	兰州市城市生活饮用水源保护和污染防治办法	第二十条："本市对饮用水水源一级保护区采取隔离防护。" 第二十一条："在饮用水水源二级保护区内，禁止下列行为：（一）排污口；（二）新建、改建、扩建排放污染物的建设项目；（三）设置固体废物贮存、堆放场所；（四）设置养殖场；（五）向水体排放生活垃圾、污水；（六）在水体清洗车辆；（七）在水体清洗装贮过油类或者有毒有害污染物的容器和包装器材；（八）向水体排放其各类可能污染水体的物质。"
	关于进一步推进甘肃环境保护工作的意见	一、环境保护工作的总体要求 （三）"主要目标。""到 2015 年，确保重点城市、重点流域环境质量稳定改善，完成黄河、长江、渭河出省断面水质稳定达标的重点治理工程和综合支撑体系建设，建立起以环境保护优化经济发展的体系和机制，建设具有先进水平的环境监测预警体系和环境执法监督体系；" 五、"全面深化城乡环境综合整治" （十一）："将'十二五'黄河甘肃段水污染防治规划重点项目纳入国家'十二五'重点流域水污染防治规划并予以重点支持。加大渭河天水段水污染防治力度。"

二、大气污染防治

大气污染问题一直困扰着甘肃省尤其是兰州市。由于其特殊的地理位置和气象条件,加上能源结构以煤炭为主,加剧了该区域混合型大气污染的治理难度。甘肃省出台了大量治理大气污染的立法以及覆盖面较宽的规章措施,构建了防治大气污染的长效机制。

甘肃省市涉及大气污染防治的立法主要包括《关于进一步推进甘肃环境保护工作的意见》《甘肃省人民政府关于对污染减排重点项目实施预警监控的通知》《兰州市实施大气污染防治法办法》等。甘肃省制定了详细的大气污染防治规划,其中二氧化硫和化学需氧量是全省重点的污染减排项目。大气中的污染物质最终会通过降水、地表径流的方式进入到河流和海洋中,所以防治大气污染可以起到间接防治水污染的作用。具体内容详见表13-4:

表 13-4　渤海大气污染防治甘肃省地方立法内容简表

基本内容	文献名称	条　款
大气污染防治	关于进一步推进甘肃环境保护工作的意见	五:"全面深化城乡环境综合整治" (十一):"加强对甘肃省"十二五"期间环境保护规划编制工作的指导,支持实施重点流域水污染防治、重点污染减排工程、饮用水水源地保护、矿区环境污染治理、城市大气污染治理、农村面源污染及土壤污染治理等环保重点工程。将兰州市列为全国大气污染防治试点城市,指导做好"十二五"大气污染防治规划,将重点项目列入国家大气污染防治规划,加大清洁能源改造和清洁生产支持力度。加强对甘肃省危险废物和化学品管理工作的支持和指导。"
	甘肃省人民政府办公厅批转省环保局关于甘肃省"十一五"主要污染物总量减排规划的通知	四("十一五"总目标。2010年,二氧化硫排放总量控制在56.3万吨,静态削减率为零;化学需氧量排放总量控制在16.8万吨,静态削减率7.7%。)

基本内容	文献名称	条　款
大气污染防治	兰州市实施大气污染防治法办法	第一条："为防治大气污染，保护和改善生活环境和生态环境，保障人体健康，促进经济和社会的可持续发展，根据《大气污染防治法》等法律、法规，结合本市实际，制定本办法。"
	关于印发兰州市"十二五"环境保护规划的通知	四（主要任务。）
	关于印发兰州市"十二五"节能减排发展规划的通知	3："深入开展大气污染防治。加强工业企业的污染防治和管理。加强煤炭市场监管，定期进行现场检查，严厉打击掺杂使假和向居民销售有烟煤的不法行为。加强燃煤锅炉的监管，对排放不达标的燃煤锅炉下达限期治理并依法严厉处罚。"

第二节　渤海生态保护甘肃省立法文献

　　甘肃地处黄河上游，地貌复杂多样，黄土高原、甘南高原、祁连山地、陇南山地、河西走廊等，这些高原山地、沙漠谷地纵横交错，是西北生态系统中极其脆弱的一环，而黄河及其支流水系就穿梭于其中。这样的生态环境只有在法律制度的保护下才能为黄河下游的渤海提供清洁的水源。

　　甘肃省有关生态保护的立法主要包括《甘肃省实施〈草原法〉细则》、《甘南藏族自治州草原管理办法》、《甘肃省草原条例》、《甘肃省实施森林法若干规定》、《甘肃省实施森林法若干规定》、《甘肃祁连山国家级自然保护区管理条例》、《甘肃省自然保护区管理条例》、《甘肃白水江国家级自然保护区管理条例》、《甘肃省湿地保护条例》、《甘肃省实施〈水土保持法〉办法》、《甘肃省人民政府关于进一步加强防沙治沙工作的意见》《甘肃省实施〈防沙治沙法〉办法》、《甘肃省人民政府办公厅关于加强石羊河流域地下水资源管理的通知》《甘肃省石羊河流域水资源管理条例》等六十多部。这些立法为入渤海河流的健康运行提供了良好的基础。具体内容详见表13-5、13-6：

表 13-5　渤海生态保护甘肃省地方法规文献简表

序号	文献名称	发布机关	通过时间	文献编号	生效时间	当前效力
1	甘肃省实施《草原法》细则	甘肃省第七届人大常委会第八次会议通过	1989 年 5 月 4 日	不详	1989 年 5 月 4 日	1997 年 9 月 29 日甘肃省第八届人大常委会第二十九次会议修正
2	甘南藏族自治州草原管理办法	甘南藏族自治州第十届人大第四次会议通过	1991 年 5 月 17 日	不详	1992 年 4 月 25 日	1998 年 7 月 24 日甘肃省第九届人大常委会第五次会议修正
3	甘肃省实施森林法若干规定	甘肃省七届人大常委会第二十六次会议通过	1992 年 4 月 25 日	不详	1992 年 4 月 25 日	失效
4	甘肃省肃北蒙古族自治县草原管理办法	甘肃省肃北蒙古族自治县第十二届人大第三次会议通过	1992 年 3 月 1 日	不详	1992 年 6 月 30 日	1999 年 5 月 29 日甘肃省第九届人大常委会第十次会议修正
5	甘肃省实施《水土保持法》办法	甘肃省第八届人大常委会第五次会议通过	1993 年 9 月 29 日	不详	1993 年 9 月 29 日	1997 年 5 月 28 日甘肃省第八届人大常委会第二十七次会议第一次修正
6	甘肃省天祝藏族自治县草原管理条例	天祝藏族自治县十三届人大第二次会议通过	1994 年 3 月 20 日	不详	1994 年 3 月 20 日	有效

序号	文献名称	发布机关	通过时间	文献编号	生效时间	当前效力
7	甘肃省实施《水土保持法》办法	甘肃省第八届人大常委会第二十七次会议通过	1997年5月28日	不详	1993年9月29日	2004年6月4日甘肃省第十届人大常委会第十次会议第二次修正
8	甘肃省实施《水法》办法	甘肃省第七届人大常委会第十五次会议通过	1997年5月28日	不详	1997年5月28日	2004年11月26日甘肃省第十届人大常委会第十三次会议修订
9	甘肃省实施森林法若干规定	甘肃省第八届人大常委会第二十八次会议	1997年7月30日	不详	1997年7月30日	失效
10	兰州市城市生活饮用水源保护和污染防治办法	兰州市第十二届人大常委会第二次会议通过	1997年5月16日	不详	1997年7月30日	2010年10月12日兰州市第十四届人大常委会第二十六次会议修订
11	甘肃省实施《草原法》细则	甘肃省人大常委会	1997年9月29日	不详	1997年9月29日	2004年6月4日进行第二次修正
12	甘肃祁连山国家级自然保护区管理条例	甘肃省第八届人大常委会第二十九次会议通过	1997年9月29日	不详	1997年9月29日	2002年3月30日省九届人大常委会第二十七次会议修正
13	甘肃省甘南藏族自治州草原管理办法	甘南藏族自治州人大常委会	1998年7月24日	不详	1992年4月25日	2003年5月30日修订

序号	文献名称	发布机关	通过时间	文献编号	生效时间	当前效力
14	甘肃省水路交通管理条例	甘肃省九届人大常委会第六次会议通过	1998年9月28日	甘肃省人大常委会公告（第4号）	1998年9月28日	2004年6月4日省十届人大常委会第十次会议修正
15	甘肃省肃北蒙古族自治县草原管理办法	甘肃省第九届人大常委会第十次会议批准	1999年5月29日	不详	1992年6月30日	有效
16	甘肃省实施《森林法》办法	甘肃省第九届人大常委会第十二次会议通过	1999年9月26日	不详	1999年9月26日	2002年3月30日甘肃省第九届人大常委会第二十七次会议第一次修正
17	甘肃省自然保护区管理条例	甘肃省第九届人大常委会第十二次会议通过	1999年9月26日	不详	1999年9月26日	有效
18	兰州市城市节约用水管理办法	兰州市第十二届人大常委会第十八次会议通过	1999年12月24日	不详	2000年7月25日	有效
19	甘肃白水江国家级自然保护区管理条例	甘肃省第九届人大常委会第十七次会议通过	2000年7月25日	不详	2001年1月1日	2010年9月29日甘肃省第十一届人大常委会第十七次会议修正
20	甘肃省实施《森林法》办法	甘肃省第九届人大常委会第二十七次会议	2002年3月30日	不详	1999年9月25日	2010年9月29日甘肃省第十一届人大常委会第十七次会议第二次修正

序号	文献名称	发布机关	通过时间	文献编号	生效时间	当前效力
21	甘肃祁连山国家级自然保护区管理条例	甘肃省第九届人大常委会第二十七次会议	2002 年 3 月 30 日	不详	2002 年 3 月 30 日	有效
22	甘肃省实施《防沙治沙法》办法	甘肃省第九届人大常委会第三十一次会议通过	2002 年 12 月 7 日	甘肃省人大常委会公告（第61号）	2002 年 12 月 7 日	有效
23	甘肃省实施《防洪法》办法	甘肃省第九届人大常委会第三十一次会议通过	2002 年 12 月 7 日	甘肃省人大常委会公告（第59号）	2002 年 2 月 7 日	2004 年 6 月 4 日甘肃省第十届人大常委会第十次会议修正
24	甘南藏族自治州草原管理办法	甘南藏族自治州人大常委会	2003 年 5 月 30 日	不详	2003 年 5 月 30 日	有效
25	兰州市人民政府关于修改《兰州市城市规划区黄河河道采砂管理暂行规定》的决定	兰州市人民政府第11次常务会议讨论通过	2006 年 6 月 29 日	兰州市人民政府令[2006]第10号	2003 年 6 月 1 日	有效
26	甘肃省森林公园管理办法	甘肃省政府第15次常务会议讨论通过	2003 年 7 月 11 日	甘肃省人民政府令（第6号）	2003 年 9 月 1 日	有效
27	甘肃省湿地保护条例	甘肃省第十届人大常委会第七次会议通过	2003 年 11 月 28 日	甘肃省人大常委会公告第11号	2003 年 11 月 28 日	有效

序号	文献名称	发布机关	通过时间	文献编号	生效时间	当前效力
28	甘肃省实施《草原法》细则	甘肃省人大常委会	2004 年 6 月 4 日	不详	2004 年 6 月 4 日	失效
29	甘肃省实施《水土保持法》办法	甘肃省第十届人大常委会第十次会议	2004 年 6 月 4 日	不详	1993 年 9 月 29 日	有效
30	甘肃省环境保护条例	甘肃省第十届人大常委会第十次会议通过	2004 年 6 月 4 日	不详	2004 年 6 月 4 日	有效
31	甘肃省实施《防洪法》办法	甘肃省第十届人大常委会第十次会议通过	2004 年 6 月 4 日	甘肃省人大常委会公告第 59 号	2004 年 6 月 4 日	有效
32	甘肃省实施《水法》办法	甘肃省第十届人大常委会第十三次会议修订通过	2004 年 11 月 26 日	甘肃省人大常委会公告第 19 号	2005 年 1 月 1 日	有效
33	张掖市黑河流域湿地管理办法	张掖市人民政府第八次常务会议通过	2006 年 11 月 13 日	不详	2006 年 11 月 13 日	有效
34	甘肃省草原条例	甘肃省第十届人大常委会第二十六次会议通过	2006 年 12 月 1 日	甘肃省人大常委会公告第 44 号	2007 年 3 月 1 日	有效
35	甘肃省石羊河流域水资源管理条例	甘肃省第十届人大常委会第三十次会议通过	2007 年 7 月 27 日	甘肃省人大常委会公告第 52 号	2007 年 9 月 1 日	有效

序号	文献名称	发布机关	通过时间	文献编号	生效时间	当前效力
36	甘肃省农业生态环境保护条例	甘肃省十届人大常委会第三十二次会议通过	2007年12月20日	甘肃省人大常委会公告第61号	2008年3月1日	有效
37	甘肃安西极旱荒漠国家级自然保护区管理条例	甘肃省十一届人大常委会第三次会议通过	2008年5月29日	甘肃省人大常委会公告第2号	2008年5月29日	有效
38	甘肃省取水许可和水资源费征收管理办法	甘肃省人民政府第五十七次常务会议讨论通过	2010年5月24日	甘肃省人民政府令第67号	2010年5月24日	有效
39	甘肃白水江国家级自然保护区管理条例	甘肃省第十一届人大常委会第十七次会议	2010年9月29日	甘肃省人大常委会公告第34号	2010年9月29日	有效
40	甘肃省实施《水法》办法	甘肃省第十一届人大常委会第十七次会议	2010年9月29日	甘肃省第十一届人大常委会公告第34号	2010年9月29日	有效
41	甘肃省实施《森林法》办法	甘肃省第十一届人大常委会第十七次会议	2010年9月29日	甘肃省第十一届人大常委会公告第34号	2010年9月29日	有效
42	兰州市城市生活饮用水源保护和污染防治办法	甘肃省第十一届人大常委会第十八次会议批准	2010年11月30日	兰州市人大常委会公告第10号	2011年1月1日	有效

序号	文献名称	发布机关	通过时间	文献编号	生效时间	当前效力
43	甘肃省林业生态环境保护条例	甘肃省第十一届人大常委会第二十次会议通过	2011年4月1日	甘肃省人大常委会公告第41号	2011年6月1日	有效

表 13-6 渤海生态保护甘肃省地方规章文献简表

序号	文献名称	发布机关	通过时间	文献编号	生效时间	当前效力
1	甘肃省小型水利工程管理办法	甘肃省人民政府办公厅	1993年5月24日	省政办[1993]第4号	1993年5月24日	有效
2	甘肃省实施防汛条例细则	甘肃省人民政府	1993年7月3日	省政府令第2号公布	1993年7月3日	2002年7月9日省政府令第27号令第一次修正
3	甘肃省人民政府关于停止国有天然林采伐的决定	甘肃省人民政府	1998年9月30日	甘政发[1998]61号	1998年9月30日	有效
4	甘肃省实施防汛条例细则	甘肃省人民政府	2002年7月9日	甘肃省政府令第27号	2002年7月9日	2010年12月2日省政府令第76号第二次修正
5	甘肃省人民政府办公厅关于印发甘肃省水利工程管理体制改革方案的通知	甘肃省人民政府办公厅	2004年12月13日	甘政办发[2004]147号	2004年12月13日	有效

序号	文献名称	发布机关	通过时间	文献编号	生效时间	当前效力
6	甘肃省人民政府办公厅关于加强石羊河流域地下水资源管理的通知	甘肃省人民政府办公厅	2006年2月24日	甘政办发[2006]21号	2006年2月24日	有效
7	甘肃省人民政府批转省水利厅关于石羊河流域地表水量调度管理办法地表水量调度和地下水削减开采量实行地方行政首长责任制的规定、水事协调规约的通知	甘肃省人民政府	2006年2月24日	甘政发[2006]18号	2006年2月24日	有效
8	兰州市人民政府关于修改《兰州市城市规划区黄河河道采砂管理暂行规定》的决定	兰州市人民政府	2006年6月29日	兰州市人民政府令[2006]第10号	2006年10月12日	有效
9	甘肃省人民政府办公厅转发省水利厅关于开展我省黄河长江流域综合规划修编工作意见的通知	甘肃省人民政府办公厅	2008年2月1日	甘政办发[2008]10号	2008年2月1日	有效
10	甘肃省人民政府关于进一步加强防沙治沙工作的意见	甘肃省人民政府	2008年3月26日	甘政发[2008]14号	2008年3月26日	有效
11	兰州市人民政府关于进一步加强农村环境保护工作的意见	甘肃省兰州市人民政府	2009年7月23日	兰政发[2009]83号	2009年7月23日	有效
12	甘肃省人民政府办公厅关于转发省林业厅关于进一步加强森林资源保护管理工作意见的通知	甘肃省人民政府办公厅	2010年10月8日	甘政办发[2010]173号	2010年10月8日	有效

序号	文献名称	发布机关	通过时间	文献编号	生效时间	当前效力
13	甘肃省实施防汛条例细则	甘肃省人民政府	2010年12月2日	省政府令第76号第二次修正	2010年12月2日	有效
14	关于进一步推进甘肃环境保护工作的意见	环境保护部	2010年12月6日	环发[2011]136号	2010年12月6日	有效
15	甘肃省水利建设基金筹集和使用管理实施办法	甘肃省人民政府办公厅	2011年4月21日	甘政办发[2011]106号	2011年4月21日	有效
16	关于分解落实全国城市饮用水水源地环境保护规划(2008—2020)的通知	甘肃省兰州市人民政府办公厅	2011年4月13日	不详	2011年4月13日	有效
17	关于印发兰州市十二五园林绿化事业发展规划的通知	甘肃省兰州市人民政府办公厅	2011年5月20日	不详	2011年5月20日	有效
18	甘肃省人民政府办公厅关于印发甘肃省实行最严格的水资源管理制度办法的通知	甘肃省人民政府办公厅	2011年6月22日	甘政办发[2011]155号	2011年6月22日	有效
19	关于适度调整兰州市城市集中生活饮用水地表水水源二级保护区范围的请示	甘肃省兰州市人民政府	2011年7月12日	不详	2011年7月12日	有效
20	甘肃省人民政府关于贯彻国务院草原生态保护补助奖励政策全面推进草原保护建设的实施意见	甘肃省人民政府	2011年7月25日	甘政发[2011]84号	2011年7月25日	有效

序号	文献名称	发布机关	通过时间	文献编号	生效时间	当前效力
21	甘肃省人民政府办公厅关于印发甘肃省落实草原生态保护补助奖励机制政策实施方案的通知	甘肃省人民政府办公厅	2011年9月27日	甘政办发〔2011〕232号	2011年9月27日	有效

下面将从草原、森林、湿地、水资源的保护,自然保护区的管理,水土保持,防沙治沙等方面对有关甘肃生态保护的立法作内容的梳理研究。

一、森林保护

近几年来,通过实施林业重点生态工程,全省的森林资源得到了恢复和保护,甘肃省的森林覆盖率已达到13.42%,这将为我国西部脆弱的生态环境的改善发挥巨大的生态效益。但同时我们也应该清楚地看到,这个数据远远落后于全国的森林覆盖率,为此甘肃省的有关部门在制度层面进行了大量的创新。

甘肃有关森林保护的立法主要有《甘肃省实施森林法若干规定》、《甘肃省林业生态环境保护条例》、《甘肃省森林公园管理办法》、《甘肃省实施〈森林法〉办法》、《甘肃省人民政府关于停止国有天然林采伐的决定》等。这些立法着重提倡人们保护森林,扩大森林的覆盖率,规范森林资源的合理经营和管理,防止对林木的滥砍滥伐,保护林业生态环境,充分发挥森林在净化空气、涵养水源方面的作用。具体内容详见表13-7:

表13-7 渤海管理森林保护甘肃省地方立法内容简表

基本内容	文献名称	条 款
提高森林覆盖率	甘肃省实施森林法若干规定	第二条:"全省森林覆盖率的奋斗目标为10%以上。市、州人民政府(地区行政公署)、县(市、区)人民政府应当按照植树造林规划,因地制宜地确定本行政区域的森林覆盖率奋斗目标。各级人民政府应当组织全民义务植树,大力造林育林,发展防护林、用材林、经济林和薪炭林,扩大森林覆盖面积。"

基本内容	文献名称	条　　款
森林经营管理	甘肃省实施《森林法》办法	第九条："本省重点防护林为白龙江、洮河、小陇山、子午岭、关山、康南、太子山、马山、岷江、大夏河林区以及防风固沙林、水土保持林、水源涵养林和农田林网。本省重点特种用途林为祁连山、白水江、兴隆山、尕海——则岔等国家级自然保护区和莲花山等省级自然保护区的森林和林木，以及经省级以上林业行政主管部门批准建立的森林公园内风景林。"
林业生态环境的保护	甘肃省林业生态环境保护条例	第二条："本条例所称林业生态环境，是指影响森林、湿地、荒漠等生态系统的各种自然因素和人为因素的总和。林业生态环境保护的主要区域是林地、湿地、沙化土地，重点保护的是以上区域内的动植物资源、自然景观、生物多样性等。"
森林公园	甘肃省森林公园管理办法	第一条："为贯彻以营林为基础的方针，保证森林采伐迹地及时更新，促进国营、集体和个人不断培育、扩大森林资源，根据《森林法》的规定，结合我省实际情况，特制定本办法。"
森林资源保护	甘肃省人民政府办公厅关于转发省林业厅关于进一步加强森林资源保护管理工作意见的通知	一（提高思想认识，切实增强做好森林资源保护管理工作的紧迫感和责任感。） 二（坚持依法保护管理，巩固和发展林业建设成果。） 三（加强组织领导，确保森林资源保护管理各项工作落到实处。）

二、草原（草地）保护

草原在甘肃占了很大的面积，例如甘南草原，它对防治风沙、保护地表起到了重要作用，也是许多河流如黄河等的重要的水源涵养和供给区。所以甘肃省有关草原管理和保护的一些地方法规和政府规章的规定对保护草原的生态环境，防风固沙至关重要，间接地减少了流经甘肃段的黄河干支流中的泥沙含量，确保这些广袤的大草原成为这些河流的天然保护网，消除了入渤海河流在上游段的隐患。

正基于草原在整个陆地生态系统中的重要地位，甘肃出台了大量有关草原的立法,主要有《甘肃省草原条例》《甘肃省肃北蒙古族自治县草原管理办法》《甘南藏族自治州草原管理办法》《甘肃省天祝藏族自治县草原管理条例》《甘肃省人民政府关于贯彻国务院草原生态保护补助奖励政策全面推进草原保护建设的实施意见》等。有关草原保护的立法大多数也是由甘肃省各个地区根据当地的实际情况制定的,内容主要涉及规范草原的开垦和放牧,保护草原植被,防治草原污染,防止草原退化、沙化,改善草原生态环境。具体内容详见表13-8:

表13-8 渤海管理草原保护甘肃省地方立法内容简表

基本内容	文献名称	条 款
草原生态环境的保护	甘肃省肃北蒙古族自治县草原管理办法	第二十三条(严防污染草原。对排放污水、废渣、废气已造成污染的,排污单位和个人必须按国家有关环境保护法律、法规,积极防治,并对受害单位或个人赔偿损失。)
	甘南藏族自治州草原管理办法	第十条(保护草原植被,禁止开垦和破坏草原。) 第二十条(对退化、沙化、水土流失的草原和鼠虫害草原,各级政府要按照草原建设总体规划,实施综合治理,恢复植被,要重视草原水利建设,改善缺水草场人畜饮水条件。)
	甘肃省天祝藏族自治县草原管理条例	第十一条(禁止在沙化、碱化、退化和水土流失的草原上砍挖灌木、药材及固沙植物。) 第十三条:"保护草原生态环境,防止污染,禁止任何单位和个人排放有害于草原的废水、废气、废渣等。"
	甘肃省实施《草原法》细则	第九条:"禁止破坏草原植被。禁止在荒漠、半荒漠和严重退化、沙化、盐碱化、石漠化、水土流失的草原以及生态脆弱区的草原上采挖野生植物。" 第十二条:"保护草原的生态环境,防止污染,禁止任何单位和个人排放有害于草原的废水、废气、废渣。"

基本内容	文献名称	条　款
草原生态环境的保护	甘肃省草原条例	第三十一条："禁止开垦草原。禁止在草原上铲挖草皮、泥炭，防止造成新的植被破坏、草原沙化和水土流失。" 第三十二条："对严重退化、沙化、盐碱化、荒漠化的草原和生态脆弱区的草原，应当实行禁牧，对轻度退化的草原应当实行季节性休牧，并按照草原退化程度采用综合改良措施，改善草原植被。实行禁牧、休牧的草原，应当设立明显标志。"
	甘肃省人民政府关于贯彻国务院草原生态保护补助奖励政策全面推进草原保护建设的实施意见	（一）（落实补奖政策是维护生态安全、建设生态文明的战略举措。）
	甘肃省人民政府办公厅关于印发甘肃省落实草原生态保护补助奖励机制政策实施方案的通知	（三）（主要目标。）

三、水土保持

由于甘肃特殊的地貌特征，导致了该地区成为滑坡、泥石流、风沙等灾害的频发区以及流经甘肃的黄河段混浊不堪，所以水土保持工作的开展一直是甘肃省的头等大事。甘肃省有关水土保持、防沙治沙的立法主要有《甘肃省实施〈水土保持法〉办法》《甘肃省实施河道管理条例办法》《甘肃省实施〈防洪法〉办法》《甘肃省实施防汛条例细则》《甘肃省实施〈防沙治沙法〉办法》《甘肃省人民政府关于进一步加强防沙治沙工作的意见》。

这些立法规定禁止在泥石流、滑坡、水土流失易发地带进行各种作业，对河道管理实行按水系统一管理和分级管理相结合的原则，有效防治洪水，科学编制地方防沙治沙规划，减少改区域各种自然灾害的发生频率。具体内容详见表13-9：

表 13-9　渤海管理水土保持地方立法内容简表

基本内容	文献名称	条　款
防治水土流失	甘肃祁连山国家级自然保护区管理条例	第二十四条："建立保护区水源涵养林补偿制度。从祁连山水源涵养林受益地区征收的水资源费总额中提取 3%；从保护区内进行科学研究、灾害木清理、旅游等收入中提取 2%—5%，用于保护区水源涵养林的保护和发展，专款专用。"
	甘肃省实施《水土保持法》办法	第二条："凡在本省行政区域内从事自然资源开发、生产建设以及其他可能造成水土流失的活动的单位和个人，必须遵守本办法。" 第十四条："任何单位和个人，不得在下列区域从事开荒、挖砂、采石：（一）江河两侧易造成水土流失的地带；""（七）风沙危害严重的地区；""（八）易发生泥石流的地区。" 第二十条："县级以上人民政府应当组织有关部门，制定水土保持规划，分类指导，开展治理。"
	甘肃省实施河道管理条例办法	第二十一条："要加强河道流域的水土保持工作。禁止在河道两岸山体滑坡、泥石流多发地段进行垦荒、采石、取土、爆破等危及河道的活动。但如遇紧急情况，发生严重自然灾害，可就近采石取土进行抢修。"
防洪	甘肃省实施《防洪法》办法	第四条："河道管理实行按水系统一管理和分级管理相结合的原则，加强防护，确保畅通。""（一）黄河、渭河、泾河、洮河、大夏河、湟水、大通河、白龙江、黑河、疏勒河、石羊河、讨赖河等重要河流的主要河段由省水行政主管部门划定并负责管理。"
	甘肃省实施防汛条例细则	第十七条："禁止在河道、滩区内围田造地，违章修设构筑物，禁止在洪沟两岸乱开山炸石，在河道内乱挖沙取土。需要取土时，须经河道主管机构批准，有组织有计划地在指定地点内挖取。"
防沙治沙	甘肃省实施《防沙治沙法》办法	第二十条："各级人民政府及流域管理机构应当加强流域和区域水资源的统一管理，坚持经济效益、社会效益和生态效益相结合的原则，上中下游综合平衡，地表地下统筹兼顾，按照防沙治沙规划，合理调配生态用水，防止因地下水和河流上游水资源的过度开发利用，导致植被枯萎死亡和土地沙化。"

基本内容	文献名称	条　　款
防沙治沙	甘肃省人民政府关于进一步加强防沙治沙工作的意见	（八）（认真编制并严格组织实施规划。）

四、湿地保护

脆弱的生态环境使得湿地在甘肃显得弥足珍贵，据湿地资源调查显示，甘肃省湿地总面积 170 余万公顷，为了保护重要的湿地资源，甘肃省设立了湿地管理中心，全面负责甘肃湿地的保护和管理工作。目前甘肃已经建立起了多个湿地自然保护区，制定了多部保护湿地的法规规章等，主要有《甘肃省湿地保护条例》《张掖市黑河流域湿地管理办法》《关于印发兰州市十二五园林绿化事业发展规划的通知》等，具体内容详见表 13-10：

表 13-10　渤海管理湿地保护甘肃省地方立法内容简表

基本内容	文献名称	条　　款
湿地生态系统的保护	甘肃省湿地保护条例	第十条（禁止向湿地保护区或外围保护地带排放废水、倾倒废弃物。） 第十二条（禁止将任何有害物种引入到湿地区域。）
	张掖市黑河流域湿地管理办法	第十条："开发利用黑河流域湿地资源，应当坚持经济发展与湿地保护相协调，维护湿地生态平衡，严格按照黑河流域湿地保护规划进行，不得破坏野生动物栖息环境和野生植物生长环境。" 第十一条："各县（区）人民政府应当采取有效措施，对退化的黑河流域湿地进行保护与恢复。鼓励和支持社会各界自愿从事黑河流域湿地保护与恢复的活动。"

基本内容	文献名称	条　款
湿地生态系统的保护	关于印发兰州市十二五园林绿化事业发展规划的通知	五（改造黄河两岸河滩湿地，建设国家级湿地保护区湿地是自然界富有生物多样性和较高生产力的生态系统。）

五、水资源管理

甘肃省有关水资源的管理与调节方面的立法文献特别多，这也为甘肃境内的黄河水系的开发、利用和保护提供了完善的制度保障，主要有《甘肃省环境保护条例》《甘肃省实施〈水法〉办法》《甘肃省石羊河流域水资源管理条例》《兰州市城市生活饮用水源保护和污染防治办法》、《甘肃省农业生态环境保护条例》、《甘肃省人民政府批转省工信委关于甘肃省"十二五"工业节水工作意见的通知》、《甘肃省水路交通管理条例》、《甘肃省取水许可和水资源费征收管理办法》、《天水市人民政府关于印发天水市河道采砂管理办法的通知》等。

这些立法的主要目的在于通过推广节水技术、规范水利工程的建设和运营、实行取水许可等措施促进甘肃水资源的合理开发利用，减少对水资源的浪费，保护水源地不受污染，实现甘肃水资源的统一调度和管理。具体内容详见表 13-11：

表 13-11　渤海水资源管理甘肃省地方立法内容简表

基本内容	文献名称	条　款
水资源管理	甘肃省实施《水法》办法	第九条："黄河、黑河干流甘肃段的流域综合规划由省水行政主管部门协同有管辖权的国家流域管理机构编制。"
	甘肃省石羊河流域水资源管理条例	第二条："本条例所称石羊河流域（以下简称流域）是指石羊河干流和大靖河、古浪河、黄羊河、杂木河、金塔河、西营河、东大河、西大河等支流流经的武威市、金昌市以及张掖市的肃南裕固族自治县、山丹县和白银市的景泰县区域。流域水资源是指流域内的地表水和地下水。" 第三条（流域水资源管理应当坚持统筹规划、以水定需、厉行节约、科学治理、务求实效的原则。）

基本内容	文献名称	条　　款
水资源管理	甘肃省人民政府办公厅关于印发甘肃省实行最严格的水资源管理制度办法的通知	第二条："实行最严格的水资源管理制度主要内容是围绕水资源配置、节约和保护，建立并实施水资源管理'三条红线'，即建立水资源开发利用控制红线，实行用水总量控制；建立用水效率控制红线，遏制用水浪费；建立水功能区限制纳污红线，控制入河排污总量。" 第三十四条（编制全省水生态系统保护与修复规划。）
	甘肃省人民政府办公厅关于加强石羊河流域地下水资源管理的通知	第四条："一、加强石羊河流域地下水资源的统一管理。二、加强对流域内现有机井的统一管理。三、严格控制新打机井。四、切实压缩地下水开采量。五、加强对流域内凿井资质的管理。六、依法开征农业灌溉地下水水资源费。"
	甘肃省人民政府批转省水利厅关于石羊河流域地表水量调度管理办法地表水量调度和地下水削减开采量实行地方行政首长责任制的规定、水事协调规约的通知	第一条："为合理开发、利用、保护和管理石羊河流域水资源，最大限度地发挥水资源的综合效益，促进流域内人民生活和生态环境的改善，根据《水法》、《甘肃省实施〈水法〉办法》及有关法律、法规，结合石羊河流域实际，制定本办法。"
	甘肃省人民政府关于进一步加强防沙治沙工作的意见	（十三）（强化沙区水资源管理。按照可持续发展的要求，搞好水资源的规划和管理，统一部署、科学配置内陆河流域的水资源，改变沙区传统的农耕经济方式，调整、优化农业产业结构，变以面积定产为以水定产，大力推进滴灌、渗灌等节水新技术，提高水资源的利用效率。全面推行建设项目水资源论证制度和取水许可证制度，有计划的采取关井压田等措施，严格控制沙区地下水开采，逐步提高生态用水的比例。）

基本内容	文献名称	条　款
水资源管理	兰州市人民政府关于进一步加强农村环境保护工作的意见	（七）（加大小流域环境综合整治力度。榆中、永登、红古、皋兰和七里河等县区要抓紧完成中小河流治理规划，建立健全湟水河、大通河、庄浪河、宛川河、大砂沟、雷坛河等小流域环境综合整治领导和工作机制，列出治理重点，制定阶段目标，并积极争取国家和省上列项支持。要加大财政投入，围绕治理重点和阶段目标，按计划分期分批完成流域内的城镇生活垃圾、生活污水、畜禽养殖、工业污染和农村面源污染的整治。）
	甘肃省人民政府办公厅转发省水利厅关于开展我省黄河长江流域综合规划修编工作意见的通知	（三）（合理确定水资源开发利用、生态环境保护、水能开发、河流岸线利用等方面的控制性指标，制定流域供水、灌溉、防洪、水资源利用和保护、节水、发电、水土保持等规划目标，拟定流域各类河流河段的功能区划，明确不同河流河段治理、开发和保护的功能定位及其目标和任务。）
水源地保护	兰州市城市生活饮用水源保护和污染防治办法	第四条："市、区（县）人民政府环境保护行政主管部门对本行政区域内城市生活饮用水水源的保护和污染防治实施统一监督管理。"
	甘肃省环境保护条例	第二十二条："保护并合理开发利用水资源，维护河流的合理流量和湖泊、水库以及地下水体的合理水位，防止地面沉降，维护水体的自然净化能力，禁止围垦河流、湖泊。禁止向水体排放、倾倒油类、酸液、碱液、剧毒废液以及废渣和其他废弃物。" 第二十三条："加强饮用水源保护，禁止在当地人民政府划定的饮用水源保护区建设有污染的生产设施，禁止从事对饮用水源有污染的活动。"
	甘肃省农业生态环境保护条例	第十五条："县级以上人民政府及其有关部门应当加强对村镇建设的规划指导，增加农村居民安全饮水、乡村清洁工程等公共建设的财政投入，对农业生产废弃物和农村生活垃圾进行无害化、减量化和资源化处理，防止饮用水源和农业面源污染，改善和保护农村居民的生产、生活环境。"

基本内容	文献名称	条　款
水源地保护	兰州市人民政府关于进一步加强农村环境保护工作的意见	三（围绕重点，着力解决农村突出的环境问题。）
	关于适度调整兰州市城市集中生活饮用水地表水水源二级保护区范围的请示	（该请示指出了兰州市城市集中生活饮用水地表水的具体调整的内容，对拟调整的水源二级保护区的范围作了详细界定，并指出拟新增的准保护区范围为确保水源安全，在对二级水源保护区范围适度缩小的同时，拟增设准保护区。）
节水	甘肃省实施《水法》办法	第三十七条："各级人民政府应当加强节约用水工作，开展节约用水宣传教育，提高公民节约用水意识，逐步建立节水型社会；结合本地实际，实行节约用水责任制；建立科学的水价调控机制；加大节约用水资金投入；鼓励对节约用水技术和设施的开发研究，推广节约用水技术；对节约用水项目及含有节约用水措施的开发项目，应当重点扶持，优先立项。"
	甘肃省人民政府办公厅关于印发甘肃省河西及沿黄主要灌区高效农田节水技术推广扶持办法和甘肃省河西及沿黄主要灌区高效农田节水技术推广三年规划的通知	（为了加快我省河西及沿黄主要灌区高效农田节水技术推广步伐，提高水资源利用率，优化灌区农业结构，促进农业增效和农民增收，改善生态环境，推进灌区节水型社会建设，特制定本办法。）
	甘肃省人民政府批转省工信委关于甘肃省"十二五"工业节水工作意见的通知	（十一）（推进工业节水技术改造。围绕工业节水重点，组织研发并推广应用节水工艺技术和设备，大力推广国家鼓励类节水设备（产品），特别是要推广工业用水重复利用、高效冷却、热力和工艺系统节水、洗涤节水、工业给水和废水处理等通用节水技术和生产工艺，有效降低单位产品水耗。）

基本内容	文献名称	条　　款
节水	兰州市城市节约用水管理办法	第三条："城市供、用水坚持开源与节流并重、资源合理配置的方针，实行计划控制和价格调节相结合的办法促进节约用水。"
水利工程	甘肃省实施《水法》办法	第十八条："在省确定的重要江河和跨市（州）河流上建设水工程的，其工程可行性研究报告报请批准前，应当由省水行政主管部门或者有管辖权的流域管理机构审查并签署意见。"
	甘肃省水路交通管理条例	第六条："兴建临河、跨河、过河等与通航有关的设施，应符合航道技术等级标准和防洪标准，并事先征得河道主管机关和交通运输主管部门的同意。""进行航道整治，应当事先征求交通运输主管部门的意见。""在黄河、洮河、白龙江等通航的河段上修建永久性拦河闸坝时，建设单位应当同步修建过船设施。"
	甘肃省小型水利工程管理办法	第二条："本办法适用于我省各类小型水利工程，包括总库容在百万立米以下的小（二）型水库；河西地区小于一万亩，河东地区小于三千亩的自流灌溉工程；千亩以下或总装机容量在五百千瓦以下的提水灌溉工程，以及人饮、病改、机电井、木轮泵、喷滴灌等小型水利工程。"
	甘肃省人民政府办公厅关于印发甘肃省水利工程管理体制改革方案的通知	（十）（加强水利工程的国有资产管理、环境与安全管理。认真执行国家关于国有水利资产管理的有关规定。水利工程的建设与管理要遵守国家环保法律、法规，有利于水资源的可持续利用和生态环境的保护。强化安全意识，加强对水利工程的安全保卫工作。）
取水许可	甘肃省石羊河流域水资源管理条例	第十六条："流域内地表水取水许可，属市、县（区）管理权限的，由同级水行政主管部门审批，并报流域管理机构备案；属省水行政主管部门管理权限的，由流域管理机构审批。流域内地下水取水许可，经取水口所在地县（区）、市水行政主管部门逐级审核后，报流域管理机构审批。市、县（区）水行政主管部门批准取水的总量不得超过流域管理机构下达的可供本行政区域取用的水量。"

基本内容	文献名称	条　款
取水许可	甘肃省人民政府办公厅关于印发甘肃省实行最严格的水资源管理制度办法的通知	第十九条（取水许可实行区域限批制度。）
	甘肃省取水许可和水资源费征收管理办法	第五条（取水许可实行总量控制与定额管理相结合的制度。） 第十二条："地下水取水许可管理权限：石羊河流域内取用地下水的，依照石羊河流域水资源管理的有关规定执行。"
水利基金	甘肃省水利建设基金筹集和使用管理实施办法	第十一条："水利建设基金专项用于：江河主要支流、湖泊、中小河流治理；病险水库除险加固；城市防洪设施建设；水资源配置工程建设；重点水土流失防治工程建设；农村饮水和灌区节水改造工程建设；水利工程维修养护和更新改造；防汛应急度汛；其他经同级人民政府批准的水利工程项目。"
河道管理	兰州市人民政府关于修改《兰州市城市规划区黄河河道采砂管理暂行规定》的决定	第二条："本规定适用于本市城市规划区内黄河河道的采砂管理。""本规定所称城市规划区内黄河河道（以下简称市区黄河河道）是指：黄河新城大桥以东、桑园峡黄河铁路大桥以西的黄河兰州段河道。"
	天水市人民政府关于印发天水市河道采砂管理办法的通知	第五条："河道采砂必须保证河势稳定、行洪畅通和堤岸安全，合理开发利用河砂资源，禁止乱采滥挖。" 第十九条："采砂活动不得影响河岸、堤防、闸坝、涵渠、测站等水利水文设施安全，不得影响跨河公路、铁路桥梁和管线等公共设施安全，不得对饮用水水源地环境安全构成潜在污染隐患。""开采后的河床必须按要求及时平复，保持水流畅通。"

基本内容	文献名称	条　　款
河道管理	兰州市人民政府办公厅关于印发兰州市市区河洪道综合治理利用实施方案的通知	（一）（河洪道治理利用范围。包括城市规划区内的所有河洪道。今后五年重点治理利用的河洪道是城关区五里铺排洪沟、大砂沟、烂泥沟、鱼儿沟、石门沟；七里河区雷坛河、七里河洪道、大金沟、小金沟、马滩南河道；安宁区大青沟、泥马沙沟、深沟、大关山沟、咸水沟；西固区元托峁沟、洪水沟、寺儿沟。）

六、自然保护区管理

自然保护区是保护各种珍贵的动植物资源的重要方式。甘肃地处各大高原的交汇地带，跨越各大河流流域，设立自然保护区有利于维护该区域生态系统的稳定性和多样性。据统计，甘肃境内的自然保护区约六十个，为了更好地管理这些保护区，甘肃制定了多部法规规章，主要包括《甘肃省自然保护区管理条例》《甘肃白水江国家级自然保护区管理条例》《甘肃安西极旱荒漠国家级自然保护区管理条例》《甘肃省人民政府办公厅关于转发省林业厅关于进一步加强森林资源保护管理工作意见的通知》等，具体内容详见表 13-12：

表 13-12　渤海自然保护区管理甘肃省地方立法内容简表

基本内容	文献名称	条　　款
自然保护区的管理与保护	甘肃省自然保护区管理条例	第十条："凡具有下列条件之一的，应当建立自然保护区：（一）典型的自然地理区域、有代表性的自然生态系统区域；""（三）具有特殊保护价值的湿地、水域、森林、草原、荒漠等；""（五）需要予以特殊保护的其他自然区域。"
	甘肃省乡镇企业环境保护管理暂行办法	第三条："乡镇企业要积极保护矿藏、水源、耕地、森林、草原、野生动植物和文物古迹。禁止在城镇上风向、居民稠密区、水源保护区、名胜古迹、风景游览区、温泉疗养区和自然保护区内建设有严重污染的企业。"

基本内容	文献名称	条　款
自然保护区的管理与保护	甘肃白水江国家级自然保护区管理条例	第一条："为加强甘肃白水江国家级自然保护区（以下简称保护区）的建设和管理，保护大熊猫、珙桐等多种珍稀濒危野生动植物及其赖以生存的自然生态环境和生物多样性，根据《野生动物保护法》和《自然保护区条例》等法律、法规，结合保护区实际，制定本条例。"
	甘肃祁连山国家级自然保护区管理条例	第四条："保护区必须以管护为主，积极造林，封山育林，不断扩大森林面积，提高水源涵养能力，坚持实行统一规划，科学管理，依法监督，协调发展的原则。"
	甘肃安西极旱荒漠国家级自然保护区管理条例	第二十条："在保护区不得有下列行为：（一）非法砍伐、采药、狩猎、放牧、开垦、烧荒、开矿、采石、挖沙等活动;""（三）破坏水源、水生环境和生物资源;""（五）排放污水、倾倒固体废弃物污染环境。"
	甘肃省人民政府办公厅关于转发省林业厅关于进一步加强森林资源保护管理工作意见的通知	（五）"依法加强自然保护区自然资源管理。要认真贯彻《野生动物保护法》、《自然保护区条例》（国务院令第 167 号）等法律法规，坚决禁止在自然保护区进行砍伐、放牧、狩猎、捕捞、采药、开垦、烧荒、开矿、采石、挖沙等活动。"
	关于进一步推进甘肃环境保护工作的意见	（八）（支持甘肃甘南黄河重要水源补给生态功能区、黑河、敦煌、石羊河—民勤国家级生态功能保护区建设，加大对甘肃安西极旱荒漠、敦煌阳关、张掖黑河湿地等国家级自然保护区管护能力项目建设支持力度。） （九）（协调有关部门，加大对境内黄河、长江、内陆河、祁连山、青藏高原生态屏障生态保护和生态建设的力度。加强渭河源头生态保护与建设。研究建立甘南湿地保护区。推进石羊河流域重点治理工程和生态恢复项目建设，加快甘南黄河重要水源补给区、黄土高原地区、"两江一水"（白龙江、白水江、西汉水）流域生态保护和水土流失综合治理项目实施步伐。）

第三节 渤海管理手段类甘肃省立法文献

甘肃制定的许多政策法规中的有关手段方面的规定也为渤海管理发挥着一定的作用。例如有关公众参与环境保护的规定,它呼吁广大公众积极参与环保行动,有助于各项规章制度的落实,从而确保这些制度在实施层面的顺利进行。有关渤海管理的甘肃省手段类的立法文献主要有《甘肃省关于征收超标排污费的若干规定》《甘肃省水资源费征收和使用管理暂行办法》《兰州市城市节约用水管理办法》《甘肃省取水许可和水资源费征收管理办法》《甘肃省人民政府办公厅关于印发甘肃省水利工程管理体制改革方案的通知》《甘肃省人民政府关于印发甘肃省应对气候变化方案的通知》《甘肃省人民政府办公厅关于印发甘肃省实行最严格的水资源管理制度办法的通知》等。具体内容详见表13-13、表13-14:

表 13-13 渤海管理手段类甘肃省地方法规文献简表

序号	文献名称	发布机关	通过时间	文献编号	生效时间	当前效力
1	兰州市城市节约用水管理办法	兰州市第十二届人大常委会第十八次会议通过	1999 年 12 月 24 日	不详	2000 年 7 月 25 日	兰州市第十四届人大常委会第二十六次会议修订
2	兰州市城市节约用水管理办法	甘肃省第十一届人大常委会第十八次会议通过	2010 年 11 月 26 日	兰州市人大常委会公告第 11 号	2010 年 11 月 30 日	有效

表 13-14　渤海管理手段类甘肃省地方政府规章文献简表

序号	文献名称	发布机关	通过时间	文献编号	生效时间	当前效力
1	甘肃省关于征收超标排污费的若干规定	甘肃省人民政府	1985 年 6 月 17 日	甘政发[1985] 114号	1985 年 6 月 17 日	失效
2	甘肃省水资源费征收和使用管理暂行办法	甘肃省人民政府	1997 年 10 月 15 日	甘肃省人民政府令第25 号	1997 年 10 月 15 日	有效
3	甘肃省人民政府办公厅关于印发甘肃省水利工程管理体制改革方案的通知	甘肃省人民政府办公厅	2004 年 12 月 13 日	甘政办发[2004] 147号	2004 年 12 月 13 日	有效
4	甘肃省人民政府办公厅批转省环保局关于甘肃省"十一五"主要污染物总量减排规划的通知	甘肃省人民政府办公厅	2008 年 2 月 27 日	甘政办发[2008] 19号	2008 年 2 月 27 日	有效
5	甘肃省人民政府关于进一步加强防沙治沙工作的意见	甘肃省人民政府	2008 年 3 月 26 日	甘政发[2008] 14号	2008 年 3 月 26 日	有效
6	甘肃省人民政府关于印发甘肃省应对气候变化方案的通知	甘肃省人民政府	2009 年 4 月 13 日	甘政发[2009] 35号	2009 年 4 月 13 日	有效
7	甘肃省取水许可和水资源费征收管理办法	甘肃省人民政府	2010 年 5 月 24 日	甘肃省人民政府令第67 号	2010 年 7 月 1 日	有效

序号	文献名称	发布机关	通过时间	文献编号	生效时间	当前效力
8	甘肃省人民政府办公厅关于印发完善整治违法排污企业保障群众健康环保专项工作机制的通知	甘肃省兰州市人民政府办公厅	2011 年 5 月 10 日	不详	2011 年 5 月 10 日	有效
9	甘肃省人民政府办公厅关于印发甘肃省实行最严格的水资源管理制度办法的通知	甘肃省人民政府办公厅	2011 年 6 月 22 日	甘政办发〔2011〕155 号	2011 年 7 月 1 日	有效
10	甘肃省兰州市人民政府办公厅关于印发兰州市"十二五"节能减排发展规划的通知	甘肃省兰州市人民政府办公厅	2011 年 7 月 5 日	不详	2011 年 7 月 5 日	有效

下面将从环境影响评价、税费管理、公众参与三个方面对有关渤海管理的甘肃省手段类立法作内容树立研究。

一、环境影响评价

作为与渤海管理息息相关的非滨海省份之一的甘肃的许多地方法规和地方政府规章中对环境影响评价有所涉及。这些规定主要包括沙区开发建设项目和其他可能引起环境污染破坏的一些项目必须实行环境影响评价,这对防止人类开发建设活动破坏甘肃省特殊的地理环境以及保护甘肃段黄河周围的生态环境意义重大。甘肃省有关渤海管理的涉及环境影响评价的立法主要有《甘肃省人民政府办公厅批转省环保局关于甘肃省"十一五"主要污染物总量减排规划的通知》《甘肃省人民政府关于进一步加强防沙治沙工作的意见》《关于印发兰州市"十二五"节能减排发展规划的通知》,具体内容详见表 13-15:

表 13-15　　渤海管理环境影响评价甘肃省地方立法内容简表

基本内容	文献名称	条　　款
环境影响评价	甘肃省人民政府办公厅批转省环保局关于甘肃省"十一五"主要污染物总量减排规划的通知	第四条："强化环保监督管理。严格执行环境影响评价和'三同时'制度，对新、改、扩建项目坚持以新代老，实现增产不增污或增产减污。"
	甘肃省人民政府关于进一步加强防沙治沙工作的意见	第十五条："实行沙区开发建设项目环境影响评价制度。在沙区从事营利性治沙、开发建设等活动，应当提交有防沙治沙内容的生态环境影响评价报告，依法进行环境影响评价和水资源论证，按国家有关规定报批。开发建设中应当有防沙治沙方案，并将治理资金列入项目预算，与主体工程同步实施，由县级以上林业行政主管部门负责验收。"
	关于印发兰州市"十二五"节能减排发展规划的通知	3."建立节能评估审查和环境影响评价制度。全面开展固定资产投资项目节能评估审查工作。严格执行国家高耗能、高污染行业环评审批规定，强化节能评估、环评审批备案制度和社会公示制度。实行建设项目主要污染物排放总量控制指标调剂制度，把总量削减指标作为建设项目环评文件审批的前置条件。鼓励引导企业积极探索排污权交易工作。"

二、税费管理

价格机制是保护环境的又一重要手段，经济调节措施的运用可以有效地促使人们在潜意识中减少对资源的浪费和破坏。正如甘肃省在水资源的保护方面，建立起了合理的水价形成机制，严格实施水资源有偿使用制度，加倍征收排污费等，以保护水资源。甘肃有关税费管理的立法主要有《甘肃省水资源费征收和使用管理暂行办法》、《甘肃省取水许可和水资源费征收管理办法》、《兰州市城市节约用水管理办法》、《甘肃省关于征收超标排污费的若干规定》等。具体内容详见表 13-16：

表 13-16　渤海税费管理甘肃省地方立法内容简表

基本内容	文献名称	条　款
水资源费	甘肃省水资源费征收和使用管理暂行办法	第一条："为加强水资源管理，合理开发利用和保护水资源，促进计划用水和节约用水，建立水资源有偿使用制度，根据《水法》和《甘肃省实施水法办法》的有关规定，制定本办法。" 第二条："凡在本省行政区域内，直接从江河、湖泊或地下取水的单位和个人，除本办法规定免征或者缓征水资源费的以外，应当依照本办法缴纳水资源费。"
	甘肃省人民政府办公厅关于印发甘肃省水利工程管理体制改革方案的通知	（三）（建立合理的水价形成机制，强化水费计收和使用管理，促进水资源的优化配置。）
	甘肃省取水许可和水资源费征收管理办法	第十六条（水资源费由取水审批机关负责征收。） 第十七条（工业、服务业、商业、建筑业、火力发电循环式冷却和城镇生活用水按照实际取水量征收水资源费。）
	甘肃省人民政府办公厅关于印发甘肃省实行最严格的水资源管理制度办法的通知	第十八条："严格实施水资源有偿使用制度，加强对水资源费的征缴和管理，任何单位和个人不得擅自免征、减征、缓征水资源费。"
	兰州市城市节约用水管理办法	第十二条："用水单位应按规定安装计量水表；居民生活用水应当安装分户计量水表，禁止实行包费制。"
排污费	甘肃省关于征收超标排污费的若干规定	第四条："除第三条所述标准中规定的项目外，增加对废水中色度、放射性物质、甲醛、镍及其化合物、细菌、病原菌及废气中沥清烟等项目的收费。" 第七条："提高征收标准费、加倍收费、滞纳金和补偿性罚款等不得计入成本，由排污单位自留资金中支付。"

三、公众参与

一项规章制度的有效实施离不开公众的真正遵守和落实,渤海管理甘肃省涉及公众参与的立法主要包括《甘肃省人民政府关于进一步加强防沙治沙工作的意见》、《甘肃省人民政府关于印发甘肃省应对气候变化方案的通知》、《关于印发完善整治违法排污企业保障群众健康环保专项工作机制的通知》、《甘肃省人民政府批转省建设厅关于进一步加强城市生活垃圾处理工作若干意见的通知》等,具体内容详见表 13-17:

表 13-17　渤海管理公众参与甘肃省地方立法内容简表

基本内容	文献名称	条　　款
公众参与	甘肃省人民政府关于进一步加强防沙治沙工作的意见	第二十六条:"大力开展宣传教育。将生态环境综合治理和社会主义新农村建设紧密结合,大力开展防沙治沙宣传教育,提高全民的生态保护意识,积极探索新形势下开展群众性防沙治沙的新机制、新办法。"
	甘肃省人民政府关于印发甘肃省应对气候变化方案的通知	六(提高公众意识。)
	关于印发完善整治违法排污企业保障群众健康环保专项工作机制的通知	三(进一步加强监督,完善公众和新闻媒体参与机制。)
	甘肃省人民政府批转省建设厅关于进一步加强城市生活垃圾处理工作若干意见的通知	一(城市生活垃圾处理工作的指导思想、基本原则和发展目标。)

第十四章　渤海管理青海省
立法文献研究

　　青海虽然在地理位置上距离渤海遥远，但是它对渤海的作用却不容小觑，这里有被誉为"中华水塔"之称的三江源自然保护区，是我国面积最大的湿地类型国家级自然保护区，同时该地区也是长江、黄河和澜沧江三大河流的发源地，是中华民族重要的水源地，因此对于青海省与渤海管理相关的法律文献的收集整理就显得尤为重要。本章就将对渤海管理青海省相关立法文献进行梳理研究。

第一节　渤海管理青海省立法文献

　　目前，渤海管理综合性的立法文献并不太多，有相当数量是以政府文件的形式出现的。目前的综合性法规主要有《青海省实施〈环境保护法〉办法（2001）》、《青海省实施〈节约能源法〉办法》、《青海湖流域生态环境保护条例》、《青海省农业环境保护办法》、《青海省地质环境保护办法》、《青海省节能监察办法》等法规。具体内容详见表 14-1：

表 14-1　渤海综合性管理青海省地方立法文献简表

序号	法规名称	发布机关	通过时间	文献编号	生效时间	当前效力
1	青海省实施《环境保护法》办法	青海省第八届人大常委会第十次会议通过	1994 年 6 月 4 日	不详	1994 年 8 月 1 日	1998 年 5 月 29 日青海省第九届人大常委会第二次会议关于修改《青海省实施〈环境保护法〉办法》的决定修正
2	青海省实施《环境保护法》办法	青海省第九届人大常委会第二次会议关于修改《青海省实施〈环境保护法〉办法》的决定第一次修正	1998 年 5 月 29 日	不详	1998 年 6 月 1 日	2001 年 3 月 31 日青海省第九届人大常委会第二十三次会议关于修改《青海省实施〈环境保护法〉办法》的决定第二次修正
3	青海省实施《环境保护法》办法	青海省第九届人大常委会第二十三次会议关于修改《青海省实施〈环境保护法〉办法》的决定第二次修正	2001 年 3 月 31 日	不详	2001 年 5 月 1 日	有效
4	青海省实施《节约能源法》办法	青海省第九届人大常委会第 29 次会议通过	2002 年 3 月 29 日	青海省人大常委会公告第 52 号	2002 年 5 月 1 日	2011 年 5 月 26 日青海省第十一届人大常委会第 23 次会议修订

序号	法规名称	发布机关	通过时间	文献编号	生效时间	当前效力
5	青海省实施《节约能源法》办法	青海省第十一届人大常委会第23次会议修订	2011年5月26日	不详	2011年9月1日	有效
6	青海湖流域生态环境保护条例	青海省第十届人大常委会第二次会议通过	2003年5月30日	2003年5月30日青海省第十届人大常委会第1号公告	2003年8月1日	有效
7	青海省农业环境保护办法	青海省人民政府第19次常务会议审议通过	1996年3月26日	青海省人民政府令第25号	1996年3月26日	有效
8	西宁市市容环境卫生管理条例	西宁市第十届人大常委会第三次会议通过	1988年7月2日	不详	1988年10月1日	本法规已被《西宁市城市市容和环境卫生管理条例》废止
9	西宁市城市市容和环境卫生管理条例	1998年4月28日西宁市第十二届人大常委会第十次会议通过	1998年7月24日	不详	1998年8月1日	1999年8月20日西宁市第十二届人大常委会第18次会议通过
10	西宁市城市市容和环境卫生管理条例	1999年8月20日西宁市第十二届人大常委会第18次会议通过	1999年9月24日	不详	1999年9月24日	2004年8月27日西宁市第十三届人大常委会第十九次会议修订

序号	法规名称	发布机关	通过时间	文献编号	生效时间	当前效力
11	西宁市城市市容和环境卫生管理条例	2004年8月27日西宁市第十三届人大常委会第十九次会议修订	2004年11月26日	不详	2005年1月1日	有效
12	西宁市服务行业环境保护管理条例	2006年10月20日西宁市第十三届人大常委会第三十六次会议通过	2006年11月24日	不详	2007年4月1日	
13	黄南藏族自治州城镇市容和环境卫生管理条例	2004年2月27日黄南藏族自治州第十二届人大第六次会议通过	2004年5月29日	不详	2004年7月1日	有效
14	果洛藏族自治州生态环境保护条例	2000年5月13日果洛藏族自治州第十届人大第六次会议通过	2000年7月30日	不详	2000年10月1日	有效
15	海北藏族自治州城镇市容和环境卫生管理条例	2002年11月3日海北藏族自治州第十一届人大第三次会议通过	2003年4月1日	不详	2003年5月1日	有效

序号	法规名称	发布机关	通过时间	文献编号	生效时间	当前效力
16	西宁市环境保护条例	2011 年 6 月 23 日西宁市第十四届人大常委会第 35 次会议通过	2011 年 11 月 24 日	不详	2012 年 1 月 1 日	有效

表 14-2 渤海综合性管理青海省政府规章文献简表

序号	规章名称	发布机关	通过时间	文献编号	生效时间	当前效力
1	青海省地质环境保护办法	青海省人民政府	2003 年 12 月 3 日	2003 年 12 月 3 日以青海省人民政府令第 37 号	2004 年 2 月 1 日	2009 年 11 月 23 日《青海省人民政府关于修改〈青海省地质环境保护办法〉的决定》修订
2	青海省人民政府关于修改《青海省地质环境保护办法》的决定	青海省人民政府	2009 年 11 月 6 日	2009 年 11 月 23 日青海省人民政府令第 72 号	2009 年 11 月 23 日	有效
3	青海省人民政府关于贯彻《国务院关于落实科学发展观加强环境保护的决定》的实施意见	青海省人民政府	2006 年 7 月 14 日	青政(2006)58 号	2006 年 7 月 14 日	有效

序号	规章名称	发布机关	通过时间	文献编号	生效时间	当前效力
4	青海省节能监察办法	青海省人民政府第64次常务会议审议通过	2007年5月18日	青海省人民政府令第57号	2007年8月1日	有效
5	关于开展全省流域综合规划修编工作的意见	青海省人民政府	2007年8月15日	青政办[2007]134号	2007年8月15日	有效
6	青海省人民政府办公厅转发省环保局关于加强农村牧区环境保护工作意见的通知	青海省人民政府办公厅	2008年3月26日	青政办[2008]35号	2008年3月26日	有效
7	青海湖流域周边地区生态环境综合治理工程管理办法	青海省人民政府办公厅	2009年3月23日	青政办[2009]52号	2009年3月23日	有效
8	西宁市人民政府突发环境事件应急预案	西宁市人民政府办公厅	2009年12月14日	不详	2009年12月14日	有效
9	西宁市人民政府关于印发西宁市饮用水源突发环境事件应急预案的通知	西宁市人民政府办公厅	2010年4月23日	宁政[2010]83号	2010年4月23日	有效

通过对青海省综合性立法文献内容的梳理,可以看出综合性立法内容主要包含环境保护原则、环境保护规划、环境监督管理、环境污染防治、环境保护义务、环境保护教育以及环境信息公开等方面。具体内容详见表14-3:

表 14-3 渤海管理综合青海省地方立法内容简表

基本内容	文献名称	条　款
环境保护原则	西宁市环境保护条例	第三条（本市环境保护应遵循的原则。）
	青海省实施《环境保护法》办法	第二十四条（限期治理。）
	青海省地质环境保护办法	第三条（保护优先、合理利用和谁开发谁保护、谁破坏谁治理、谁投资谁受益的原则。）
	果洛藏族自治州生态环境保护条例	第四条（尊重生态系统内部的规律，坚持统一规划，合理布局，预防为主，防治结合的原则。）
环境保护规划	青海省实施《环境保护法》办法	第二条："各级人民政府应将环境保护纳入国民经济和社会发展计划以及城乡建设规划。" 第十三条（开发利用自然资源应全面规划。） 第十九条（区域开发建设应坚持先规划后开发。）
	青海湖流域生态环境保护条例	第十九条（州、县人民政府根据水土保持规划。） 第九条（省人民政府制定青海湖流域生态环境保护规划并纳入国民经济和社会发展规划。）
环境监督管理	西宁市环境保护条例	第七条（环境保护行政主管部门对本辖区的环境保护工作实施统一监督管理。）
	青海省实施《环境保护法》办法	第六条（各级人民政府对本辖区的环境质量负责，实行环境保护目标责任制。）
	青海省地质环境保护办法	第四条（地质环境保护工作实行统一管理，分级、分部门负责。）
环境污染防治	青海省实施《环境保护法》办法	第二十一条（防治环境污染和其他公害。）
	西宁市环境保护条例	第二十三条："市和区、县人民政府应当加强生物安全管理，防止有害生物物种入侵；对已经侵入的，应当采取措施清除，防止扩散。"
环境保护义务	果洛藏族自治州生态环境保护条例	第八条（任何单位和个人都有保护生态环境的义务。）

基本内容	文献名称	条　款
环境保护教育	果洛藏族自治州生态环境保护条例	第六条："宣传治理西部生态环境方面的方针、政策和法律法规，大力普及生态环境保护知识，提高全社会的环保意识和法制观念。"
	西宁市环境保护条例	第六条："本市各级人民政府应当组织开展全民环境保护教育。"

第二节　渤海污染防治青海省立法文献

污染防治一直是环境保护的重要使命。作为中华水塔，青海省的水污染防治关系着我国水系的命脉。目前青海省与渤海管理相关的污染防治立法主要有《青海省湟水流域水污染防治条例》、《青海省实施〈大气污染防治法〉办法》、《青海省污染源治理专项基金有偿使用办法》等。具体内容详见表 14-4：

表 14-4　渤海管理污染防治青海省地方立法文献简表

序号	法规名称	发布机关	通过时间	文献编号	生效时间	当前效力
1	青海省湟水流域水污染防治条例	青海省第七届人大常委会第二十五次会议通过	1992 年 2 月 28 日	不详	1992 年 4 月 1 日	1998 年 5 月 29 日青海省九届人大常委会第 2 次会议关于修改《青海省湟水流域水污染防治条例》的决定修正

序号	法规名称	发布机关	通过时间	文献编号	生效时间	当前效力
2	青海省湟水流域水污染防治条例	青海省第九届人大常委会第2次会议关于修改《青海省湟水流域水污染防治条例》的决定修正	1998年5月29日	不详	1998年5月29日	2005年4月1日青海省第十届人大常委会第15次会议修订
3	青海省实施《大气污染防治法》办法	青海省第九届人大常委会第8次会议通过	1999年5月21日	不详	1999年7月1日	2001年3月31日青海省第九届人大常委会第23次会议关于修改《青海省实施〈大气污染防治法〉办法》的决定修正
4	青海省实施《大气污染防治法》办法	青海省第九届人大常委会第23次会议关于修改《青海省实施〈大气污染防治法〉办法》的决定修正	2001年3月31日	不详	2001年5月1日	有效
5	青海省湟水流域水污染防治条例	青海省十届人大常委会第15次会议修订	2005年4月1日	不详	2005年6月1日	有效

序号	法规名称	发布机关	通过时间	文献编号	生效时间	当前效力
6	西宁市居民居住环境污染防治办法	西宁市人民政府第23次常务会议审议通过	2001年6月4日	西宁市人民政府令第39号	2001年7月1日	本法规已被《西宁市人民政府令第84号——西宁市人民政府决定废止和宣布失效的规章目录》废止

表 14-5　渤海污染防治青海省地方政府规章文献简表

序号	规章名称	发布机关	通过时间	文献编号	生效时间	当前效力
1	青海省征收排污费暂行办法	青海省人民政府	1984年1月23日	青政〔1984〕11号	1984年2月1日	失效
2	青海省污染源治理专项基金有偿使用办法	青海省人民政府	1990年8月16日	青政〔1990〕79号	1990年8月16日	被2003年9月28日青海省人民政府关于废止《青海省征收超标排污费若干问题的暂行规定》和《青海省污染源治理专项基金有偿使用实施办法》的通知废止
3	青海省人民政府关于印发《省人民政府令第23号排污收费问题解释》的通知	青海省人民政府	2002年10月10日	青政〔2002〕66号	2002年10月10日	有效

序号	规章名称	发布机关	通过时间	文献编号	生效时间	当前效力
4	青海省人民政府关于进一步加强节能减排工作的若干政策措施	青海省人民政府	2007年7月19日	青政〔2007〕42号	2007年7月19日	有效
5	青海省主要污染物总量减排统计办法	青海省环境保护局	2008年2月5日	不详	2008年2月5日	有效
6	青海省主要污染物总量减排检测办法	青海省政府	2008年1月21日	青政〔2008〕12号	2008年1月21日	有效
7	青海省主要污染物总量减排考核办法	青海省环境保护局	2008年2月5日	不详	2008年2月5日	有效
8	青海省人民政府办公厅转发省环保局关于加强重点湖泊水环境保护工作实施意见的通知	青海省政府	2008年6月12日	青政办〔2008〕86号	2008年6月12日	有效
9	关于青海省城镇污水处理场产业化运营监管的若干意见	青海省人民政府办公厅	2010年2月20日	青政办〔2010〕29号	2010年2月20日	有效

在水污染防治方面,青海省制定了《青海省湟水流域水污染防治条例》、《青

海省实施〈水法〉办法》,对水污染防治做出了既统揽大局又贴合实际的规定,它们是青海省政府根据本省实际情况制定的规章,相比全国性的法律来讲,适用性较强,对青海省水污染防治工作的开展、饮用水源地的保护、工业和生活废水污水排放管理具有重要意义。下面将从水污染防治原则、监督管理、排污收费制度、水污染物排放许可证制度、污染物总量控制制度、饮用水保护制度、水污染防治制度等方面进行梳理研究。具体内容详见表14-6:

表14-6　渤海水污染防治青海省地方立法内容简表

基本内容	文献名称	条　款
水污染防治原则	青海省湟水流域水污染防治条例	第五条（谁污染谁治理的原则。）
水污染监督管理	青海省湟水流域水污染防治条例	第七条:"湟水流域水污染防治工作由省环境保护部门实施统一监督管理。"
	青海省实施《水法》办法	第二十一条（水行政主管部门进行水质监测。）
	青海省农业环境保护办法	第二十条（污水直接排放到农田须经水行政主管部门同意,并符合国家灌溉标准。）
水污染物排放许可证制度	青海省湟水流域水污染防治条例	第十一条（向湟水流域排污实行水污染物排放许可证制度,进行污染物总量控制。）
排污收费制度	青海省湟水流域水污染防治条例	第十三条（向湟水流域排污,必须按照国家规定缴纳排污费,超过排放标准和总量指标的,缴纳超标排污费。）
污染物总量控制制度	青海省实施《水法》办法	第十九条（县级以上人民政府水行政主管部门提出限制排污总量意见。）
饮用水保护制度	青海省基本建设投资人畜饮水项目建设管理实施细则（试行）	第一条（因人为因素引起的水污染造成农牧区人畜饮水困难,由负责单位和个人负责解决。）
	青海省湟水流域水污染防治条例	第十四条:"在生活饮用水源受到严重污染,威胁供水安全的紧急情况下,环境保护部门应当报经同级人民政府批准,采取强制性应急措施。"

基本内容	文献名称	条　　款
饮用水保护制度	青海省实施《水法》办法	第二十六条（防止饮用水污染。） 第二十七条（在饮用水源保护区内禁止倾倒有毒有害物质。）
	关于青海省农村牧区人畜饮水工程运行管理办法（试行）	第十二条（禁止在水源保护区和工程范围内堆放垃圾，排放污染物。）
水污染防治	青海省水上交通安全管理办法	第十六条（禁止在通航水域运载剧毒化学品及其他危险物品。）
	青海省实施《水土保持法》办法	第十三条（禁止将固体废弃物倒入江河湖泊水库等。）
	青海湖流域生态环境保护条例	第三十条（禁止在湖泊河道等排放倾倒有毒有害物质。）
	青海省卤虫资源保护暂行办法	第十八条（禁止在卤虫生存周围水域倾倒固体废弃物、有毒液体和污水等有害物质。）
	青海省基本建设投资人畜饮水项目建设管理实施细则（试行）	第一条："因人为因素引起的水污染造成农牧区人畜饮水困难，由负责单位和个人负责解决。"
	青海省地质环境保护办法	第十三条（防止地下水过量开采与污染。）
	关于青海省农村牧区人畜饮水工程运行管理办法（试行）	第三十条："对造成供水工程水源污染、破坏的单位个人，试行谁污染谁治理，治理污染，恢复水源地原状并赔偿经济损失。"

第三节　渤海生态保护青海省立法文献

　　生态保护是青海省环境保护中的重大课题，这里有我国最大的湿地自然保护区，也是我国最重要的大江大河的发源地，下面将从森林资源的保护、草原（草场）资源的保护、水土流失防治、湿地保护、水资源调解等方面对青海省与渤海管理有关的立法做一下梳理。

一、森林资源保护

青海省森林资源保护立法文献较为全面,各大城市、自治州县纷纷制定了本地区森林资源保护法规和政府规章,凸显了森林资源在这一地区的重要性和政府对森林资源保护的重视。同时青海省较早以立法形式作了全民义务植树规定,如《青海省全民义务植树运动实施细则》。除此之外森林资源保护立法还包括《青海省〈森林法〉实施办法》、《青海省森林采伐限额管理办法》、《青海省林地林权管理办法》、《青海省〈森林植被恢复费征收使用管理暂行办法〉实施细则》、《青海省巩固退耕还林成果专项工程实施管理办法》等,对青海省森林资源实行全面保护。具体内容详见表14-7:

表14-7　渤海管理森林保护青海省地方立法文献简表

序号	法规名称	发布机关	通过时间	文献编号	生效时间	当前效力
1	青海省实施《森林法》办法	青海省第八届人大常委会第二十二次会议通过	1996年1月26日	不详	1996年4月1日	2001年3月31日青海省第九届人大常委会第二十三次会议关于修改《青海省实施〈森林法〉办法》的决定修正
2	青海省实施《森林法》办法	青海省第九届人大常委会第二十三次会议于2001年3月31日通过	2001年3月31日	省人大常委会第33号	2001年5月1日	有效
3	西宁市南北两山绿化条例	1990年8月9日西宁市第十届人大常委会第二十二次会议通过	1990年12月29日	不详	1991年2月1日	有效

序号	法规名称	发布机关	通过时间	文献编号	生效时间	当前效力
4	西宁市全民义务植树条例	1993 年 5 月 29 日西宁市第十一届人大常委会第八次会议通过	1993 年 7 月 17 日	不详	1993 年 9 月 1 日	有效
5	西宁市城市园林绿化管理条例	1995 年 7 月 12 日青海省西宁市第十一届人大常委会第二十四次会议通过	1995 年 9 月 22 日	不详	1995 年 11 月 1	2002 年 8 月 30 日西宁市第十三届人大常委会第四次会议修订
6	西宁市城市园林绿化管理条例	2002 年 8 月 30 日西宁市第十三届人大常委会第四次会议修订	2002 年 12 月 3 日	不详	2003 年 2 月 1 日	有效
7	西宁市林业管理条例	西宁市第十三届人大常委会第 26 次会议通过	2005 年 10 月 9 日	不详	2005 年 12 月 1 日	有效
8	西宁市古树名木保护管理办法	2008 年 7 月 18 日西宁市人民政府第 14 次常务会议审议通过	2008 年 8 月 1 日	西宁市人民政府令第 88 号	2008 年 9 月 1 日	有效

序号	法规名称	发布机关	通过时间	文献编号	生效时间	当前效力
9	青海省互助土族自治县森林管护条例	1988 年 4 月 23 日互助土族自治县第十届人大第三次会议通过	1 9 8 8 年 9 月 2 日	不详	1 9 9 8 年 10 月 1 日	1998 年 4 月 3 日经青海省第九届人大常委会第一次会议批准的《互助土族自治县人大关于修改〈互助土族自治县森林管护条例〉的决定》第一次修正
10	互助土族自治县人大关于修改《互助土族自治县森林管护条例》的决定	1997 年 11 月 26 日互助土族自治县第十二届人大第六次会议通过	1 9 9 8 年 4 月 3 日	不详	1 9 9 8 年 4 月 3 日	2001 年 6 月 1 日经青海省第九届人大常委会第二十四次会议批准的《互助土族自治县人大关于修改〈互助土族自治县森林管护条例〉的决定》第二次修正
11	互助土族自治县人大关于修改《互助土族自治县森林管护条例》的决定	2001 年 4 月 12 日经互助土族自治县第十三届人大第四次会议通过	不详	不详	不详	有效
12	黄南藏族自治州林木管护条例	1997 年 4 月 27 日黄南藏族自治州第十一届人大第二次会议通过	1 9 9 8 年 9 月 25 日	不详	1 9 9 9 年 1 月 1 日	2002 年 7 月 29 日青海省第九届人大常委会第三十一次会议批准的黄南藏族自治州人大关于修改《黄南藏族自治州林木管护条例》的决定修正

序号	法规名称	发布机关	通过时间	文献编号	生效时间	当前效力
13	黄南藏族自治州林木管护条例(2002)	2002 年 4 月 27 日黄南藏族自治州第十二届人大第三次会议通过	2002年7月29日	不详	2002年9月1日	有效
14	海北藏族自治州森林管护条例	1994 年 3 月 21 日青海省海北藏族自治州第九届人大第五次会议通过	1994年6月4日	不详	1994年8月1日	2003 年 4 月 1 日青海省第十届人大常委会第一次会议批准的《海北藏族自治州人大关于修改〈海北藏族自治州森林管护条例〉的决定》第一次修正
15	海北藏族自治州人大关于修改《海北藏族自治州森林管护条例》的决定	2002 年 11 月 3 日海北藏族自治州第十一届人大第三次会议通过	2003年4月1日	不详	2003年4月1日	有效
16	海北藏族自治州城镇绿化管理条例	2004 年 1 月 6 日海北藏族自治州第十一届人大第五次会议通过	2004年3月26日	不详	2004年5月1日	有效

表 14-8　渤海管理森林保护青海省地方规章文献简表

序号	规章名称	发布机关	通过时间	文献编号	生效时间	当前效力
1	青海省全民义务植树运动实施细则	青海省人民政府	1983年6月7日	青政[1983]67号	1983年6月7日	有效
2	青海省森林采伐限额管理办法	青海省人民政府	1988年6月14日	青政办[1988]58号	1988年6月1日	本法规已被《青海省人民政府予以废止的第二批规章目录》废止
3	青海省林地林权管理办法	青海省政府	1992年9月24日	青海省人民政府令第18号	1992年9月24日	本法规已被《青海省人民政府关于废止部分规章的决定和青海省人民政府关于修改部分规章的决定》（发布日期：2010年12月29日，实施日期：2010年12月29日）修改
4	青海省人民政府贯彻国务院关于进一步完善退耕还林政策措施的若干意见	青海省人民政府	2002年11月15日	青政[2002]76号	2002年11月15日	有效
5	青海省《森林植被恢复费征收使用管理暂行办法》实施细则	青海省人民政府办公厅	2004年3月12日	青政办[2004]48号	2003年1月1日	本法规第五条已被《青海省人民政府办公厅关于修订〈青海省森林植被恢复费征收使用管理暂行实施细则〉的通知》（发布日期：2006年7月13日，实施日期：2006年7月13日）修订

序号	规章名称	发布机关	通过时间	文献编号	生效时间	当前效力
6	青海省人民政府办公厅关于修订《青海省森林植被恢复费征收使用管理暂行办法实施细则》的通知	青海省人民政府	2006 年 7 月 13 日	青政办〔2006〕97 号	2006 年 7 月 13 日	有效
7	青海省人民政府办公厅关于抓好秋季造林整地工作的通知	青海省政府	2006 年 9 月 20 日	青政办〔2006〕136 号	2006 年 9 月 20 日	有效
8	青海省人民政府办公厅关于贯彻国务院完善退耕还林政策的通知	青海省人民政府办公厅	2007 年 9 月 30 日	青政办〔2007〕163 号	2007 年 9 月 30 日	有效
9	青海省集体林权制度改革试点工作方案	青海省人民政府办公厅	2009 年 2 月 23 日	青政办〔2009〕26 号	2009 年 2 月 23 日	有效

序号	规章名称	发布机关	通过时间	文献编号	生效时间	当前效力
10	青海省巩固退耕还林成果专项工程实施管理办法	青海省人民政府办公厅	2009 年 2 月 26 日	青政办[2009]30 号	2009 年 2 月 26 日	有效
11	青海省巩固退耕还林成果专项资金使用和管理实施细则	青海省政府	2009 年 6 月 30 日	青政办[2009]119 号	2009 年 6 月 30 日	有效
12	青海省集体林权制度改革实施方案	青海省人民政府办公厅	2010 年 1 月 31 日	青政办[2010]16 号	2010 年 1 月 31 日	有效
13	青海省国家级公益林森林生态效益补偿方案	青海省人民政府办公厅	2010 年 2 月	青政办[2010]34 号	2010 年 2 月	有效
14	青海省人民政府关于"十二五"期间森林采伐限额及强化管理工作的通知	青海省人民政府	2011 年 5 月 11 日	青政[2011]30 号	2011 年 5 月 11 日	有效

序号	规章名称	发布机关	通过时间	文献编号	生效时间	当前效力
15	西宁市城市绿地建设补偿费缴纳办法	青海省西宁市人民政府	1997 年 11 月 12 日	西宁市人民政府令第 1 号	1997 年 12 月 1 日	有效
16	西宁市城市园林树木(设施)补偿及占用绿地补偿费缴纳办法	西宁市人民政府	1997 年 11 月 12 日	市政府令 第 2 号	1997 年 12 月 1 日	有效
17	西宁市城市绿地养护管理暂行规定	西宁市政府第四十次常务会议通过	2010 年 10 月 22 日	宁政办 [2010] 277 号	2010 年 10 月 22 日	有效

　　青海省有关森林资源保护的立法文献较多，这些立法文献在内容上包括了森林资源保护方针原则、保护机制、植树造林、林木资源经营管理和权属纠纷等方面，为森林资源的保护提供了坚实的法律基础。具体内容详见表 14-9：

表 14-9　渤海管理森林资源保护青海省地方立法内容简表

基本内容	文献名称	条　　款
森林资源保护的方针原则	青海省实施《森林法》办法（2001）	第一条（维护生态平衡，促进林业生产的发展。） 第五条（生态效益为主，兼顾经济效益，实行保护性经营管理的方针。）
	西宁市林业管理条例	第一条（充分发挥森林资源的综合效益。） 第四条："坚持生态效益、经济效益、社会效益相统一，生态效益优先的原则。""坚持严格保护、积极发展、科学经营、持续利用林业资源的原则和实行林业分类经营的方针。"

基本内容	文献名称	条　款
森林资源保护的方针原则	黄南藏族自治州林木管护条例	第二条（坚持生态效益为主，兼顾经济效益。）
	青海省森林植被恢复费征收使用管理暂行实施细则	第一条（保护森林资源，促进林业可持续发展。）
森林资源的保护机制	西宁市林业管理条例	第二十五条："县（自治县、区）人民政府应当建立健全森林资源管护制度。" 第二十六条（实行森林防火责任制、行政领导负责制和责任追究制。）
	黄南藏族自治州林木管护条例（2002）	第二条（以"营林为基础，普遍护林，大力造林，采育结合，永续利用"的方针，并对森林资源实行保护性措施。） 第二十七条（加强对森林病虫害的防治和检疫工作。）
	西宁市林业管理条例	第九条："各级人民政府应当采取多种形式组织全民开展植树造林和绿化美化活动。" 第二十条（植树造林实行统一领导，专业管理与群众管理相结合的体制。）
	黄南藏族自治州林木管护条例（2002）	第八条（机关、团体、部队、学校、企业事业单位均应承担造林绿化任务。）
植树造林	西宁市全民义务植树条例	全文
	西宁市南北两山绿化条例	第五条（绿化南北两山是全民义务植树造林的一部分。）
	青海省全民义务植树运动实施细则	全文
	青海省实施《森林法》办法（2001）	第二十四条（健全森林资源档案。） 第二十五条（采伐森林实行限额管理。） 第二十六条（采伐林木实行采伐许可证制度，凭证采伐。） 第三十条（任何单位和个人不得随意改变林业用地的用途。）

基本内容	文献名称	条　款
植树造林	黄南藏族自治州林木管护条例（2002）	第九条（开展以林为主的多种经营。） 第十一条（采伐林木必须申请采伐许可证。） 第十四条："从国有林场运出木材，必须持有该场的检尺单、发票、出境证和县级以上人民政府林业行政主管部门核发的检疫证和运输证。"
	西宁市林业管理条例	第十二条（森林资源实行公益林和商品林分类经营的管理制度。）
林木资源的经营管理	西宁市林业管理条例	第四十条："森林、林木、林地属国家所有。但法律规定属于集体所有的森林、林木、林地和个人所有的林木除外。"
	青海省实施《森林法》办法（2001）	第三条（森林资源权属。）

二、草原资源保护

《青海省实施〈草原法〉办法》是目前青海省有关草原资源保护的重要法规，其他相关法律法规还包括《青海省草原监理规定》《青海省草原使用权流转办法》《青海省天然草场退牧还草工程减畜禁牧管理办法》《果洛藏族自治州草原管理条例》等。做好草原保护工作对青海省生态保护至关重要。具体内容详见表 14-10、14-11：

表 15-10　渤海管理草原（草地）保护青海省地方性法规文献简表

序号	法规名称	发布机关	通过时间	文献编号	生效时间	当前效力
1	青海省草原管理试行条例	1983 年 9 月 24 日青海省第六届人大常委会第三次会议批准	1983 年 9 月 24 日	不详	1983 年 9 月 24 日	失效

序号	法规名称	发布机关	通过时间	文献编号	生效时间	当前效力
2	青海省实施《草原法》细则	青海省第七届人大常委会第十一次会议通过	1989 年 11 月 1 日	不详	1990 年 1 月 1 日	本法规由青海省实施《草原法》办法废止
3	青海省实施《草原法》办法	青海省第十届人大常委会第三十二次会议通过	2007 年 9 月 28 日	不详	2008 年 1 月 1 日	有效
4	果洛藏族自治州草原管理条例	1994 年 4 月 25 日果洛藏族自治州第九届人大第五次会议通过	1995 年 1 月 13 日	不详	1995 年 3 月 1 日	2009 年 5 月 22 日青海省第十一届人大常委会第九次会议批准修订
5	果洛藏族自治州草原管理条例(2009)	2009 年 4 月 23 日果洛藏族自治州第十二届人大第五次会议修订通过	2009 年 5 月 22 日	不详	2009 年 7 月 1 日	有效
6	海北藏族自治州草原管理条例	1988 年 4 月 15 日海北藏族自治州第八届人大第四次会议通过	1988 年 10 月 29 日	不详	1989 年 1 月 1 日	有效

序号	法规名称	发布机关	通过时间	文献编号	生效时间	当前效力
7	海北藏族自治州草原防火条例	2002 年 2 月 1 日海北藏族自治州第十一届人大第二次会议通过	2002 年 3 月 29 日	不详	2002 年 5 月 1 日	有效

表 14-11 渤海管理草原资源保护青海省政府规章文献简表

序号	规章名称	发布机关	通过时间	文献编号	生效时间	当前效力
1	青海省草原监理规定	青海省人民政府	1996 年 5 月 20 日	不详	1996 年 5 月 20 日	有效
2	青海省人民政府关于保护生态环境实行禁牧的命令	青海省人民政府	2001 年 10 月 19 日	青政办[2001]9 8 号	2001 年 10 月 19 日	有效
3	青海省天然草场退牧还草工程减畜禁牧管理办法	青海省人民政府	2007 年 4 月 19 日	青政办[2007]48 号	2007 年 4 月 19 日	有效
4	青海省基本草原划定试点工作实施方案	青海省人民政府	2008 年 12 月 9 日	青政办[2008]172 号	2008 年 12 月 9 日	有效
5	关于加快全省基本草原划定工作的意见	青海省人民政府	2011 年 4 月 26 日	青政办[2011]84 号	2011 年 4 月 26 日	有效

草原是国家重要的自然资源,对于生态环境脆弱的西部地区环境意义重大。青海省关于草原资源的立法在内容上包括草原权属、草原规划与建设、草原资源利用、草原资源的保护和污染防治、减畜禁牧等方面。具体内容详见表14-12：

表 14-12　渤海管理草原资源保护青海省地方立法内容简表

基本内容	文献名称	条　款
草原权属	青海省实施《草原法》办法	第二章（草原权属。）
	海北藏族自治州草原管理条例	第五条："州内草原属于全民所有，农业区的草山、草坡依照法律规定。""属于集体所有的除外。"
	果洛藏族自治州草原管理条例	第七条（草原承包经营权的流转可以采取转让、转包、出租、互换、入股等形式。）
	青海省草原使用权流转办法	全文
草原规划与建设	青海省实施《草原法》办法	第三章（草原规划与建设。）
	青海省人民政府办公厅转发省农牧厅关于青海省天然草原退牧还草工程减畜禁牧管理办法的通知	第四条（项目区搬迁禁牧户应当履行对禁牧草场保护和建设的义务。）第五条（合理划分禁牧区和使用区，整合草原资源；有计划地轮牧、休牧，实行合理利用。）第九条（制定减畜禁牧、草场围栏设施管理办法和督办督察、目标考核等各项工作制度。）
	青海省人民政府办公厅转发省农牧厅关于青海省天然草原退牧还草工程减畜禁牧管理办法的通知	第八条（根据退牧还草工程实施方案确定的减畜禁牧计划对减畜禁牧工作进行部署。）
草原利用	青海省实施《草原法》办法	第四章（草原利用。）
	青海省人民政府办公厅转发省农牧厅关于青海省天然草原退牧还草工程减畜禁牧管理办法的通知	第十五条（对草畜变化情况进行动态监测，建立健全草畜平衡管理档案。）
草原保护	青海省实施《草原法》办法	第五章（草原保护。）

基本内容	文献名称	条　　款
草原保护	青海省人民政府办公厅转发省农牧厅关于青海省天然草原退牧还草工程减畜禁牧管理办法的通知	第十七条:"村委会履行草原保护与建设和减畜禁牧的职责,减畜禁牧、以草定畜、草原基础设施保护及监督管理,并组织牧民群众定期巡回检查减畜禁牧落实情况。"
草原污染防治	青海省实施《草原法》办法	第五十三条(加强草原生态环境的保护,防止对草原环境的污染。)
	果洛藏族自治州草原管理条例	第二十一条:"造成草原污染的,立即采取补救措施,并接受调查处理。"
监督管理	青海省实施《草原法》办法	第四条:"县级以上人民政府草原行政主管部门负责本行政区域内的草原监督管理工作。"
	青海省人民政府办公厅转发省农牧厅关于青海省天然草原退牧还草工程减畜禁牧管理办法的通知	第八条:"省草原监理部门根据退牧还草工程实施方案确定的减畜禁牧计划对减畜禁牧工作进行部署。"第十条:"项目区州草原监理部门根据省草原监理部门作出的统一部署和项目工程进度、质量、效益要求,负责制定各项目县草原监理部门参与减畜禁牧工作的计划,并进行监督检查。"
减畜禁牧	青海省人民政府办公厅转发省农牧厅关于青海省天然草原退牧还草工程减畜禁牧管理办法的通知	第三条(退牧还草工程项目区项目户必须减畜禁牧。)
	青海省实施《草原法》办法	第四十三条:"本省依法实行退耕、退牧还草和禁牧、休牧制度。"

三、水土流失防治

水土流失是困扰我国西部地区发展的难题之一,青海省地处我国青藏高原,海拔高,地质条件恶劣,做好水土流失防治工作难度很大。目前青海省水土流失防治立法不多,很多有关土流失的防治规定都包含在土地法、耕地保护等规定中。相关文献包括《青海省实施〈水土保持法〉办法》、《西宁市水土保持管理办法》。具体内容详见表 14-13、表 14-14：

表 14-13　渤海管理水土流失防治青海省地方立法文献简表

序号	法规名称	发布机关	通过时间	文献编号	生效时间	当前效力
1	青海省实施《土地管理法》办法	青海省第七届人大常委会第十六次会议通过	1990 年 8 月 31 日	不详	1991 年 1 月 1 日	2006 年 7 月 28 日青海省第十届人大常委会第二十三次会议修订
2	青海省实施《水土保持法》办法	青海省第八届人大常委会第十三次会议通过	1994 年 11 月 23 日	不详	1995 年 1 月 1 日	根据 1998 年 5 月 29 日青海省第九届人民代表大会常务委员会第二次会议关于修改《青海省实施〈中华人民共和国水土保持法〉办法》的决定修正
3	青海省实施《水土保持法》办法	青海省第九届人大常务委员会第二次会议通过	1998 年 5 月 29 日	不详	1998 年 6 月 1 日	有效
4	青海省实施《土地管理法》办法	青海省第十届人大常委会第二十三次会议修订	2006 年 7 月 28 日	不详	2006 年 10 月 1 日	有效
5	西宁市耕地保护条例	1991 年 7 月 31 日西宁市第十届人大常委会第二十九次会议通过	1991 年 12 月 28 日	不详	1992 年 3 月 1 日	有效

序号	法规名称	发布机关	通过时间	文献编号	生效时间	当前效力
6	西宁市水土保持管理办法	西宁市政府第25次常务会议审议通过	2001年8月27日	西宁市人民政府令第44号	2001年8月27日	有效
7	海北藏族自治州土地管理条例	1988年4月16日海北藏族自治州第八届人大第四次会议通过	1988年10月29日	不详	1989年1月1日	有效

表 15-14　渤海管理水土保持青海省地方规章简表

序号	规章名称	发布机关	通过时间	文献编号	生效时间	当前效力
1	青海省耕地占用税实施办法	青海省人民政府	1987年12月1日	青政[1987]112号	1987年12月1日	本法规已被青海省耕地占用税实施办法（2009）宣布失效
2	青海省人民政府关于严禁违法开垦土地的公告	青海省人民政府	2001年7月25日	青政[2001]69号	2001年7月25日	有效
3	青海省人民政府关于切实保护基本农田的紧急通知	青海省人民政府	2004年3月26日	青政办[2004]51号	2004年3月26日	有效
4	青海省征收耕地开垦费土地复垦费土地闲置费的意见	青海省人民政府	2004年7月27日	青政办[2004]143号	2004年8月1日	有效
5	青海省人民政府办公厅关于进一步完善土地管理责任机制的通知	青海省人民政府	2010年3月24日	青政办[2010]47号	2010年3月24日	有效

　　青海省关于水土流失方面立法的数量较少,我们以《青海省实施〈水土保持法〉办法》为例对该法的内容作一下梳理。主要包括了防治水土流失的原则、水土流失区域划分、水土流失的监管、水土保持"三同时"制度、经费保障和水土流失治理责任等方面内容,为青海省水土保持工作的开展保驾护航。具体内容详见表 14-15:

表 14-15　渤海管理水土流失防治青海省地方立法内容简表

基本内容	文献名称	条　款
防治水土流失的原则方针	青海省实施《水土保持法》办法(1998 年)	第三条:"水土保持工作实行预防为主,全面规划,综合防治,因地制宜,加强管理,注重效益的方针。坚持谁开发谁保护,谁造成水土流失谁治理,谁利用谁补偿的原则。"
水土流失区域划分	青海省实施《水土保持法》办法(1998 年)	第八条(根据水土流失状况,全省水土流失防治区规定为:(一)预防保护区;(二)重点监督区;(三)重点治理区。)
水土流失的监管	青海省实施《水土保持法》办法(1998 年)	第五条:"县级以上人民政府应组织农业、林业、畜牧、土地、环保、能源、交通等有关部门,与水行政主管部门共同做好水土保持工作。"
水土保持"三同时"制度	青海省实施《水土保持法》办法(1998 年)	第十四条("三同时"制度。)
水土保持经费保障	青海省实施《水土保持法》办法(1998 年)	第二十一条(经费保障。)
水土流失治理责任	青海省实施《水土保持法》办法(1998 年)	第二十条(一切单位和个人对建设和生产过程中造成的水土流失必须负责治理。)

四、湿地保护

　　迄今为止,青海省还没有制定有关湿地保护的立法文献,只有相关的政府文件以及在其他法律法规中零散的保护湿地的规定,如《青海省人民政府办公厅关于加强湿地保护管理通知》。具体内容详见表 14-16:

表14-16 渤海管理湿地保护青海省地方立法文献简表

序号	法规名称	发布机关	通过时间	文献编号	生效时间	当前效力
1	青海省人民政府办公厅关于加强湿地保护管理通知	青海省人民政府	2005年7月26日	青政办[2005]111号	2005年7月26日	有效

五、水资源调节

青海省内是我国主要河流黄河、长江的发源地,使得本地区水资源调节法律显得极为重要。相关立法包括《青海省实施〈水法〉办法》、《青海省水利工程管理和保护条例》、《青海省河道管理实施办法》、《青海省取水许可制度实施细则》、《青海省水上交通安全管理办法》、《青海省取水许可和水资源费征收管理办法》等。具体内容详见表14-17:

表14-17 渤海管理水资源调节青海省地方立法文献简表

序号	法规名称	发布机关	通过时间	文献编号	生效时间	当前效力
1	青海省实施《水法》办法	青海省第八届人大常委会第3次会议通过	1993年5月25日	不详	1993年7月1日	2005年5月28日青海省第十届人大常委会第16次会议修订
2	青海省实施《水法》办法	青海省第十届人大常委会第16次会议修订	2005年5月28日	青海省人大常委会公告第22号	2005年8月1日	有效
3	青海省水利工程管理和保护条例	青海省第十届人大常委会第三十三次会议通过	2007年11月28日	不详	2008年1月1日	有效

序号	法规名称	发布机关	通过时间	文献编号	生效时间	当前效力
4	青海省人民政府办公厅关于加强饮用水安全保障工作的通知	青海省人民政府	2005 年 11 月 3 日	青政办〔2005〕150 号	2005 年 11 月 3 日	有效
5	青海省水利工程供水价格管理办法	青海省人民政府	2006 年 2 月 8 日	青政办〔2006〕15 号	2006 年 2 月 8 日	有效
6	青海省大中型水库移民项目扶持管理办法	青海省人民政府	2006 年 11 月 20 日	青政办〔2006〕162 号	2006 年 11 月 20 日	有效
7	青海省取水许可和水资源费征收管理办法	2006 年 11 月 20 日省人民政府第 57 次常务会议审议通过	2006 年 11 月 26 日	青海省人民政府令第 55 号	2007 年 1 月 1 日	有效
8	青海省大中型水利水电工程建设征地补偿和移民安置管理暂行办法	青海省人民政府	2007 年 4 月 18 日	青政〔2007〕23 号	2007 年 4 月 18 日	有效
9	青海省人民政府关于黄河大河家水电站工程占地及水库淹没区停止新建项目禁止迁入人口的通告	青海省人民政府	2007 年 8 月 10 日	青政〔2007〕46 号	2007 年 8 月 10 日	有效

序号	法规名称	发布机关	通过时间	文献编号	生效时间	当前效力
10	青海省实施《水文条例》办法	2009 年 2 月 6 日青海省人民政府第 29 次常务会议审议通过	2009 年 2 月 10 日	青海省人民政府令第 69 号	2009 年 4 月 1 日	有效
11	青海省水电资源配置办法	青海省人民政府	2010 年 9 月 14 日	青政办〔2010〕216 号	2010 年 9 月 14 日	有效
12	青海省大中型水库移民后期扶持人口动态管理办法	青海省人民政府	2011 年 6 月 17 日	青政办〔2011〕133 号	2011 年 6 月 17 日	有效
13	西宁市水资源管理条例	2003 年 10 月 24 日西宁市第十三届人大常委会第十三次会议通过	2003 年 11 月 28 日	不详	2004 年 1 月 1 日	有效
14	西宁市节约用水条例	2009 年 8 月 21 日西宁市第十四届人大常委会第二十二次会议通过	2009 年 9 月 24 日	不详	2009 年 12 月 1 日	有效
15	西宁市水资源管理办法	西宁市人民政府第 9 次常务会议审议通过	1998 年 8 月 6 日	西宁市人民政府令第 14 号	1998 年 8 月 6 日	有效
16	西宁市城市供水管理办法	西宁市人民政府第 9 次常务会议审议通过	1998 年 8 月 14 日	西宁市人民政府令第 17 号	1998 年 8 月 14 日	有效

序号	法规名称	发布机关	通过时间	文献编号	生效时间	当前效力
17	黄南藏族自治州水利工程设施管护条例	2004 年 2 月 27 日黄南藏族自治州第十二届人大第六次会议通过	2004 年 5 月 29 日	不详	2004 年 7 月 1 日	有效
18	海西蒙古族藏族自治州水资源管理条例	1998 年 5 月 15 日青海省海西蒙古族藏族自治州第十届人大第四次会议通过	1998 年 7 月 24 日	不详	1998 年 10 月 1 日	2003 年 7 月 25 日青海省第十届人大常委会第四次会议批准的《关于修改〈海西蒙古族藏族自治州水资源管理条例〉的决定》修正
19	海西蒙古族藏族自治州人大关于修改《海西蒙古族藏族自治州水资源管理条例》的决定	2003 年 4 月 26 日海西蒙古族藏族自治州第十一届人大第四次会议通过	2003 年 7 月 25 日	不详	2003 年 9 月 1 日	有效
20	海北藏族自治州水利工程管护条例	2002 年 11 月 3 日海北藏族自治州第十一届人大第三次会议通过	2003 年 5 月 30 日	不详	2003 年 7 月 1 日	有效

序号	法规名称	发布机关	通过时间	文献编号	生效时间	当前效力
21	海北藏族自治州水资源管理条例	青海省第十届人大常委会第十八次会议审议批准	2005 年 9 月 23 日	不详	2005 年 12 月 1 日	有效

表 14-18　渤海管理水资源调节青海省地方政府规章简表

序号	规章名称	发布机关	通过时间	文献编号	生效时间	当前效力
1	青海省河道管理实施办法	青海省人民政府	1991 年 10 月 15 日	青海省人民政府令第 6 号	1991 年 10 月 15 日	有效
2	青海省河道采砂收费管理实施细则	青海省人民政府	不详	不详	1992 年 6 月 1 日	有效
3	青海省取水许可制度实施细则	1995 年 4 月 26 日青海省人民政府第 13 次常务会议通过	1995 年 5 月 23 日	青海省人民政府令第 18 号	1995 年 6 月 1 日	本法已被《青海省取水许可和水资源费征收管理办法》废止
4	青海省水资源费征收管理暂行办法	青海省人民政府	1995 年 9 月 6 日	不详	1995 年 10 月 1 日	本法已被《青海省取水许可和水资源费征收管理办法》废止
5	青海省水利工程水费计收管理办法	青海省人民政府	1996 年 4 月 16 日	青海省人民政府令第 27 号	1996 年 4 月 16 日	有效

序号	规章名称	发布机关	通过时间	文献编号	生效时间	当前效力
6	青海省水政监察工作实施细则（试行）	青海省人民政府	1997年11月12日	青政办[1997]149号	1997年11月12日	有效
7	青海省水利建设基金筹集、使用和管理实施细则	青海省人民政府	1999年3月29日	青政[1999]25号	1999年1月1日	本法规至2010年12月31日失效
8	青海省基本建设投资人畜饮水项目建设管理实施细则（试行）	青海省人民政府	2001年5月22日	青政办[2001]102号	2001年5月22日	有效
9	青海省水库大坝安全管理办法	2003年6月6日省人民政府第2次常务会议审议通过	2003年6月17日	青海省人民政府令第29号	2003年8月1日	有效
10	青海省人民政府办公厅关于西宁地区限采地下水和关闭自备水源的意见	青海省人民政府	2004年1月7日	青政办[2004]6号	2004年1月7日	有效
11	关于青海省农村牧区人畜饮水工程运行管理办法（试行）	青海省人民政府	2004年1月16日	青政办[2004]12号	2004年1月16日	有效

序号	规章名称	发布机关	通过时间	文献编号	生效时间	当前效力
12	青海省水上交通安全管理办法	2005 年 2 月 3 日省人民政府第 30 次常务会议审议通过	2005 年 3 月 21 日	青海省人民政府令第 46 号	2005 年 5 月 1 日	有效
13	关于调整水资源费征收标准的意见	青海省人民政府	2005 年 9 月 6 日	青政办〔2005〕129 号	2005 年 10 月 1 日	有效
14	西宁市人民政府批转市水务局关于西宁市限采地下水和关闭地下水源管理规定的通知	西宁市政府	2007 年 8 月 1 日	宁政〔2007〕85 号	2007 年 8 月 1 日	有效

水资源是我国经济发展和人民生活必不可少的重要资源,青海省水资源保护立法数量宏大。从内容上看包括水资源规划、开发利用、水资源管理和水域保护、水质监测、水工程管理保护和河道管理、水资源配置、水事纠纷处理、供水管理、取水许可证制度、有偿使用制度和节约用水制度等。为青海省水资源的保护提供了细致全面的规定。具体内容详见表 14-19:

表 14-19　渤海管理水资源调节青海省地方立法内容简表

基本内容	文献名称	条　　款
水资源规划	青海省实施《水法》办法	第九条（长江、黄河、澜沧江干流青海段的流域综合规划由省人民政府水行政管理部门协同有管辖权的国家流域管理机构编制。）
	西宁市水资源管理办法	第四条（水资源管理的原则。）

基本内容	文献名称	条　款
水资源开发利用	青海省实施《水法》办法	第十条："开发利用水资源应当优先满足城乡居民生活用水，兼顾农业、工业、生态环境用水，维持河流的合理流量和湖泊、地下水的合理水位，维护水体的自然净化能力。" 第十二条："鼓励单位和个人投资开发、利用、保护水资源，坚持谁投资建设、谁管理和谁受益的原则，依法保护投资者的合法权益。" 第十五条："开发利用水资源，应当统筹安排地表水和地下水，优先开发利用地表水，合理开采地下水。"
	西宁市水资源管理条例	第十一条（对地下水资源的开发利用实行统一规划、统一管理，依据地下水位、水量、水质等变化，可实行限采制度和禁采制度。）
	西宁市水资源管理条例	第九条（开发利用水资源，应当进行综合考察和评价，按流域或区域进行统一规划，并制定相应的综合规划和专业规划。）
水资源管理	海北藏族自治州水资源管理条例	第四章（水资源管理。）
水资源、水域保护	青海省实施《水法》办法	第十四条："县级以上人民政府和有关部门应当加强江河源头和湿地的保护，采取轮耕轮牧、退耕退牧等措施，防治水土流失，保护植被，涵养水源。" 第十五条："开采地下水应当坚持统一规划、总量控制、优化配置、采补平衡的原则。"
	西宁市水资源管理条例	第十四条（市、县人民政府应当积极采取措施，改善居民的饮用水条件，并划定生活饮用水水源保护区。）
	西宁市水资源管理办法	第二十八条（确定水源保护区。）
水质监测	青海省实施《水法》办法	第二十一条："县级以上人民政府水行政管理部门应当做好河流、湖泊、水库、渠道的水量水质监测。"
	海北藏族自治州水资源管理条例	第二十九条（水行政主管部门应当对水功能区的水质状况进行监测。）

基本内容	文献名称	条　　款
水工程的管理和保护	青海省实施《水法》办法	第十三条（水工程建设必须符合流域综合规划。） 第十七条："县级以上人民政府应当依法划定河道和水工程的管理和保护范围。禁止在河道管理范围内建设妨碍行洪的建筑物、构筑物以及从事影响河势稳定、危害河岸堤防安全和其他妨碍河道行洪的活动。" 第二十三条："任何单位和个人不得侵占或者毁坏防汛、水文监测、水文地质和环境监测等工程设施，不得侵占或者毁坏水工程和水工程管理范围内的堤防、护岸、护堤护岸林木及其他附着物。"
河道管理	青海省实施《水法》办法	第十八条（在河道管理范围内采砂，应当向县级以上人民政府水行政管理部门申办采砂许可证。）
	青海省河道管理实施办法	第四条（全省河道实行按水系统一管理和分级管理相结合的原则。） 第二十七条："未经河道管理单位批准或不按批准的范围和作业方式在河道内采挖砂石、取土、淘金的，县级以上水行政主管部门除责令其停止违法行为、采取补救措施、吊销许可证外，可以并处警告，没收非法所得和一千元以下罚款。"
	青海省河道采砂收费管理实施细则	全文
水资源配置	青海省实施《水法》办法	第三十四条（用水实行总量控制和定额管理相结合的制度。）
水事纠纷处理	青海省实施《水法》办法	第四十一条（协商解决或者水行政管理部门调解，也可以直接向人民法院提起民事诉讼。）
供水管理	青海省农村牧区人畜饮水工程运行管理办法（试行）	第十四条（供水工程实行计划供水，计量用水，有偿供水，超计划用水累进加价收费的原则。）

基本内容	文献名称	条　款
取水许可制度	青海省取水许可和水资源费征收管理办法	第十条（取水许可实行分级审批。） 第二十七条："县级以上人民政府水行政主管部门应当及时向上一级水行政主管部门报送本行政区域内上一年度取水许可证核发情况。"
	西宁市水资源管理办法	第十九条（取水许可实行限额管理。）
有偿使用制度	青海省取水许可和水资源费征收管理办法	第二条："在本省境内利用取水工程或者设施直接从江河、湖泊、地下取用水资源的单位和个人，除本办法第四条规定的情形外，都应当按照《条例》和本办法的规定申请领取取水许可证，并缴纳水资源费。"
节约用水制度	青海省实施《水法》办法	第五条："各级人民政府应当加强宣传教育，在全社会树立并增强保护水资源和节约用水的意识。" 第七条："任何单位和个人都有保护水资源、水工程和节约用水的义务，并有权制止、控告和检举违反水法和本办法的行为。"
	西宁市节约用水条例	第三条（节约用水坚持开源与节流相结合、节流优先的方针，遵循统筹规划、综合利用、总量控制、定额管理的原则。）

六、其他生态保护

中华水塔、江河之源——三江源位于我国的青藏高原，这里是中国面积最大、海拔最高的天然湿地和生物多样性分布区之一，是我国最主要的水源地和全国生态安全的重要屏障。三江源自然保护区已经在青海正式启动。虽然没有一部专门的三江源自然保护区立法，青海省出台了青海省《森林和野生动物类型自然保护区管理办法》实施细则、三江源生态补偿机制试行办法、青海省三江源生态移民工程土地购置专项资金监督管理办法等多部立法，加强对三江源自然保护区的环境和生态保护。具体内容详见表14-20：

表 14-20　渤海管理三江源自然保护区相关地方规章文献简表

序号	法规名称	发布机关	通过时间	文献编号	生效时间	当前效力
1	青海省《森林和野生动物类型自然保护区管理办法》实施细则	1994 年 12 月 21 日青海省人民政府第 12 次常务会议通过	1994 年 12 月 21 日	青海省人民政府令第十六号	1994 年 12 月 29 日	有效
2	青海省人民政府关于批准建立青海大通北川河源区和青海诺木洪省级自然保护区的通知	青海省人民政府	2005 年 10 月 16 日	青政[2005]58 号	2005 年 10 月 16 日	有效
3	青海省人民政府关于建立青海祁连山省级自然保护区的通知	青海省人民政府	2005 年 12 月 30 日	青政[2005]84 号	2005 年 12 月 30 日	有效
4	青海省三江源国家级自然保护区功能区调整工作方案	青海省政府	2007 年 4 月 19 日	青政办[2007]50 号	2007 年 4 月 19 日	有效
5	青海省人民政府办公厅关于青海湖景区范围界定的通知	青海省政府	2007 年 12 月 12 日	青政办[2007]186 号	2007 年 12 月 12 日	有效
6	青海省人民政府关于进一步实施好三江源自然保护区生态保护和建设工程的若干意见	青海省人民政府	2009 年 4 月 20 日	青政[2009]19 号	2009 年 4 月 20 日	有效
7	青海省人民政府关于探索建立三江源生态补偿机制的若干意见	青海省人民政府	2010 年 10 月 10 日	青政[2010]90 号	2010 年 10 月 10 日	有效

序号	法规名称	发布机关	通过时间	文献编号	生效时间	当前效力
8	三江源生态补偿机制试行办法	青海省人民政府	2010年10月28日	青政办〔2010〕238号	2010年10月28日	有效
9	黄南藏族自治州人民政府办公室关于实行黄南州三江源生态保护和建设项目责任制的通知	黄南藏族自治州人民政府	2008年4月8日	黄政办〔2008〕18号	2008年4月8日	有效
10	青海省三江源生态移民工程土地购置专项资金监督管理办法	青海省黄南藏族自治州人民政府	2007年6月20日	黄政办〔2007〕50号	2007年6月20日	有效

以下以《三江源生态补偿机制试行办法》为例,对三江源地区生态保护法律法规的内容做梳理。具体内容详见表14-21:

表 14-21 渤海管理三江源自然保护区地方立法内容简表

管理事务	立法文献	条 款
生态补偿的原则	三江源生态补偿机制试行办法	第四条（现阶段重点突出减人减畜、农牧民培训创业和教育发展等方面的补偿。）
补偿项目及具体补偿政策	三江源生态补偿机制试行办法	第五条（建立草畜平衡补偿政策。） 第七条（支持推进草场资源流转改革。） 第八条（实行牧民生产性补贴政策。） 第九条（建立农牧民基本生活燃料费补助政策。） 第十四条（建立生态环境日常监测经费保障机制。） 第十五条（提高生态管护机构运转水平。）
补偿的资金来源及补偿方式	三江源生态补偿机制试行办法	第二十二条（生态补偿资金的来源。）
补偿资金的使用及监督管理	三江源生态补偿机制试行办法	第二十五条（生态补偿资金实行专户管理。）

第四节　渤海管理手段类青海省立法文献

目前青海省有关的手段类立法主要有《青海省征收超标排污费若干问题的暂行规定》、《青海省河道采砂收费管理实施细则》、《青海省环境污染损害赔偿纠纷调处办法》、《青海省〈森林植被恢复费征收使用管理暂行办法〉实施细则》、《青海省草原使用权流转办法》、《青海省水资源费征收管理暂行办法》等。具体内容详见表 14-22、表 14-23：

表 14-22　渤海管理手段类青海省地方立法文献简表

序号	法规名称	发布机关	通过时间	文献编号	生效时间	当前效力
1	青海省征收超标排污费若干问题的暂行规定	不详	不详	青政[1988]65号	不详	2003年9月28日青海省人民政府关于废止《青海省征收超标排污费若干问题的暂行规定》和《青海省污染源治理专项基金有偿使用实施办法》的通知废止
2	青海省河道采砂收费管理实施细则	不详	不详	不详	1992年6月1日	有效

表 14-23　渤海管理手段类青海省地方政府规章简表

序号	规章名称	发布机关	通过时间	文献编号	生效时间	当前效力
1	青海省环境污染损害赔偿纠纷调处办法	青海省人民政府	1992年6月22日	青海省人民政府第13号令	1992年7月1日	有效

序号	规章名称	发布机关	通过时间	文献编号	生效时间	当前效力
2	青海省《森林植被恢复费征收使用管理暂行办法》实施细则	青海省人民政府办公厅	2004 年 3 月 12 日	青政办[2004]48 号	2003 年 1 月 1 日	本法规第五条已被《青海省人民政府办公厅关于修订〈青海省森林植被恢复费征收使用管理暂行实施细则〉的通知》修订
3	青海省人民政府办公厅关于修订《青海省森林植被恢复费征收使用管理暂行办法实施细则》的通知	青海省人民政府	2006 年 7 月 13 日	青政办[2006]97 号	2006 年 7 月 13 日	有效
4	青海省巩固退耕还林成果专项资金使用和管理实施细则	青海省政府	2009 年 6 月 30 日	青政办[2009]119 号	2009 年 6 月 30 日	有效
5	青海省草原使用权流转办法	青海省人民政府	2001 年 8 月 16 日	青海省人民政府令第 21 号	2001 年 8 月 16 日	有效
6	青海省国有土地使用权租赁办法	青海省人民政府	2005 年 4 月 29 日	青海省人民政府令第 47 号	2005 年 4 月 1 日	有效
7	青海省农田（草原）水利基本建设劳工积累工制度实施办法	青海省人民政府	1990 年 3 月 12 日	青政（1990）33 号	1990 年 3 月 12 日	有效

序号	规章名称	发布机关	通过时间	文献编号	生效时间	当前效力
8	青海省城镇土地使用税实施细则	青海省人民政府第66次常务会议审议通过	2007年6月29日	青海省人民政府令第59号	2007年7月8日	有效
9	青海省耕地占用税实施办法	青海省人民政府第47次常务会议审议通过	2009年9月24日	青海省人民政府令第71号	2009年10月29日	有效
10	青海省水资源费征收管理暂行办法	青海省人民政府	1995年9月6日	青海省人民政府令第20号	1995年10月1日	本法已被《青海省取水许可和水资源费征收管理办法》废止
11	青海省水政监察工作实施细则（试行）	青海省人民政府	1997年11月12日	青政办[1997]149号	1997年11月12日	有效

　　青海省有关渤海管理相关手段类立法主要包括税费措施、公众参与、争议处理手段以及环境影响评价等方面,以下将从这几个方面对此类立法文献的内容作梳理。具体内容详见表14-24:

表14-24　渤海管理手段类青海省地方立法内容简表

管理事务	文献名称	条　　款
税费措施	青海省河道采砂收费管理实施细则	第七条(缴纳保证金。) 第八条(缴纳河道采砂管理费。) 第十二条(收费标准及征收单位。) 第十三条(逾期不缴纳管理费者的责任。) 第十四条(征收的河道管理费的使用情况。)

管理事务	文献名称	条　　款
税费措施	青海省水资源费征收管理暂行办法	第二条（需要缴费的单位和个人。） 第五条（水资源费的分级征收。） 第六条（水资源费的计征依据。） 第七条（水资源费的征收标准。） 第八条（按季征收。） 第十四条（水资源费的上缴。） 第十五条（水资源费的性质及使用管理。）
	青海省《森林植被恢复费征收使用管理暂行办法》实施细则	第二条（森林植被恢复费的属性及管理。） 第四条（需要缴纳森林植被恢复费的单位及个人。） 第六条（预收森林植被恢复费。） 第八条（征收标准。） 第三章（部门征收的恢复费的上交。） 第四章（森林植被恢复费的使用管理。）
	青海省城镇土地使用税实施细则	第二条（需要缴费的单位和个人。） 第三条（计税依据。） 第四条（征收单位。） 第五条（税额幅度。） 第七条（免缴土地使用税的情况。）
	青海省耕地占用税实施办法	第二条（耕地占用数的纳税人。） 第三条（计税依据。） 第四条（耕地占用税的税额。） 第八条（免征耕地占用税的情况。） 第九条（减征耕地占用税的情况。）
公众参与	青海省实施《环境保护法》办法	第三条（普及环境教育，提高公民环保意识。） 第五条（一切单位和个人都有环保义务；并有监督、制止、检举和控告的权利。）
	青海省地质环境保护办法	第五条："鼓励单位和个人捐助、投资地质环境保护和地质灾害防治。任何单位和个人有保护地质环境的义务，有权制止和举报破坏地质环境、引发地质灾害的行为。"
	西宁市环境保护条例	第六条："本市各级人民政府应当组织开展全民环境保护教育，提高全社会环境保护意识。"

管理事务	文献名称	条　款
公众参与	西宁市城市市容和环境卫生管理条例	第七条："鼓励单位、组织和个人投资建设城市环境卫生设施以及从事城市环境卫生服务业。" 第八条："一切单位和个人都应当维护市容和环境卫生。"
	青海湖流域生态环境保护条例	第五条："支持单位和个人从事青海湖流域生态环境保护和建设。" 第六条："增强全社会的生态环境保护意识。" 第七条："一切单位和个人都有保护青海湖流域生态环境的责任。"
	青海省农业环境保护办法	第五条："任何单位和个人都有保护农业环境的义务。"
环境影响评价	青海省地质环境保护办法	第二十七条："在地质灾害易发区内进行工程建设应当在可行性研究阶段进行地质灾害危险性评估。" 第三十条："工程建设、矿山开采应当按照地质灾害危险性评估要求。"
	青海湖流域生态环境保护条例	第二十九条："青海湖流域的建设项目必须依照环境影响评价法的规定，先评价后建设。"
	青海省实施《环境保护法》办法	第十五条："开发利用土地、矿产、森林、草原、野生动植物以及水等自然资源，必须按照有关规定进行环境影响评价。" 第十六条："建设影响和污染环境的项目，必须执行国家有关建设项目环境保护管理的规定，坚持先评价后建设的原则。"
	青海省农业环境保护办法	第十一条："对农业环境有直接污染的建设项目，其环境影响报告书中应有农业环境影响专题。"
	西宁市环境保护条例	第十二条："市和区、县人民政府及其有关部门应当进行环境影响评价。" 第十五条："建设单位应当按照国家建设项目环境影响评价分类管理规定组织编制环境影响评价文件。"

管理事务	文献名称	条　款
争议处理程序	青海省环境污染损害赔偿纠纷调处办法	第四条（因损害赔偿发生纠纷的受理单位。） 第十三条："造成环境污染损害的单位，有责任排除危害，并对直接受到损害的单位或个人赔偿损失。" 第十四条（污染损害责任的区分及免除。） 第十五条（赔偿纠纷的处理期限。）
	青海省农业环境保护办法	第二十八条："违反本办法其他规定，造成农业环境污染和生态破坏的，由有关部门按照职责分工，依据有关法律、法规的规定处罚。"
	青海省水资源费征收管理暂行办法	第十九条："缴费单位对水行政主管部门的收费通知有异议的，可在五日内向水行政主管部门申请复核。复核及行政复议期间，不停止收费决定的执行。" 第二十条（当事人对行政处罚决定不服的，可依法申请行政复议或提起诉讼。）

第十五章　渤海管理吉林省立法文献研究

吉林省位于中国东北地区的中部,北接黑龙江省,南接辽宁省,与渤海隔辽宁省相望。一条辽河将吉林省与渤海紧密地联系在一起。显而易见,研究吉林省的环境与资源保护立法文献对于渤海管理以及推动渤海立法工作有着重要的作用。本章将通过研究吉林省与渤海管理相关的环境与资源保护立法文献,试图对渤海管理的相关立法工作提供借鉴与帮助。这些立法文献主要分为以下几个方面:污染防治立法文献、生态保护立法文献以及相关的程序性立法文献。本章通过三节内容对吉林省相关立法文献进行梳理。

第一节　渤海污染防治吉林省立法文献

渤海的污染防治重点和难点之处在于水污染防治,而水污染的防治重点又在于注入渤海各河流流域的水污染防治。吉林省位于辽河水系东辽河的上游,属于渤海水污染防治的重中之重。因而,吉林省的水污染防治对于渤海的污染防治有着极其重要的作用。与渤海污染防治相关的吉林省水污染防治的立法主要有《吉林省松花江流域水污染防治条例》《吉林省东辽河流域水污染防治办法》《吉林市松花湖水污染防治办法》《吉林省城市供水水质卫生管理办法》《吉林市城市饮用水二次供水水质卫生管理办法》。具体内容详见表 15-1:

表 15-1　渤海污染防治吉林省立法文献简表

序号	文献名称	发布机关	通过时间	文献编号	生效时间	当前效力
1	吉林省松花江流域水污染防治条例	吉林省第十一届人大常委会第三次会议通过	2008 年 5 月 29 日	不详	2008 年 8 月 1 日	有效
2	吉林省东辽河流域水污染防治办法	吉林省人民政府第六十三次常务会议通过	1997 年 12 月 24 日	吉林省人民政府令 1997 年第 87 号	1997 年 12 月 31 日	有效
3	吉林市松花湖水污染防治办法	吉林市人民政府第十次常务会议讨论通过	1998 年 10 月 23 日	吉林省吉林市人民政府令第 107 号	1999 年 1 月 1 日	有效
4	吉林省城市供水水质卫生管理办法	吉林省人民政府第二十一次常务会议通过	1994 年 9 月 19 日	吉林省人民政府令第 24 号	1994 年 9 月 23 日	1997 年 12 月 26 日吉林省人民政府令 1997 年 85 号修改
5	吉林市城市饮用水二次供水水质卫生管理办法	吉林市人民政府	1995 年 9 月 8 日	吉林省吉林市人民政府令第 76 号	1995 年 9 月 8 日	有效

　　以下将从水污染防治和城市供水水质两方面对渤海管理污染防治吉林省立法文献进行内容简表。有关手段类立法文献将在本章第四节进行阐述,在此不再赘述。

一、水污染防治

　　吉林省水污染防治的立法文献主要有三个,即《吉林省松花江流域水污染防治条例》《吉林省东辽河流域水污染防治办法》《吉林市松花湖水污染防治办法》。这些立法文献明确了水污染防治的管理体制和一些主要的法律制度:吉林省水污染防治实行县级以上地方人民政府环境保护行政主管部门统一监督管理的体制，流域内水环境保护目标责任制和考核评价制度为这一管理体制提供了保障。水污染防治规划与监管制度，饮用水水源保护，水污染的预防与治理具体措施为防治水污染提供了法律保障。具体内容详见表 15-2：

表 15-2　渤海水污染防治吉林省地方立法内容简表

基本内容	文献名称	条　款
水环境保护目标责任制和考核评价制度	吉林省松花江流域水污染防治条例	第三条："流域内实行水环境保护目标责任制和考核评价制度。省、市（州、长白山管委会）人民政府应当将饮用水水源地、重点河段的水质目标、总量控制指标完成情况和跨市、县行政区域交界处河流断面水质状况纳入水环境保护目标责任制，对下级人民政府及其主要负责人进行年度和任期考核，并向社会公布考核结果。"
	吉林省东辽河流域水污染防治办法	第六条："四平市、辽源市（以下简称两市）人民政府对本行政区域的东辽河流域水环境质量负责，必须采取措施确保水污染防治目标的实现。""两市人民政府应当将东辽河流域水污染治理任务分解到有关县（市、区），签订目标责任书，限期完成。"
水污染防治规划与监督管理	吉林省松花江流域水污染防治条例	第八条："省人民政府环境保护行政主管部门会同水行政管理部门，根据国家确定的重要江河、湖泊的流域水污染防治规划，编制松花江流域水污染防治规划，报省人民政府批准并报国务院备案。" 第九条："流域县级以上地方人民政府应当依据城乡规划和水污染防治规划，组织编制城镇污水处理设施建设规划。"
	吉林省东辽河流域水污染防治办法	第十条："东辽河流域的市、县人民政府应当根据省东辽河流域水污染防治规划和排污总量控制计划，组织制定本行政区域内的相应规划，并纳入本行政区域的国民经济和社会发展中长期规划和年度计划。"
	吉林市松花湖水污染防治办法	第四条："各级人民政府环境保护行政主管部门对本辖区松花湖水污染防治工作实施统一监督管理。"

基本内容	文献名称	条　　款
环境影响评价	吉林省松花江流域水污染防治条例	第十条："直接或者间接向水体排放污染物的建设项目和其他水上设施的环境影响评价文件，应当依据国家和省的有关规定经环境保护行政主管部门批准。未经批准的，该项目审批部门不得批准建设，建设单位不得开工建设。"
	吉林市松花湖水污染防治办法	第十三条："新建、扩建、改建直接或者间接向松花湖及入湖各支流排放污染物的建设项目和水上设施，应进行环境影响评价。"
"三同时"制度	吉林省松花江流域水污染防治条例	第十一条："建设项目的水污染防治设施，必须与主体工程同时设计、同时施工、同时投产使用。水污染防治设施应当经过环境保护行政主管部门验收，经验收不合格的，该建设项目不得投入生产或者使用。"
	吉林市松花湖水污染防治办法	第十三条："建设项目中防治水污染的设施，应与主体工程同时设计，同时施工，同时投入使用。"
排污费制度	吉林省松花江流域水污染防治条例	第二十条："直接向水体排放污染物的企业事业单位和个体工商户，应当按照排放水污染物的种类、数量和排污费征收标准缴纳排污费。"
	吉林市松花湖水污染防治办法	第十四条："向松花湖及入湖各支流排放水污染物的一切单位和个人，应按照国家及省的有关规定缴纳排污费。"
饮用水水源保护	吉林省松花江流域水污染防治条例	第二十三条："禁止在饮用水水源保护区内设置排污口。""禁止在饮用水水源一级保护区内新建、改建、扩建与供水设施和保护水源无关的建设项目。已建成的与供水设施和保护水源无关的建设项目，由县级以上地方人民政府责令拆除或者关闭。"
突发水污染事件应急预案制度	吉林省松花江流域水污染防治条例	第四十条："流域县级以上地方人民政府环境保护行政主管部门应当组织制定流域水环境污染突发事件应急预案，报同级人民政府批准，并报上级人民政府环境保护行政主管部门备案。"

基本内容	文献名称	条　款
突发水污染事件应急预案制度	吉林省东辽河流域水污染防治办法	第十五条："东辽河流域发生水污染事故时，造成污染事故的排污单位必须及时向当地环境保护行政主管部门报告；对较严重的水污染事故，环境保护行政主管部门应当在接到事故报告时起２４小时内，向同级人民政府、上一级环境保护行政主管部门报告，并向下游的环境保护行政主管部门、同级水行政主管部门通报；对重大水污染事故，环境保护行政主管部门除向当地人民政府报告外，还必须直接向领导小组办公室报告。造成污染事故的单位以及当地人民政府都应当采取应急措施，消除或者减轻污染事故造成的危害。"

二、城市供水水质保护

吉林省有关城市供水水质保护的立法文献主要是《吉林省城市供水水质卫生管理办法》，另外还有《吉林市城市饮用水二次供水水质卫生管理办法》。这两部立法文献从水源地水质卫生管理，供水设施、设备水质卫生管理，供水水质检测管理，供水水质卫生监督等方面对城市供水水质的保障进行了全面的规定。具体内容详见表 15-3：

表 15-3　渤海城市供水水质吉林省地方立法内容简表

基本内容	文献名称	条　款
水源地水质卫生管理	吉林省城市供水水质卫生管理办法	第六条："水源地建成后，环境保护部门应当会同水利、地质矿产、卫生、建设等部门共同确定水源地卫生保护区域，报当地人民政府批准后实施。"
供水设施、设备水质卫生管理	吉林省城市供水水质卫生管理办法	第十二条："净水厂内的各种管沟必须定期清扫，保证管沟内干燥、清洁；各种阀门井室、计量井室应清掏干净，不得存有杂物和积水。"

基本内容	文献名称	条　款
供水设施、设备水质卫生管理	吉林市城市饮用水二次供水水质卫生管理办法	第六条："新建、改建、扩建的城市饮用水二次加压供水设施竣工后，产权单位应当报请卫生行政主管部门验收合格并获得《二次加压供水卫生许可证》，供水部门方可开栓供水。" 第七条："产权单位每年必须对城市饮用水二次加压供水的水池（箱）进行两次以上清洗消毒。无能力的可有偿委托供水部门清洗消毒。"
供水水质检测管理	吉林省城市供水水质卫生管理办法	第二十一条（供水单位的水质检测机构必须定点、定时、定项进行水质检测。）
	吉林市城市饮用水二次供水水质卫生管理办法	第九条："卫生行政主管部门每半年对城市饮用水二次加压供水水质进行一次卫生检验。"
供水水质卫生监督	吉林省城市供水水质卫生管理办法	第二十八条："供水单位供水前必须领取卫生许可证；未取得卫生许可证的不得供水。""卫生许可证的发放管理办法，由省卫生行政主管部门征求省建设行政主管部门意见后制定。"
供水污染事故应急	吉林省城市供水水质卫生管理办法	第三十三条："城市供水水质受到严重污染或出现其他事故，威胁供水安全时，卫生、建设行政主管部门应采取应急措施（包括停水措施），并及时报告同级人民政府，同时应向上级卫生、建设行政主管部门报告。"

第二节　渤海生态保护吉林省立法文献

一、森林保护

目前，有关森林保护的吉林省立法主要有《吉林省森林管理条例》、《吉林省集体林业管理条例》、《吉林省绿化条例》、《吉林省城市绿化管理条例》、《吉林省森林防火条例》、《吉林省公路绿化暂行规定》、《长春市森林资源管理条例》、《长春市城市绿化管理条例》、《吉林市森林资源保护条例》、《吉林市绿化管理条例》、《吉林市城镇园林绿化管理条例》、《吉林市乡村林业管理办法》。具体内容详见表 15-4：

表 15-4 渤海管理森林保护吉林省地方立法文献简表

序号	文献名称	发布机关	通过时间	文献编号	生效时间	当前效力
1	吉林省森林管理条例	吉林省第六届人大常委会第二十次会议通过	1986 年 7 月 24 日	不详	1986 年 10 月 1 日	2002 年 11 月 28 日吉林省第九届人大常委会第三十四次会议修改
2	吉林省集体林业管理条例	吉林省第九届人大常委会第十九次会议通过	2000 年 9 月 29 日	不详	2000 年 10 月 8 日	有效
3	吉林省绿化条例	吉林省第八届人大常委会第三十一次会议通过	1997 年 5 月 18 日	不详	1997 年 5 月 22 日	有效
4	吉林省城市绿化管理条例	吉林省第七届人大常委会第二十八次会议通过	1992 年 5 月 10 日	不详	1992 年 5 月 10 日	有效
5	吉林省森林防火条例	吉林省第八届人大常委会第十六次会议通过	1995 年 4 月 14 日	不详	1995 年 4 月 14 日	有效
6	吉林省公路绿化暂行规定	吉林省人民政府	1983 年 5 月 4 日	不详	1983 年 5 月 4 日	有效

序号	文献名称	发布机关	通过时间	文献编号	生效时间	当前效力
7	长春市森林资源管理条例	长春市第十届人大常委会第十九次会议审议通过，吉林省第八届人大常委会第十八次会议批准	1995年7月28日	不详	1995年9月11日	1997年9月25日长春市第十届人大常委会第三十五次会议修正，2004年6月30日长春市第十二届人大常委会第十一次会议修正
8	长春市城市绿化管理条例	吉林省长春市第十届人大常委会第十四次会议通过，吉林省第八届人大常委会第十六次会议批准	1995年1月25日	不详	1995年5月6日公布施行	1997年9月26日长春市第十届人大常委会第三十五次会议修正，2004年10月28日经长春市第十二届人大常委会第十四次会议修订
9	吉林市森林资源保护条例	吉林市第十二届人大常委会第十三次会议审议通过	1999年9月18日	不详	1999年12月29日	有效
10	吉林市绿化管理条例	吉林市第十二届人大常委会第五次会议通过	1998年7月26日	不详	1998年10月28日	2003年8月13日吉林市人大常委会修改
11	吉林市城镇园林绿化管理条例	吉林市第九届人大常委会第三十次会议通过	1987年8月28日	不详	1988年1月1日	有效
12	吉林市乡村林业管理办法	吉林市人民政府	1998年2月5日	吉林市人民政府令第103号	1998年3月1日	有效

　　吉林省有关森林保护的立法文献明显的可以分为两大类，一类是森林管理，另一类是绿化管理。以下将分这两类对吉林省森林保护立法文献制作内容简表。

（一）森林管理

　　目前吉林省森林管理的立法文献主要有《吉林省森林管理条例》、《吉林省集体林业管理条例》、《吉林省森林防火条例》、《长春市森林资源管理条例》、《吉林市森林资源保护条例》、《吉林市乡村林业管理办法》。通观这些文献，主要确定了森林所有权及其管理，森林的经营管理，森林采伐与木材运输，森林保护与植树造林等具体事项，为吉林省森林资源的合理开发与保护提供了法律保障。具体内容详见表15-5：

表 15-5　渤海森林管理吉林省地方立法内容简表

基本内容	文献名称	条　款
森林产权管理	吉林省集体林业管理条例	第七条："依法取得的森林、林木的经营权或者所有权和林地的使用权受法律保护，任何单位和个人不得侵犯。"
	长春市森林资源管理条例	第二十三条："县级以上人民政府负责对本行政区域内的森林、林木、林地登记造册，发放林权证书。""林权证书是森林、林木和林地权属的法律凭证。森林、林木、林地的所有者、使用者的合法权益受法律保护，任何单位和个人不得侵犯。" 第二十四条："依法享有森林、林木和林地的所有权或者使用权的单位和个人，有保护、管理森林资源的义务。"
	吉林市乡村林业管理办法	第九条："依法确定的乡村林业用地，所有权归乡、村农民集体所有。"
林业发展规划	吉林省森林管理条例	第九条："各级人民政府应制定本地区的林业发展长远规划。国营林业经营单位和自然保护区，应根据林业长远规划编制森林经营方案，报上级主管部门批准后实行。"
	吉林市森林资源保护条例	第七条："县级以上人民政府应制定本地区森林资源保护长远规划，划定公益林和商品林，实施森林分类保护经营，科学合理地培育、保护和开发利用森林资源。"

基本内容	文献名称	条　款
森林采伐与木材运输	吉林省森林管理条例	第四十三条："严禁滥伐、盗伐森林和林木。采伐林木必须申请采伐许可证，并按许可证规定进行采伐。农村居民采伐房前屋后个人所有的零星树木除外。" 第四十七条："从林区运出木材，必须持有林业主管部门核发的木材运输证明。否则不准运输。"
	吉林省集体林业管理条例	第十六条："林木的采伐应按计划进行，严格执行限额管理制度，禁止超限额采伐。" 第十七条："采伐林木必须到县级林业行政主管部门申请采伐许可证，并按许可证的规定进行采伐，严禁无证采伐。农村居民采伐自留地和房前屋后的树木除外。"
	长春市森林资源管理条例	第三十八条："凡采伐的木材，一律由林业行政主管部门加盖统一制发的检木号印。"
	吉林市乡村林业管理办法	第十六条："采伐林木必须持有县级林业行政管理部门核发的采伐许可证，按采伐证的规定进行采伐。"
森林防火	吉林省森林管理条例	第二十六条："每年3月至5月和9月至11月为全省森林防火戒严期，县（市）人民政府可根据本地自然条件，适当提前或延长森林防火戒严期。""在森林防火戒严期内，禁止在林区野外用火。"
	吉林省集体林业管理条例	第二十二条："乡（镇）、村和有林的单位应当建立护林防火组织，订立护林防火公约，组织群众护林，划定护林责任区，配备专职或者兼职护林员。"
	长春市森林资源管理条例	第十五条："每年的3月1日至6月15日、9月10日至11月30日为森林防火期，其中4月1日至5月15日、9月25日至10月31日为森林防火戒严期。""在森林防火期内，禁止在林区野外非生产用火，确需野外生产用火的，应当经县级以上林业行政主管部门批准。"
	吉林市乡村林业管理办法	第二十条："乡（镇）人民政府应加强对森林资源保护管理工作的领导。应建立森林防火组织，制定包保责任制。要组织扑救队伍，配置灭火机具。"

基本内容	文献名称	条　　款
森林病虫害防治	吉林省森林管理条例	第二十八条："林业主管部门负责组织开展森林病虫鼠害防治工作。森林发生病虫鼠害时，其林权所有者除向当地林业主管部门报告外，必须立即进行除治。发生大面积暴发性的森林病虫鼠害时，当地人民政府应组织各方面力量，及时除治，防止蔓延。"
	吉林省集体林业管理条例	第二十四条："提倡营造混交林，逐步改变森林生态环境，提高森林抗御自然灾害的能力。对经常发生病虫害的地区，应实施以营林措施为主，生物、化学和物理防治相结合的综合治理措施。"
	长春市森林资源管理条例	第十八条（森林病虫鼠害防治实行"预防为主，综合治理"的方针，落实"谁经营，谁防治"的责任制度。）
	吉林市乡村林业管理办法	第二十一条："林业行政管理部门应组织开展森林病虫鼠害防治工作。发生森林病虫鼠害时，林木所有者必须立即除治，同时向当地林业行政管理部门报告。"
植树造林	吉林省森林管理条例	第三十四条："各级人民政府在每年全国植树节和我省植树周期间，要广泛开展植树造林宣传教育，认真落实植树造林任务，适时组织和领导植树造林。""城乡居民和单位都要在当地人民政府的统一安排下，积极参加植树造林活动，完成植树造林任务。"
	长春市森林资源管理条例	第十条："各级人民政府应当组织各行各业和城乡居民完成植树造林规划确定的任务。各级林业行政主管部门应当为植树造林提供指导和服务。乡级人民政府应当保证一定数量的农民义务工、劳动积累工投入植树造林。"
	吉林市乡村林业管理办法	"采伐林木的集体和个人必须在采伐当年或翌年春季完成更新造林任务，并在采伐时预留苗木款。"

（二）绿化管理

吉林省有关绿化管理的立法文献主要有《吉林省绿化条例》、《吉林省城市绿化管理条例》、《吉林省公路绿化暂行规定》、《长春市城市绿化管理条例》、《吉林市绿化管理条例》、《吉林市城镇园林绿化管理条例》。这些文献规定了绿化规划、具体绿化建设措施、绿化资金管理以及绿化保护管理等制度，为吉林省绿化工作的开展提供了保障。具体内容详见表 15-6：

表 15-6　渤海森林管理吉林省地方立法内容简表

基本内容	文献名称	条　　款
绿化规划	吉林省绿化条例	第八条："县级以上人民政府应当制定城市和农村总体绿化规划，因地制宜地确定本地区提高绿化覆盖率、森林覆盖率目标，并纳入当地国民经济和社会发展规划。"
	吉林省城市绿化管理条例	第十条："城市建设行政管理部门要根据当地实际情况编制城市绿化规划。城市绿化规划要纳入城市总体规划和详细规划。"
	长春市城市绿化管理条例	第九条："市、县（市）人民政府应当组织城市规划行政主管部门和城市绿化行政主管部门，共同编制城市绿化规划，纳入城市总体规划。"
	吉林市绿化管理条例	第四条："绿化国土是各级人民政府的重要职责。各级人民政府应把绿化建设纳入国民经济和社会发展计划。"
	吉林市城镇园林绿化管理条例	第七条："城镇园林绿化详细规划，依据城市总体规划，由城市规划部门会同园林管理部门共同编制，报同级人民政府批准后，任何单位和个人不得擅自改变，确需改变时，必须按审批程序办理。"
绿化建设	吉林省绿化条例	第十四条："绿化建设实行区域分工负责制。""各责任区完成绿化的时限及年度绿化任务，由县级以上人民政府确定。各绿化责任单位和个人，必须建立包保责任制，按规定完成绿化任务。"
	吉林省城市绿化管理条例	第十二条："城市建设必须按本条例规定进行绿化建设。新建生活区的绿化用地，应不低于总用地面积的百分之三十；旧城改造区的绿化用地，应不低于总改造面积的百分之二十五；经批准的零星插建单体建筑的绿化用地，应不低于总用地面积的百分之三十。新建生活区、旧城改造区内的居民住宅区，必须按规划建立供居民游憩的公共绿地。"

基本内容	文献名称	条　款
绿化建设	长春市城市绿化管理条例	第十二条："城市绿化建设应当以栽培植物为主，实行乔木和灌木，常绿树和落叶树，树木和花草相结合；平面和垂直绿化相结合。园林建筑小品及其他设施应布局合理、建设适度。"
	吉林市绿化管理条例	第十三条："各级人民政府应建立行政领导任期绿化目标责任制、年度绿化任务完成情况考核制等制度，由各级绿化委员会组织考核，督促绿化责任单位按规定完成绿化任务。"
	吉林市城镇园林绿化管理条例	第九条："园林绿化建设要以植物造园为主，园林建筑和其他设施应安排适度。"
义务植树	吉林省绿化条例	第十六条："实行义务植树登记卡制度。""县级以上绿化委员会要对本行政区内的单位进行义务植树登记，发给义务植树卡，确定义务植树任务或者相应的义务植树劳动。"
	吉林市绿化管理条例	第二十条："开展全民义务植树运动。""凡是男 11 岁至 60 岁、女 11 岁至 55 岁的公民，除丧失劳动能力者外，每人每年均应植树 3 株至 5 株，或者完成相应劳动量的其他绿化任务。义务植树相应劳动量由市绿化委员会确定并颁布。"
绿化资金管理	吉林省绿化条例	第二十条："各级人民政府每年应当从本级财政预算中安排一定数额的绿化资金，用于当地绿化事业。" 第二十二条："依法提取的绿化资金，除财政拨款外，均纳入预算外资金管理，实行专户储存，专项用于绿化事业。绿化资金由财政部门和绿化委员会监督使用。"
	吉林省城市绿化管理条例	第十五条："新建生活区、旧城改造区和零星插建单位建筑绿化所需资金，由建设单位承担。""绿化资金列入建设的总预算，并按照建筑面积提取。其提取标准由省人民政府制定。"

基本内容	文献名称	条　款
绿化资金管理	吉林省公路绿化暂行规定	第八条："公路部门或公路部门与社队等单位合栽树木，采伐后由公路部门留足更新资金，以利再次绿化。社队或个人栽、管的路段采伐后，愿意继续栽树，必须在采伐前同公路部门签定合同，伐后翌春按标准栽植。伐后不愿再栽植的，允许抽回更新资金，公路部门同时收回绿化用地。"
	长春市城市绿化管理条例	第二十三条："各级人民政府要设立城市绿化建设专项基金，基金来源为财政拨款、捐赠款等。"
	吉林市绿化管理条例	第二十三条："绿化建设资金的来源、管理和使用，按《吉林省绿化条例》的有关规定执行。"
	吉林市城镇园林绿化管理条例	第十条："新建、扩建项目的投资中应包括绿化费用，统建住宅小区的绿化费用按上级有关规定执行。"
古树名木保护	吉林省绿化条例	第三十条："城市和农村的古树名木分别由城建、林业行政主管部门建立档案，设置标志，落实管护责任，严禁损伤或砍伐。因特殊原因确需迁移城市或农村的古树名木，应当经城建或者林业行政主管部门同意并报同级或上级人民政府批准后方可迁移。"
	吉林省城市绿化管理条例	第二十七条："禁止损伤和砍伐古树名木，禁止擅自采摘古树名木果实、种子。因特殊原因需要砍伐古树名木的，必须报县以上人民政府批准。"
	长春市城市绿化管理条例	第三十三条："任何单位和个人不得损伤和砍伐古树名木，不得擅自摘取古树名木果实、种子。因特殊原因需要砍伐古树名木的，须经城市绿化行政主管部门审核后报县以上人民政府批准。"
	吉林市绿化管理条例	第三十三条："城市和农村的古树名木分别由城建、林业行政主管部门建立档案，设置标志，落实管护责任，严禁损伤或砍伐。因特殊原因确需迁移城市或农村的古树名木的，应当经城建或林业行政主管部门同意，并报同级或上级人民政府批准。禁止擅自采摘古树名木的果实。因特殊需要采摘古树名木种子的，须经城建或者林业部门批准，并不得损坏树木。"

基本内容	文献名称	条　　款
古树名木保护	吉林市城镇园林绿化管理条例	第二十条："城镇中百年以上大树，稀有、名贵树种以及具有历史价值和纪念意义的树木为古树名木，所有权归国家，由园林管理部门负责重点保护管理，建立档案和标志，严禁砍伐、破坏。散生在各单位庭院内的，由该单位负责养护，园林管理部门负责监督和技术指导。古树名木死亡，应由养护单位写出书面报告，经园林管理部门查明情况和死亡原因，妥善处理。"

二、草原（草地）保护

目前，有关草原（草地）保护的吉林省立法只有《吉林省生态草建设管理办法》。具体内容详见表15-7：

表 15-7　渤海草原（草地）保护吉林省立法文献简表

序号	文献名称	发布机关	通过时间	文献编号	生效时间	当前效力
1	吉林省生态草建设管理办法	吉林省政府十届二十一次常务会议讨论通过	2004 年 9 月 20 日	吉林省人民政府令2004年第 168 号	2004 年 11 月 1 日	有效

这部立法文献主要是规范生态操建设和管理活动。具体内容详见表15-8：

表 15-8　渤海草原（草地）保护吉林省地方立法内容简表

基本内容	文献名称	条　　款
草原（草地）规划	吉林省生态草建设管理办法	第九条："省及生态草建设所在地的市、县级人民政府应当将生态草建设纳入国民经济和社会发展规划。" 第十条："生态草建设实行统一规划。生态草建设规划应当对治理荒漠化土地，实施生态草建设的时限、步骤、措施、植被恢复标准等作出明确规定。"

基本内容	文献名称	条　款
荒漠化治理基金制度	吉林省生态草建设管理办法	第十五条："建立省荒漠化治理基金制度。荒漠化治理基金通过政府投资、社会捐赠和认治投资等方式筹集。""荒漠化治理基金必须用于生态草建设，任何单位和个人不得截留、挪用。"
生态草地保护		第二十九条："禁止在生态草建设用地上擅自从事挖沙、取土、耕作、刮碱土、挖植物等破坏生态草建设用地植被及其建设设施的活动。"
生态草建设原则		第七条："生态草建设应当遵循以下原则：（一）统一规划、分级负责、因地制宜、分步实施；（二）坚持生态、经济、社会效益相统一，保护治理与开发利用相结合；（三）遵循自然规律，依靠科技进步；（四）国家投资与地方多渠道投入相结合，政府组织与社会各界参与相结合；（五）坚持谁治理、谁经营、谁受益。"

三、水土流失防治

水土流失防治对于保持土壤肥力，防止河流淤塞有着重要的作用，进而对于防止渤海淤积和海水富营养化有着重要的作用。目前，有关水土流失防治的吉林省立法文献主要有《吉林省水土保持条例》《长春市水土保持条例》《长春市水土保持工作管理办法》。具体内容详见表15-9：

表 15-9　渤海管理水土流失防治吉林省立法文献简表

序号	文献名称	发布机关	通过时间	文献编号	生效时间	当前效力
1	吉林省水土保持条例	吉林省第七届人大常委会第三十次会议通过	1992 年 9 月 14 日	不详	1992 年 9 月 18 日	有效
2	长春市水土保持条例	吉林省长春市第十届人大常委会第二十三次会议通过	1996 年 1 月 19 日	不详	1996 年 8 月 31 日	有效

序号	文献名称	发布机关	通过时间	文献编号	生效时间	当前效力
3	长春市水土保持工作管理办法	长春市人民政府	1989 年 6 月 2 日	不详	1989 年 6 月 2 日	有效

以上这些文献明确规定了水土流失防治规划、水土流失预防、水土流失治理、水土保持监督管理以及水土保持经费等具体的制度。具体内容详见表 15-10：

表 15-10 渤海管理水土流失防治吉林省地方立法内容简表

基本内容	文献名称	条　款
水土流失防治规划	吉林省水土保持条例	第七条："各级人民政府必须将水土保持工作列为重要职责。县级以上人民政府应当按照国家规定，组织有关部门制定水土保持规划，划定并公布水土保持的重点防护区、监督区和治理区，并将水土保持规划确定的任务，纳入国民经济和社会发展计划，安排专项资金，组织实施。"
	长春市水土保持条例	第八条："县级以上人民政府的水行政主管部门，应当在调查评价水土资源的基础上，会同有关部门编制水土保持规划。水土保持规划必须经同级人民政府批准，报上一级水行政主管部门备案。水土保持规划的修改必须经原批准机关批准。"
	长春市水土保持工作管理办法	第三条："各县（市）、乡（镇）人民政府应将水土保持工作列入国民经济年度计划。并纳入议事日程，定期研究讨论，并发动群众搞好治理维护。"
水土保持宣传	吉林省水土保持条例	第九条："各级人民政府应当重视水土保持宣传教育工作。水行政主管部门和新闻、教育、文化、出版等部门应当积极开展水土保持宣传教育，普及水土保持科学技术，增强全民水土保持意识。"
	长春市水土保持条例	第九条（各级人民政府应当积极开展水土保持宣传教育，增强全社会的水土保持意识，普及、推广水土保持科学技术和成果。)

基本内容	文献名称	条　　款
陡坡地开发	吉林省水土保持条例	第十三条（禁止开垦二十度以上的陡坡地。）
	长春市水土保持条例	第十三条："禁止开垦20度以上的陡坡地和20度以下有效土层低于10厘米的坡地。"
	长春市水土保持工作管理办法	第十三条："二十五度（含二十五度）以上的坡地、禁止开荒种植农作物。二十五度以下的坡地，未经县级以上人民政府批准，未采取水土保持措施，任何单位和个人不得开荒种地。"
植树造林种草	吉林省水土保持条例	第十一条："各级人民政府应当组织全民义务植树种草，有计划地封山育林育草，增加和保护植被。"
水土流失治理	吉林省水土保持条例	第二十条："县级以上人民政府应当根据水土保持规划，组织有关部门、单位和广大人民群众，采取植物和工程措施，有计划地对水土流失进行治理。"
	长春市水土保持条例	第二十一条："在山区、丘陵区治理水土流失，应当以小流域为单元，采取植物措施与工程措施、坡面治理与沟壑治理、田间工程与蓄水保土耕作相结合的综合措施，有计划地对水土流失进行治理。"
	长春市水土保持工作管理办法	第十七条："水土流失治理，实行'谁治理、谁管护、谁收益、允许继承'的原则。并应按照当地自然条件，以小流域为单元，全面规划，综合治理。"
水土流失防治经费	吉林省水土保持条例	第三十五条："各级人民政府应当根据水土保持规划确定的任务，多层次、多渠道筹集、安排和落实水土保持资金。" 第三十九条："水行政主管部门依法收取的水土流失补偿费，作为预算外资金，必须全部用于水土流失的防治。"
	长春市水土保持条例	第三十三条："水土流失补偿费统一由县级以上水土保持机构核收，也可以委托银行代收。""收缴水土流失补偿费，必须使用省财政部门监制的专用收费票据，专户存储，专项用于水土保持事业。任何单位和个人不得截留挪用。"
	长春市水土保持工作管理办法	第二十五条："水土保持经费从市、县（市）区小型农田水利补助费中划拨，比例为10%—20%，水土保持经费专款专用，不得挪作他用。"

基本内容	文献名称	条　　款
水土保持监督	吉林省水土保持条例	第二十八条："县级以上人民政府水行政主管部门行使水土保持监督管理职能；各级水行政主管部门的水土保持机构及其水土保持监察员，在授权范围内依法实施水土保持监察。"
	长春市水土保持条例	第二十八条："县级以上人民政府水行政主管部门行使水土保持监督管理职能；水行政主管部门的水土保持管理机构及其水土保持监察员，在授权范围内依法实施水土保持监察。"

四、湿地保护

湿地，被称为"地球之肾"，湿地保护对于渤海的保护有着重要的意义。目前有关湿地保护的吉林省立法文献主要有《吉林省湿地保护条例》、《长春市波罗湖湿地保护若干规定》。具体内容详见表15-11：

表 15-11　渤海管理湿地保护吉林省地方立法文献简表

序号	文献名称	发布机关	通过时间	文献编号	生效时间	当前效力
1	吉林省湿地保护条例	吉林省第十一届人大常委会第二十二次会议通过	2010 年 11 月 26 日	不详	2011 年 3 月 1 日	有效
2	长春市波罗湖湿地保护若干规定	长春市第十二届人大常委会第二十九次会议通过	2006 年 10 月 27 日	不详	2007 年 1 月 1 日	有效

吉林省的湿地保护实行综合协调、分部门实施的保护管理体制，上述文献还明确规定了湿地保护规划、湿地保护宣传教育、湿地自然保护区与湿地公园、湿地保护监督管理以及许多具体的湿地保护措施。具体内容详见表15-12：

表 15-12　渤海管理湿地保护吉林省地方立法内容简表

基本内容	文献名称	条　款
湿地保护管理体制	吉林省湿地保护条例	第五条："县级以上人民政府林业主管部门是湿地保护管理的主管部门，负责本行政区域内湿地保护的组织、协调、指导和监督管理工作。""湿地保护实行综合协调、分部门实施的保护管理体制。"
	长春市波罗湖湿地保护若干规定	第五条（湿地保护管理机构对湿地实行统一管理。）
湿地保护宣传教育	吉林省湿地保护条例	第七条："县级以上人民政府应当加强湿地保护的宣传教育工作，增强公民的保护意识，对在湿地保护工作中做出突出贡献的单位和个人给予表彰和奖励。"
湿地自然保护区与湿地公园	吉林省湿地保护条例	第二十七条："对尚不具备条件建立湿地自然保护区和湿地公园的，所在地县级以上人民政府湿地保护主管部门及相关部门可以建立湿地保护小区或者野生动植物栖息地，具体管理参照自然保护区有关规定执行。"
湿地保护监督管理	吉林省湿地保护条例	第十五条："县级以上人民政府应当定期对湿地保护规划的实施情况进行监督检查，指导相关部门做好湿地保护工作。"
湿地保护规划	吉林省湿地保护条例	第九条："县级以上人民政府应当将湿地保护工作纳入当地国民经济和社会发展规划，并制定与土地利用总体规划、城乡规划、水资源规划、环境保护规划相衔接的湿地保护规划。"
	长春市波罗湖湿地保护若干规定	第四条："湿地保护与利用总体规划，经市人民政府批准后实施。"
湿地保护资金	长春市波罗湖湿地保护若干规定	第六条："市、农安县人民政府应当将湿地保护纳入国民经济和社会发展规划，建立湿地保护专项资金。"

五、水资源调节

目前有关水资源调节的吉林省立法文献主要有《吉林省农村水利管理条例》、《吉林省城市节约用水管理办法》、《吉林省饮用天然矿泉水资源管理办法》、《吉林省城市供水管理办法》、《长春市城市供水管理办法》、《长春市城市节约用水管理条例》、《长春市水资源管理条例》、《长春市城市供水条例》、《长春市城市二次供水设施管理办法》、《吉林市市政供水管理条例》、《吉林市水资源管理条例》、《吉林市城市水资源管理暂行规定》。此外还有程序性立法《吉林省取水许可管理办法》、《吉林省取水许可制度实施细则》。具体内容详见表15-13：

表 15-13　渤海管理水资源调节吉林省地方立法文献简表

序号	文献名称	发布机关	通过时间	文献编号	生效时间	当前效力
1	吉林省农村水利管理条例	吉林省第八届人大常委会第二十次会议通过	1995 年 10 月 14 日	不详	1995 年 10 月 14 日	有效
2	吉林省饮用天然矿泉水资源管理办法	吉林省人民政府第48次常务会议通过	1996 年 9 月 28 日	不详	1996 年 10 月 14 日	有效
3	吉林省城市供水管理办法	吉林省人民政府第3次常务会议通过	1998 年 3 月 31 日	不详	1998 年 4 月 13 日	有效
4	长春市城市供水管理办法	长春市人民政府第二十次常务会议讨论通过	1984 年 8 月 13 日	不详	1984 年 8 月 13 日	有效

序号	文献名称	发布机关	通过时间	文献编号	生效时间	当前效力
5	长春市城市节约用水管理条例	吉林省长春市第十届人大常委会第八次会议通过	1994 年 4 月 9 日	不详	1994 年 4 月 29 日	2001 年 12 月 13 日长春市第十一届人大常委会第二十八次会议修正
6	长春市水资源管理条例	长春市第十一届人大第十六次会议通过	2000 年 2 月 23 日	不详	2000 年 6 月 8 日	2004 年 6 月 30 日长春市第十二届人大常委会第十一次会议修正
7	长春市城市供水条例	长春市第十二届人大常委会第十九次会议审议通过	2005 年 6 月 24 日	不详	2005 年 9 月 1 日	有效
8	吉林市市政供水管理条例	吉林市第十一届人大常委会第五次会议通过	1993 年 9 月 23 日	不详	1994 年 1 月 1 日	有效
9	吉林市水资源管理条例	吉林市第十一届人大常委会第二十七次会议通过	1996 年 11 月 20 日	不详	1997 年 4 月 22 日	有效
10	吉林市城市水资源管理暂行规定	吉林省吉林市人民政府	1985 年 1 月 26 日	不详	1985 年 1 月 26 日	有效

　　从上述简表可以看出吉林省有关水资源调节的立法文献主要分为三大类：水资源管理、节约用水和城市供水。下面将从这三个方面对吉林省的水资源调节立法制作内容简表。

（一）水资源管理

吉林省水资源管理立法有《吉林省农村水利管理条例》、《吉林省饮用天然矿泉水资源管理办法》、《长春市水资源管理条例》、《吉林市水资源管理条例》、《吉林市城市水资源管理暂行规定》。从这些法律文献中可以看出，吉林省水资源管理坚持统筹兼顾、综合利用、开发与保护并重的原则，并且这些法律明确规定了水资源开发利用和保护规划、取水管理、用水管理、水资源保护监督检查等具体制度。具体内容详见表15-14：

表 15-14 渤海水资源管理吉林省地方立法内容简表

基本内容	文献名称	条　款
水资源管理体制	长春市水资源管理条例	第四条："水资源管理坚持统筹兼顾、综合利用、开发与保护并重的原则，讲求经济效益、社会效益、环境效益，实行统一规划、统一调度、统一发放取水许可证、统一管理水量水质、统一征收水资源费的管理制度。"
	吉林市水资源管理条例	第四条："市、县（市）、区水行政主管部门按照规定的权限和职责分工，负责水资源的管理和监督工作。"
	吉林市城市水资源管理暂行规定	第三条（城市用水由市建委负责管理。）
	吉林省饮用天然矿泉水资源管理办法	第四条："省人民政府地质矿产行政主管部门负责全省矿泉水的勘查评价、鉴定、开发利用和保护的统一监督管理工作。市（州）、县（市、区）人民政府地质矿产行政主管部门负责本行政区域内矿泉水开发利用的监督管理工作。"
	吉林省农村水利管理条例	第七条："各级人民政府应当加强对农村水利工作的领导，实行领导责任制，组织有关部门，动员社会力量，采取有效的组织形式和措施，推动农村水利事业的发展。"
水资源管理规划	长春市水资源管理条例	第六条："市、县（市）、双阳区人民政府应当制定水资源开发利用和保护规划，节约用水规划，水中长期供求计划，并纳入国民经济和社会发展计划。"

基本内容	文献名称	条　　款
水资源开发利用与保护	长春市水资源管理条例	第八条："开发利用和保护水资源，应当按照水资源开发利用和保护规划进行。"
	吉林市水资源管理条例	第六条（开发利用和保护水资源，坚持地表水与地下水统筹考虑的原则，满足经济和社会生活基本需要，实行总量控制与定额管理相结合。）
地下水开发利用与保护	长春市水资源管理条例	第十三条："开发利用地下水时，应当按照取水层位分层取水，严密封闭超污染指标的含水层，防止串层水质污染。造成串层水质污染的，由取水的单位或者个人负责修复。"
	吉林市水资源管理条例	第八条："开发利用地下水，应当按照维持采补平衡的原则，依据核定的取水量开采地下水，不得超采。"
	吉林市城市水资源管理暂行规定	第九条："水资源管理部门要搞好城市水文地质的勘探工作，建立水文地质资料档案，为合理开发地下水提供依据。"
取水管理	长春市水资源管理条例	第十四条："利用水工程或者机械提水设施直接从地下或者江河、湖泊取水的单位和个人（以下简称取水人），应当依法向水行政主管部门提出取水许可申请。法律、法规另有规定的除外。"
	吉林市水资源管理条例	第十三条："市、县（市）水行政主管部门应当会同有关部门根据水中长期供求规划、总体取水计划和取水计划申请，编制年度取水计划，报本级人民政府批准后执行。"
用水管理	长春市水资源管理条例	第十九条："市水行政主管部门应当根据水中长期供求计划、下一年度水源供需预测、节约用水规划，确定全市下一年度的取水控制总量，并下达各地区年度取水计划。"
水资源保护监督检查	长春市水资源管理条例	第三十条："水行政主管部门应当定期对本行政区域内水资源开发利用和保护规划、节约用水规划等执行情况进行检查和监督。"
水资源费	长春市水资源管理条例	第二十八条："取水人应当依法缴纳水资源费。""水资源费的征收、使用和管理办法，按国家和省人民政府的有关规定执行。"
	吉林市水资源管理条例	二十五条（取水人应缴纳水资源费。）

基本内容	文献名称	条　款
水资源费	吉林市城市水资源管理暂行规定	第十八条："对自备取水设施的单位收取水资源费。收费标准由市物价部门核定。"
	吉林省农村水利管理条例	第二十七条："县级以上人民政府水行政主管部门的农村水利管理机构每年从农村水利工程应收水费中提取管理费。提取管理费的比例、用途，按有关规定执行。"

（二）城市节约用水

目前有关城市节约用水的吉林省立法文献主要有《吉林省城市节约用水管理办法》、《长春市城市节约用水管理条例》两部。具体内容详见表 15-15：

表 15-15　渤海管理节约用水吉林省地方立法内容简表

基本内容	文献名称	条　款
节约用水规划	吉林省城市节约用水管理办法	第七条："城市人民政府应当在制定城市供水发展规划同时，制定节约用水发展规划。"
	长春市城市节约用水管理条例	第三条："市人民政府应当加强对城市节约用水工作的领导，把节约用水纳入国民经济和社会发展计划。"
节约用水宣传教育	吉林省城市节约用水管理办法	第四条："城市人民政府应当鼓励城市节约用水科学技术的研究和开发，推广先进节水技术，开展节约用水的宣传。"
	长春市城市节约用水管理条例	第五条："市、区、乡（镇）人民政府和各用水单位，应当搞好节约用水宣传教育，提高市民的节约用水意识。任何单位和个人对浪费用水的行为都有权监督和举报。"
节约用水技术鼓励	吉林省城市节约用水管理办法	第四条："城市人民政府应当鼓励城市节约用水科学技术的研究和开发，推广先进节水技术，开展节约用水的宣传。"

基本内容	文献名称	条　　款
节约用水技术鼓励	长春市城市节约用水管理条例	第六条："市人民政府应当鼓励节约用水设施、设备、器具的研究和开发，提高节约用水科学技术水平。"
计划用水	吉林省城市节约用水管理办法	第十一条："城市建设行政主管部门根据水资源统筹规划和长期供求计划制定城市年度用水计划，并下达执行。""用水单位必须按照下达的年度用水计划用水。超计划用水的，应在规定的期限内按其超计划水量缴纳超计划加价水费。"
	长春市城市节约用水管理条例	第四条："我市实行计划用水，厉行节约用水。""凡在城市规划区内使用市政供水和自建设施供水的用水单位和个人，都有实行计划用水和节约用水的义务。"
节水设施	吉林省城市节约用水管理办法	"用水单位应当保持节约用水设施的正常运行。"第十七条："凡新建、扩建、改建工程的用水单位，应当采用国家和省确定的定型节水器具；仍使用属应淘汰的非节水器具的其他用水单位，也应当逐步进行更换。"
	长春市城市节约用水管理条例	第二十条："新建、扩建、改建的工程项目，必须选择配套的节约用水设施，并与主体工程同时设计、同时施工、同时投入使用。节约用水设施竣工后，必须经市节约用水管理部门验收合格，方可投入使用。"
水资源循环利用	吉林省城市节约用水管理办法	第十五条："有条件的用水单位应当采取循环用水、一水多用等措施，有保证用水质量标准的前提下，提高水的重复利用率。"
	长春市城市节约用水管理条例	第二十二条："工业生产用水必须循环使用，一水多用，提高水的重复利用率。重复利用率达不到50%的，不得新增加用水量。"

（三）城市供水管理

目前有关城市供水的吉林省立法文献主要有《吉林省城市供水管理办法》、《长春市城市供水管理办法》、《长春市城市供水条例》、《长春市城市二次供水设施管理办法》、《吉林市市政供水管理条例》。具体内容详见表15-16：

表 15-16　渤海管理城市供水管理吉林省地方立法内容简表

基本内容	文献名称	条　　款
供水管理体制	吉林省城市供水管理办法	第四条："省城市建设行政主管部门主管全省城市供水工作。市（州）、县人民政府确定的城市供水行政主管部门主管本行政区域内的城市供水工作。"
	长春市城市供水管理办法	第五条："市公用局是城市供水的主管部门，市自来水公司是城市供水企业。市公用局要依据《长春市城市总体规划》，负责供水工程的规划设计、输水明渠和供水管线的维修管理，加强对供水企业的领导，不断提高供水能力。"
	长春市城市供水条例	第五条："市城市建设行政主管部门是本市城市供水行政主管部门，负责本市城市供水的管理工作。"
	吉林市市政供水管理条例	第三条（市、县（市）城乡建设行政管理部门主管本行政区域内的市政供水管理工作。）
供水工作原则	吉林省城市供水管理办法	第三条："城市供水工作实行开源节流并举、利用与重新利用相结合的原则，厉行节约用水。"
	长春市城市供水管理办法	第三条："城市供水要贯彻为生产建设、为人民生活服务的方针，积极开源、节流，搞好建、修、管和产、供、销、最大限度地保证城市生产和人民生活用水。"
	长春市城市供水条例	第四条："城市供水工作实行合理开发水源和计划用水、节约用水相结合的原则，优先保证城市生活用水，鼓励利用再生水。"
供水水源保护管理	吉林省城市供水管理办法	第七条："县级以上人民政府环境保护行政主管部门应当会同城市供水行政主管部门、水行政主管部门和卫生行政主管部门等共同划定饮用水水源保护区，并报同级人民政府批准后公布。" 第八条："城市饮用水水源保护区由该水源地的管理部门会同有关部门负责管理和保护。"
	长春市城市供水管理办法	第六条："立城、石头口门、五一、净月潭四座水库，是城市主要供水水源，统由水利部门管理。要全面规划，合理利用，严加保护。"
	吉林市市政供水管理条例	第十条："环境保护、卫生、交通、水利、林业等有关部门，应加强对松花湖和水源地上游江段的水质保护。"

基本内容	文献名称	条　　款
供水工程建设管理	吉林省城市供水管理办法	"城市供水工程的建设，应当按照城市供水发展规划及其年度建设计划进行。城市供水工程建设应与城市发展速度相适应，其建设规模应达到在设施运行后可满足5年以上供水需求的水平。"
	长春市城市供水条例	第七条："城市供水工程建设应当按照本市城市供水发展规划及其年度建设计划进行。"
供水经营	吉林省城市供水管理办法	第十五条："凡从事城市供水经营活动的单位，应当由城市供水行政主管部门进行资质审查，经工商行政管理部门登记注册后，方可从事经营活动。"
	长春市城市供水管理办法	第十二条："按照城市建设规划发展供水事业，凡新设和改建供水设施，必须按照程序，向市自来水公司申请办理设计、预算、交款和安装等手续，批准后方可设计施工；所需材料要经检查合格方准使用；工程竣工要经市自来水公司检查合格后供水。"
供水设施管理	吉林省城市供水管理办法	第二十六条："城市自来水供水企业和自建设施对外供水的企业应当严格管理供水设施，定期检查和维修。"
	吉林市市政供水管理条例	第二十一条："供水设施建设应与城市建设配套，同步进行。"
供水收费管理	吉林省城市供水管理办法	第二十条："用户应当按照规定的计量标准和水价标准按时缴纳水费。"
	长春市城市供水条例	第三十七条："用水单位和个人应当安装水表。""具备装表条件因用户原因未安装水表的，按照进户水管口径和适压下的连续流量计量收费。"
	吉林市市政供水管理条例	第四十二条："供水部门对安装总水表的用户一律按总水表计量收费。"

第三节　渤海管理手段类吉林省立法文献

手段性立法对于渤海管理同样具有重要的意义，因而研究吉林省有关渤海管理的手段性立法文献同本章实体性立法文献研究具有同等重要的价值。有关渤海管理的吉林省手段类立法文献主要有《吉林省取水许可管理办法》、《吉林省取水许可制度实施细则》、《吉林省用能和排污计量监督管理办法》、《吉林省排污费征收使用管理办法》、《吉林省城市污水处理费管理办法》、《吉林省城市污水处理特许经营管理办法》。具体内容详见表 15-17：

表 15-17　渤海管理手段类吉林省地方立法文献简表

序号	文献名称	发布机关	通过时间	文献编号	生效时间	当前效力
1	吉林省取水许可管理办法	吉林省人民政府	2011 年 4 月 28 日	吉林省人民政府令 2011 年第 221 号	2011 年 5 月 1 日	有效
2	吉林省取水许可制度实施细则	吉林省 1994 年政府第十六次常务会议通过	1994 年 5 月 9 日	不详	1994 年 5 月 22 日	1997 年 12 月 26 日吉林省政府令 1997 年第 85 号修改
3	吉林省用能和排污计量监督管理办法	吉林省政府 2009 年第八次常务会议讨论通过	2009 年 6 月 4 日	吉林省人民政府令 2009 年第 207 号	2009 年 9 月 1 日	有效
4	吉林省排污费征收使用管理办法	吉林省政府第四十五次常务会议通过	1996 年 5 月 29 日	吉林省人民政府令 1996 年第 47 号	1996 年 6 月 7 号	有效
5	吉林省城市污水处理费管理办法	吉林省政府第六次常务会议讨论通过	2006 年 7 月 13 日	吉林省人民政府令 2006 年第 186 号	2006 年 8 月 1 日	有效
6	吉林省城市污水处理特许经营管理办法	吉林省政府第六次常务会议讨论通过	2006 年 7 月 13 日	吉林省人民政府令 2006 年第 185 号	2006 年 8 月 1 日	有效

　　上述手段性立法文献具体规定了各项自然资源使用许可制度的程序,污水处理特许经营制度、排污费计量征收程序等具体的程序,为各项环境保护工作的开展提供了程序支撑。具体内容详见表 15-18:

表 15-18　渤海管理手段类吉林省地方立法内容简表

基本内容	文献名称	条　款
对行政许可决定时间的规定	吉林省取水许可管理办法	第十五条:"审批机关应当自受理取水申请之日起 20 个工作日内决定批准或者不批准;取水情况特殊、复杂的,可以在 30 个工作日内决定批准或者不批准。决定批准的,签发取水申请批准文件;决定不批准的,作出不予批准书面决定并说明理由。"
	吉林省取水许可制度实施细则	第十五条:"水行政主管部门接到取水许可申请之日起,应当在 60 日内做出决定;对急需取水的,应当在 30 日内做出决定。"
排污费征收	吉林省排污费征收使用管理办法	第十四条:"排污费按月或按季征收。" 第十五条:"排污费实行分级征收。中央部属、省属单位排污费,由省环境保护行政主管部门征收;市(州)属单位排污费,由市(州)环境保护行政主管部门征收;其他单位和个体工商排污费,由县级环境保护行政主管部门征收。"
	吉林省城市污水处理费管理办法	第四条:"城市污水处理费自城市污水处理企业建设时开始收取。在城市污水处理企业建设期间为行政事业性收费,在该企业运营后为经营性收费。"

后　记

本书是中国海洋大学徐祥民教授主持的"渤海管理立法研究"课题的研究成果之一。研究和撰稿主要由徐祥民、申进忠、时军、凌欣、朱雯、王昌森、辛帅等完成。

各章撰稿分工如下：

前言：徐祥民（中国海洋大学）；

第一章：凌欣（天津财经大学）、刘瑞聆（中国海洋大学）；

第二章：时军、周富荣、刘雅倩（中国海洋大学）；

第三章：时军、刘畅、刘祥宏（中国海洋大学）；

第四章：宋焱（山东财经大学）、朱雯（中国海洋大学）；

第五章：辛帅、刘宏（中国海洋大学）；

第六章：申进忠、吴卫炜、李红楠（南开大学）；

第七章：王昌森、赵川（中国海洋大学）；

第八章：徐祥民、李战强（中国海洋大学）；

第九章：于铭、修长昆（中国海洋大学）；

第十章：徐祥民、李宇斐（中国海洋大学）；

第十一章：王昌森、李蔓梓（中国海洋大学）；

第十二章：凌欣（天津财经大学）、宋福敏（中国海洋大学）；

第十三章：凌欣（天津财经大学）、丁霞霞（中国海洋大学）；

第十四章：辛帅、张飞飞（中国海洋大学）；

第十五章：朱雯、张亮亮（中国海洋大学）；

参加本书统稿的有：徐祥民、申进忠、时军、凌欣、宋福敏、李蔓梓等。

作　者

2013 年 1 月 27 日

责任编辑:张　立
装帧设计:周涛勇
责任校对:余　倩

图书在版编目(CIP)数据

渤海管理现行法律文献研究/徐祥民　时军　凌欣 等著.
　－北京:人民出版社,2013.8
ISBN 978－7－01－012359－2

Ⅰ.①渤…　Ⅱ.①徐…②时…③凌…　Ⅲ.①渤海-环境管理-
法律-研究-中国　Ⅳ.①D922.684

中国版本图书馆 CIP 数据核字(2013)第 173148 号

渤海管理现行法律文献研究
BOHAI GUANLI XIANXING FALÜ WENXIAN YANJIU

徐祥民　时　军　凌　欣　等著

人民出版社 出版发行
(100706　北京市东城区隆福寺街 99 号)

北京新魏印刷厂印刷　　新华书店经销

2013 年 8 月第 1 版　2013 年 8 月北京第 1 次印刷
开本:710 毫米×1000 毫米 1/16　印张:39
字数:610 千字

ISBN 978－7－01－012359－2　定价:78.00 元

邮购地址 100706　北京市东城区隆福寺街 99 号
人民东方图书销售中心　电话 (010)65250042　65289539